U0495217

陕西师范大学中国语言文学一流学科建设成果

陕西文化资源开发协同创新中心『关中·黄河文化』重大研究工程项目

石墨鐫華

關中民俗藝術博物院收藏碑誌集釋

何如月　王勇超　著

陕西師範大學出版總社

圖書代號　SK23N1677

圖書在版編目（CIP）數據

石墨鐫華 : 關中民俗藝術博物院收藏碑誌集釋 / 何如月 , 王勇超
著 . —西安 : 陝西師範大學出版總社有限公司 , 2023.12
ISBN 978-7-5695-3804-5

Ⅰ . ①石…　Ⅱ . ①何…　②王…　Ⅲ . ①碑刻—匯編—關中—古代
Ⅳ . ① K877.42

中國國家版本館 CIP 數據核字（2023）第 150620 號

石墨鐫華：關中民俗藝術博物院收藏碑誌集釋

SHI MO JUAN HUA:GUANZHONG MINSU YISHU BOWUYUAN SHOUCANG BEIZHI JISHI

何如月　王勇超　著

出 版 人 / 劉東風
出版統籌 / 侯海英　曹聯養
責任編輯 / 付玉肖　遠　陽
責任校對 / 景　明　段敏鴿
裝幀設計 / 趙心荷
出版发行 / 陝西師範大學出版總社
（西安市長安南路 199 號　郵編 710062）
網　　址 / http://www.snupg.com
印　　刷 / 西安五星印刷有限公司
開　　本 / 787 mm × 1092 mm　1/8
印　　張 / 43
插　　頁 / 4
字　　數 / 506 千
版　　次 / 2023 年 12 月第 1 版
印　　次 / 2023 年 12 月第 1 次印刷
書　　號 / ISBN 978-7-5695-3804-5
定　　價 / 498.00 圓

讀者購書、書店添貨或發現印刷裝訂問題，請與本公司營銷部聯繫、調換。
電話：（029）85307864　85303629　　傳真：（029）85303879

刻在石頭上的文化

——為關中民俗藝術博物院所藏墓誌整理出書作序

葛承雍

石刻文字一直是紀念功業的重要載體，無論天地之間發生怎樣的變化，留名存聲可以借助石刻文字不朽。刻在青石上的墓誌，無疑是千年歷史陳釀後物化的史書，作為文物傳遞了生命的痕跡與文明的資訊，保留了人的精神世界和歷史活動，通過『物』看到的是『人』，通過出土墓誌可以復活人的歷史演進踪跡。

近年關中地區出土墓誌不絕如縷，加上早年流失的墓誌更是不計其數。各個博物館和博物院都把墓誌作為自己館藏的珍貴文物，它不僅是對傳世文獻的補充，也是可以用來破解歷史之謎的重要通道。

位於終南山下的關中民俗藝術博物院，是個知名海内外的文化地標，多年來以石刻收藏聞名遐邇。在這裏與文物面對面，可以感受歷史的魅力，領略傳統文化之美，還有很多人為了體驗藝術雅趣，多次到此開展各類公益性活動。『掌門人』王勇超院長以其敏鋭的時代感和豐富經驗、獨到眼光，搜羅各種流散民間的石刻藝術品，其中就有不同時代的各種墓誌。為了进一步展現这些石刻的文化价值，更好地服务社会，王院长对这些墓誌的整理、研究，也不遺餘力地鼓與呼。這種眼界和作為，必將使關中民俗藝術博物院的文化積澱更加深厚，從而成為弘揚傳統文化和光大國學的一个重镇。

如何解讀好院藏的石刻墓誌，讓這些文物重構歷史圖景，向公眾呈現千年來的文化印記，也是學術界關注的焦點。陝西師範大學文學院何如月教授積極承擔了這一任務，她集結各路學術新秀，挑選有志於講好中國歷史故事的年輕學子，像庖丁解牛一樣，剖析各個時代的墓誌，追溯歷史淵源、文化特質、風格造型等，從而為我們拿出了石墨鐫華這本全新視角的碑誌集釋。

書中涵蓋的九十餘方墓誌，是從關中民俗藝術博物院收藏的300多方石刻中精心挑選，上起北魏，下迄晚清，其文字内容基本上都是首次公布。这其中，以唐代墓誌数量為多，墓誌主人的身份從王公官吏、家眷親屬、宦官宫人，一直到僧尼道士都有。除已經發表文章考釋過的幾方墓誌外，其他重要者还有唐中宗韋后舅父崔酺的大唐故衛尉卿贈工部尚書幽州刺史齊國公崔府君墓誌銘，晚唐著名文人、筆記小説劉賓客嘉話作者韋絢的唐故太中大夫前檢校刑部尚書兼太子賓客上柱國贈紫金魚袋贈吏部尚書京兆韋公墓誌銘等，為考察唐代政治變遷和文學交遊提供了寶貴的第一手資料。而幾方唐代僧尼道士的墓誌，如大唐西京至德觀主大洞三景張練師墓誌銘、唐同德興唐觀故法師尹氏墓誌銘、京師靈應觀主李法師墓誌銘，對唐長安城這座『宗教之城』中的寺廟道觀分布，頗有考察價值，並由此證明唐代宗教信仰曾給這座『上都』帶來了無限的生機。

全書中收集的宋代墓誌較少，但有幾方未收錄進宋史篇册的山東晁氏墓誌非常亮眼，如宋故朝奉郎尚書虞部郎中通判舒州軍州兼管内勸農事上騎都尉賜緋魚袋南陽晁府君墓誌銘，誌主晁仲參，為蘇門四學士之一晁補之的叔祖父，其墓誌撰者王安石，書者王汾，篆蓋者張次立，都是一時名流。另一方宋故壽安縣太君公孫夫人墓誌銘，志主公孫夫人為晁仲參之妻，墓誌書者晁端彦為晁補之叔父，也是歐陽脩門生。再次讓人亮眼的是撰文者黄庭堅，他與公孫夫人之孫晁補之同為『蘇門四學士』，情誼深厚，故而受託為其叔祖母撰寫墓誌，可見這個女性非同小可，值得這麼多『大腕』為其執筆揮毫，其墓誌價值不容小瞧。

和一般石刻文獻的整理方式相比，本書非常重視學術性研究，整理者們儘量挖掘碑誌的史料價值，在考訂文字基礎上，他們把重點墓誌的爬梳整理和研究考釋相結合，發表了一系列揭示墓誌文化內涵的文章，如唐段伯倫墓誌、鄭玄楷墓誌、康志睦墓誌等，既探究了碑誌主人的家族世系、仕宦經歷、遷窆葬地及相關歷史問題，又在考釋中兼論中晚唐政局的風雲際會，雲詭波譎。整理者把前期已經發表的相關論文附於書後，以便讓大家進一步體會到墓誌對於學術研究的重要意義。

關中作為民族交融的文化帶，是一個多元文化彙聚的地方，成千上萬的出土墓誌充分說明了這一點，也促使我們用更大的眼光來看待歷史上的王朝變遷。那些原生態的墓誌碑刻承載著每一個特定時代的豐富資訊，涉及政治、經濟、宗教、歷史、語言、文學、藝術、民風民俗等方方面面，堪稱石質載體的百科全書。

最後，我要說的是梳理研究墓誌碑刻等文物，必須放眼環顧世界，才能在文化比較中看出中國性、歷史性和物質性。這些年為了吸納全世界的文明精華，中國各大博物館紛紛引進外國文物展覽，很多過去我們不知的石刻藝術品和碑刻墓誌也亮相於公眾面前，從古埃及人神石碑到兩河流域楔形石刻，從古希臘亡靈石雕到古羅馬的石刻精品，還有亞歐文明交融的古印度石刻以及神秘的瑪雅文化，都留下大量圖文並茂、栩栩如生的碑刻文字，說明全人類都希望通過石刻藝術去強化歷史記憶，期待傳之永久。由此可知，人類用石刻文字和藝術造型留下的不僅是遠古智慧與古典藝術的結晶，也是社會生活折射的記錄，那些碑刻墓誌中的歷史人物、生活場景，在研究者的解讀下，再次進入大眾的視野，具有特殊且珍貴的研究價值。

對此，我謹向收藏石刻文獻的關中民俗藝術博物院表示敬意，向三年多來付出心力的陝西師大文學院整理人員致以敬禮。

二〇二三年七月十二于北京

目録

前　言

關中民俗藝術博物院坐落在秦嶺終南山南五臺脚下，是集民俗遺産搶救、收藏、研究和展示功能爲一體的文化保護单位，陝西省愛國教育基地，國家文化産業示範基地。關中博物院收藏豐富，形成了以民間藝術、關中民居、民俗風情、名人字畫爲特色的四大系列藏品規模，從不同層面集中地反映了關中地區各族人民在不同歷史時期的藝術、審美、勞動、居住、習俗、風情等民俗歷史風貌。在主要藏品系列之外，它所收藏保護的大量石刻同樣引人注目。

石刻作爲一種特殊的文獻，是傳統文化的瑰寶，是研究和瞭解中華文明必不可少的實物依據，既是我國文字的淵藪，書法藝術的薈萃，同時也是古代禮制和民俗的物化，文學藝術和歷史檔案的寶庫，對於研究史學、文學、文字學、書法、經學、宗教學都具有重要的價值。關中民俗藝術博物院收藏的石刻，除了數量驚人的石雕之外，還有墓碑、墓誌、碑碣、經幢、祠廟碑等種類，其中又以墓誌占絶大多數。這些墓誌涵蓋了西魏、隋、唐、宋、元、明、清各朝，記録了一些曾經生活在關中這塊土地上的人們的人生軌迹和生命歷程，爲我們考察關中歷史文化、價值觀念、喪葬習俗以及地理沿革提供了可貴的資料。

编者在二〇一九年接受西安關中民俗藝術博物院委托，對其收藏的三百餘方碑誌進行選擇性整理，在對原石拓印掃描的基礎上，按照時代順序對每一篇碑誌進行文字辨識、電腦録入、斷句標點，注釋碑誌内容中比較生疏的詞語典故，分析其可補證史書之處，并附原石拓片以資讀者圖文對照。在附録部分，我們製作了關中民俗藝術博物院所藏碑刻一覽表，對其材質、尺寸、保存狀况等進行補充介紹；并且將已經發表的相關墓誌的幾篇考釋文章臚列於後，展示我們整理之後的研究成果。這部歷經了三年辛苦方才成形的書稿，通過對衆多碑誌的彙集釋讀，力求展現關中民俗藝術博物院所收藏的石刻文獻面貌，揭示其深厚的文化内涵，從而爲學者進一步研究提供方便。這些石刻文獻的整理，不僅能够提高關中民俗博物院館藏文物的利用價值，使它更好地服務社會。同時也爲發掘陝西歷史文化資源，建設文化强省，貢獻一份力量。

本書承蒙關中民俗藝術博物院王藺主任的积极支持，陝西師範大學文學院、陝西文化資源開發協同創新中心的大力資助，陝西師範大學出版總社編輯付玉肖、遠陽的細心把關，著名學者葛承雍老師的慷慨賜序，最終得以順利出版。在編纂過程中，博士李靜、鄧夢園，碩士王楠楠、駱浩冉、陳曦、王甜、趙思儀、張鈺琪、張芷菡都參與了具體工作。在此，我對他們均表以深摯的謝意。由於編者水平有限，錯誤遺漏在所難免，敬請方家不吝指正。

癸卯孟冬於終南守山閣

何如月

凡例

一、本書所録關中民俗藝術博物院收藏的西魏至清代 93 方碑誌材料，排列以時代年號爲序，均以誌主葬年月日爲准。原石嚴重殘損、拓片無法辨識者均不收入。

二、目録中所列碑誌名稱，采用將原誌銘文首行全名録入的形式，以便與拓本核對。個别無碑題者，據墓誌内容自擬。拓本原文迻録，并在原誌拓每行最下一字後加斜杠（/），以示行款。

三、每篇碑誌録文之後，對其中出現的重要詞語、典故进行注釋，并以案語形式對相關歷史記載稍作梳理，以助讀者理解。

四、録文全部采用現行規範繁體字。（因共時、歷時關係複雜，『云』與『雲』、『吊』與『弔』、『於』與『于』據拓片、文意酌情録文，不徑改爲現行規範繁體字；據慣例，『墓誌』之『誌』使用異體字）錯字、誤刻均按原狀迻録，不加更改。墓誌中漏字、衍字，亦照誌文原樣迻録。

五、誌文采用新式標點斷句。

六、原誌文中出於書寫格式或避諱需要，常有空格出現，在整理中這些空格一般不再保留。爲醒目起見，銘文均另起一行排印。

碑誌

關中民俗藝術博物院
Guanzhong Folk Art Museum

一　魏撫軍將軍銀青光禄大夫宜陽伯馮子懿妻始平郡公主元夫人墓誌銘

大統八年（542）十月

【誌蓋】

公主墓誌

【誌文】

魏撫軍將軍銀青光禄大夫宜陽伯馮子懿妻始平郡公／主元夫人墓誌銘

夫人諱，河南洛陽人。顯祖獻，文皇帝第二皇子特進、司／州牧、趙靈王之孫，特進、司州牧、趙貞敬王之女。叶祉辰樞，／分光日月，資中和而令善，體上哲以穠華，四德㊀研婉，六行㊁／柔清。若夫從師以正，待傳斯止，事出闈而不問，物在禮如／後言。爰自公室，來儀戚里。地屬非貴，乃劬勞絲縉；孝敬可／重，自肅恭蘋采。至如植操罔虧，烈火當不貽懼；標義難黜，／漂水詎足爲艱？又得理若空，均愛物我，滋法雲於身心，湛／正水而引汲㊂。拯施貧窶，篋靡餘衣；啚繕經像，藏無遺寶。誰／云在上，斯而不祜，經隟之世未留，閱水之年㊃奄逝。春秋廿／有五，終於萇（長）安。帝用震傷，詔贈始平郡公主，禮也。粵／以大統八年㊄十月庚申，窆於萇（長）安之西。天地長久，陵（谷）貿遷，／金石未毁，芬芳乃傳。辭曰：

青英朱邸，聯華紫薇。葉茂斯處，道盛於飛。婉娩師傅，肅穆／閨闈。清儀蘭郁，懿彩珽暉。陳詩祛或，頌禮閑非。修風載允，／淑德無違。如何不弔，遽掩芳徽。祖行已戒㊅，玄宫啓扉。風郊／瑟汩，霜野依霏。嗟乎身世，寂漠焉歸。

【注釋】

❶四德：指傳統社會對婦女品德、言行及持家能力的要求，包括婦德、婦言、婦容、婦功。

❷六行：指六種善行，出自周禮・大司徒：『六行：孝、友、睦、姻、任、恤。』

❸法雲，正水：皆比喻佛法。

❹閱水之年：即似水流年。

❺大統：爲西魏文帝元寶炬年號，共計16年，當公元535年至551年。大統八年爲公元542年。

❻祖行已戒：祖行，指餞送死者；已戒，指已經準備完畢。此意爲出殯送葬。

【案】

誌主元氏，魏撫軍將軍宜陽伯馮子懿妻，贈始平郡公主，卒於大統八年（542），享壽二十五歲，葬於長安之西。馮子懿史書無傳，推測应爲北魏馮熙後代。據魏書卷二十一獻文六王列傳可知，元氏祖父爲北魏獻文帝拓跋弘第二子拓跋幹，字思直，原封河南王，遷洛以後改封趙郡王，後轉特進、司州牧，謚曰靈王。元氏之父元謐，正光四年（523）薨，贈征南將軍、司州牧，謚曰貞景。墓誌所載元氏祖、父官職謚號基本與魏書相符，只是墓誌云元氏父謐『貞敬』，史傳云『貞景』，略有不同。由墓誌、史傳記載可以推知，其父元謐去世時，元氏僅有五歲。

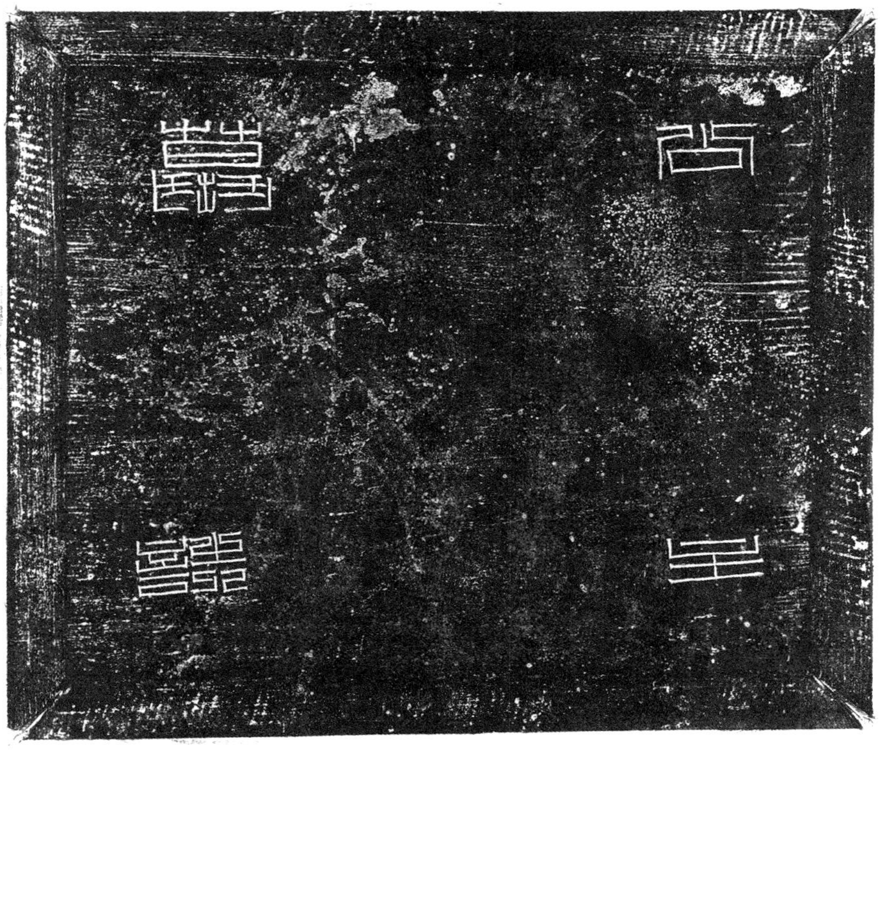

二　魏故使持節都督營州諸軍事征東將軍營州刺史馮君墓誌銘

大統八年（542）十月

【誌文】

魏故使持節都督營州諸軍事征東將軍營州刺史馮君／墓誌銘

君諱，字子良，河南洛陽人也。侍中、太師、昌黎王熙之世孫，／幽州刺史引之中子。弈葉載德，乃公乃王，暨乎君身，継美／前烈。心存孝敬，順終而無改；言慎榮辱，發機而有趣。脱巾／爲安豐王開府參軍事，俄轉廣陵王太師開府中兵參軍。／永熙中，大司馬趙郡王署君爲都督。居貞於室，致名公子／之談；賔乎王庭，義形匪躬之節。及赴駕入關，賞恒農伯，／加前將軍。大丞相宇文王初開望府，廣引髦彦，以君爲府／主簿，時議以爲極選焉。尋轉爲掾，至於簿領填案，獄訟盈／前，君折之以情，斷之以法，物無不理，莫有後言。進号征東／將軍、東雍州司馬，捨軍事而爲政，務慈惠以安民。民稱之／不容口，朝許之以遠大。方來朱紱，終此榮期。而時屬暇日／，登彼城觀，忽墜於地，命遂絶焉，春秋廿七矣。聞之者尚／以酸鼻，矧或見之？天子悼之甚，詔贈使持節、都督營州／諸軍事、征東將軍、營州刺史，謚曰恭，礼也。粤以大統八年／十月庚申，窆於長安之西。自歸骸母兄所，迄及其葬，皆王／人營護，率礼加焉。盖名雖不朽，人世難常，式銘金石，貽之／嗣昌。

其　詞曰：

大哉洪族，世傳風雅。濬矣深源，長瀾載瀉。六世之前，自同／王者●。五世以還，高軒駟馬。信美君子，荷兹餘慶。德礪其身，／名砥其行。如何不淑，中逢斯横。因缘若是，孰云非命。兄方／□□，母正期頤，未尋昔聚，遽悲此時。生從王事，死乃来兹。／□迎其柩，哀以送之。

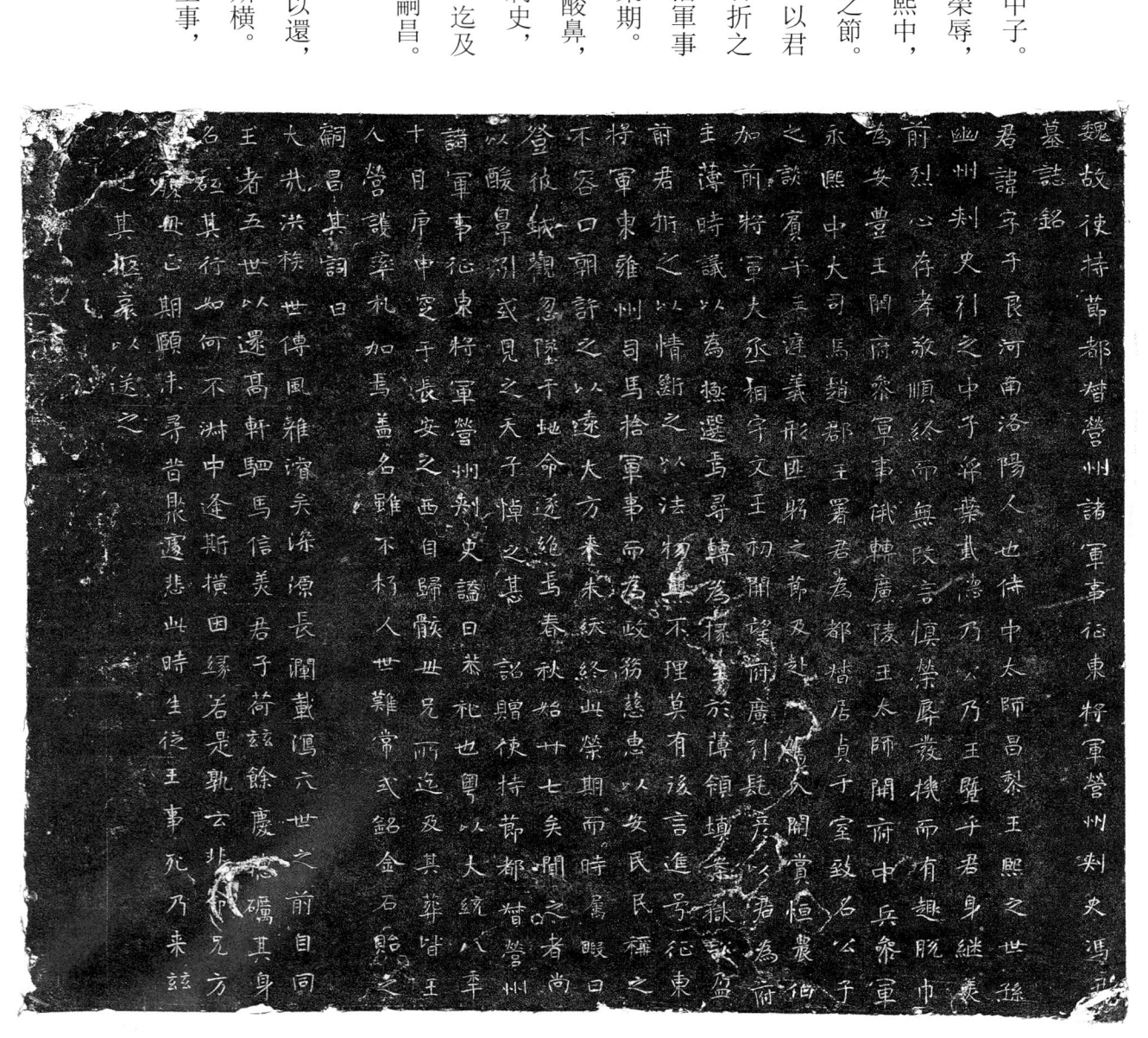

【注釋】

❶六世之前，自同王者：指馮子良六世祖馮跋，爲北燕文成皇帝。

【案】

誌主馮君，字子良，其祖爲北魏外戚馮熙。據魏書卷八十三外戚傳，馮熙爲北魏文明馮太后兄長，獻文帝拓跋弘元舅，孝文帝元宏岳父。孝文帝時，拜侍中、太師，封昌黎王，尚博陵長公主，生子馮誕、馮修、馮聿、馮夙、馮俊、馮嗣興、馮次興等。死後，孝文帝親撰墓誌，以示哀悼。馮氏家族多與皇室聯姻，一門貴顯，莫與爲比。馮熙傳中所載諸子諸孫，并無馮子良及其父官職名號，墓誌可補史傳之闕。

北魏馮氏家族已經有多方墓誌出土，如馮熙墓誌（太和十九年，495）、馮誕墓誌銘（太和十九年），馮熙第六女安豐王妃墓誌銘（武定六年，548）、第七女任城王妃馮令華墓誌銘（武定五年，547）、第八女樂安王妃馮季華墓誌銘（正光五年，524）、魏司徒參軍事元誘命婦馮氏誌銘（景明三年，502）等。

三 大隋使持節柱國齊國公于公墓誌銘

開皇二年（582）正月二十七日

【誌文】

大隋使持節柱國齊國公于公墓誌銘

公諱智，字承伯，六郡桑乾人也，魏太保、柱國、建平公之孫，周太師、柱國、燕國公之第五子／也。是以世承酋領，弈葉台鼎之榮；門襲英豪，蟬聯卿宰之位。祖提，太保，秉德上庠，布言東／序，始則千仞莫窺，終則万頃難測。父謹，太師，績盖五臣，功逾十亂[一]，內蘊龍韜之術[二]，外舒豹／變之謀[三]，跨握秦隴之兵，克殄荆楚之疊，勛業斯著，丹盡以終。公含純和之秀氣，懷君子之／芳譽。雅亮遐宣，詞翰敏速，芳蘭遙激，瀉若春流；翠蕚連輝，照猶冬日。爲童之歲，已有匡輔／之才；弱冠之年，便超上將。武成二年[四]，起家使持節、車騎大將軍、儀同三司、大都督、長壽縣／開國侯，邑一千户，領周大冢宰、晋國公內親信。公成効夙彰，勛華早立，功勞累積，榮寵重／來。其年俄轉使持節、驃騎大將軍、開府儀同三司，兼除內外府司録，闡隆開府，而共馬駿／同榮；驃騎將軍，乃与劉蒼等貴。天和五年[五]，進爵廣都縣開國公，邑一千五百户，秋官府大／司憲，擅徽五典，贊以六苻（符），制令珪璋，序隆軒冕。建德元年[六]，詔授潼州刺史，然而地連井絡，／堺接岷凉。非夫名慴微瀘，威陵邛笮，豈得蕃臨巴部？加以温恭撫物，水鏡臨民，惠澤与嘉／雨并流，仁化共祥風俱遠，遂得歌謠滿路，善政溢躍。其五年遷解，詔授驍猛內大夫，控彼／三軍，權厘一邑。謀逾羊祜[七]，每有識時之能；智邁張華[八]，爰備知機之略。陰招竊命，密以奏聞。／推獲奸情，國刑斯舉。酬功特賞，宣著蒿章，苴以白茅，錫茲青土。宣政元年[九]，超授公柱國，齊／國公，邑五千户。公篤義屢形，精誠再顯，方鎮寄重，朝論攸歸。其年榮授梁、渠、興、巴、通、集、洋／七州，白馬、萬榮、木門、玉鎮、儻城、落蓑、聚頭、臨江、四戍等諸軍事，梁州總管。以大定元年[十]／皇帝龍潜之日，作相之秋，忽有煙起邊城，塵飄上國，蜂飛之寇，競聚劍南；蟻集之妖，悉屯／河北。然則出車躍馬，旍旆揚麾，驍騎於是爭鋒，文武猶兹效力。梁州勢連巴蜀，舊帶羌狭，／風俗不同，雜錯多類。公乃國家之心腹，朝廷之棟梁，帥將撫民，招踈誘叛，遂使背楚歸申／之士，望紫闕而來蘇；捨魏投陵之人，睹朱門而慕化。遼東獻捷，未足擬其殊勛；隴西告靖，／詎得稱其洪績。加以至尊龍飛握寶，鳳起柄靈，方使相鄰冰消，城都霧卷，六合因兹蕩／定，四海於是廓清。公抱節於君，專心爲國，朝廷知其丹款，主上照其赤心，豈异光武之／遇賓融，高祖之逢彭越？是以其年六月，詔書遠降，被徵爲大司空。公方欲經維府寺，翼／亮王猷，豈謂竹搸春朝，松萎夏日，春秋卌二。開皇元年五月搆疾，薨於京第，皇心震悼／，寵數有加，追贈潘、新、遂、普、合諸軍事，潼州刺史，謚曰景公，礼也。二年歲次壬寅正月丙午／朔廿七日辛酉，反葬高陽原。山陽之笛，翻爲傷往之聲；海島之歌，更作送終之曲。嗚呼哀／哉！想年代之修長，恐山川之淪徙，青灰与朽壤相弊，玄石共天地無窮，以記將來，其銘曰：

承基鼎族，纂胄天長。冕旒百代，冠盖一方。乃祖乃父，東序上庠[一一]。三槐九棘（棘）[一二]，世襲珪璋。因□／藉慶，繼德重光。顯允君子，英雄挺特。資父事君，自家形國。恂恂有餘，孜孜不足。尊師重□／，欽賢慕德。位居上將，爲世梁柱。多才多藝，允文允武。擁旗旬服，麾旆漢陽。面背秦越，左右／巴凉。妖群逆命，凶儻奔違。千秋水激，三硤沙飛。風從兵勢，伏慴軍威。咽（烟）塵既静，波浪澄潭。／田抽兩穟，茧出雙蚕（蠶）。將由七德[一三]，還同二南。陰陽迴換，歲時交頣。睽志未申，忽焉傾逝。悲窮／白日，恨聚黃泉。長宵百代，深夜千年。□聞蕭瑟，空見荒田。游魂詎反，車馬虛延。

【注釋】

❶十亂：指周代輔佐文王的十位能臣：周公旦、召公奭、太公望、畢公、榮公、太顛、閎夭、散宜生、南宫适、文母。典出尚書·泰誓：『予（周武王）有亂臣十人，同心同德。』

❷龍韜：爲先秦兵书六韜内容之一，指用兵的謀略。

❸豹變：幼豹毛色醜陋，至長大皮毛光澤有文彩，稱爲豹變。比喻發生顯著變化或地位顯貴。語見周易·革：『君子豹變，小人革面。』

❹武成：爲北周明帝宇文毓的年號，武成元年爲公元559年。武成二年四月，北周武帝宇文邕即位後沿用。其使用歷時一年餘。

❺天和：爲北周武帝宇文邕年號，當公元566年至572年三月，歷時六年餘。

❻建德：爲北周武帝宇文邕年號，當公元572年至578年，歷時六年。

❼羊祜：公元221—278年，字叔子，西晉政治家、文學家，博學能文，有權謀。曾坐鎮襄陽，屯田興學，以德懷柔，深得人心。他死後，襄陽民衆在他生前經常游息的峴山建廟立碑，按時祭拜，望其碑者皆流淚，時稱爲『墮淚碑』。

❽張華：公元232—300年，字茂先，西晉政治家、文學家。工於辭賦，長於政事，博學多識，著有博物志。

❾宣政：北周武帝宇文邕年號，當公元578年三月至十二月，歷時數月。

❿大定：北周静帝宇文衍年號，當公元581年正月至二月，歷時數月。

⓫東序上庠：爲夏代的大學，後爲國學的通稱；上庠指古代國都中的大學。

⓬三槐九棘（棘）：周代外廷種三槐、九棘，公卿大夫分坐其下，以定三公九卿之位。後以三槐指代三公，以九棘指代九卿。周禮·秋官·朝士：『左九棘，孤、卿、大夫位焉，群士在其後；右九棘，公、侯、伯、子、男位焉，群吏在其後。』

⓭七德：指七種武德，出自左傳·宣公十二年：『夫武，禁暴、戢兵、保大、定功、安民、和衆、豐財者也。故使子孫無忘其章……武有七德，我無一焉，何以示子孫？』

【案】

誌主于智，隋使持節，封齊國公，卒於開皇元年（581），享壽三十二歲，葬於高陽原。其父于謹（493–568），字思敬，河南洛陽人，鮮卑族。性情沉穩，膽識過人，在北魏時曾參與鎮壓破六韓拔陵、鮮於修禮、葛榮、邢臯、萬俟醜奴起義，後投奔宇文泰，進西遷天子之策，東、西魏由此分立。于謹追隨宇文泰南征北戰，出謀劃策，屢立功勛，拜司空，爲西魏八柱國之一。宇文覺建立北周後，封燕國公，拜大宗伯、太傅，立爲三老，參議朝政，領雍州牧，天和三年（568）去世。于謹諸子在北周、隋間位重一時，尤以于翼爲顯，在周武帝滅北齊時，于翼領軍獨當一面，之後又主持了長城的修復。在楊堅代周時，起到了影響全域的作用。周書卷十五于謹傳後有附傳，叙及其子寔、翼、義、禮、智，僅云于智『初爲開府，以受宣帝旨，告齊王憲反，遂封齊國公。尋拜柱國、凉州總管、大司空』。隋書卷三十九于義傳云『時義兄翼爲太尉，弟智、兄子仲文并上柱國，大將軍已上十餘人，稱爲貴戚』。史書記載于智事迹極爲簡略，墓誌可以補史之闕。墓誌云于智拜『梁州總管』，而史云『凉州總管』，當以墓誌爲據。

四　大隋柱國岐州刺史廣宗公李敏太夫人王氏墓誌銘

開皇廿年（600）正月二十二日

【誌文】

大隋柱國岐州刺史廣宗公李敏太夫人王氏墓誌銘

太夫人王氏，并州太原人，上柱國、幽州總管廣宗壯公崇之適室也。鵲巢[一]著/美，婦德章采蘩[二]之日；龍光起譽，母儀見徙宅之辰，所謂開國承家，嗣徽顯於/重世；夫瑗子寔，克荷茂於當年者也。父懋，魏大將軍、南岐州刺史、安寧公，樹/仁積德，延譽鄉閭，雄謀偉筭，建功河右。夫人少禀惠和，長而温淑，三經莫棄，/一德罔遺，天姿穎悟，夙標聰敏。言告師氏[三]，服膺[四]道訓，出言有章[五]。自/來儀公族，揚芬戚里，婉孌柔明，秉兹淳粹，綦組窮女工之妙，鴻漸體羽儀[六]之/餝，令儀令德[七]，率禮無違。事上盡恭順之勤，訓下極仁慈之愛，螽斯之德，美閑/有家，以開皇元年六月二日，詔授上柱國廣宗國夫人。雖家隆鼎食之尊，/位極公侯之貴，紘綖既理，而巾盥唯虔，内饋允熙，閨閫肅敦，同斷機之弘獎[八]，/齊采蕨之嘉諭。壯公以北伐强胡，握節以殞。敏等幼弱，未及成人，胤嗣之禮，/蒸嘗殆闕。夫人鞠養劬勞，撫循孤稚，操等宋姜，義符梁婦，規矩有則，興居可/觀。居潔以正其身，榮華罕悅其意，德洽帷房，譽聞邦國。躬行仁讓，教子義方，/柔惠既隆，陰教亦厚，以開皇六年五月四日，長子敏襲爵，詔拜廣宗國太/夫人。方欲稟聖善之慈訓，供色養[九]於晨昏，積仁徵祐，降此沉疾。閱水易奔，風/燭忽改，以開皇十八年五月九日寢疾，以其年六月廿二日薨於京第，春秋/卌有八。粤以開皇廿年歲次庚申正月辛酉朔廿二日壬午祔於雍州富平/縣[修][真]鄉龍安里。肅肅春風，落飛花於梅隴；翩翩歸鷁，銜素壤於松原。玄扉/既掩，泉臺恒寂。敏孝性天至，情過於哀，傷不待之罔極[十]，嗟凱風[一一]之匪報，陟屺[一二]/之悲，痛哉何已？余以道味相知，義同伐木[一三]，歲寒之固，蘭芷唯馨，嗟桑田之易/改，悲昊天之永慕，遷祔有期，託余序德，勒兹玄石，傳芳幽壤，乃爲銘曰：

通侯之子，名公之孫，世禄相望，嘉禮攸存。弈葉不顯，袞服文軒，德隆業盛，功/重位尊。展矣夫人，清暉夙美，以兹婉順，作嬪君子。發曜昆峰，濯芳蘭沚，終温/且惠，非禮勿履。灼灼聰敏，温温淑姿，出爲媛式，入作女師。行高閫宇，政睦閨/帷，肅主饋奠，敬奉禋祠。儼然不怠，淵乎匪測，好謙受損，忌盈誡極。言笑有章，/喜怒無色，四德聿修，六珈罕飾。霜凝滿月，塵暗秋風，忘生殉義，時惟壯公。豈/伊輕敵，志存匪躬，奇數有盡，嘉謚無窮。行欣子貴，板輿[一四]爲樂，居泰思冲，臨財/守約。何言運往，遽悲丘壑，永羨餔烏，空嗟仙鶴。倚閭誰覿，温枕長違，山禽亂/響，野鳥爭飛。月懸素魄，鐙掩青輝，冥冥萬代，厚夕無歸。

【注釋】

❶鵲巢：語出詩經·鵲巢：『維鵲有巢，維鳩居之。之子于歸，百兩御之。』原喻準備好住所，等待新娘嫁到。後也指女子出嫁，住到夫家。

❷采蘩：蘩，白蒿，古代常用來祭祀。語出詩經·采蘩：『于以采蘩，于沼于沚；於以用之，公侯之事。于以采蘩，于澗之中；于以用之，公侯之宮。』毛詩序曰：『采蘩，夫人不失職也。夫人可以奉祭祀，則不失職矣。』

❸言告師氏：語出詩經·葛覃：『言告師氏，言告言歸。薄汙我私，薄澣我衣。害澣害否？歸甯父母。』師氏，指保姆。言告師氏，指女子的行動舉止皆符合禮儀規範。

❹服膺：指銘記在心。語出禮記·中庸：『得一善，則拳拳服膺而弗失之矣。』朱熹四書集注：『服，猶著也；膺，胸也。奉持而著之心胸之間，言能守也。』

❺出言有章：指説話有條理。語出詩經·都人士：『彼都人士，狐裘黄黄，其容不改，出言有章。行歸于周，萬民所望。』

❻羽儀：典出周易·漸卦：『上九，鴻漸于陸，其羽可用爲儀，吉。』此處指人的風度容儀堪爲楷模。

❼令儀令德：指美好的儀容品德。語出詩經·湛露：『湛湛露斯，在彼杞棘。顯允君子，莫不令德。其桐其椅，其實離離。豈弟君子，莫不令儀。』

❽斷機之弘獎：典出劉向古列女傳。孟母姓仉（zhǎng）氏，教子很嚴，孟子少年時學習不用功，有一次孟母正在織布，看到孟子翹課回家，非常生氣，拿起剪刀，把剛織好的布隔斷了，以此教育孟子要專心學習。從此孟子發憤用功，最終成爲戰國時期偉大的思想家，被後人稱爲『亞聖』。

❾色養：和顔悦色奉養父母爲『色養』。語出論語·爲政：子游問孝。子曰：『今之孝者，是謂能養。』……子夏問孝。子曰：『色難。』朱熹集注：『色難，謂事親之際，惟色爲難也。』

❿罔極：指父母生養之恩情無限。語出詩經·蓼莪：『父兮生我，母兮鞠我。拊我畜我，長我育我，顧我復我，出入腹我。欲報之德，昊天罔極！』

⓫凱風：常用以指代孝子感念母恩。語出詩經·凱風：『凱風自南，吹彼棘心。』

⓬陟屺：語出詩經·陟岵：『陟彼屺兮，瞻望母兮。』鄭玄箋：『此又思母之戒，而登屺山而望之也。』後以『陟屺』指思念去世的母親。

⓭伐木：比喻朋友之情。語出詩經·伐木：『伐木丁丁，鳥鳴嚶嚶。出自幽谷，遷于喬木。嚶其鳴矣，求其友聲。』

⓮板輿：指官吏在任迎養父母。典出晋潘岳閑居賦：『太夫人乃御板輿，升輕軒，遠覽王畿，近周家園。體以行和，藥以勞宣，常膳載加，舊痾有痊。』

【案】

誌主王氏，卒於開皇十八年（598），享壽四十八歲，葬於雍州富平縣修真鄉龍安里。王氏爲隋幽州總管廣宗公李崇之妻，光禄大夫李敏之母。隋書卷三十七有李崇傳。李崇，北周大將，驃騎大將軍李賢之子，先後隨宇文護、北周武帝攻打北齊，封廣宗郡公。從平尉遲迥之亂，授徐州總管、上柱國。隋文帝開皇三年，出任幽州總管，抵抗突厥侵犯，卒於陣中，年四十八，贈大將軍、豫州刺史，謚壯。同卷李敏傳云：『敏字樹生。高祖以其父死王事，養宮中者久之。及長，襲爵廣宗公，起家左千牛。美姿儀，善騎射，歌舞管弦，無不通解。開皇初，周宣帝后封樂平公主，有女娥英，妙擇婚對，敕貴公子弟集弘聖宮者，日以百數。公主親在帷中，并令自序，并試技藝。選不中者，輒引出之。至敏而合意，竟爲姻媾。』『時或言敏一名洪兒，帝疑「洪」字當讖，嘗面告之，冀其引決。敏由是大懼，數與金才、善衡等屏人私語。宇文述知而奏之，竟與李渾同誅，年三十九。其妻宇文氏，後數月亦賜鴆而終。』由此可知，李敏因父之功，自幼被隋文帝養於宮中，後襲父爵廣宗公，娶樂平公主楊麗華之女娥英，侍從游宴，頗受恩顧。後因名涉讖語，被誅，妻子賜死，其家族滅。隋書·煬帝紀云：『（大業十一年）五月丁酉，殺右驍衛大將軍、光禄大夫、郕公李渾，將作監、光禄大夫李敏，并族滅其家。』時在隋煬帝大業十一年五月。

李敏第四女李静訓，自幼爲外祖母樂平公主楊麗華所養，大業四年（608）卒，年僅九歲。其墓在1957年發現於西安，墓中石棺石槨雕制精美，隨葬品奢華，是目前发现保存最完整、規格等級最高的隋代墓葬，并出土隋左光禄大夫女墓誌。

五　大隋使持節大將軍工兵二部尚書司農太府卿太子左右衛率右庶子洪吉江虔饒袁撫七州諸軍事洪州總管安平安公故蘇使君之墓誌銘

仁寿三年（603）三月七日

【誌文】

大隋使持節大將軍工兵二部尚書司農太府卿太子左右衛率右庶子洪吉江虔饒袁撫七州/諸軍事洪州總管安平安公故蘇使君之墓誌銘

公諱慈，字孝慈，其先扶風人也。九曲靈長，河流出積石之下；十城側厚，玉英産昆侖之上。故地稱/陸海之奥，山謂近天之高，秀异降生，岐嶷繼體。祖樹仁，魏黑城鎮主。父武，西魏驃騎大將軍、開府/儀同三司、兖雲二州刺史、平遙郡開國公，贈綏銀延三州刺史。時魏氏秦趙將分，東西競峙。公王/父、顯考，立事建功，庇大造於生民，獎元勛於王室。福延後嗣，以至於公。公承親之道，孜孜先色；奉/主之義，謇謇忘私。寬仁篤行之風，彰於弱操；成務理物之志，表於壯年。後魏初，起家右侍中士。三/年，加曠野將軍。周明革運，授中侍上士。天和二年，授右侍上士。四年，授都督，充使聘齊。五年，治大/都督，領前侍兵。六年，授正大都督，仍領前侍兵。公久勞禁衛，頻掌親兵，慕典君[一]之慎密，似秺侯[二]之/純孝。其年，重出聘齊，受天子之命，問諸侯之俗，延譽而出周境，陳詩而察齊風。還，授宣納上士。王/言近納，帝命攸宣，咫尺當扆[三]之尊，涣汗如綸[四]之重。七年，授左勛衛都上士。建德元年，授夏官府都/上士、治中義都上士。九府分職，六官聯事。公遍歷兼治，庶績咸舉。四年，授持節車騎大將軍、儀同/三司、大都督，領胥附禁兵。台司之儀，功高東漢；車騎之將，名馳朔漠。其年，改領左侍伯禁兵。五年，/周武帝治兵關隴，問罪漳鄴。發西山制勝之衆，挫東嬴乞活之軍。一鼓而窮巢穴，三驅而解羅網。/公潛禀神筭，内沃皇心。恭帷幄之謀，董權劲之卒。欲渡河北，漢光與鄧禹計同[五]；將涉江南，晋武共/張華意合[六]。及僞徒平殄，齊相高阿那肱已下朝士數百人，公受詔慰納，并率所領影援高隆之兵，/還授開府儀同大將軍，封瀛州文安縣開國公，邑一千五百户。開幕府而署賢，垂徽章而發号。峻/田井之賦，展車服之容。宣政元年，授前侍伯中大夫。其年，授右侍伯中大夫。其年，周宣帝授右少/司衛中大夫。大象元年，授司衛上大夫。二年，周靖授工部中大夫。開皇元年，詔授太府卿。其年，/改封澤州安平郡開國公，尋轉司農卿。逢舜日[七]之光華，睹漢官之克復。國淵天府，粟衍泉流，自非/物望時材，何以當斯重寄。二年，詔授兵部尚書。其年，兼授太子右衛率。四年，詔知漕渠總副/監事。七年，兼右庶子，尋改授太子左衛率。國喉脣[八]治本，元凱[九]樞端，領袖宫僚，股肱儲衛。八年，判工部/尚書。其年，又判民部、刑部尚書事。十二年，授工部尚書。其年，授大將軍，衛率封如故。十八年，以君/王官積歲，承明倦謁，出内之宜，刺舉僉允，授浙州諸軍事、浙州刺史，大將軍封如故。政平訟理，威/申澤被。仁壽元年，遷授使持節總管洪吉江虔饒袁撫七州諸軍事、洪州刺史。行清明之化，播信/順之規。吏畏之如神明，民歸之若江海。時桂部侵擾，交川擁據，詔授公交州道行軍總管。方弘/九伐，遽縈千里。遘疾薨於州治，春秋六十有四。粤以三年歲次癸亥三月癸卯朔七日己酉，歸葬/於同州蓮芍縣崇德鄉樂邑里之山，謚曰安公，禮也。公樹德爲基，立言成訓，揚清以激濁，行古而/居今，韜難測之資，藴莫窺之量。存善無際，殁愛不忘，可謂具美君子矣。先遠協吉，厚夜戒期，祖奠/迎晨，徂芳送節。茫茫原野，前後相悲。冉冉春冬，榮枯遞及。世子會昌等，终身茹酷，畢世銜哀，感静/樹於寒泉，託沉銘於幽石。文曰：

岳峻基厚，流清源潔。動静無滯，方圓有折。舉直平心，連從掉舌。獨悲魏禪，終存漢節。駿發[十]克昌，申/甫[十一]貞祥。作鎮憂國，隼集鷹揚。遷都尊主，蛇輔龍驤。誕厥令胤，傳兹義方。一毛五色，一日千里。堤封/绝際，波瀾莫涘。天经至極，人倫终始。優學登朝，飛英擅美。鈎陳弈弈，陛衛森森。戎章重綰，侯服再/歆。端儲率校，掌庾司金。五曹遍歷，二部頻臨。沿洛泝江，風馳雨布。去嘆其早，来歌其暮。除惡伐林，/求賢開路。二嶺行涉，五溪將渡。閱世俄盡，觀生易终。泛舟川逝，推轂途窮。松阡暗日，柳駕摇風。郇/戈楚鼎，盛迹元功。

【注釋】

❶典君：典韋（?-197），陳留己吾（今河南商丘市寧陵縣己吾城村）人。建安二年（197），張繡背叛曹操，典韋爲保護曹操而獨擋叛軍，擊殺多人，但最終因寡不敵衆而戰死。軍中爲之語曰：『帳下壯士有典君，提一雙戟八十斤。』

❷秺侯：金日磾（前134-前86），字翁叔，初爲匈奴休屠王太子，兵敗投降，進入長安。金日磾以忠誠篤敬、孝行節操而聞名。後元二年（前87），漢武帝病重時，金日磾、霍光同爲顧命大臣，被封爲秺侯。

❸當扆：語出禮記·曲禮下：『天子當扆而立，諸侯北面而見天子，曰覲。』喻天子發號施令。

❹如綸：語出禮記·緇衣：『王言如絲，其出如綸；王言如綸，其出如綍。』形容君王講的話雖很細微，但却具有相當大的威力和作用。

❺欲渡河北，漢光與鄧禹計同：鄧禹，東漢人。在長安太學時與劉秀交好，劉秀後來起兵平定河北時，鄧禹曾追隨，成爲劉秀帳下參與决策最親信的謀士。

❻將涉江南，晋武共張華意合：張華，西晋人。晋武帝司馬炎欲滅東吴，朝中分爲主戰派與保守派，張華等人爲主戰派，支持司馬炎。

❼舜日：聖王舜在位的時期。比喻太平盛世。

❽喉脣：喻指宫廷中與帝王親近的重要職位。漢孔融衛尉張儉碑銘：『聖主克愛，命作喉脣。』

❾元凱：亦作『二元愷』，『八元八凱』的省稱。傳説高辛氏有才子八人，爲八元；高陽氏有才子八人，爲八愷。此十六人之後裔，世迹其美，不隕其名。後世以元凱指良臣、賢臣。

❿駿發：語出詩經·噫嘻：『駿發爾私，終三十里。』本指使民疾耕發其私田，後用以指迅速發達。

⓫申甫：周代名臣申伯和仲山甫的并稱。語出詩經·崧高：『維申及甫，維周之翰。』借指賢能的輔佐之臣。

【案】

誌主蘇孝慈，西魏曾任右侍中士、曠野將軍，北周任中侍上士、左勛衛都上士、持節車騎大將軍、右少司衛中大夫、司衛上大夫，隋代任太子左衛率、工部、民部、刑部尚書、浙州諸軍事、使持節總管洪吉江虔饒袁撫七州諸軍事、洪州刺史、交州道行軍總管等職。享壽六十四歲，葬於同州蓮芍縣（今渭南市北吝店鄉）崇德鄉樂邑里之山。北史卷七十五、隋書卷四十六均有傳。湖南省社會科學院歷史研究所藏有該墓誌光緒年间的原石拓本原拓蘇孝慈碑。學者毛健曾寫《原拓蘇孝慈碑》考釋一文，發表於 2014 年湖南科技學院學報第 7 期，可資參考。

據康有爲廣藝舟雙楫載：『蘇慈碑以光緒十三年（1887）出土，初入人間，輒得盛名。以其端整妍美，足爲干禄之資，而筆劃完好，較屢翻之歐碑易學。於是翰林之寫白摺者，舉子之寫大卷者，人購一本，期月而紙貴洛陽。』方若校碑隨筆稱：『光緒戊子（1888）夏，知縣張棨升於第卅一行「文曰」字下刻跋二行，後此跋又爲人鑿去。』今關中民俗藝術博物院所存者碑面完好，并無鑿痕，顯爲翻刻之石。原碑現藏陝西蒲城縣博物館碑廊。

六　大隋右光禄大夫豆盧世琮墓誌

大業八年（612）八月二十五日

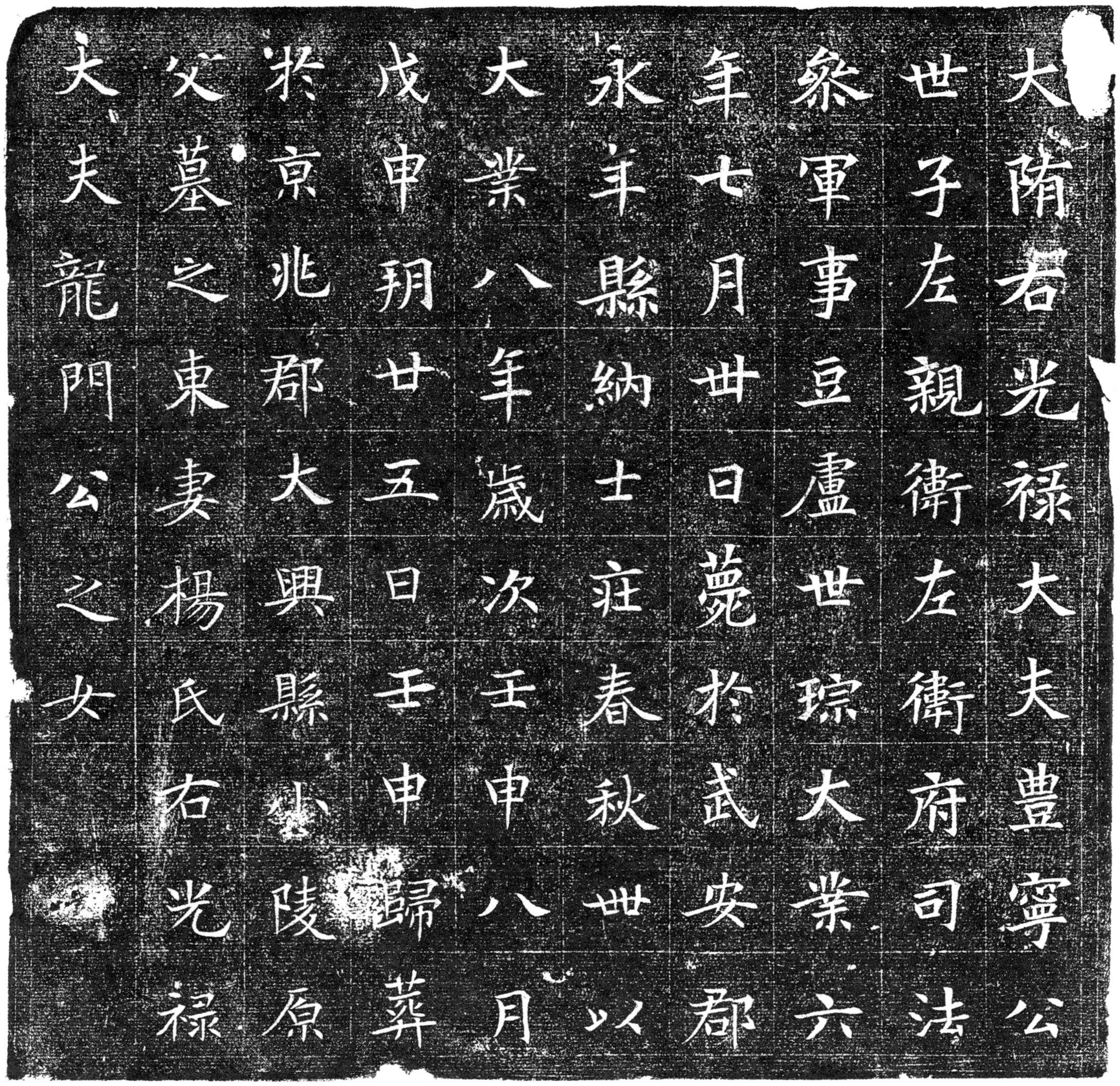

【誌文】

大隋右光禄大夫，豐寧公／世子左親衛左衛府司法／參軍事豆盧●世琮，大業六／年七月卅日薨於武安郡／永年縣納士莊，春秋卅，以／大業八年歲次壬申八月／戊申朔廿五日壬申歸葬／於京兆郡大興縣少陵原／父墓之東。妻楊氏，右光禄／大夫龍門公之女。

【注釋】

❶豆盧：原爲鮮卑族慕容氏的一支，後降北魏，賜姓豆盧（鮮卑語『歸順』之意）。

【案】

誌主豆盧世琮，隋任左衛府司法參軍事，卒於大業六年（610），享壽四十歲，葬於京兆郡大興縣少陵原。豆盧世琮史書無傳，周書卷十九有豆盧寧傳，豆盧寧爲北周柱國大將軍、大司寇，封楚國公。推測豆盧世琮當爲豆盧寧家族後代。

七　大唐才人田氏墓誌

武德四年（621）十二月八日

【誌文】

大唐才人田氏墓誌

才人姓田氏，雍州長安人也，其先出於虞舜。/戰國之世，王有營丘，自是以來，豪俊結轍，國/史所詳，可略言矣。祖起師，齊荆州刺史，竟陵/王。父貴洛，隱居不仕。才人年始髫亂，柔惠己/宣，甫及問名㊀，容華或茂。紃組之巧，過目必能；/絲竹之工，經耳斯妙，故能名高選首，寵冠時/倫。豈謂仁壽無徵，奄光朝露，以武德四年歲/次辛巳十一月廿二日遘疾卒，時年卅三。悼/感皇情，慟流宮掖。廿四日詔曰：宮人田/肅事壼闈，柔婉著稱。不幸夭喪，情兼悼愍，宜/加徽榮，式表哀榮，可贈才人㊁，禮也。以其年十/二月癸丑朔八日庚申，葬於雍州銅人鄉之/原，乃爲銘曰：

窈窕淑女，婉如清陽。鬒髮猶鑑，素質生光。言/從戚里，來侍椒房㊂。恩隆剪袖㊃，夢協徵香。白駒/何促，玄夜何長。佩馨留□，□□飄梁。空餘寶/鏡，無復朝妝。千秋□石，□□□章。

【注釋】

❶問名：古時締結婚姻的六道禮儀程式之一，男方遣媒人到女家詢問女方姓名與生辰八字，以占卜凶吉。儀禮·士昏禮：『昏有六禮，納采、問名、納吉、納徵、請期、親迎。』

❷才人：古代妃嬪稱號之一，始設於晉武帝司馬炎，沿用至明代。唐代才人爲正五品宮官，後升爲正四品。

❸椒房：指椒房殿，爲后妃居住之地。後以『椒房』指代后妃。

❹剪袖：形容受到皇帝特別的恩寵。典出漢書·董賢傳：『常與上卧起，嘗晝寢，偏藉上袖，上欲起，賢未覺，不欲動賢，乃斷袖而起。』

【案】

誌主田氏，爲唐高祖時宮人，卒於武德四年（621），享壽三十三歲，葬於雍州銅人鄉之原。銅人原，即陝西西安灞河以東的黄土台原，今稱洪慶原，在西安東南十公里。秦始皇統一天下後，收繳天下兵器，運往咸陽，鑄爲銅人十二，重各千石，均高三丈，置於阿房宮門前。西漢王朝建立後，移置於漢長安城的長樂宮大殿前。東漢末董卓曾下令將其中十尊鑿碎鑄成銅錢，後來魏明帝想把剩餘的兩尊運往洛陽，因爲太重，銅人離開長安不久就被遺棄在東郊的黄土原上，『銅人原』由此得名。

八　京師靈應觀主李法師墓誌銘并序

永徽元年（650）十月二十六日

【誌蓋】

大唐故靈／應觀主李／素芝法師／之墓誌銘

【誌文】

京師靈應觀主李法師墓誌銘并序

法師諱素，字素芝，渤海蓨人也。其先真人□□之裔，漢叶律延年之後，匠成万／物，㒎然象帝之先[一]；剖闢兩儀，獨秀太无之表。豈止唐史有如馬之談，在周致猶龍／之嘆[二]。是知不聖之後，隆慶鍾乎哲王；希徽之餘，素祉被乎仙骨。曾祖深，魏銀青／光禄大夫、散騎常侍、滄水郡太守、燕州刺史。祖悊，齊安德、永安二郡太守，入除魏尹，／薨贈開府儀同三司、滄瀛二州刺史。父粲，隨任復州長史，懋德冠乎當年，休譽／光乎身後。法師感少微之秀氣，資川岳之靈液，授彩丹穴，表性玄珠[三]，天光日融，嘉／猷遂遠，荆巖挺連城之璧[四]，漢浦孕照乘之珠[五]。夙尚玄風，慕夷皓[六]之節，年十有二，捨俗爲靈應觀道士。既闢衆妙之門[七]，爰泛上善之水[八]，至於龜臺陝典，鶴嶺寶經，洞玄／洞真之文，如雲如鳳之篆，莫不次第承露，晨霄吟咏。隋二代置玉清玄壇，遠徵秀／□，法師凝兹素範，遂膺弓旌[九]，高布靈壇，弘道爲務。洎乎大唐馭曆[十]，寓縣廓清，法／師□褐來儀，還居舊觀，摽挍法衆，即爲靈應觀主，仍爲靈應觀法師。但歲月淹深，／□□隳敗，高堂毻構，峻壁頹墉，法師率勵門徒，隨壞修理，遂使修廊概日，高閣凌／□，□厨豐厚，倉廪儲積。貞觀廿二年奉敕改觀，既至新所，更加營葺，基構嶷／然，□□爛目。法師迹符人事，心契環中[一一]，樞紐法門，驚策蒙俗。先皇帝敦尚玄風，緬／□至道，法師特應綸命[一二]，每蒙欽礼。至於五岳四瀆，名山大川，歲月不空，祠謁相／繼，法師屢照不疲，豈惟堂鏡；待酌終日，何止衢罇[一三]？恬淡坐忘，虚室生白，是以山林／江海之客，千里攸继；飲和味道之士，遠近填門。混彭殤之壽夭，齊椿菌[一四]之賒促，而／勞生數極，怛化[一五]運窮，憂患不形，始終齊貫；金鑪始轉，玉棺俄掩。隨笙哥而不返，駕／黄鶴以上賓，以永徽元年十月廿日奄然遷化。手足柔懦，顏色光鮮，仙傳所謂尸／解[一六]之仙，殆其然也。春秋五十有七，即以其年十月廿六日遷窆乎（於）雍州長安縣務／道鄉里中，樹之塋域。朝野軫悼，道俗崩摧，嘆人師之云亡，惜道門之梁壞。嗟／乎神凝太素，既厭穢於寰區；道契仙儔，乃膻臊於人伍。惟法師迴超方外，獨詣環／中，泯迹塵囂之中，夷情餔啜之内，綜神明之機要，履變化之坦塗。方應汲引生靈，／貽則長世，而藏山忽改，何往之速。嗚呼哀哉！門人弟子文總等，義光游夏[一七]，名高入室，對几莚而茹泣，瞻俄景而永慕，惟恐壁彩幽淪，珠光掩翳，思欲寄諸貞琬，詮紀／德音，乃爲銘曰：

隴西封達[一八]，廬江左慈[一九]，晦迹韜异，導俗匡時。處濁弥潔，／居涅□緇，翥翮仙府，人其再思。高風誰屬，伊人斯继，逸氣孤竦，神情迴邁。檳落囂／塵，夷情芝桂，探賾索隱，除疑釋滯。間闢時代，賓奉帝王，西祠華岳，東謁扶桑。摽／□法衆，吟咏洞章，修建靈宇，經營法堂。心叶无爲，迹均有待，隨機接濟，仁德斯在。／□振詞峰，波澄義海，猛敵摧膽，耶讎讋彩。高山忽頹，悊人長往，邈矣儀範，曷瞻曷／□。藏悲拱樹，霜雕宿莽[二十]，翥景仙宮，徒增想像。

【注釋】

❶象帝之先：指天地未判之前混沌的狀態。語出老子：『吾不知誰之子，象帝之先。』河上公注：『道自在天帝之前。』此言道乃先天地之生也。

❷猶龍之嘆：語出史記·老子韓非列傳：『孔子適周，將問禮於老子。……孔子去，謂弟子曰：「鳥，吾知其能飛；魚，吾知其能游；獸，吾知其能走。走者可以爲罔，游者可以爲綸，飛者可以爲矰。至於龍，吾不能知，其乘風雲而上天。吾今日見老子，其猶龍邪！」』

❸玄珠：比喻道的實體，或教義的真諦。莊子·天地：『黄帝游乎赤水之北，登乎昆侖之丘而南望，還歸，遺其玄珠。』

❹連城之璧：價值連城的美玉，比喻極珍貴的東西。語出史記·廉頗藺相如列傳：『趙惠文王時，得楚和氏璧。秦昭王聞之，使人遺趙王書，願以十五城請易璧。』

❺照乘之珠：戰國時魏惠王的寶珠，珠光能照亮前後二十四輛車子，後泛指珍貴的珠寶。典出史記·田敬仲完世家：『（齊）威王二十三年，與趙王會平陸。二十四年，與魏王會田於郊。魏王問曰：「王亦有寶乎？」威王曰：「無有。」梁王曰：「若寡人國小也，尚有徑寸之珠照車前後各十二乘者十枚，奈何以萬乘之國而無寶乎？」』

❻夷皓：伯夷和商山四皓的合稱。指代逃避亂世而隱遁的高節之士。

❼衆妙之門：形容道的微妙無形。語出老子：『道可道，非常道；名可名，非常名。無名天地之始。有名萬物之母。故常無，欲以觀其妙；常有，欲以觀其徼。此兩者，同出而异名，同謂之玄。玄之又玄，衆妙之門。』

❽上善之水：指最高的品德。語出老子：『上善若水，水善利萬物而不爭，處衆人之所惡，故幾於道。』

❾弓旌：古代徵聘之禮，用弓招士，用旌招大夫，後遂以『弓旌』泛指招聘賢者的信物。孟子·萬章下：『敢問招虞人何以？曰：「以皮冠，庶人以旃，士以旂，大夫以旌。」』

❿馭曆：指君主統治天下。樂府詩集·燕射歌辭二·北齊元會大饗歌：『大人馭曆，重規沓矩。』

⓫環中：圓環的中心，比喻空虚而無是非的境界。莊子·齊物論：『彼是莫得其偶，謂之道樞，樞始得其環中，以應無窮。』

⓬綸命：指天子的詔命。禮記·緇衣：『王言如絲，其出如綸。王言如綸，其出如綍。』

⓭衢罇：指在通衢大道設酒，行人自飲，後比喻仁政。淮南子·繆稱訓：『聖人之道，猶中衢而致尊邪：過者斟酌，多少不同，各得其所宜。』

⓮椿菌：比喻壽命長短懸殊。典出莊子·逍遥游：『朝菌不知晦朔，蟪蛄不知春秋……上古有大椿者，以八千歲爲春，八千歲爲秋。』

⓯怛化：語出莊子·大宗師：『俄而子來有病，喘喘然將死，其妻子環而泣之。子犁往問之，曰：「叱！避！無怛化！」』意謂人之死乃自然變化，不必驚擾他。

⓰尸解：爲道家用語，指修道者遺棄形骸而成仙。後漢書·王和平傳：『北海王和平，性好道術，自以當仙。濟南孫邕少事之，從至京師。會和平病殁，邕因葬之東陶。有書百餘卷，藥數囊，悉以送之。後弟子夏榮言其尸解，邕乃恨不取其寶書仙藥焉。』李賢等注云：『尸解者，言將登仙，假託爲尸以解化也。』

⓱游夏：指孔子的學生，子游與子夏。

⓲封達：封君達，漢魏間有名方士，隴西人，通曉醫術及養生，號『青牛道士』。

⓳左慈：東漢末年著名方士，廬江人，明五經，通星緯，擅道術，明六甲，號『烏角先生』。

㉚宿莽：指野草。屈原離騷：『朝搴阰之木蘭兮，夕攬洲之宿莽。』

【案】

誌主李素，字素芝，爲唐高宗時靈應觀法師，卒於永徽元年（650），享壽五十七歲，葬於雍州長安縣務道鄉。靈應觀，爲隋道士宋道標所立，唐時沿用，位於唐長安城北入啓夏門街東第五坊永崇坊東南隅。參見李健超增訂唐兩京城坊考第104頁。

九　隋故儀同三司資州長史田君夫人襄城郡君趙氏墓誌

永徽五年（654）二月六日

【誌文】

隋故儀同三司資州長史田君夫人襄城/郡君趙氏墓誌

夫人姓趙，諱摩耶，雍州高陵人也。其先造/父●之裔，趙國靈王之後，自秦并六國，遂遷/於開右。祖禰相襲，青紫代臻。夫人稟華昌/緒，資神妙氣，肅雍仁惠之/心，婉娩幽閑之/性，固以得之於自然，非由矜尚所及。自結/援大宗，作配良士，聿修婦德，蘋藻致誠，敬/事嚴姑，仁孝稱美。時逢多難，艱苦備嘗，鞠/養孩童，子孫成立。忽迫危痾，終於家第，春/秋八十有四。以今大唐永徽五年歲次甲/寅二月丁丑朔六日壬午，遷窆於同州下/邽縣渭陽鄉萬通里，合葬先夫之墓。嗚呼/哀哉，第五子行弼并嫡孫善積等，咀哀茹/痛，攀慕徒深，唯恐昆山向東，蓬萊變海，乃/勒石泉扃，以旌往烈，窮苦所記，有誌無詞。

【注釋】

❶造父：古之善御者，曾獻八駿於周穆王，能日馳千里，造父由此获賜趙城，爲趙氏始祖。

【案】

誌主趙摩耶，隋資州長史田君夫人，封襄城郡君，卒於永徽五年（654），享壽八十四歲，葬於同州下邽縣渭陽鄉萬通里。其夫田君無考，隋書卷七十四有田式傳，田式爲馮翊下邽人，周武帝時加開府儀同三司，隋文帝時拜襄州總管，不知是否與此田君爲同一人。

一〇　大唐故太府卿上柱國清河郡開國公楊府君墓誌銘并序

永徽五年（654）三月三日

【誌蓋】

大唐故太／府卿上柱／國清河郡／開國公楊／府君墓誌

【誌文】

大唐故太府卿上柱國清河郡開國公楊府君墓誌銘并序

公諱弘禮，字履莊，弘農華陰人也。系冥符（苻）於黄雀[1]，餘慶宿彰；疏遠派於赤泉[2]，靈源斯永。故能／門基迴構，與仙掌而齊高；世德相仍，共長河而比濬，豈直羽儀西漢、冠冕東都而已哉。曾祖／暄，周尚書、臨貞公，局量夷綽，機神雄爽，掩嵇松[3]而擢秀，鏘卞玉[4]而光朝。祖雰，周汾州刺史，贈／大將軍淮廣復三州諸軍事、三州刺史、臨貞忠壯公。氣蓋雲霄，聲華篆册，臨大節而彌固，□／貞心而詎移。考岳，隋雍州萬年縣令，望高單父，譽重太丘[5]，方嗣美於緇衣，竟淪華於墨綬[6]。□／滋芳蘭畹，蓄寶昆峰，識洞知十，器優寡二。逸調與風筠競爽，淑質將琬琰同温。登秋實於藝／場，艷春華於筆海。言必蹈禮，動不逾閑。專對符於日餘，賞鑒同於月旦[7]。弓彎貫葉，妙絶附枝。／翰寫臨池，巧窮垂露。既而鳴皋已暢，漸陸方騫[8]，望苑佇賢，春闈曠列。釋褐太子通事舍人。振／彩宫樞，美秩均於三署；告休儲禁，清宴光於四郊。尋封清河郡開國公，累遷兵部員外郎、兵／部郎中。起草騰華，屢入青縑之帳；握蘭超務，頻游丹漆之墀。俄轉中書舍人，遷兵部侍郎、中／書侍郎。五兵爰總，任切端闈[9]，尺一[10]攸司，任華綸閣[11]。參謀元愷[12]，必藉异人；貳職張、裴，咸資王士。／公之此授，是謂當仁。頃之遷司農卿，仍兼兵部侍郎。列棘崇班，騰規政首，含香近署，叶曜天／文。自非譽總士衡，聲高子復，求之前載，莫或兼司。龜月挺妖，城郭離貳，方誅姑翼，深佇常羅。／廿二年授昆丘道行軍副大總管。鹽澤疏源，鼓長波而沃日；昆峰發地，横峭壁而干天。金滿／城遥，玉關路阻，跨分流之絶隥，陟懸度之危巒。鶴陣頻開，龍韜數運，何止一日三捷，固亦所／向無前。旌旆所臨，凡平處月等六國，并獲名王入朝。豈若將軍擁節，空出白檀；校尉連兵，唯／屠赤谷。俄而司勛命賞，言酬定遠之功；胤子推恩，竟啓忿生[13]之邑。下詔封長子元嗣爲修／武伯，躬珪祚土，光裂壤於三河；玉樹滋榮，沐濯枝於兩葉。尋以邊方寄重，司牧任殷，徒綜六／條，言辭九列，出爲涇州刺史，遷勝州都督。棠陰[14]所及，瓠脯斯甘，雖羊祜[15]之督荆州，郭伋[16]之臨／并部，不之尚也。以永徽三年入爲太府卿。三市開厘，商侣臻凑。九土作貢，琛幣填委。鬻良背／竄，蚩眩克除。充帑盈藏，積滯斯在。務殷任重，於是允厘。方當訪道襄城，轥玄踪於七聖；經邦／揆路，紆緑綬於三槐。而白日不留，夜臺方永，黄扉未啓，泉户俄扃。永徽四年八月廿日遘疾／薨於長安縣延福里，春秋五十六。贈兵部尚書、使持節、都督蘭河濡鄯郭緣七州諸軍事、蘭／州刺史。五年三月三日遷窆於萬年縣少陵原，禮也。惟公操履貞固，風尚凝邈，幼挺明珠之／目，早擅如璋之美。游其室者，如賀雀之仰翔鵾；挹其波者，似河馮之宗海若。金匱瑤壇之説，／迴鏡心源；蘭臺石室之文，洞緘靈府。故能頡頏多士，謨明庶績，入光列寺，出總中權。翼垂拱／於薰琴，暢棱威於葱極，駢衡吕邵，叶契伊皋。既而廣柳晨移，吟笳曉引，松門納駟，寧闢飛蓋／之游；薤露悲歌，弥增埋玉之慟。式鐫芳懿，乃作銘云：

三秦寶地，九府神京，里標台衮，世／載公卿。尚書挺秀，忠壯馳英，重輝照廡，叠耀連城。篤生髦杰，家聲嗣響，育慶龍門，資靈仙掌。／器宇明澈，神情散朗，際日孤騫，千雲直上。温温碩德，亹亹高風，芝蘭馥性，水月清衷。譽標岐／嶷，業擅該通，藻鮮秋景，談秀春叢。爰初漸陸，濯纓登仕，鶴禁龍扃，鷄林鳳水。騰華演藹，馳芳／扇美，貢職禮闈，獻規天扆。黄綸夜受，絳節晨征，圖雲起陣，寫月開營。銷氛鹽澤，卷旆金城，／勛超定遠，績茂長平。涣發紫泥，榮加皂蓋，千里胥悦，百城緊賴。典郡惟良，端州稱最，化高／鳳集，仁深鸞翽。年催激矢，世急奔流，高春徙照，巨壑移舟。始臨分棘，詎列行楸，寂寥人代，零／落山丘。池館荒凉，琴樽已矣，痛深壞木，哀纏罷市。鳥思山空，松悲風起，桑田徒變，蘭芬無已。

【注释】

❶系冥符（苻）於黄雀，漢太尉楊震爲官正直，不屈權貴，屢次上疏直言時政之弊，因而被中常侍樊豐等所忌恨。後遭彈劾罷免，被遣返回鄉，途中飲鴆自盡。葬時，有大鳥高丈餘，集於墓前，俯仰悲鳴，淚下沾地，葬畢乃飛去。當時連有災异，人皆以爲楊震冤死，上天有感。

❷赤泉：西漢楊喜，因追殺項羽有功，漢高祖劉邦封其爲赤泉侯。

❸嵇松：指嵇康風姿挺秀如松。典出世説新語·容止：『山公曰：嵇叔夜之爲人也，巖巖若孤松之獨立。』

❹卞玉：指楚人卞和所獻的寶玉。典出韓非子：『楚人和氏得玉璞楚山中，奉而獻之厲王。厲王使玉人相之。玉人曰：「石也。」王以和爲誑，而刖其左足。及厲王薨，武王即位。和又奉其璞而獻之武王。武王使玉人相之。又曰：「石也。」王又以和爲誑，而刖其右足。武王薨，文王即位。和乃抱其璞而哭於楚山之下，三日三夜，泣盡而繼之以血。王聞之，使人問其故，曰：「天下之刖者多矣，子奚哭之悲也？」和曰：「吾非悲刖也，悲夫寶玉而題之以石，貞士而名之以誑，此吾所以悲也。」王乃使玉人理其璞而得寶焉，遂命曰「和氏之璧。」』

❺單父、太丘：春秋魯邑，孔子弟子宓子賤爲單父宰，甚得民心，孔子美之。太丘：東漢沛國地名，陳寔曾任太丘長，有德政，百姓安居樂業。後來常用單父、太丘指代有政績的地方官員。

❻緇衣、黑綬：古代用黑色帛做的朝服。詩·鄭風·緇衣：『緇衣之宜兮，敝予又改爲兮。』毛傳：『緇，黑色，卿士聽朝之正服也。』後用緇衣指代朝中重臣。墨綬：結在印紐上的黑色絲帶，漢代縣令、縣長皆銅印墨綬，後以墨綬指代縣令。

❼月旦：即『月旦評』，東漢末品評人物風氣盛行，名士許劭和許靖都喜歡品評人物，每月一换品題，稱爲『月旦評』。後泛指品評人物。

❽鳴皋、漸陸：出自詩經·鶴鳴：『鶴鳴于九皋，聲聞于天』；漸陸：出自詩經·九罭：『鴻飛遵陸』。均比喻奮發有爲，志向遠大。

❾端闈：指朝廷。

❿尺一：古時詔板長一尺一寸，故稱天子的詔書爲尺一。

⓫綸閣：唐代中書省乃爲皇帝起草詔令之地，典出禮记·緇衣：『王言如絲，其出如綸。』

一二元愷：即『八元八愷』，指古代十六個善良、和順、有才德的賢臣。八元即高辛氏的才子八人：伯奮、仲堪、叔獻、季仲、伯虎、仲熊、叔豹、季狸。八愷即高陽氏的才子八人：蒼舒、隤、檮戴、大臨、龍降、庭堅、仲容、叔達。後世常以此作爲賢臣的典故。

一三忩生：即蘇忩生，西周開國功臣之一，與周公、召公齊名。爲王族，因封于蘇，故稱蘇忩生，善决獄。

一四棠陰：典出史記·燕召公世家，西周時召公出巡鄉邑，害怕影響農事，在甘棠樹下聽政斷獄，召公死後，人們留着甘棠樹不砍，并作甘棠詩以懷念他。後用甘棠稱頌官吏的惠政。

一五羊祜：三國魏末西晋初泰山南城人，字叔子，入晋，拜尚書左僕射，官至征南大將軍，封南城侯。在官清儉，有政績。

一六郭伋：東漢初年人，扶風茂陵（今陝西興平）人，拜雍州牧，御邊有方。

【案】

誌主楊弘禮，出自弘農楊氏，舊唐書卷七十七、新唐書卷一〇六有傳。楊弘禮之父楊岳，乃隋代權臣越國公楊素之弟，楊岳與楊素之子楊玄感不和，嘗密上表稱楊玄感必爲亂。及楊玄感起兵失敗後伏誅，楊岳亦受牽連被殺，楊弘禮遇赦。入唐後，楊弘禮頗受器重，襲封清河郡公，拜太子通事舍人。太宗征遼東，楊弘禮拜兵部侍郎，專典兵務。後拜中書侍郎，遷司農卿，充昆丘道副大總管，節制諸軍征討龜茲，凱旋。因與大臣不和，出爲涇州刺史，改授勝州都督，遷太府卿。卒於永徽四年（653），享壽五十六歲，葬於長安萬年縣少陵原。王慶衛有唐貞觀二十二年昆丘道行軍再探討——以新出《楊弘禮墓誌》爲中心一文，發表在魏晋南北朝隋唐史資料第三十五輯（2017年7月，138-152頁），可以參考。

二一　大唐故使持節鄆州諸軍事鄆州刺史上護軍鮑使君墓誌

永徽五年（654）十月三十日

【誌蓋】

大唐故／鄆州刺／史鮑府／君墓誌

【誌文】

大唐故使持節鄆州諸軍事鄆州刺史上護軍鮑使君墓誌

君諱安民，字正俗，東海郯人也。纂夏疏源，自杞國而分緒；居齊服寵，錫鮑邑而稱姓。升台變／曜，太尉摛芳於漢朝；擐胄圖庸，將軍播名於晉册。華基峻伐，可略言焉。曾祖幾，梁尚書水部／郎、太學博士、湘東王記室、諮議參軍，文廿卷。祖宏，梁邵陵王國左常侍、周直省學士、大御正、／大御史、隋開府儀同三司、邛利均三州刺史、平遙縣開國公，集廿卷。并體韻清恬，志局弘隱，／枕籍墳典，城池儒墨，或握蘭[一]膺務，聲振中臺[二]，或分竹[三]宣條，績高良牧。父元寬，周符璽上士、隋／虢州長史、朝請大夫、平遙公世子，風度詳遠，器業沉濟，孝實天資，忠非外獎，出内之美，光於／搢紳。君憑慶濬發，禀靈間起，體純固而凝善，運柔嘉以成性，克岐之秀，粤自褓辰；通理之奇，／昭乎綺日。伏膺儒肆，探九流之秘典；摛藻文場，挹四始[四]之芳義。惟幾之用，苞雅量於情田[五]；成／務之規，總多能於智府。隋開皇中，以衣冠子孫，准敕任右勛衛。仁壽初，應詔被舉，補韓□□／倉參軍。未幾，以祖母年登，解職歸侍。屬炎靈不競，天下版蕩，韜光踠足，用俟明時。及鑣／宫[六]錫命，聖人有作，攀鱗附翼，思立殊効。義旗初建，授通議大夫，龍崗公段倫召補／藍田道行軍總管府司騎，仍監造城南攻具。平城之後，進授金紫［光］禄大夫，賚帛三百匹。至武／德三年，襄邑王出鎮歧州，以君爲平道軍佐。未幾，詔副中書舍人王弘讓爲黄州道招／撫大使，尋而弘讓身亡，仍即總知使事，招撫江嶺，得五十餘州。時輔公祏苞藏禍心，潛圖叛／逆，君見機制變，因馳驛入京。高祖以君綏撫有方，厚加勞問，授員外散騎侍郎，賜帛卌／匹。又密奉詔經營江表，所擬都督、刺史，并依君定。于時國步初康，方隅尚阻，輔祏叨名／楊部，林弘竊号虔州，江左遺黎，并從妖僞。君乘機奮擊，應時除翦，凶渠授首，江表廓清，元帥／趙郡王以君忠績可嘉，策勛居最，詔加上大將軍，賜物二百段并口馬等。七年，授南昌／州刺史。去襜勵術，洗幘凝化，體敦茂以經器，總明謨而軌物。貞觀初，除榮州刺史。八年，授中／大夫，守深州刺史。又遷太中大夫，守淄州刺史。一圻奥壤，六條厚寄，頻移皂蓋[七]，屢擁丹車。始／革弊以翻訛，遽勝殘而去煞。载迴宸聽，徙授名藩。廿三年，轉鄆州刺史。席羊昭儉，佩犢[八]／流惠，恩如冬日，威勵秋霜，濟獷俗以淳和，反澆情於端慤。豈直歌流西蜀，嘯坐南陽[九]而已哉。／方謂三欒靡忒，九丹斯驗，坐殷庠而薦道，擊唐壤以諧歡。豈意積善徒欺，浮生遽促，不遇西／山之藥，奄随東逝之川。春秋七十有七，以永徽四年十一月廿六日遘疾，薨於州廨。有／詔贈物卌段，仍給靈轝傳乘，遞送還京。惟公宇量淹凝，風韻遒朗，綵潤虹璧，價逸龍珠。孝實／基忠，率由而至，仁能拯物，因心必盡。若乃謙恭之操，儉約之風，求諸古人，無謝前哲，故得登／庸五紀，宦歷二朝，亟典戎機，頻膺刺舉，聲芬帝里，譽浹藩隅，可謂令問令望，有始有卒者矣。／粤以五年歲次甲寅十月癸卯朔卅日壬申，窆於雍州郭西神泉鄉，禮也。去蓋雲飛，孤旌風／曳，屯介騎於巖野，咽繁笳於寒隧，楊路切而曾猋吟，松庭黯而斜光翳，刊令迹於重壤，庶終／古而無替。其銘曰：

相齊公族，錫鮑疏源，綿綿慶緒，弈弈高門。記室才絢，平遙德尊，懿哉顯考，言行斯温。矯矯通／英，迢迢峻峙，取憲圓魄，儀芳幽芷。駕道緝義，游儒綜史，翰苑摛華，談叢鏡理。爰初筮仕[十]，早涉／清資，時逢乱政，運偶昌期。言參霸府，撫翼崇基，功宣嶺嶠，績著江湄。睠彼奥區，惟兹勝壤，帝／求良牧，我膺俞往。火息歸猋，雨随車兩，亟收甿譽，屢光朝獎。悲泉促晷，春陰息駕，孰謂輔仁，／俄嗟怛化。寞寞窮壤，沉沉厚夜，峻範猶存，清儀永謝。

【注釋】

❶握蘭：指皇帝左右處理政務的近臣。

❷中臺：指尚書省。

❸分竹：給予作爲權力象徵的竹使符，謂封官授權。

❹四始：這里指代詩經。史記・孔子世家：『關雎之亂以爲風始，鹿鳴爲小雅始，文王爲大雅始，清廟爲頌始。』

❺情田：指心地。禮記・禮運：『故人情者聖王之田也，修禮以耕之，陳義以種之，講學以耨之，本仁以聚之，播樂以安之。』

❻鑣宮：相傳爲商湯承受天命之所，引申爲皇宮。

❼皂蓋：古代官員所用的黑色蓬傘。後漢書・輿服志上：『中二千石、二千石皆皂蓋，朱兩轓。』

❽佩犢：喻棄官務農。漢書・循吏傳・龔遂：『遂見齊俗奢侈，好末技，不田作，乃躬率以儉約，勸民務農桑……民有帶持刀劍者，使賣劍買牛，賣刀買犢，曰：「何爲帶牛佩犢！」』

❾嘯坐南陽：形容地方官員風度閑雅，超脱俗務。典出後漢書・黨錮列傳：『後汝南太守宗資任功曹范滂，南陽太守成瑨亦委功曹岑晊，二郡又爲謠曰：「汝南太守范孟博，南陽宗資主畫諾。南陽太守岑公孝，弘農成瑨但坐嘯。」』

❿筮仕：古人將做官時必先占卜問吉凶，故後稱剛做官爲『筮仕』。左傳・閔公元年：『初畢萬筮仕於晉。』

【案】

誌主鮑安民，卒於永徽四年（653），享壽七十七歲，葬於雍州郭西神泉鄉。新、舊唐書無傳，墓誌所載，可以補史之闕。其祖父鮑宏，曾任北周直省學士、大御正、大御史、隋開府儀同三司、邛利均三州刺史，封平遙縣開國公，北史卷七十七、隋書卷六十六有傳。

尋而弘讓身亡仍即捴知役事拓撫江嶺得五十餘州時輔公祏
機制變曰馳驛入京　　高祖以君綏撫有方厚加勞問授貢外
奉　　詔經營江表所捉都督剌史並依君之子時國步初康方
弘竊号虔州江左遺黎並從妖偽君乘機奮擊應時除翦兇渠授
以君忠績可嘉策動居寘　　詔加上大將軍賜物二百段并口
去稽勵術洗情疑化體數茂以經器捴明謨而軌物貞觀初除滎
深州剌史又還大中大夫守潘州剌史一圻奧壤六條厚寄頻移
翻訛還勝殘而去煞載迴　　宸聽從授名藩廿三年轉鄭州剌
如冬日威勵秋霜齊猶俗以浮和及澆情於端愁豈宜歌流西蜀
樂靡償九丹斯驗坐殿席而濤道擊唐壞以詔歡豈意積善徒歎
奄随東進之川春秋七十有七以永徽四年十一月廿六日遘疾
世段仍給靈輿傳乘通送還京惟公宇量淹凝風韻遒朗絲潤虹
由而至仁能旅物曰心必盡若乃謙恭之操儉約之風求諸古人
官歷二朝忝典戎機頻膺剌舉聲彰帝里譽決藩隅可謂今問令
年歲次甲寅十月癸卯朔卅日壬申窆于雍州郭西神泉鄉禮也
騎於嚴野咽繁笳於寒滻楊路切而曾猋吟松庭黯而斜光翳刊
朁其銘曰

一二　大唐故鄆州刺史鮑府君夫人何氏墓誌銘

永徽六年（655）十二月十一日

【誌蓋】

大唐故鄆／州刺史鮑／府君夫人／何氏墓誌

【誌文】

大唐故鄆州刺史鮑府君夫人何氏墓誌銘

夫人諱毗伽，字十力，盧江灊人也。地緒增華，祚桐珪而表慶；門基叠／巘，應金册以摛祥。新野豪宗，啓椒房而凝暎；成陽世胄，坐槐路而騰／芬。异本齊榮，分苗合穎，詳諸史牒，可略言焉。曾祖瑚，梁臨川王國郎／中令、羽林監。祖通，陳宣城郡丞。并體膺具美，道亞其神，秀質干霄，澄／瀾括地。父稠，隋太府卿少府監、左屯衛將軍、光禄大夫、皇朝軍／器監散騎常侍、盧江節公，董茲禁旅，譽重鈎陳，任總尚方，聲高列棘。／夫人生於貴里，長自膏腴，言行冥資，幽閑夙著。披文輒誦，非推董祀／之妻；體物俄成，無謝王凝之婦[一]。神情冰澈，淑質霞標，寶曆圖星，光含／曉婺；愁眉約月，影麗初娥。而玉水韜華，卒致秦城之價；璇流蓄寶，終／爲魏乘之珍。由是仰叶乘鸞，倏延禽鷹，甫逾二七，仍事言歸。體惟鵲／而宣規，聞初雞而致恪。外毗分竹，內馥滋蘭。弘潔齊以標勤，勵冰霜／以植操。雕梁比翼，方儷影於仙禽；寶匣騰芒，忽分暉於雄劍[二]。夜川長／逝，晝哭逾哀。撫文伯而流矜，顧潘岳而興誡。所冀風枝輟響，永慰棘／心，豈謂若木馳光，俄晞薤露。以永徽六年九月廿九日薨於京師居／德里第，春秋六十有九。惟夫人地美邢姨[三]，行光杞婦[四]，韶姿綽約，神用／貞明。識洞真如，心弘喜捨，託慈舟而迴濟，味甘露而餐和。斷織[五]窮訓／子之方，長延極抱孫之慶，方欣就養，遽閲寒泉。同穴有期，靈輀就引。／以其年十二月景申朔十一日景午合葬於雍州神泉鄉馬午原，禮／也。原野□茫，風雲蕭索。局斯驂於轅驥，颺仙禽於蓋鶴。結苦霧之沉／沉，晦輕煙之漠漠。紀聲芳於泉壤，懼推遷於舟壑。其詞曰：

梁閨韞德，冀野馳芳，豈若琚瑀，作配珩璜。精分夜魄，色豔朝梁，鳴梭／振綺，轉珮騰鏘。聲和琴瑟，操潔冰霜，凝暉晝雉，儷影儀皇。宣規中饋，／贊美惟良，外毗雲鶴，內穆河魴。馳誠柰菀，翹首花光，浮生易謝，斯樂／難常。雙鴛墜翼，兩劍摧芒，新封鞠草，舊帳淪香。哀纏紫棘，悲興白楊，／式鐫懿範，永播無疆。

【注释】

❶董祀之妻、王凝之婦：喻指古代的才女。『董祀之妻』指東漢末蔡邕之女蔡文姬，妙著音律，嫁給董祀；『王凝之婦』指東晋謝道韫，嫁給王凝之。

❷雄劍：指春秋吴國干將所鑄二劍之一，二劍一名雄劍，一名雌劍，後常以雌雄劍比作夫妻。

❸邢姨：典出詩經·碩人：『邢侯之姨，譚公維私。』指春秋時衛莊公夫人莊姜。後因以『邢姨』稱高貴的夫人。

❹杞婦：指杞梁妻，即孟姜女。語出禮記·檀弓下：『齊莊公襲莒於奪，杞梁死焉。其妻迎其柩於路，而哭之哀。莊公使人弔之，對曰：君之臣不免於罪，則將肆諸市朝而妻妾執；君之臣免於罪，則有先人之敝廬在，君無所辱命。』

❺斷織：典出汉代劉向列女傳·鄒孟軻母：『子之廢學，若吾斷斯織也。』比喻母親督子勤学。

【案】

誌主何毗伽，爲鄆州刺史鮑安民夫人，鮑府君卒於永徽四年（653）十一月，夫人卒於永徽六年（655）九月，两人合葬於雍州神泉鄉馬午原。

據徐畅唐萬年長安縣鄉里村考訂補一文（唐史論叢第二十一辑），長安縣有神泉鄉馬祖原，在今西安市南郊山門口鄉音堂村，不知墓誌所载之雍州神泉鄉馬午原與此是否爲同一地。

人諱毗伽字十大廬江灊人也地緒增暉祖桐珪而表慶門
應金冊以摛祥新野豪宗啟樹房而疑暎成陽世胄坐槐路
異本齊榮分苗合穎詳諸史牒可略言焉曾祖湖梁臨川王
令羽林監祖通陳宣城郡丞並體齊具美道亞其神秀質千
括地父稠隨太府鄉少府監左衛將軍光祿大夫 皇
監散騎常侍廬江節公董茲禁掖譽重鈞陳任總尚方聲高
人生於貴里長自膏腴言行冥資幽閑夙著披文輒誦非推
妻體物俄成無謝王凝之婦神情冰澈質霞標寶靨畐星
婆愁眉約月影麗初娥而玉水韜華卒致秦城之價琁流蕊
魏乖之弥由是仰叶乖鸞倏延禽鷹甫踰二七仍事言歸體
亘規聞初雜而致恪外毗分竹內顏滋蘭弘潔齊以標勤勵
植操周梁比翼方儷影於仙禽寶匣騰芒忽分暉於雄劍夜
晝奭逾哀撫文伯而流矜顧潘岳而興誡所冀風枝輟響永
豈謂若木馳光俄晞墜露以永徽六年九月廿九日薨于京
里第春秋六十有九惟夫人地美邢姨行并杞婦韶姿綽約
明識洞真如心弘喜捨託慈舟而迴向齋味甘露而飡和斷

一三　大唐太子左衛率府郎將辛君墓誌銘并序

顯慶三年（658）正月十三日

【誌蓋】

大唐太子／左衛率親／衛府郎將／辛君墓誌

【誌文】

大唐太子左衛率府郎將辛君墓誌銘并序

前禮部郎中李□撰

君諱謂，字，隴西狄道人也。繕爲孝子，至性通幽；毗爲忠臣，英規動俗。自／斯已降，名流継軌，芬藹圖牒，可得詳焉。曾祖伯鸞，魏使持節、柱国大將軍、開／府儀同三司、濟北平原二郡守、秦冀二州刺史、左光禄大夫、散騎常侍、鴻臚／卿、陽城郡開國公，食邑一千二百户。祖弁，魏持節、輔國將軍、新豐縣開國男，／周賜姓宇文氏，拜使持節、驃騎大將軍、開府儀同三司，歷華陽郡守、勛絳□／三州刺史、綏化縣開國侯，食邑二千户。父謙，周曠野將軍、殿中司馬、中外□／鎧曹參軍，遷大都督、前將軍、司右上士，隋拜高密郡太守，封始新縣開國子，／食邑四百户，遷兖州司馬。君門承伐閱，世著英賢，聞德漸訓，依仁據禮，信□／期友，孝以事親，言必可覆，行無貳過。至於騎射之藝，書劍之工，盡妙窮神，見／奇鄉塾。隋大業末，起家爲右親侍，屬天下喪亂，於長安固守。既而天厭昏德，／歸我聖期。高祖底義參墟㊀，蕩平京邑，君攀附鱗翼，即事叡藩，爲秦王／府親衛，以從征之効，加儀同，授莫府勛衛隊正。仍奉教於細作坊檢校，兼／預祇承機密。貞觀元年，遷左翊衛府旅帥，以丁内憂解職。服闋，授左翊衛校／尉，即於南北牙長上供奉，又奉别勅於樂正門，檢校息隱巢剌㊁二王妃院／。十年，加游擊將軍，守右侯率府、石井府别將。明年，授蜀王帳内府副典軍，／加上騎都尉。未幾，轉左衛辅德府果毅都尉。永徽元年，遷陳王親事府副典／軍，又加輕車都尉。三年，除太子左衛率親衛府左翊軍郎將。佩弭猿巖，始陪／游於帝子；要鞬鶴籥，俄底節於儲坊。忠肅之志無虧，恭懿之誠弥著。豈謂／浮生不借，麥丘之祝㊂空傳；隙駟難留，蒿亭之駕旋及。春秋七十有二，奄以六／年八月廿五日遘疾，終於萬年縣翊善之里。嗣子元貞等奉遵先志，粤以／顯慶三年歲次戊午正月甲申朔十三日景申，及祖父母同遷窆乎雍州／高陵縣臨涇鄉臨涇里涇陽之原，禮也。挽鐸初警，靈輴載路，風旐飄丹，霜驂／結素。背長闉以斜指，截嚴郊而迴度。落葉盡而寒山空，松柏吟而高原暮。勒／貞芬於泉室，庶終古而垂衮。其銘曰：

舄弈㊃綿緒，訏謨㊄景命。鍾鼎連華，珪璋叠暎。誕生時杰，攸稱水鏡。如彼春茗，□／芬獨盛。如彼秋魄，濯彩孤浄。允德莊情，基忠砥性。宅義圖勇，乘剛迪正。結髮／從宦，登朝策名。戎昭底績，禦侮勒誠。鸞臺荷眄，鶴禁升榮。俄悲促晷，遽掩佳／城。泉深景翳，□□魂□。霜飛嚴野，霧黯疏瑩。唯餘翠石，獨紀芳聲。

【注釋】

❶底義參墟：指唐高祖李淵山西起義。參墟，指當今山西、河南。左傳·昭公十五年：『唐叔受之，以處參虛。』

❷息隱、巢剌：玄武門之變後給予李建成和李元吉的謚號。

❸麥丘之祝：爲祝壽之詞。典出韓詩外傳，桓公追逐白鹿到麥丘遇見八十三歲的老人，桓公請老人祝福自己能和他一樣長壽。

❹舄弈：光耀、顯耀。

❺訏謨：遠大宏偉的謀劃。詩·大雅：『訏謨定命，遠猶辰告。』

【案】

誌主辛諤，曾任太子左衛率府郎將，隴西狄道人。卒於永徽六年（655），享壽七十二歲，葬於雍州高陵縣臨涇鄉臨涇里涇陽之原。辛諤正史無傳，墓誌可補史載之闕。

儀同三司濟北平原二郡守秦冀二州刺史左光祿大夫散騎常侍
陽城郡開國公食邑一千五百戶祖弁魏持節輔國將軍新豐縣開國
賜姓宇文氏拜使持節驃騎大將軍開府儀同三司歷華陽郡守動絳
州刺史綏化縣開國侯食邑二千戶父諱周曠野將軍殿中司馬中外
曹參軍遷大都督前將軍司右上士隨拜高密郡太守封始新縣開國
邑四百戶遷兗州司馬君開承伐閥著英賢聞德漸訓依仁據禮信
文孝以事親言必可覆行無貳過至於騎射之藝書劒之工盡妙窮神
鄉塾隨大業末起家為右親侍屬天下喪亂於長安固守既而天厭民
我　聖期　高祖應義參墟蕩平京邑君攀附鱗翼即事歆藩為奉
親衛以從征之効加儀同授莫府動衛隊正仍奉　教於細作坊檢校
徑承機密貞觀元年遷左翊衛府旅帥以丁內憂解職服闋授左翊衛
[illegible]於南北孑長上供奉又奉別勅於樂正門檢校息隱巢剌二王妃
[illegible]加游擊將軍守右虞候率府石井府別將明年授蜀王帳內府副典
[illegible]騎都尉[illegible]轉左衛輔德府果毅都尉永徽元年遷陳王親事府副
文加輕車都尉三年除太子左衛率親衛府左翊軍郎將佩翎猿巖始
於　帝子要鞬鶴籥儀底節於儲坊忠肅之志無虧恭懿之誠彌著嘗
生不借嵩岳之祝空傳隙駟難留蒿亭之鶴旋及春秋七十有二奄以
八月廿五日遘疾終於萬年縣翊善之里嗣子光興等奉遵先志

一四　大唐故致仕宣威將軍金紫光禄大夫柱國會稽公尹府君墓誌

龍朔元年（661）五月二日

【誌蓋】

大唐故致仕／宣威將軍金／紫光禄大夫／柱國會稽公／尹君墓誌銘

【誌文】

大唐故致仕宣威將軍金紫光禄大夫柱國會稽公尹府君墓誌

君諱毗，字略，隴西天水人也。其先即帝嚳之苗、唐堯之弟尹成侯／之後，在殷爲相國，在周爲大夫，仕漢即司徒、太尉、録尚書，入苻乃／尚書左僕射。或宏圖佐命，播美於殷周；儒術當時，冠蓋於苻漢。魏／晋以降，英賢踵武。祖嵩，周使持節、驃騎大將軍、秦岐涇等十州諸／軍事、秦州總管、大鴻臚卿、太子瞻事、太子少保、天水公。父寬，隋使／持節、驃騎大將軍、渝上河等三州諸／軍事、內江總管、太常卿、懷仁／公。君承藉華茂，弱冠登朝，以開皇十五年詔授太子舍人，年始／十四。既幼辟强之歲，又小洛賓之年●，遂能容止可觀，進退可度，州／閭鄉黨莫不雅其清高，朝廷公卿皆願通友。至廿年，太子被廢，退／歸私第。大業七年，改任左勛侍，尋爲仓府兵曹。武德元年，／詔授金紫光禄大夫、卅五府車騎將軍。三年，轉任北軍總管，檢校／秦州刺史、會稽縣開國公。貞觀十七年，詔授明威將軍、鄜邑府／折衝都尉。永徽元年，表請致仕，蒙授宣威將軍、柱國，封爵如故。以／顯慶四年六月廿六日遘疾，薨於永嘉第，春秋七十八。夫人寇氏，／上谷人也。祖洛，周侍中、尚書令、太尉、京兆公。父斌，隋武邑公。昌緒／蟬聯，洪源馮弈，淑德淑慎，女誡無違。豈期天道輔仁，於焉頓爽？以／顯慶六年二月十三日遘疾，薨於永嘉第，春秋七十四。以龍朔元／年五月二日合葬於萬年縣赤岸之原，

供葬所須，并蒙官給；至於／賵賻❷，禮無孑遺。天地悠長，陵谷遷貿❸，不刊玄石，何寘芳徽？乃爲銘／曰：

清源游遠，峨基寔峻，累葉公卿，英華是進。惟忠與孝，植君之門，猗／歟會稽，禮儀之君。夫人瓌琦，令美前姬，巫山詎比，漢水依稀。淑德／芬芳，女誡之師，緣兹懿德，寶劍雙馳。夜臺孤月，松檟蕭森，空嗟薤／露，桂覆蘭沉。

【注釋】

❶洛賓之年：指十五岁。劉向列仙傳曰：『王子喬，周靈王太子晋也。好吹笙，作鳳鳴。游伊、洛間。』竹書紀年云：『晋平公使叔譽聘於周，見太子晋，與之言，五稱而三窮。告平公曰：「太子行年十五，而譽弗能言，君請事之。」』沈約安陸王碑：『蓋同王子濱洛之歲，實唯辟疆侍從之年。』

❷賵賻：因助辦喪事而以財物相贈。

❸陵谷遷貿：指變易更改。任昉爲范始興作求立太宰碑表：『藏之名山，則陵谷遷貿，府之延閣，則青編落簡。』

【案】

誌主尹毗，曾任宣威將軍，隴西天水人。卒於顯慶四年（659），享壽七十八歲，葬於萬年縣赤岸之原。尹毗及其祖尹嵩、其父尹寬正史均無載，墓誌可以補史之闕。

一五　唐故遂州長史何府君墓誌銘并序

龍朔三年（663）十月十七日

【誌文】

唐故遂州長史何府君墓誌銘并序

公諱璋，字蒨玉，廬江灊人也。自紫符遷構，丹極居尊，公之嚴考，仕於天邑，故復爲雍州醴/泉人焉。若乃肇迹西周，鬱岐巖之峻阯；導源東晋，激汾水之曾瀾。駢茅土以崇榮，累珪符/而曄寵。循襟夐識，題聖武於潛姿；由衷奉孝，嫉步兵於弛德。固以照遐縢而鏤美，凝逸繪/以跪芳者焉。曾祖瑚，梁臨川靖惠王國郎中令、司徒主簿、征北諮議參軍、羽林監，迥概臨/天，冲姿控物，詞雕辯宋，横令問於蘭宫；思縟文鄒，亘徽名於竹苑。祖通，陳員外散騎常侍、/臨川王諮議參軍、廣安侯，奉柔行己，立誠居業，早縻榮秩，馭丹軿於華藩；晚陟清階，泛玄/緌於繡闥。父稠，皇朝散騎常侍、行少府少監、廬江節公，妙器冲博，邃量弘遠，動叶仁規，/言發貞辞，寵授光於峻位，獻納毗於睿德。公禀慶澄和，資靈藴粹，朗荆辉於茂質，懸魏/照於重襟，貌肅而行愿，志温而性直。通微之鑒，發自髫辰；識務之機，著於紈歲[一]。甫年弱弁，/夙揚奇彩，式以華宗，載紆宸矚[二]，遂奉勑學書於内省，習業於文館。披圖璧水，游藝金/門，耽翰墨於張池[三]，練精微於董幄[四]。懸帳之敏，日就其工；閉户之勤，歲成其用。尋以應举，擢/策甲科，解褐華州司士，轉益府士曹，累授洛州都督府録事參軍。厘紛御黠，糺慝彈違，奏/課疇庸，我實爲最，遷少府監丞，改司農寺丞。屬太宗晏駕，幽宫載闢，實以材略，底績園/寢，擢授金州司馬。視事無幾，以丁後母憂謝職。服闋，拜朝散大夫，行郴州司馬，尋進澤州/司馬。翼能軒而緝道，揚驥足以宣風，漸雅訓於湘川，浪奇聲於河渚。而以銅巖俗阜，玉宇/甿殷，燮赞蕃惟，寔歸鸿彦，除遂州長史。始恭綸旨，猶未之官，方謂辭鯁於上，色正於下，/柔以控善，嚴以沮惡。勛凝澤浸，有洽於旬時；政肅刑澄，無俟於期月。豈言神道冥昧，與善/寂寥，俄滅響於昌衢，奄淪精於大暮。春秋六十有五，以龍朔三年六月廿八日寢疾，終於/京師隆政里第。惟公志局淹簡，業尚閑素，用稱敏濟，居守詳和，遷善之懷，懦邪而勇。義資/敬之道，循孝以基忠，睦於親，諒於友。其迹遠，其心降，不炫才而賈譽，不飾智以祈榮，實天/下之茂悊，當年之鸿俊者也。嘗撰鄴洛鼎峙記十卷、帝王歷代記四卷、今古英華詩兩卷，/又廣綜蒼、雅，緝桂菀珠叢要略十卷、四聲要字譜一卷，并行於時。卜日有期，楯楹肅禮，即/以其年歲次癸亥十月辛巳朔十七日丁酉，窆於雍州長安縣福陽鄉方善里之高陽原。/引楚挽而增絶，泛燕笳而動欷，雲奇色而带憤，風异響而含悲。恐牖駟驚輝，遷十古於流/化；山鰲委峻，積三變於裨瀛。載篆翠以揚芬，式銘幽而撰德，其詞曰：

曄曄休緒，煌煌景胄，賢葉飛英，靈枝誕秀。碩量豊博，高姿峻茂，業劭全通，才經累搆。冲襟/止水，絶韻横颷，聲飛地域，翰拂天霄。内毗棘署，外弼蕃條，愛纏雅俗，行範英僚。兩存忠孝，/雙举名實，方守遐齡，未崇高秩。空筌佑善，徒欺保吉，沉弩凝妖，佳城見日。雲驂结素，霞旆/縈丹，陰凄隴夕，氣爽松寒。送賓流慟，吊客凝酸，白楸長掩，翠櫝空櫝。

公夲祖妥，隋國子祭酒、襄城肅公。父蔚，隋秘書郎。并宇量虚廓，風格標舉。禮樂將喪，定韶/濩於五音；經籍道消，正紕紊於三豕。既而道悠祚邇，遽促驚波。

公之從伯廬江節公，以公/早喪慈天，載懷存撫，故出纂廬江之嗣焉。

【注釋】

❶紈歲：綺紈之歲，指少年時代。庾信慕容寧神道碑：『岐嶷表羈貫之年，通禮稱綺紈之歲。』

❷宸矚：謂帝王的注視、觀賞。

❸張池：指漢代張芝臨池學書之處。張芝，字伯英，漢末時書法家。勤學好古，善章草。晋衛恒四體書勢云：張芝『凡家中衣帛，必書而後練之；臨池學書，池水盡墨。』

❹董帷：指西漢董仲舒放下帷簾，專心讀書。典出史記·儒林列傳：『下帷講誦，弟子傳以久次相受業，或莫見其面，蓋三年董仲舒不觀於舍園，其精如此。』

【案】

誌主何璋，廬江灊人，唐初任少府監丞、司農寺丞，因營建太宗昭陵園寢有功，授金州司馬，終遂州長史，卒於龍朔三年（663），享壽六十五歲，葬於雍州長安縣福陽鄉方善里之高陽原。何璋新、舊唐書無載。其父何稠，性絶巧，有智思，隋煬帝時拜太府少卿，輿服文物，多有造作，隋書卷六十八有傳。

[illegible]
循襟夐識題聖武於潛姿由衷奉孝嫉步兵於弛德固以昭
者焉曾祖瑚梁臨川靖惠王國郎中令司徒主簿征北諮議
控物詞雕辯宗橫令問於蘭宮思縟文鄙亘徵名於竹苑祖
諮議參軍廣安侯奉柔行己立誠居業早摩榮秩馭丹軒於
閭文裯皇朝散騎常侍行少府少監廬江節公妙器沖博
評寵授光於峻位獻納毗於 睿德公稟慶澄和資靈蘊粹
襟狠肅而行愿志溫而性直通微之鑒發自髫辰識務之標
綵式以華宗載紆宸矚遂奉 勅學書於內省習業於文
臺於張池綵精微於董幄懸帳之敏日就其工閑戶之勤歲
解褐華州司士轉益府士曹累授洛州都督府錄事參軍蓄
我皆為最遷少府監丞政司農寺丞屬 太宗晏駕幽宮載
金州司馬視事無幾以丁後母憂謝職服闋拜朝散大夫行
能軒而緝道楊驤之以宣風漸雅訓於湘川浪奇聲於河渚
賛蓄惟寔歸鴻彥除遂州長史始荼 綸言猶未之官方謂
善嚴以沮惡勳疑罪浸有合於句時政肅刑登無侯於蒲且

一六　大唐故使持節滄州諸軍事滄州刺史上護軍杜府君墓誌銘并序

上元二年（675）八月十九日

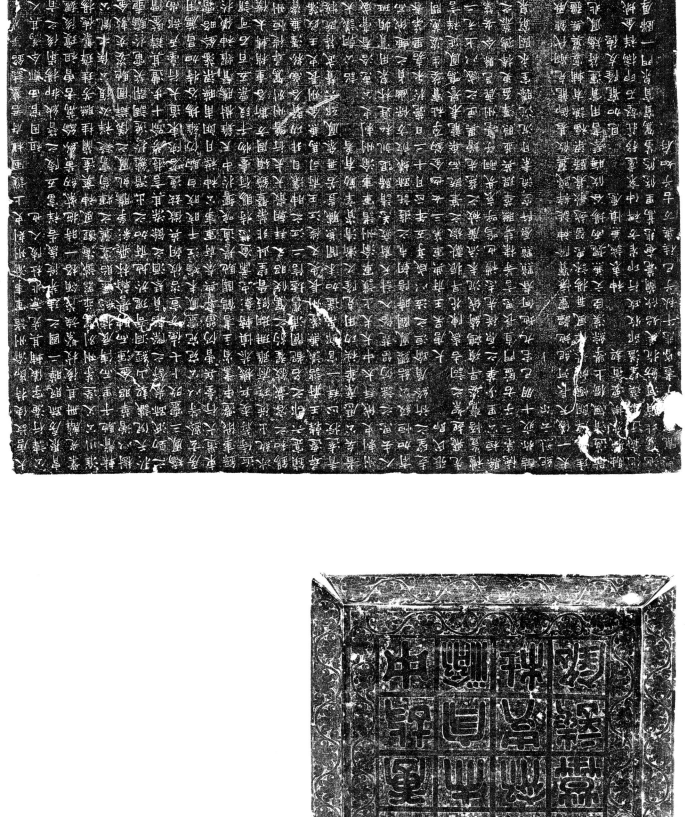

【誌蓋】

大唐故中／大夫守渝／州刺史杜／君墓誌銘

【誌文】

大唐故使持節渝州諸軍事渝州刺史上護軍杜府君墓誌銘并序

公諱行淹，字儀輔，其先京兆杜陵人也。祖因官西鄭，今爲其人焉。觀夫踐翼肇基，□□□／冑，聚房疏貺，暐二國之珪茅；徙歲告祥，富五陵[1]之簪紱。抑揚前後之旨，道峻烏臺；發揮褒貶之宗，／業光麟册[2]。其後枝繁族茂，領格一時，拖紫紆黄，紛綸萬古。曾祖瓊，後魏宋安太守。祖，宣州刺史、／淮川公。父達，茅州别駕。并器識淹邈，風神爽遠，蘭桂聯芳，珪璋襲德。揚仁熊軾，風偃百城；賛道驥／轅，聲馳千里。而傅辰摛彩，還貽宴翼之輝；荀靄凝祥，必復公侯之胤。公榮條外朗，潤質潛融，粲玉／樹以增華，照金渾而騁譽，翰林飛彩，爭騰虬鳳之儀；辯囿馳姿，交敷金碧之色。道窮玄閫，摭妙實／於天倪；識契山經，洞奇瑰於地府。加之出潜鱗於逸調，開笑電[3]於驕壺，猨飛南国之筠，矢軼西山／之勁，泯迹卷舒之際，韜貞琴酒之餘，淬其言游，芳逾十步；遭其辯鑒，價重连城。属楚水沉膠，參墟／矯鳳，三靈改卜，七德方宣。咨彼朝英，徵茲逸客。陝東道大行臺、户部尚書韓仲良、秦府考功郎中／房玄齡等，以公宛宛靈鳳，未矯江干；皎皎白駒，仍維場谷，特加昌薦，用叶神衷。釋褐，拜陝／東道大行臺兵曹，仍留專典秦府軍事。公神襟月朗，甫暎梁藩，鈐略霜嚴，遙清陝服，尋授門下坊／録事，俄遷中書省主書。鶴關馳譽，通暎響於中天；雞樹騰聲，耀神儀於啓旦。詔以公累參／近侍，荐委兵機，恭慎轉彰，忠肅逾懋，特賜行臺物千段，粟五百石，可謂仙方寶粒，來自瓊山；衛邑／冰紈，出從珍府。雖珊瑚假晋，望此非榮；鞶鏡頒周，方斯各重。稍轉太僕寺丞，暫出綸司，還登棘署。／錫和之容載叙，翟豹之駕攸昭。又拜朝散大夫，行普州别駕。尋徙恒州别駕、隆州長史。而常山故／鎮，寔六郡之名都；閬浦舊墟，信二江之胂（腴）壤，自非功賢各尚，粉澤兼資，何能延渥天波，毗風藩鎮。／尋遷韓王府諮議，兼遂州長史。又徙江王府司馬，兼金州長史。王改藩鄧州，拜兼鄧州長史。昔衛／青遠授，止拜一官；鄧禹遙加，未聞兼職。豈若再參鳳邸，六賛武符，既接西園之文，兼溢東沂之咏／者矣。公歷縻華秩，功用克隆，久漸清資，辛勤有著，詔公朝議大夫、使持節均州諸軍事、均／州刺史。俄拜太中大夫、上護軍、渝州諸軍事、渝州刺史。公惠洽春膏，威隆夏日，来暮之咏，早見賓／人；去思之謠，仍留楚俗。入計天府，疲恙請歸，退訓私庭，林泉用賞。頻班廩禄，無減常儀；每錫養鳩，／有加恒級。公結纓鳳闕，時陪朝市之游；託迹蟻陂[4]，方保幽貞之趣。俄而營滕乖適，芝术靡延，徒加／走望之祈，終屑逾洹之泣。以咸亨五年正月十二日薨於永嘉里第，春秋八十六。夫人南陽縣君／張氏，即大唐吴王府典軍第三女也。金鈎孕祉，寶婺生姿，蕙問有芬，蘭儀載淑。廣庭流雪，／先飛起絮之詞；吉歲陳花，早振獻椒之筆。既而乘龍表譽，鳴鳳延祥，言成鷹饁之賓，方篤問師之／禮，豈悟鸞姿早殞，鵷綺俄沉，未流廣被之慈，先增异匣之感。以上元二年八月十九日合葬於鄭／縣桓公里少華之原，從先志，禮也。嗚呼哀哉！嗣子亳州鹿邑縣令安，第二子右領軍勛府旅帥仁／德，第三子右監門直長思言等，棣蕚聯華，琨英并照，澤盃更捧，孺慕之感[5]逾深；風樹俱攀，充窮[6]之／酷弥疚。十朋[7]已宅，九地[8]何春？黯黯原阡，空流素月；沉沉滕室[9]，永閟窮泉。想變海以兢魂，勒窀塗而／紀烈云尒。

太一儀天，長河紀地，韞靈懷寶，降神誕粹。践翼攸基，御龍克嗣，代鍾厥美，家傳其懿。爰顯爰烈，惟／珪惟璋，朗燭頻舉，仁風再揚。詠思留越，歌暮歸梁，福謙有輔，宴翼無疆。丹穴生姿，青田嗣響，逸氣／横邁，清飆獨上。學綜漢臣，文兼魏兩，場谷攸晦，琴書用賞。運符矯鳳，兆叶非熊，瓊柯質朗，玉帳神／融。職參機要，道契神衷，誠兼慎愿，恩加寵隆。友德帝枝，宣風夷落，克資緝／化，載迁□瘼。望溢鄒牧，政行邛峕，方裨仲衮，遽移莊壑[10]。石印摛祥，金蛾毓祉，挺生婉惠，作□君子。／池鸞比質，河魴抗美，始欣蘭蕘，奄悲蒿里。悠悠蒴駕⓫，窅窅泉門，一歸厚穸，永晦芳魂。松風生兮曉/思，隴霧□兮晝昏，悲千秋兮已往，冀万古兮如存。

【注釋】

❶五陵：是指西漢時在咸陽北原上設立的五個陵邑。漢高祖九年（前198），劉邦接受了郎中劉敬的建議，將關東地區的二千石大官、高訾富人及豪杰并兼之家大量遷徙關中，在自己的長陵陵園附近修建縣邑，供遷徙者居住。此後，漢惠帝安陵，漢景帝陽陵，漢武帝茂陵，漢昭帝平陵，也都相繼在陵園附近修造陵邑，合起來稱爲『五陵』。

❷麟冊：史書。相傳孔子修春秋，絶筆於獲麟，後遂把春秋稱爲麟經。金代馬祖常都門一百韻：『群儒修麟經，諸將宣豹略。』

❸笑電：神异經・東荒經：『東荒山中有大石室，東王公居焉……恒與一玉女投壺，每投千二百矯，……矯出而脱誤不接者，天爲之笑。』後遂以『笑電』指閃電。

❹蟻陂：這里指隱居之地。語出汝南先賢傳：『鄭欽吏隱於蟻陂之陽。』

❺孺慕之感：指對父母的哀悼、悼念。禮記・檀弓下：『有子與子游立，見孺子慕者，有子謂子游曰：「予壹不知夫喪之踊也，予欲去之久矣，情在於斯，其是也夫。」』

❻充窮：指内心悲戚，若有所失。禮記・檀弓上：『始死，充充如有窮。』

❼十朋：古代有『十朋之龜』的説法，指用以占吉凶、决疑難的十類龜。古人視爲大寶。易・損：『十朋之龜，弗克違。』王弼注：『朋者，黨也。龜者，决疑之物也。』孔穎達疏：『朋、黨也者，馬、鄭皆案爾雅云：「十朋之龜者，一曰神龜，二曰靈龜，三曰攝龜，四曰寶龜，五曰文龜，六曰筮龜，七曰山龜，八曰澤龜，九曰水龜，十曰火龜。」』

❽九地：猶九泉，指地下。

❾滕室：指墓穴。張華博物志卷八：『漢滕公薨，求葬東都門外。公卿送喪，駟馬不行，踣地悲鳴，刨蹄下地得石，有銘曰：「佳城鬱鬱，三千年見白日，吁嗟！滕公居此室。」遂葬焉。』

❿莊壑：比喻事物不斷變化，不可固守。典出莊子・大宗師：『夫藏舟於壑，藏山於澤，謂之固矣，然而夜半有力者負之而走，昧者不知也。』

⓫蒴駕：古代送葬用的茅草扎的人馬。

【案】

誌主杜行淹，曾任渝州刺史，卒於咸亨五年（674），享壽八十六歲，葬於鄭縣桓公里少華之原。新舊唐書無載，墓誌可補史闕。

金渾而馳譽翰林飛彩爭騰虬鳳之儀辯囿馳姿交數金琚之色道窮玄
山經泂奇瑰於地府加之出潛鱗於逸調開笑電於驕壺獲飛南國之鈞
舒之際韜貞琴酒之餘染其言遊勞踰十步遭其辯鑒價重連城屬楚水
卜七德方宣咨彼朝英徵茲逸容陝東道大行臺戶部尚書韓仲良泰府
公宛宛靈鳳未矯江干眩眩白駒仍維場谷特加昌薦用叶　　神衷
兵曹仍留尊典秦府軍事公神襟月朗甫暎梁藩鈐略霜嚴遙清陝服尋擢
書省王書鶴關馳譽通喉響於中天雞樹騰聲耀神儀於啓旦　　詔
機恭慎轉章忠肅逾懋特賜行臺物千段粟五百石可謂仙方寶粒來自瓊
府雞珊瑚假晉望此非榮擊鏡須周方斯各重稍轉太僕寺丞暫出綸司
敘翟豹之駕攸昭又拜朝散大夫行譽州別駕尋從恒州別駕隆州長史
名都閭浦舊墟信二江之胂壤自非功賢各尚粉澤兼資何能延渥天波
諮議兼遂州長史又從江王府司馬兼金州長史王政藩鄧州拜兼鄧州
一官郎[illegible]遙加未聞無職豈若再參鳳邵[illegible]贊武符既接西園之文兼溢東
華袟功用克隆又漸清資辛勤有著　　詔公朝議大夫使持節均州諸
太中大夫上護軍渝州諸軍事渝州刺史公惠洽春膏威隆夏日來暮之謠
仍留楚俗入計天府疾恙請歸退訓私庭林泉用賞頻班廩祿無減常儀
結纓鳳闕時陪朝市之遊託跡蟻陂方保幽貞之趣俄而營膝乖適芝术
肩踰洹之泣以咸亨五年正月十二日薨於永嘉里第春秋八十六夫人
　大唐吳王府典軍第三女也金鈎孕祉寶婺生姿蕙問有芬蘭儀載洲
詞吉歲陳花早振歎椒之筆既而乘龍表譽鳴鳳延祥言成薦鹽之實方篤

一七　大唐宣州溧水縣令朝散大夫同安郡開國公故鄭府君墓誌銘并序

載初元年（689）臘月十二日

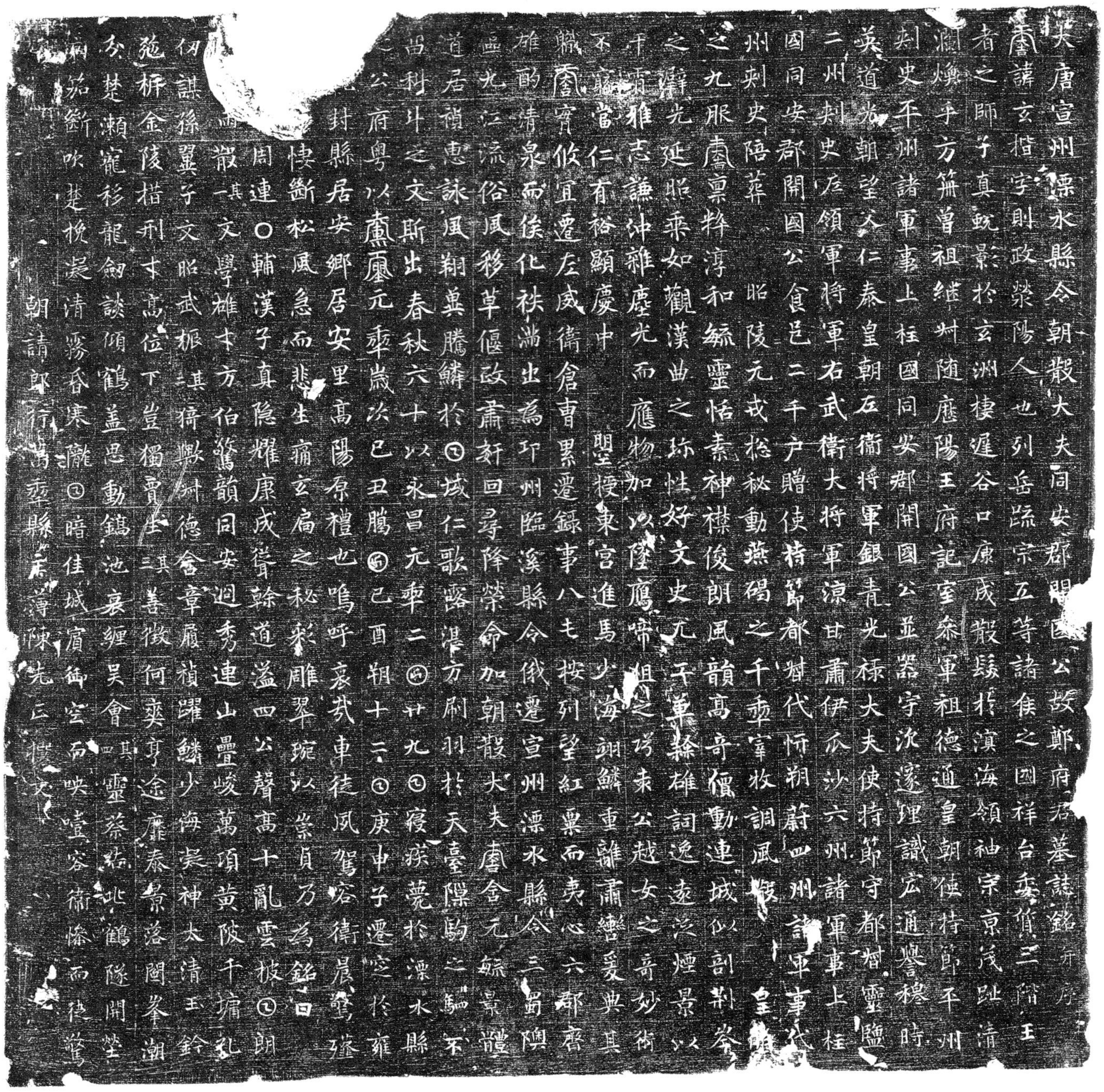

【誌蓋】

大唐故／鄭府君／墓誌銘

【誌文】

大唐宣州溧水縣令朝散大夫同安郡開國公故鄭府君墓誌銘并序

朝請郎行萬年縣主簿陳先正撰文

君諱玄楷，字則政，滎陽人也。列岳疏宗，五等諸侯之國；祥台委質[一]，三階王／者之師。子真[二]蜕影於玄洲，棲遲谷口；康成散髮於溟海，領袖宗京。茂趾清／瀾，焕乎方箣。曾祖繼叔，隋歷陽王府記室參軍。祖德通，皇朝使持節、平州／刺史、平州諸軍事、上柱國、同安郡開國公。并器宇沉邃，理識宏通，譽穆時／英，道光朝望。父仁泰，皇朝左衛將軍、銀青光禄大夫、使持節、守都督靈鹽／二州刺史、左領軍將軍、右武衛大將軍、凉甘肅伊瓜沙六州諸軍事、上柱／國、同安郡開國公，食邑二千户，贈使持節、都督代忻朔蔚四州諸軍事、代／州刺史，陪葬昭陵。元戎總秘，動燕碣之千年；宰牧調風，散皇能／之九服。君稟粹淳和，毓靈恬素，神襟俊朗，風韻高奇。價動連城，似剖荆岑／之璧[三]；光延照乘，如觀漢曲之珍。性好文史，尤工草隸，雄詞逸遠，泛烟景以／干霄；雅志謙沖，雜塵光而應物。加以墜鷹啼狙之巧，袁公越女之奇[四]，妙術／不窮，當仁有裕。顯慶中，墨授東宫進馬，少海[五]翊鱗，重離[六]肅轡，爰典其／職，君實攸宜。遷左威衛仓曹，累遷録事。八屯按列，望紅粟而夷心；六郡齊／雄，酌清泉而俟化。袟满，出爲邛州臨溪縣令，俄遷宣州溧水縣令。三蜀隩／區，九江流俗，風移草偃，政肅奸回，尋降榮命，加朝散大夫。君含元毓景，體／道居禎。惠咏風翔，冀騰鱗於日域；仁歌露湛，方刷羽於天臺。隙駒之駟不／留，科斗之文斯出。春秋六十，以永昌元年二月廿九日寝疾，薨於溧水縣／之公府。粤以載初元年歲次己丑腊月己酉朔十二日庚申，子遷窆於雍／州乾封縣居安鄉居安里高陽原，禮也。嗚呼哀哉！車徒夙駕，容衛[七]晨驚。薤／□□□悽斷，松風急而悲生。痛玄扃之秘彩，雕翠琬以崇貞。乃爲銘曰：

□□□周，連星輔漢，子真隐耀，康成聳幹。道溢四公，聲高十亂，雲披日朗，／□□雨散。其一。文學雄才，方伯驚韻，同安迥秀，連山叠峻。萬頃黄陂，千墉孔／仞，謀孫翼子，文昭武振。其二。猗歟淑德，舍章履禎，躍鱗少海，凝神太清。玉鈐／弛柝，金陵措刑，才高位下，豈獨賈生。其三。善徵何爽，亨途靡泰，景落閶峰，／潮／分楚瀨。寵移龍劍，談傾鶴蓋，思動鎬池，哀纏吴會。其四。靈蔡告兆，鶴隧開塋，／□笳斷吹，楚挽凝清。霧昏寒隴，日暗佳城，賓御空而映噎，容衛惨而徒驚。

【注釋】

❶委質：向君主獻禮，表示獻身。國語·晋語九：『臣委質於狄之鼓，未委質於晋之鼓也。臣聞之，委質爲臣，無有二心，委質而策死，古之法也。』韋昭注：『言委贄於君，書名於册，示必死也。』

❷子真：西漢鄭樸，字子真。隱居谷口，修道守默，不應徵聘，名動京師。

❸價動連城，似剖荆岑之璧：指和氏璧。

❹袁公越女之奇：指劍術高超。典出吴越春秋：『越有處女，出於南林之中。越王使使聘，問以劍戟之事，處女將北見於越王。道逢老翁，自稱素袁公，問處女：「吾聞子善爲劍術，願一觀之。」女曰：「妾不敢有所隱，唯公試之。」於是袁公即跳於林竹，槁折墮地，處女即接末，袁公操本以刺處女，女應節入，三入，因舉枝擊之。袁公即飛上樹，化爲白猿，遂引去。』

❺少海：比喻太子。

❻重離：古以帝王喻日，因本易·離之義，以『重離』指帝王或太子。

❼容衛：指送葬的儀仗。

【案】

誌主鄭玄楷，曾任宣州溧水縣令，滎陽人。卒於永昌元年（689），享壽六十歲，葬於雍州乾封縣居安鄉居安里高陽原。鄭玄楷史書無傳，其父鄭廣（600—663），字仁泰，僅在舊唐書的高宗本紀、長孫無忌傳、回紇傳，新唐書的薛仁貴傳、高麗傳、吐蕃傳中有零星記載。唐代墓誌彙編·麟德〇一八、全唐文補遺·第二輯録有鄭仁泰墓誌，據墓誌可知，鄭仁泰，滎陽開封人，李世民爲秦王時，引爲心腹。武德二年（619），跟隨李世民先後討伐劉武周、宋金剛、王世充等人。武德九年（626），協助李世民發動玄武門政變，授爲游擊將軍，賜爵歸政縣侯。唐太宗貞觀四年（630），除豐浩府左别將，進爵爲公。後歷任左衛翊一府中郎將、勝州道行軍副總管、忠武將軍。遠征高麗時，任檢校右領軍將軍，仍押左飛騎仗，領右五馬軍總管，後被授爲檢校右武候將軍、上柱國、左屯衛將軍，封爲同安郡公。唐高宗即位，多次出征討伐鐵勒等西部民族。永徽四年（653），被授爲銀青光禄大夫、使持節靈、鹽二州都督。顯慶二年（657），入爲右武衛大將軍、仍檢校右衛、右領二大將軍事。後又任盧山、降水、鐵勒道行軍大總管，凉甘肅伊瓜沙六州諸軍事、凉州刺史，死後唐高宗贈使持節、代忻朔蔚四州諸軍事、代州刺史，令陪葬昭陵。唐代墓誌彙編·開元〇一一還録有鄭玄楷之兄鄭玄果（622—685）墓誌，均可資參考。

另外，據資治通鑑永昌元年（689）十一月，『鳳閣侍郎河東宗秦客，改造天、地等十二字以獻，丁亥，行之。』鄭玄楷墓誌正立於此時，故而誌銘中多用武周新字，如『君』『年』『日』『月』『載』『初』『星』等。

眞勳景於玄洲棲遲谷口康成散髮於滇海領袖宗京
冊曾祖繼對隨歷陽王府記室參軍祖德通皇朝使持
諸軍事上柱國同安郡開國公並器宇沈邃理識宏通
望父仁泰皇朝左衛將軍銀青光祿大夫使持節守都
左領軍將軍右武衛大將軍涼甘肅伊瓜沙六州諸軍
開國公食邑二千戶贈使持節都督代忻朔蔚四州諸
葬　昭陵元戎摠秘動燕碣之千乘宰牧調風轂
冥粹淳和絲靈恬素神襟俊朗風韻高奇價動連城似
照乘如觀漢曲之珎性好文史尤工草隸雄詞逸遠泛
謙沖雜塵光而應物加以隆鳳帝姻之巧表公越女之
有裕顯慶中　璽授東宮進馬少海翊鱗重離肅響
宜遷左威衛倉曹累遷錄事八乇按列望紅粟而表心
而侯化袟滿出爲邛州臨溪縣令俄遷宣州溧水縣令
俗風移草偃政肅姧回尋降榮命加朝散大夫詹舍元
詠風翔冀騰鱗於(乙)域仁歌露湛方刷羽於天臺騤駒

一八　大周故隆州滄溪縣丞韋府君墓誌銘并序

延載元年（694）七月二十七日

【誌文】

大周故隆州滄溪縣丞韋府君墓誌銘并序

公諱順，字師貞，京兆杜陵人也。軒臺茂族，昌意控其珠源；帝顓才子，彭翦錫其□/社。名高直史，深仁顯於楚傅；氣振遐荒，令問騰於商伯。遂得望隆清渭，道架華山。/君之派流，可略言也。五代祖道玠，後魏威遠將軍，扶風、馮翊二郡太守。高祖邑，諫/議大夫，霸城子。曾祖休業，周車騎大將軍、開府儀同三司、金紫光禄大夫、太常卿、/新豊公。并連芳二相，繼美雙童，延澗樹之曾芬，擢山苗之秀影。祖淹，風度韶雅，器/宇沖和，宏略瞻於先機，察變探於未兆，不汲汲於富貴，不碌碌於公卿。雖鶴版[一]頻/徵，而牛車不進，善矣美矣，優哉游哉。父慶儉，歷職四寺卿，廬、沂、杭、隴四州諸軍事，/四州刺史，化光分竹，绩著剖符，任切六條，寄隆三事。熊軒鹿軾，善政比於黄次公[二]；/犀節隼旟，徽塵繼於汲長孺[三]。公即刺史之長子也，地鍾賢族，業紹良箕。劍隱酆城，/落衝牛之粹氣[四]，玉潛吴岫，降栖贇之英靈。而心鏡高明，情峯秀迴。以門望起家，爲/國子生，采摭丘墳[五]，博考經籍，莫不森羅万象，囊括百家，北海瑩其南金，西河美其/東箭[六]。屬人祈筮仕，國胄觀光[七]。公直造龍門，無驚竹水，高摶鵠路[八]，莫畏蘋風，榮秀一/枝，文霏三道。初選擢，授隆州滄溪縣丞。公少慕清虚，長思恬泊，韜光内朗，下星月/於襟神；默識不言，契桃李於芳徑。雖班此任，非其所懷，自秩滿滄溪，旋歸素里，欽/士安之不就，體逸少之辭榮[九]。月館風亭，有石崇之别業；三桃二柰，得潘岳之閑居。/金張許史[十]之嘉賓，則合罇促席；絲竹笙竽之繁會，則清角發徵。荆豔楚舞，吴愉越/吟，或戲或談，可以并呑好事；一觴一咏，足以暢叙幽情。庶當石髓延其大年，瓊膏/駐其芳質，不謂巢雋結舋，止鵩挺灾，遘疾弥留，至於大漸。以長壽二年八月廿五/日，卒於永崇里之私第，春秋七十有七。夫人賀蘭氏，唐左衛郎將河南公蔭之女/也，少懷婉順，素挺淑姿，豈啚五福無徵，三靈[一一]有譴。先以咸亨年中，終於永崇里第，/丙壬甲庚，定安墳之吉地；乾坤艮巽，得懸窆之良時。粵以延載元年，歲次庚午七/月癸未朔廿七日己酉，合葬於雍州明堂縣洪固鄉之畢原，禮也。嗣子彭州司户/參軍事元晟等，行超曾閔，德冠荀王，痛結匪莪，悲纏集蓼，將恐山淪波起，海納塵/飛，故勒銘於幽隴，庶永播於音徽，其詞曰：

顯允祖曾，猗歟盛士，慶傳虞册，榮標魯史。代襲琳瑯，家承杞梓，龜玉無替，蟬银何/已。其一。公族振振，毗贊諤諤，脱屣辭榮，浪情丘壑。蘭交桂酯，琴臺舞閣，朔别晦期，輕/金重諾。其二。夫人令淑，稟訓閨闈，孟鄰齊範，樂杍均輝。椒花頌發，柳絮文飛[一二]，賓如饁/婦，婉類箴姬。其三。天道虚應，地成徒説，坐軫山頹，行悲川閲。龍劍雙遠，鳳琴孤絶，磊/落聲沉，芬芳影滅。其四。嗣子煢疚，墳隴寂寥，聽風楊而氣咽，瞻霧柏以魂銷。恐高田/之變海，慮深谷以爲嶠，鐫茂範於幽石，庶嘉猷兮永昭。其五。

【注釋】

一鶴版：指徵聘賢士的詔書，有時也作『鶴板』。

二黄次公：指黄霸（前130—前51），西漢名臣，官至丞相，清正廉潔，治績卓著。

三汲長孺：汲黯（?—前112），字長孺，西漢名臣，官至九卿，多有善政。

四劍隱酆城，落衝牛之粹氣：比喻人杰地靈。據晋書·張華傳記載，晋朝初年，天空上牛、斗二星之間有紫氣照射。張華請教精通天象的雷焕，雷焕認爲是地上有寶劍之精氣上衝於天，後來果然在豐城的地下掘得龍泉、太阿二劍。

五丘墳：爲九丘、三墳的簡稱，指代古籍。

六北海瑩其南金，西河美其東箭：比喻杰出人才。東箭，東方的竹箭；南金，南方的銅，古時皆爲珍品。語出爾雅·釋地：『東南之美者，有會稽之竹箭焉；西南之美者，有華山之金石焉。』

七國胄觀光：指貴族子弟身居京城，得以考察國家政教風俗。語出周易·觀卦：『觀國之光，利用賓於王。』

八鷁路：比喻仕途失意或處境不利。左傳·僖公十六年：『六鷁退飛，過宋都。』杜預注：『鷁，水鳥。高飛遇風而退，宋人以爲灾。』

九士安，指西晋皇甫謐，字士安；逸少，指東晋王羲之。

十金張許史：金指金日磾，張指張安世，許指許廣漢，史指史恭及其長子史高。漢宣帝時并爲權貴顯宦。

一一三靈：指天神、地祇、人鬼。

一二孟鄰齊範，欒杼均輝。椒花頌發，柳絮文飛：借四個典故來顯示夫人之品行。孟鄰指孟母擇鄰而居；欒杼指欒羊子妻斷機杼勸夫終業；椒花指晋朝劉臻妻陳氏有文采，著有椒花頌；柳絮文飛指東晋女詩人謝道韫咏絮之才。

【案】

誌主韋順，字師貞，隆州滄溪縣丞，卒於長壽二年（623），享壽七十七歲，葬於雍州明堂縣洪固鄉之畢原。韋順及其父韋慶儉兩唐書無載，墓誌可補史之闕。新唐書卷一百三、舊唐書卷七十五有韋雲起傳，傳載韋雲起及其弟慶儉等事太子李建成，玄武門之變後被殺。

牛斗粹氣玉潛吴岫降栖樹之英靈而心鏡高明情岑秀迥以閑望
三乘撫丘墳傳考經籍莫不森羅万象囊括百家北海□延南金而
蜀人祈筮仕國胄觀光公直造龍門無驚竹水高樽鷄路莫畏顛風
雜三道圖選擢徵隆州潞溪縣丞公以慕清虛長思恬泊韜光内朗
神默識不言弊桃李於芳徑雖班此任非其所懷自袪滿□漾旋□
之不就體逆少之辟榮月館風亭有石崇之别業三桃一柰得潘岳
許史之嘉賓則合罇促席絲竹笙竽之繁會則清角發徵荆豔楚舞
歡或談可以併吞好事一觴一詠足以暢叙幽情庶當白髓延其年
芳質不謂梁雋結釁山鵩極災進疾彌留至於大漸以長壽二年
於永崇里之私第春秋七十有七夫人賀蘭氏唐左衛郎將河南
懷婉順素挺淑姿豈圖五福無徵千載有遺先以歲亨年終於
甲寅之歲安墳之吉兆乾坤良異得懸空之良時粤以延載元年歲次
朔廿七日乙酉合葬於雍州明堂縣洪固鄉之畢原禮也嗣子詰
事元晟等行超曾閔德冠荀王痛結進莪悲纏集蓼將恐山淪波
勒銘於幽壟庶永播於音徽其詞曰
祖曾猗歟盛土處傳虞冊榮標魯史代襲琳瑯家承杞梓龜玉無替
公族振振毗贊謨謀戚屬辟榮浪情丘壑蘭交桂暉琴臺舞閣朝別

一九　隋故寧州治中河間劉府君墓誌銘并序

萬歲通天二年（697）四月二十日

【誌文】

隋故寧州治中河間劉府君墓誌銘并序

公諱達，河間人也。碭山瑞雲，既興茂族；春陵佳氣，載昌鴻／緒。父通，隋龍首府折衝，戴鶡❶祗榮，如貔徇節，劍敵萬夫，言／應千里。公辰象降德，山川效靈，蕭灑風韻，森沉儀表。忠於／事主，早勵於匪躬❷；孝以承親，夙彰於竭力。雖張公博物，有／愧該通；楊子含章，遠慚清綺。嗟乎才優命薄，道喪時艱，遂／□□寧州治中，非其任也。公之遠祖，自周歷隋，地閉賢隱，／光沉響绝，是以英名盛業，或闕而不載。公夫人成氏，承規／茂閥，作配高門，豔芳蕣於殊姿，挺貞筠於□節。自鏡鸞❸虧／偶，琴鶴單棲，獨撫孤孫，竟隆丕搆，春秋八十有五，終於私／第。嫡孫定遠將軍、守右衛翊二府中郎將，兼檢校甘州刺／史、上柱國玄意，年甫五歲，即丁荼蓼❹，太夫人鞠養，至於成／立。故得早負忠孝，夙包義□。入司階陛，爰參巡儌／之榮；出守邊隅，即展扞城之寄。程曾❺之念，痛矣無追；孔愉❻／之思，悲哉罔極。粵以大周萬歲通天二年歲次丁酉四月／□□朔廿日乙酉，合葬於萬年縣見子原，禮也。銘曰：

□□龍降，沛邑蛇分，爰興茂緒，累紹清芬。於穆上哲，寔惟／□□，玉質金箱❼，淩霞冒雪。苟安薄禄，寧展其驥？空紆高才，／□□下位。時屯命蹇，運極年催，壑舟俄徙，梁木斯摧。眇眇／□嫠，亭亭峻節，克隆後嗣，載揚前烈。程曾抱德，李伯銜恩，／□潛勝兆，永祔幽魂。左隣玄灞，斜望青門❽，雖有遷於陵谷，／庶無歇於蘭蓀❾。

【注釋】

❶戴鶡：謂戴鶡冠。鶡性好鬥，古時武士皆戴鶡冠，以示勇猛。文選張衡東京賦云：『髶髦被繡，虎夫戴鶡。』李善注引應劭曰：『鶡，鷙鳥也，鬥至死乃止，今武士戴之，取猛也。』

❷匪躬：謂忠心耿耿，不顧自身。周易·蹇卦：『王臣蹇蹇，匪躬之故。』孔穎達疏：『盡忠於君，匪以私身之故而不往濟君，故曰「匪躬之故」。』

❸鏡鸞：喻分離之夫妻。語出南朝宋范泰鸞鳥詩序：『昔罽賓王結罝峻卯之山，獲一鸞鳥。王甚愛之。欲其鳴而不致也，乃飾以金樊，饗以珍羞。對之愈戚，三年不鳴。其夫人曰：「嘗聞鳥見其類而後鳴，何不懸鏡以映之。」王從其意，鸞睹形悲鳴，哀響衝霄，一奮而絕。』

❹荼蓼：荼和蓼，泛指田野沼澤間的雜草。荼味苦，蓼味辛，比喻艱難困苦，此处指父母去世。

❺程曾：爲東漢孝子。後漢書卷七十九下儒林列傳：『程曾字秀升，豫章南昌人也。受業長安，習嚴氏春秋，積十餘年，還家講授。會稽顧奉等數百人常居門下。著書百餘篇，皆五經通難，又作孟子章句。建初三年，舉孝廉，遷海西令，卒於官。』

❻孔愉：晋時人，曾買龜而放生，龜臨去在水中左顧者數次。後孔愉封侯，鑄印時印龜左顧，三鑄如初，人以爲報恩。晋書卷七十八孔愉列傳：『以討華軼功，封餘不亭侯。愉嘗行經餘不亭，見籠龜於路者，愉買而放之溪中，龜中流左顧者數四。及是，鑄侯印，而印龜左顧，三鑄如初。印工以告，愉乃悟，遂佩焉。』

❼玉質金箱：『箱』疑爲『相』，金相玉質，形容人或物外表和内質俱美。

❽青門：指漢長安城東南門。青門外有灞橋，漢人送客至此橋，折柳贈别。亦泛指唐京城東門。後因以『青門』泛指游冶、送别之處。

❾蘭蓀：指對人子的美稱。

【案】

誌主劉達，河間人，隋寧州治中，生卒年不詳，隋書無傳。夫人成氏，卒於萬歲通天二年（697），享壽八十五歲。夫妻二人合葬於萬年縣見子原。

『見子原』一名在少數幾方唐代墓誌中出現過，如全唐文补遺（第7辑）所录于隱墓誌載：『天授元年，安厝於雍州萬年縣見子原。』大唐西市博物馆馆藏墓誌所收召弘安墓誌云：『景龍三年遷葬於萬年縣東卌里見子之原。』『見子原』得名應當與『見子陵』有關。括地志云：『秦莊襄王陵在雍州新豐縣西南三十五里，俗亦謂爲子楚陵，始皇陵在北，故亦謂爲見子陵。』秦莊襄王陵位於驪山西麓灞河東岸的銅人原上，所以『見子原』應該就是莊襄王陵即『見子陵』所在的銅人原附近。

二〇　大周故倉部郎中陝州長史韋君妻河南縣君元氏墓誌銘并序

久視元年（700）九月七日

【誌蓋】

大周故/河南縣/君元氏/墓誌銘

【誌文】

大周故倉部郎中陝州長史韋君妻河南縣君[元]氏墓誌銘并序

夫人諱，字，河南洛陽人也，後魏景穆皇帝七代孫。光紀效靈，婺星/垂耀，本枝昌乎若木❶，末葉擅於分符，寔鍾鼎之高門，爲衣冠之盛族，焕乎史/諜，可略言焉。曾祖景山，後魏安定郡王、使持節、驃騎大將軍，開皇初安黄等/一十二州總管、鴻臚卿。苴茅❷錫社，列棘曾榮，維城❸奉天孫之德，法河磬上臣/之道。祖成壽，隋榮安公、西郡太守、唐使持節、開石二州諸軍事、二州刺/史，克光朝選，載洽甿謠，一天之請不行，兩日之姦已露。父仲凱，唐汝州司馬、/朝散大夫徐王友。雅量川渟，英規岳秀，懋功傳於邦國，清賞聞乎醴筵。夫人/籍慶高門，含芳内訓，婉嫕淑看（慎）之德，不待司箴；恭肅柔順之容，動必合禮。蘭/滋蕙馥，玉潤金堅，少習女儀，長閑婦道。及乎春蘿將附，旭雁初聞，光備禮容，/言歸鼎族。勢侔秦晋，琴瑟於是克諧；義和潘楊❹，代親以之俱美。韋公京兆茂/族，臺閣高名，姻戚盛於南隣，歌鍾滿於西第，魚軒接影，鶴蓋連陰。夫人舉案/亡疲，中饋有裕，奉上接下，娣姒挹其清規；迎賓若朋，朝野欽其懿範。卅有四，/金夫奄□。悲夫雄劍淪影，寡鶴纏哀，遺嗣藐焉，生涯殆盡，固能安斯一室，耻/踐二庭，本宗有命，誓不許諾。雖義桓之截耳❺，劉娥之斷髮，弗之尚也。鞠育幼/冲，綢□誘訹，徙宅貽訓，廣幅求賢，纔升官列，奄隨運往。親族傷其至艱，行路/聞而掩泣。義無再醮，有闕三從，遂命猶子紹其先構，鍾愛撫育，不減所生。可/謂曠代女師，光我彤史❻，豈唯四德六行而已哉？嗚呼！柏舟暗徙，蕣華朝落，天不与善，命也如何？以久視元年七月十五日遘疾，終於洛州恭安里第，春秋/七十有□。以其年九月七日歲次庚子九月景子朔七日壬午，葬於雍州明/堂縣韋氏舊塋東北五里鳳栖原，故兆荒凉，歲月綿遠，遺命別窆，存古禮焉。/嗣孫無固，悲盈陟屺，慕切承宗，恐陵谷之或遷，庶金石而無朽，託斯銘之不/昧，与天長兮地久。其詞曰：

常山北峙，河漢東流，有魏膺籙，天意人謀。奄宅中土，化浹皇州，雲臺斯構，禹/迹悠悠。水木更運，市朝變易，枌社雖遷，膏腴未堉。代有英彦，道符金璧，貞姬/載誕，高門慶積。鸞鳳嘉偶，軒冕崇姻，若琴和瑟，如晋与秦。皇靈不惠，殲我良/人，樛木❼無託，崩城有隣。鞠育冲藐，參差歲月，厥子不留，孤魂殆歿。命我侄嗣，/因心義發，融融樂和，仲雍無忽。哀哀厥嗣，□□承家，喪親過禮，宗黨興嗟。松/悲秋月，露泣朝霞，靈櫬閟兮芳未泯，蘭吐英兮菊有花。

雍州司户參軍齊景胄撰文

【注釋】

❶若木：指古代神話中長在日落地方的一種樹木。山海經·大荒北經：『大荒之中，有衡石山、九陰山、洞野之山，上有赤樹，青葉，赤華，名曰若木。』郭璞注：『生昆侖西附西極，其華光赤下照地。』

❷苴茅（jūmáo）：古代帝王分封諸侯時，用該方顔色的泥土，覆以黄土，包以白茅，授予受封者，作爲分封土地的象徵。

❸維城：保衛城池。借指皇子或皇室宗族。典出詩·大雅·板：『懷德維寧，宗子維城。』

❹潘楊：西晋潘岳的父親與楊仲武的祖父是舊交，而潘岳的妻子是楊仲武的姑母，潘楊兩家世代聯姻，所以後人稱姻親關係爲『潘楊之睦』。文選·潘岳·楊仲武誄：『爾舅惟榮，爾宗惟瘁。幼秉殊操，違豐安匱。撰録先訓，俾無隕墜。舊文新藝，罔不必肄。潘楊之穆，有自來矣。』

❺義桓：指守節的寡婦。後漢書·列女傳載，東漢劉長卿妻桓氏，是名儒桓榮的後裔。長卿早死，桓氏閉門撫養獨子。後來子又死，桓氏就割下雙耳，自毁面容，表示堅决不改嫁，因此受到朝廷的表彰。

❻彤史：古代宫中女官名，掌記宫闈起居等事。常用以比喻女子當中的典範。

❼樛（jiū）木：比喻丈夫。語出詩經·樛木：『南有樛木，葛藟纍之。樂只君子，福履綏之。南有樛木，葛藟荒之。樂只君子，福履將之。南有樛木，葛藟縈之。樂只君子，福履成之。』該詩爲祝賀新婚男子的贊歌。

【案】

誌主元氏，封河南縣君，卒於久視元年（700），享壽七十餘歲，葬於雍州明堂縣韋氏舊塋東北五里鳳栖原。其夫京兆韋氏，曾任大周倉部郎中、陝州長史，早卒。

天克光朝選薫洽㫤邏三流遠請衣行西𡆠之婉已露父神凱君汝州
朝散大夫徐王文雅章丑淳英規岳秀懋功傳於郡圀清賞簡子醴赴去
措慶高門含芳內訓婉嬺淑春之德不待司箴恭肅柔順之容動必合禮
滋黃馥王潤金堅少習女儀長開婦道反春嘉將附旭鴈歷闈光備禮
言縣鼎族勢侔秦晉琴瑟於是竟諧義叶潘楊代親以之俱美壽公京兆
族臺閣高名姻戚盛於南鄰歌鍾滿於西第魚軒接景鶴蓋連隴夫王與
七夜甲之有裕奉上接下娣姒挹其清規逝賓若朋朝野欽其懿範一
玉大庵夫雄飾論鼠宜鶴纏哀遺嗣旗焉去漣殆盡固能安斯一
政二庭本宗有命誓不許諾雖義桓之戢耳劉鈸之斷幾邦之尚也鞠
冲綱閔誘誅徒宅賠詶廣愊求賢彘昇官碩奄陰運往親族傷其至艱行
聞肅掩泣義無再離有聞三從遂命猶子給其先措鍾愛撫育不減所生
明聽代女師光我形史音唯四德六行而已式鳴璋楷舟暗從葬華朝於
不与美命也如何以怨視元秊七𠥱十五𡆠遘疾終於洛州恭安里第去
七十有其秊九𠥱七𡆠歲次庚子九𠥱景子朔七𡆠壬午葬於雍州
皇孫嬪式舊塋東北五里鳳栖原故兆荒涼歲𠥱綿遠遺命別窆存古禮
駉蹤無固悲盈陟屺慕切承宗送陵谷之或遷庶金石而無朽託斯銘
林与而長兮來久其詞曰
系山北峙河冀東流有魏膺籙而竟王謀奄宅中土化洽皇州雲臺斯構
𨗈陵遠水於更運市朝變多移社雖遷齊暉未墜代有英猷道符金璧貞

二一　唐故韓府君夫人王氏誌銘

神龍三年（707）四月十八日

【誌文】

唐故韓府君夫人王氏誌銘

夫人其先太原人，遠祖因官家于京兆。自控鶴開／原㊀，乘㒵演派㊁，枝葉繁鬱，史籍昭彰，可略言矣。高祖／禮，隋幽州都督。祖順，隋同州長史。父名，唐同州、太／州府折衝都尉。并竹柏齊貞，芝蘭繼馥，軒冕（冕）光於／鄰里，聲譽動於國廷。夫人柔德天資，令儀夙著，／行合詩禮，言成准的。年十有八，適于韓氏，鳳皇入／兆，琴瑟方諧，歲月環復，歡娛斯在。至廿有二，丁韓／府君喪，悲毁過禮，誓無再醮。母兄之意，欲奪其志，／乃援刀斷髮，以息所迫。嗟乎雙鸞未幾，獨鶴俄悲，／永憶齊眉之歡，還傷交臂之失，煢煢孑立，悠悠歲／序，四德無虧，三從靡託。嗚呼！逝川不駐，落日俄頹，／福善無徵，窮凶奄及，粤以神龍三歲四月十二日／終静恭里第㊂。是日庭際之樹，流血丹地，抑非感通／神明，悲深動植者乎？即以其年月十八日遷厝龍／首鄉之原，禮也。外孫張庭玉、庭訓等追存舊愛，痛／結深衷，敢紀生前，刊諸泉户。

猗歟茂族，誕此令嬪，齊芳蘭菊，比德松筠。其一。君子／云亡，誓此貞潔，歲不我与，操唯霜雪。其二。百齡奄盡，／千月俄沉，松風夜急，隴霧朝深。於嗟萬古，空傳德音。

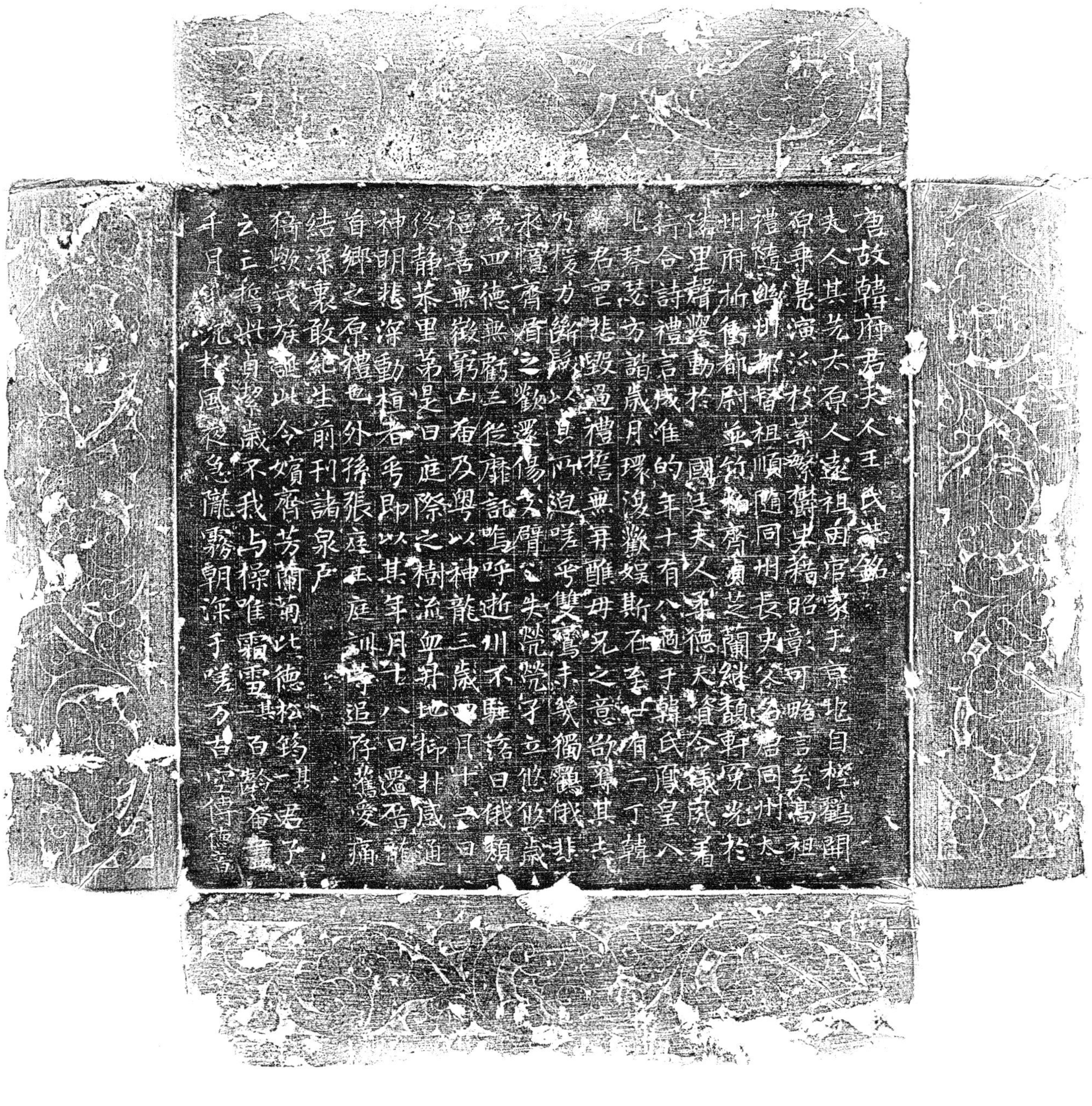

【注釋】

❶控鶴開原：指王子晉被追爲太原王氏始祖。歐陽脩新唐書·宰相世系表云：『王氏，出自姬姓。周靈王太子晉，以直諫廢爲庶人。其子宗敬爲司徒，時人號曰「王家」，因以爲氏。』據列仙傳載，王子晉喜音律，善吹笙，曾游於伊洛之間，遇道士浮丘公，隨之入嵩山修道三十餘年，後乘白鶴升天而去。控鶴，駕馭仙鶴。開原，即開源。

❷乘舄演派：指東漢王喬爲王姓分支。應劭風俗通義·正失云：『俗説孝明帝時，尚書郎河東王喬遷爲葉令，喬有神術，每月朔常詣台朝。帝怪其來數而無車騎，密令大史候望，言其臨至時，常有雙鳧從東南飛來；因伏伺，見鳧舉羅，但得一雙舄耳。』晉干寶搜神記、葛洪神仙傳、後漢書·王喬傳都有相似記載。『乘舄』指得道之人用仙術飛騰。演派，分支、分流。

❸静恭里：即唐長安城朱雀門街東第五街、興慶宫南第三坊静恭坊，亦作靖恭坊。

【案】

誌主王氏，祖籍太原，遠祖因官徙家於長安。其高祖王禮，隋幽州都督；祖父王順，隋同州長史；父親王名，唐同州府、太州府折衝都尉，均不見於史書記載。王氏十八歲結婚，二十二歲守寡，終生未再嫁，死後葬於唐長安城北龍首原。

二三 大唐故衛尉卿贈工部尚書幽州刺史齊國公崔府君墓誌銘并序

景龍四年（710）二月三日

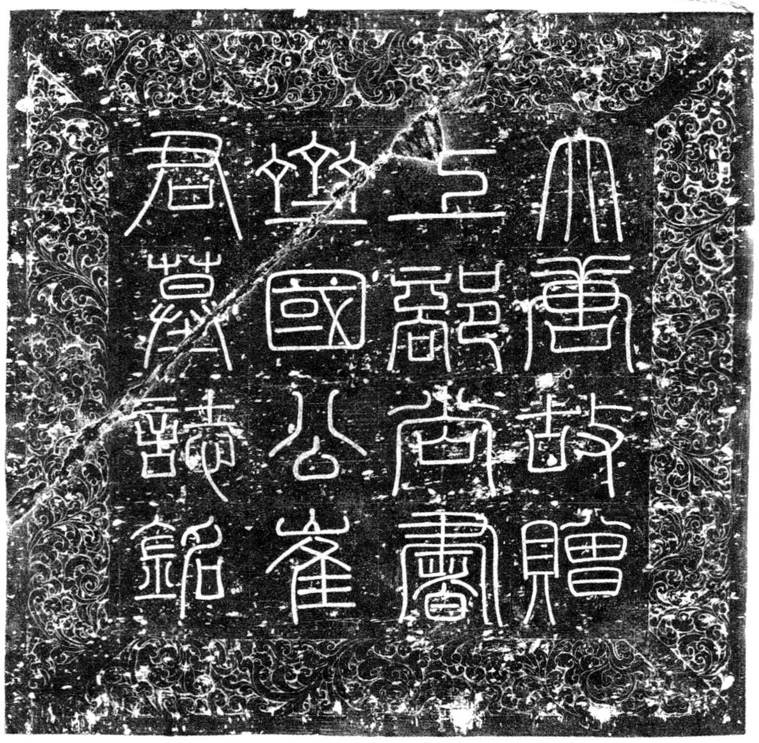

【誌蓋】

大唐故贈／工部尚書／齊國公崔／君墓誌銘

【誌文】

大唐故衛尉卿贈工部尚書幽州刺史齊國公崔府君墓誌銘并序

叙曰：夫公侯貴位，彩章衮服著其容；河岳英靈，緯蒙風雲作其氣，固能籍寵徽而用元吉，因事業而□／休聲。天下有風，聖人施制命之澤；地中生木，君子成高大之資。簪紱攸歸，親賢是託。公諱酺，字從□，／博陵安平人也。粤若稽古，於穆[一]惟先。泰嶽□靈，胤農皇而建國；營丘列壤，命尚父[二]以開基。亭伯[三]文章，□／踐將軍之幕；季珪[四]清直，卒交太祖之筵。□□□之嘉聲，晉尚書之雅望，有美存矣，無得詳焉。若乃鄉□／國翹，文園學府，作中葉之冠冕，爲後生之□□，□□爲弈，何代無人。曾祖仲讓，後魏司農、鴻臚、衛尉□、／儀同三司、散騎常侍、安平公，業盛分茅，榮高列戟，徐邈以本州儒素，方升散騎之司；張華以歷代腹□，／始授儀同之秩。元方至行，爰典於賓臚；康成博學，遽迁於農政。祖威朏，隋桂州總管府掾，玉山萬仞，瑶／沼千尋，道之不行，位竟沈於掾史；命也斯促，望遂絶於台衡。父鳳舉，皇朝應制及第，／敕授豳州録事參軍、襄州穀城縣令、和州司馬，贈定州長史。對揚有裕，糺正無欺，非百里之才，暫屈割／雞[五]之任；副六條之化，便登展驥[六]之途。公即長史之元子也。稟中和純粹之烈，服大雅武文之道，金木之／授不偏，宫徵之變咸正。孝自幼植，學必老成，藹然而奇，隤然[七]而順，居之不野，動之爲倫，閑邪存誠[八]，無諂／與讟。游者得其儀形之外，風景所存，寔乃城池不逾而波流自洽。弱冠，以明經游太學，一對策而高第。／因常調授定州北平縣尉。秩滿，轉爲魏州莘縣尉。服道上庠，安排下位，既絶中人之謁，頻紆左尉之曹。／枳棘屢棲，乃屈丹山之翮；風濤不運，猶潛碧海之姿。又爲洛州壽安縣尉。夏王導洛，漢主離宫，通四塞／之商旅，控二京之郵傳。人物所湊，案牘寔繁，處劇若閑，增多益辨。未幾，丁太夫人憂去職，喪過乎哀，杖／而能起，雖隱之[九]號慕[十]，隣母悲而輟餐；長輿[一一]毀瘠[一二]，明主憂而致問，無得尚也。服闋，授永昌主簿，尋轉司刑／司直，望雄京縣，譽美刑司，批勾[一三]之能，官無留務；慎恤之德，獄有平科，王准之[一四]之贍詞，張釋之[一五]之用法。加／朝散大夫，除雍州録事參軍。黄圖歷職，朱紱承家，爰登總録之名，允茂彈非之勣。又除都官員外，遷祠／部郎中。甲科爲郎，高名感帝，徐謁卿[一六]之體貌絶异，久踐丹墀；張平子[一七]之才學博通，遂旂粉署[一八]。既而／乾元御曆，坤順應期，望莘野而凝懷，佇渭陽而載命，乃遷太子家令。晁錯之既登茲命，人号智囊；／疏受[一九]之初入此官，帝忻雅度。又加銀青光禄大夫，遷衛尉卿，累封安平縣公、上柱國。誓河開國，括海分／曹，周衛八屯，典司九列，有趙熹[二十]之謹密，有竇固[二一]之謙恭。將冀羊角[二二]摶高，摩蒼穹而負日月；不謂鶴頭[二三]召／下，瘞玄壤而畢山河。德音若存，神奇遂往，以景龍三年十二月十四日遘疾，薨於平康里第，春秋六十／有七。制贈工部尚書、使持節、都督幽州諸軍事、幽州刺史、齊國公，賻物三百段，米粟三百石，喪葬／所須，優厚官給。仍著都水使者宗悌監護，即以其四年之二月三日永窆於雍州富平縣福津鄉孝潤／里之富平原，禮也。嗚呼哀哉！惟公忠肅恭懿，宣慈[二四]惠和，履信義之密規，佩文雅之正則，不以親慠物，不／以貴驕人，抱大道而混成，蘊上德而潛用。敦睦之惠，家無常主之衣[二五]；友悌之聲，室見同眠之被[二六]。崇高廣／大之志，經元緯物之機，固乃範圍於亐宇，絪緼於外適。我皇后以惟親之命，降哀問於苦廬；飾／終之懷，垂寵章於泉壤；數優恤典，澤越時倫，可謂生榮死哀，殁而不朽者也。豈與夫晉安平[二七]之輕車介／士，漢博陸[二八]之金縷玉衣，可同年而語矣。有子承徽等，蓼莪銜恤，欒棘[二九]爲容，瞻日月而不追，仰檐庭而如／在，哀哀至性，衣衾棺椁以送之；窅窅佳城，春夏秋冬兮永矣。是用圖芳翠石，宣懿玄扃，輒叙音徽，寧陳／萬一。銘曰：

緬兮邈胤太嶽，光兮休宅營丘。長岭舊令，博陵故侯。代彌亨於簪黻，業益紹於徽猷㉚。惟公之誕，彩彩粲／粲，既若乎明珠之映隨岸，出驪頷而焕爛；及公之成，光光英英，又似夫美玉之入秦城，泛虹影而晶明。／利有攸往，以其彙征。遲迴下邑，出入上京。士師之任，總録之名。銅樓輔德，錦帳參榮。后之元舅，朝／之正卿。歷試其用，庶政以清。天不憖遺㉛，人之云逝。大君輟朝而灑泣，中闈降蹕而垂祭。／玄宇窅其冥冥，黄泱紛其翳翳。考龜筮之詞旨，順龍圖之啓閉。富平古陌，京兆長阡。丘陵永送，容衛空／旋。却瞻兮城闕，莫辯兮風烟。對荒郊兮夜夜，看拱樹兮年年。

女婿太僕少卿魯國公韋□撰文

中散大夫行尚書户部員外郎韋弼書

【注釋】

❶於穆：對美好的贊嘆。語出詩經・維天之命：『維天之命，於穆不已。』

❷尚父：指周代姜太公吕望，後世用以尊禮大臣的稱號。語出詩經・大明：『維師尚父，時維鷹揚。』毛傳：『尚父，可尚可父。』鄭玄箋：『尚父，吕望也。尊稱焉。』

❸亭伯（？—92）：崔駰，字亭伯，東漢涿郡安平人也。所著詩、賦、銘、頌、書、記、表、七依、婚禮結言、達旨、酒警合二十一篇。後漢書卷五十二有其傳。

❹季珪：崔琰（？—216），字季珪，清河郡東武城人。東漢末年名士，司空崔林從兄，丞相曹操謀士。

❺割雞：原意指處理小事，後因以『割雞』指縣令之職。語出論語・陽貨：『子之武城，聞弦歌之聲，夫子莞爾而笑，曰：「割雞焉用牛刀？」』

❻展驥：駿馬伸展足力，比喻施展才能。出自三國志・蜀志・龐統傳：『龐士元非百里才也，使處治中、别駕之任，始當展其驥足耳。』

❼隤然：柔順隨和的樣子。周易・繫辭下：『夫坤，隤然示人簡矣。』韓康伯注：『隤，柔貌。』朱熹本義：『隤然，順貌。』

❽閑邪存誠：指防止邪惡，保持誠敬篤實。周易・乾卦：『閑邪存其誠。』孔穎達疏：『言防閑邪惡，當自存其誠實也。』

❾隱之：指吴隱之，東晋時期人。事迹見於晋書・吴隱之傳。

❿號慕：謂哀號父母之喪，表達懷戀追慕之情。孟子・萬章上：『萬章問曰：「舜往於田，號泣於旻天，何爲其號泣也？」孟子曰：「怨慕也。」……大孝終身慕父母。五十而慕者，予於大舜見之矣。』

〔一一〕長輿：指和嶠，字長輿，曹魏西晉時期人。事迹見於晉書·和嶠傳。

〔一二〕毀瘠：指孝子因居父母之喪過於悲哀而極度瘦弱。語出荀子·禮論：『故量食而食之，量要而帶之，相高以毀瘠，是奸人之道也，非禮義之文也，非孝子之情也，將以有爲者也。』

〔一三〕批勾：勾批，指長官用朱筆批示處理公務。

〔一四〕王准之（378—433）：字元曾，南朝宋琅邪臨沂人。兼明禮、傳，贍於文辭。宋書卷六十有其傳。

〔一五〕張釋之：字季，堵陽人，西漢人。秉公執法，爲天下人稱贊。

〔一六〕徐謂卿：徐防，字謁卿，東漢時人。舉孝廉，後爲司空，職典樞機，周密畏慎，勤曉政事，奉事漢明帝、和帝，未嘗有過。

〔一七〕張平子（78—139），名衡，字平子，南陽西鄂人。張衡有文學作品二京賦、歸田賦，曾發明渾天儀、地動儀。後漢書卷五十九有其傳。

〔一八〕粉署：即粉省，尚書省的别稱。

〔一九〕疏受：西漢東海郡蘭陵人。漢宣帝時任太子少傅，後稱病還鄉，將皇帝和皇太子賜給的黄金散贈鄉里貧寒之家，被稱爲賢大夫。

〔二十〕趙熹：（前4—80），字伯陽，南陽宛縣人，東漢初年大臣。少有節操，爲兄報仇。永平三年（60），代竇融任衛尉，内管宫廷警衛，外行宰相職責，能公正地處理政務，未曾懈怠。後漢書卷二十六有其傳。

〔二一〕竇固：（？—88），字孟孫，扶風郡平陵縣人。東漢名將，曾追敗匈奴，攻降車師，在邊數年，羌胡服其恩信。後漢書卷二十三有其傳。

〔二二〕羊角：旋風。語出莊子·逍遥游：『摶扶搖羊角而上者九萬里。』成玄英疏：『旋風曲戾，猶如羊角。』

〔二三〕鶴頭：詔書，古時征辟賢士的詔書用鶴頭書體寫。

〔二四〕宣慈：本謂博聞慈愛，後泛指博愛衆人。語出左傳·文公十八年：『高辛氏有才子八人……忠肅共懿，宣慈惠和，天下之民謂之「八元」。』孔穎達疏：『宣者，徧也。應受多方，知思周徧也。慈者，愛出於心，恩被於物也。』

〔二五〕家無常主之衣：指衣物共用，家庭和睦融洽。事迹見於晉書·氾毓傳。

〔二六〕室見同眠之被：喻兄弟之間友愛和睦，出自後漢書·姜肱傳。

〔二七〕晉安平：指西晉司馬孚，安平王爲其封爵，事迹見於晉書·安平獻王孚傳。

〔二八〕博陸：指西漢霍光，曾被封爲博陸侯，事迹見於漢書·霍光傳。

〔二九〕欒棘：形容孝子的哀痛。語出詩經·素冠：『棘人欒欒兮。』毛傳：『棘，急也。欒欒，瘠貌。』意謂居父母之喪因哀痛而瘦瘠。

〔三十〕徽猷：美善之道。語出詩經·角弓：『君子有徽猷，小人與屬。』毛傳：『徽，美也。』鄭玄箋：『猷，道也。君子有美道以得聲譽，則小人亦樂與之而自連屬焉。』

〔三一〕慭（yìn）遺：亦作『慭遺』，指上天賜下賢能之人。語出詩經·十月之交：『不慭遺一老，俾守我王。』

【案】

誌主衛尉卿崔酺，卒於景龍三年（709），享壽六十七歲，葬於雍州富平縣福津鄉孝潤里之富平原。崔酺新、舊唐書無傳。神龍元年（705）中宗復位後，朝政大權由韋后掌握，韋氏一門權傾朝野。崔酺本無突出的事迹，因爲是韋后元舅，葬時又正是韋后掌權的時候，所以賻贈豐厚，喪葬逾制，極盡哀榮。據新唐書·宰相世系表韋氏：『弘表，曹王府典軍；生玄儼、玄貞。玄儼生灌，灌生構，太僕少卿、魯國公；玄貞，豫州刺史。四子洵、浩、洞、泚。』韋玄貞爲韋后之父，則墓誌所題『女婿太僕少卿魯國公韋□撰文』之韋□當爲韋構，乃韋皇后之侄孫。墓誌文字對崔酺極盡溢美之詞，張皇門第，辭藻誇麗，墓誌規格也較大，爲89厘米見方。

逖者得其儀形之外風景所存寔乃城池不踰帀波流自洽弱冠以明經遊太學一
調授定州北平縣尉秩滿轉爲魏州莘縣尉非道上庠安排下位既絕中人之謂頻
宴棲乃屈月山之翮風濤不運鵬潛碧海之姿又爲洛州壽安縣尉夏王導洛漢主
旅控二京之郵傳人物所湊案牘寔繁處劇若閑增多益辦未幾丁太夫人憂去職
廷雖隱之號慕隣母悲而輟餐長興毀瘠明主憂而致問無得尚也服闋授永昌主簿
望雄京縣譽兼刑司批句之能官無留務慎恤之眞獄有平科王准之之贍詞張釋
大夫除雍州錄事參軍黃圖歷職未獻承家美豈於錄之名允茂彈非之勳又除都官
中甲科爲郎高名咸帝徐謂卿之體貌絕異久踐月埒張平子之才學博通遂移秘書
御曆坤順應期望華堅而凝懷佇渭陽而載余乃還太子家令晁錯之既登茲
之初入此官帝忻雅操又加銀青光祿大夫還衛尉卿累封安平縣公上柱國播河朋
衛人也典司九列有趙熹之謹密有竇固之謙恭將冀羊角搏高摩蒼穹而負日月
文壞而畢山河悲音若存神哥遂遂以景龍三年十二月十四日遘疾薨於平康里第
制贈工部尚書使持節都督幽州諸軍事幽州刺史[illegible]國公賻物三百段米粟
優亭官給仍著都水使者宗悌監護郎以其四年十二月三日永窆于雍州富平縣
富平原禮也嗚呼哀哉惟公忠肅恭謚宣慈惠和履信義之容規佩文雅之正則不以
驕人挖大道而混成蘊上德而潛用敦睦之惠家肅常主之衣交悌之聲室見同眠
志經元緯物之機固乃範圍於衷宇細縕於外適我皇后以惟親之命降哀閔
懷蚤寵章於家壤數優恆典澤越時倫可謂生榮死哀歿而不朽者也豈與夫晉安
傳陸之金縷玉衣可同季而語矣有子承徽等蓼莪銜恤欒棘爲容瞻日月而不追
及至性衣衾棺槨以送之窅窅佳城春夏秋冬兮永矣是用圖芳翠石宣謚玄扃輒
銘曰
邈胤太嶽光兮休宅營丘長岑舊令博陵故侯[illegible]彌亭於譽獻業益紹於徽猷惟公
香爭明珠之映道岸出灑須而逸闌及公之成在光英英又以夫美王之入秦成凡

二三　大唐故宣州溧水縣令鄭府君夫人雲氏墓誌銘并序

開元六年（718）正月十四日

【誌蓋】

大唐故鄭／府君夫人／雲氏墓誌

【誌文】

大唐故宣州溧水縣令鄭府君夫人雲氏墓誌銘并序

夫人諱，字，河南雲氏之女，唐故臨溪溧水二縣長、滎陽鄭／府君玄楷之妻，益府士曹參軍崇鑒之母。北齊開府儀同／三司、安歧靈夏蔚雲華平八州諸軍事光，夫人之高曾；隋／少府監左屯衛將軍定興，夫人之王父；皇朝朝散大／夫、徐州長史師泰，夫人之文考㊀。倬哉我系，世濟旂常，聲訓／結於華戎，戩穀㊁貽於閨壼。夫人言合典謨，行高圖史，蹈女／師之明教，循公宮之雅度，南江刈楚㊂，婉彼貞白之風；西蠶／獻絲，不倦煩撊㊃之事。由是紛華世親，藉譽宗黨，故以純一／之美，歸通德之門，禮備芼牲，道光嬪則。我鄭氏振振公姓㊄，／本枝繁昌，尚書抗節於諫履，舍人置驛於郊路，高冠長劍，／焜耀庭衢，貴主賢姬，非娣伊姒。夫人退有肅雍之德，動必／阿保㊅之訓，不競飾容，炳然尸薦。方當膺象服㊆之具，先石窌㊇／之封，而福履不將，淪化俄及。以大唐開元四年四月十七／日，寢疾終於長安縣布政里之私第，春秋七十有五，以六／年龍集敦牂正月十四日歸祔於高陽之舊塋，禮也。族林／凝哀，嗣子纆恤，居是徙里之舊，時非倚廬之夕。素旌啓路，／指前山而不迴；畫扇空存，仰高堂而思盡。滎陽府君有命／自天，不克偕老，以永昌元年二月廿九日先夫人而歿，拱／木餘抱，燐火生烟，頌琴葬文子之家，送終惟遠；石椁掩滕／公之室，見日何長。銘曰：

邦邦哲媛，於彼淑門，嬪我通德，良玉其温。灼灼華實，繩繩／子孫，千年城闕，永世山園。

【注釋】

❶文考：語出尚書・泰誓下：『予克受，非予武，惟朕文考無罪。』周武王稱逝去的父親周文王爲文考，後用爲亡父的尊稱。

❷戩穀：戩，吉祥；穀，美好，戩穀意爲福禄。語出詩經・天保：『天保定爾，俾爾戩穀。罄無不宜，受天百禄。』

❸刈楚：指女子出嫁。語出詩經・汉廣：『翹翹錯薪，言刈其楚；之子于歸，言秣其馬。』

❹煩撋：撋讀 ruán，意爲搓揉，搓洗，指家務事。見詩經・葛覃：『薄汙我私』，毛傳：『汙，煩也。』鄭玄箋：『煩，煩撋之，用功深。』

❺振振公姓：指誠實仁厚的貴族。語出詩經・麟之趾：『麟之定，振振公姓，于嗟麟兮。』

❻阿保：保護、輔佐，這里指古代教育撫養貴族子女的婦女。

❼象服：古代貴族婦女穿的一種禮服，上面繪有各種圖形作爲裝飾。語出詩經・君子偕老：『君子偕老，副笄六珈，委委佗佗，如山如河，象服是宜，子之不淑，云如之何。』

❽石窌：窌讀 jiào，春秋齊地。語出左傳・成公二年：『齊侯以爲有禮。既而問之，辟司徒之妻也，予之石窌。』後泛指封地。

【案】

誌主河南雲氏，爲唐臨溪、溧水縣令鄭玄楷之妻，卒於開元四年（716），享壽七十五歲，葬於長安縣高陽原。其夫鄭玄楷墓誌見前 54—57 頁。

二四　大唐故游擊將軍左領軍衛京兆府甘泉府右果毅都尉賜紫金魚袋廣平劉府君墓誌銘并序

開元八年（720）十一月

【誌蓋】

大唐故/劉府君/墓誌銘/天寶三載十有/一月七日記

【誌文】

大唐故游擊將軍左領軍衛京兆府甘泉府右果毅都尉賜紫金魚袋廣平劉府君墓誌銘并序

公諱暉，字暉之，廣平易陽人也。自豢龍氏㊀厥有昌裔，逯斬蛇㊁後/克播衣冠，鼎食勛榮，鍾傳寵襲，樹功崇德，世濟遺風。曾祖林甫，/皇朝中書侍郎、平章事。祖祥道，皇朝右相。父齊年，/皇朝河東郡長史。或中台弼輔，論變化於經邦；參典股肱，贊徽/猷於半刺㊂。昌言相府，代有玄成㊃，高樹里門，慶餘陰德。公即河東/府君之第二子，幼而令問，天然惠達，氣調不凡，風神爽邁。年甫/弱冠，以宰輔子孫，調補左屯衛司戈。頃屬國家多難，蕭墻禍/發㊄，公侍衛中禁，典司北門，既受命而見危，臨大節以不顧，/有功增級，仍遷左中候。袟滿，再調真化府果毅。丁內憂，泣血居/喪，未嘗見齒，毀慕過禮，殆不勝衣。服闋，授甘泉府果毅。有/制唐元功臣，并賜紫金魚袋，尋以累職階考，加游擊將軍，榮耀/偏覃，恩光載沐。且公之所莅，無不有聲，雖九重云深，而天/高聽近，俄遂敕差充菀城東面使，昭其能也。豈啚施效未/幾，疾疢彌留，昊天不傭，殲我良士。粤以歲在敦牂㊅，律中南吕㊆，不/禄㊇於崇化里之私第，春秋有六十。嗚呼！年雖耳順，志猶壯圖，何/朝露之溘從，与秋風而奄謝。公常負大志，不矜細行，有雄清闖/外之大略，耻拘刀筆之小能，故知与不与，莫不嗟嘆。即以涒灘㊈/歲建子月㊉，宅兆於少陵原之鄉，陪先塋也。公無子，有兩女，長女/適天水尹氏，季女誓志在家。欒欒棘心[一一]，柴毀罔極；哀哀季女，尸/奠牖下。伊實荼苦，鄰春[一二]謂何。恐藏舟[一三]之所有遷，遂刊石而用紀，/銘曰：

德不孤兮必有鄰，慶將復兮榮既陳。何悠陽之/白日，而寂寞於青春？終山之側，杜陵之下，來兆青烏[一四]，不予白馬。/伶俜孤女，茹血悲鍾，豈獨手莳柏以陪隧，亦將躬負土而成封。

【注釋】

㊀豢龍氏：相传董父因擅養龍，被舜帝賜姓豢龍氏。夏朝劉累从其學習，为劉姓始祖。

㊁斬蛇：指劉邦斬白蛇，起義抗秦，建立漢朝劉姓天下。

㊂半刺：指州郡長官的僚佐，如長史、別駕、通判等。

㊃玄成：指漢元帝丞相韋玄成，其父韋賢爲宣帝時丞相，父子兩代榮顯，此處比喻後代能繼承先輩業績。

㊄蕭墻禍發：指内部發生禍亂。蕭牆，古代宮室内作爲屏障的矮牆。語出論語·季氏：『吾恐季孫之憂，不在顓臾，而在蕭牆之内也。』

㊅敦牂：歲陰名。古代歲星紀年法中的十二辰之一。相當於干支紀年法中的午年。爾雅·釋天云：『寅年攝提格，卯年單閼，辰年執徐，巳年大荒落，午年敦牂，未年協洽，申年涒灘，酉年作噩，戌年閹茂，亥年大淵獻，子年困頓，丑年赤奮。若月也，正月析木，二月大火，三月壽星，四月鶉尾，五月鶉火，六月鶉首，七月實沈，八月大梁，九月降婁，十月娵訾，十一月玄枵，十二月星紀。』

❼南吕：指八月。古代以十二律配十二月，與地支及月份對應：黄鐘（子，十一月）、大吕（丑，十二月）、太簇（寅，正月）、夾鐘（卯，二月）、姑洗（辰，三月）、中吕（巳，四月）、蕤賓（午，五月）、林鐘（未，六月）、夷則（申，七月）、南吕（酉，八月）、無射（戌，九月）、應鐘（亥，十月）。

❽不禄：指士人之死，出自禮記·曲禮：『天子曰崩，諸侯曰薨，大夫曰卒，士曰不禄，庶人曰死。』

❾涒灘：即申年，見注❻。

❿建子月：指夏曆十一月。

⓫欒欒棘心：古人居父母喪時，因悲痛而身體瘦瘠的樣子。語出詩經·素冠：『庶見素冠兮，棘人欒欒兮。』

⓬鄰春：鄰家舂米之聲。語出禮記·曲禮上：『鄰有喪，舂不相。』

⓭藏舟：出自莊子·大宗師：『夫藏舟於壑，藏山於澤，謂之固矣，然而夜半有力者負之而走，昧者不知也。』比喻事物不斷變化，不可固守。

⓮青烏：指青烏子，古代堪輿家。

【案】

誌主劉暉，廣平易陽人，歷任游擊將軍、左領軍衛、京兆府甘泉府右果毅都尉，曾在臨淄王李隆基與太平公主發動的唐隆政變中立功，爲唐元功臣，獲賜紫金魚袋。以歲星紀年法推其卒年爲開元六年（718），葬年为開元八年（720），享壽六十歲，葬於少陵原之鄉。劉暉祖父劉祥道，高宗龍朔三年（663）任右丞相，封廣平郡公，有傳見新唐書卷一百六、舊唐書卷八十一。劉暉史書無載，碑誌可補史闕。

唐故游擊將軍左領軍衛京兆府□□府左果毅都尉員外置同正員賜紫金魚袋廣平宋府君墓誌銘

諱暉字暉之廣平易陽人也自豢龍氏厥有昌裔逯軒
播衣冠鼎食勳榮鍾傳寵襲樹功崇德世濟遺風曾祖
朝中書侍郎平章事祖祥道　皇朝右相父齊年
朝河東郡長史或中台鉉輔論變化於經邦叅典服
於半刺昌言相府代有玄成高樹里門慶餘陰德公
君之第二子幼而令聞天然惠達氣調不凡風神爽邁
過以室輔子孫調補左屯衛司戈須屬　國家多難
公侍衛中禁典司北門既受　命而凡危臨大節以
功增級仍遷左中候祑滿再調真化府果毅丁內憂
未嘗見齒毀慕過禮殆不勝衣服闋授甘泉府果毅
唐元功臣並賜紫金魚袋尋以累職階考加游擊將軍
單　恩光載沐且公之所從無不有聲雖　九重玄
聽近儀遂　勅差充苑城東面使昭其能也豈圖
矣家亦留昊天不弔殲我良士粤以歲在敦牂律中

二五　大唐故通議大夫行易州司馬上柱國何公墓誌銘并序

開元十一年（723）二月十三日

【誌蓋】

大唐故／何府君／墓誌銘

【誌文】

大唐故通議大夫行易州司馬上柱國何公墓誌銘并序

公諱慜，字勞心，廬江潛人也。自叔虞列國，慶錫珪桐[一]，比干恤刑，賜延金册，貴則／皇后之盛，權亦宰衡之重。平原文學，累遷散騎侍郎；輔國將軍，加拜琅琊內史，／□服玉食，公門鼎胤，子孫其昌，曷能詳矣。曾祖妥，隋國子祭酒、襄城肅公，孫卿／秀才，先明祭禮；鍾繇[二]達學，還封國公。祖稠，隋太府卿、皇朝右光禄大夫、散騎常／侍、廬江公，拜官懸瓠，思諫弘農，有孟氏之儀式，裂王者之茅土。父璋，朝散大夫、／遂州長史，藻火銀章，且榮朱鷟；巴賓錦里，式表緹油[三]。公生則精明，幼不戲弄，造／李[四]之日，稱通家之子；懷橘之年[五]，聞奉親之孝。朱登志學，有若大成，誦書則三與／身齊，傳碑乃一曾目見，博覽群籍，宗師要旨。雲山有志，初云養德之高；纓黻揚／名，然亦立身之道。解褐亳州司法參軍，轉潤州司法參軍，遷懷州武陟縣令。又／遷河州司馬，加朝散大夫，轉益州温江縣令，拜雍州醴泉縣令。制除易／州司馬，加通議大夫、上柱國。公明斷仁惠，恭勤孝勇，不慌才以寄禄，不滛物以／澆志。行苟違度，見黜於心；言或非法，不啓其齒。若乃以班□之政，持蘇公之法，／楚丘遺俗，弔氣還歌，吳國舊墟，冤魂反笑，此公之從事也；恩猶父母，威若神明，／鳴琴則不下於堂[六]，飛蝗亦不入於境。賦詩懷縣，製錦岷江，著能聲於陸海，聞美／政於三异，此公之爲宰也。大夏已西，河源地險，常山已北，易水風寒，資管輅之／才術，得韓嵩之政體，此公之貳郡也。風無静樹，詩有□莪，七日絶漿，殆乎滅性，／三年泣血，曾不見齒，此公之居喪也。蒲海烟騰，沸河湟之外；柳城月暈，霧幽燕／之北。陰圖食昴，秘筭占風，龍劍鳴而烏壘空，魚鈐用而狼山静，此公之用武也。／王祥有量，宜膺吕氏之刀[七]；郭鳳知年，忽嘆周槃之筆。以開元十年九月卅日終／於櫟陽崇義里之私第，春秋七十有四。夫人京兆韋氏扶陽縣君，芳華婉淑，柔／和灼麗，生而獨秀，嬋娟四德之儀；死則同歸，冥寞一棺之土。先以開元七年正／月十日終於河南宣範里之私第，越十一年二月十三日合葬于京兆高陽原，／禮也。青烏啓兆，白馬來賓，松門永夕，蒿里無春。烏哀哀以銜悲，風悽悽兮思人。／白日佳城，且起平陵之墓；黄腸題凑，終爲畢陌之塵。孤子習之、縱之，崩裂五情，／號□永遠。銘曰：

金册之嗣，璧人之貴，此公之祖，人莫與二。言以興邦，文以成江，此公之德，世亦／無雙。自勞州縣，極宣聲績，人或懷金，我心匪石。室家有禮，穠華相適，同化窮塵，／永歸幽穸。高陽古地，京兆新天，上辭白日，下閉黄泉。銅狗不吠，玉馬難鞭，狐狸／有窟，荆棘成田。冢壘壘以相次，松颼颼以俱然，一冥冥兮寞寞，即千年兮萬年。

【注釋】

❶叔虞列國，慶錫珪桐：指周成王封唐叔虞。典出呂氏春秋·覽部卷十八審應覽·重言：『成王與唐叔虞燕居，援梧葉以爲珪，而授唐叔虞曰：「余以此封女。」叔虞喜，以告周公。周公以請曰：「天子其封虞邪？」成王曰：「余一人與虞戲也。」周公對曰：「臣聞之，天子無戲言。天子言，則史書之，工誦之，士稱之。」於是遂封叔虞於晉。周公旦可謂善説矣，一稱而令成王益重言，明愛弟之義，有輔王室之固。』

❷鍾繇：字元常，擅長書法，與東晋書法家王羲之并稱爲『鍾王』。

❸緹油：古代官員車軾前屏泥的紅色油布。漢書·循吏傳：『（黄霸）居官賜車蓋，特高一丈，别駕主簿車，緹油屏泥於軾前，以章有德。』

❹造李：指西晋王戎幼年聰慧，能識道旁李味。典出劉義慶世説新語·雅量：『王戎七歲，嘗與諸小兒游，看道邊李樹多子折枝，諸兒競走取之，惟戎不動。人問之，答曰：「樹在道旁而多子，此必苦李。」取之，信然。』

❺懷橘之年：指陸績的孝行。典出三國志·陸績傳：『績年六歲，於九江見袁術。術出橘，績懷三枚，去，拜辭墮地，術謂曰：「陸郎作賓客而懷橘乎？」績跪答曰：「欲歸遺母。」術大奇之。』

❻鳴琴則不下於堂：孔子弟子宓子賤，仁而有才，爲單父宰，彈琴而單父治。呂氏春秋·開春論：『宓子賤治單父，彈鳴琴，身不下堂而單父治。』

❼王祥有量，宜膺呂氏之刀：典出晋書·王祥傳：『初，呂虔有佩刀，工相之，以爲必登三公，可服此刀。虔謂祥曰：「苟非其人，刀或爲害。卿有公輔之量，故以相與。」祥固辭，强之乃受。祥臨薨，以刀授覽，曰：「汝後必興，足稱此刀。」』

【案】

誌主何慜，曾任易州司馬，廬江潛人。卒於開元十年（722），享壽七十四歲。夫人京兆韋氏，卒於開元七年（719），夫妻合葬於京兆高陽原。其父何璋墓誌，見前第46—49頁唐故遂州長史何府君墓誌銘。

于先明祭禮鍾繇達學還封國公祖裯隨太府卿皇朝左光祿大夫
廬江公拜官懸魚思諫弘農有孟氏之儀式裂王者之□士父煒朝不
州長史藻火銀章且榮朱盩巴賨錦里式表緹油公生□精明幼不
之日彌通家之子懷橘之年聞奉親之孝未登志學有悠大成誦書
爲傳碑□一曾目見博覽群籍宗師要旨雲山有志初六養德之高
然亦之身之道解褐亳州司法參軍轉潤州司法參軍遷懷州武陟
河州司馬加朝散大夫轉益州溫江縣令拜雍州醴泉縣令
尉馬加通議大夫上柱國公明斷仁惠恭勤孝勇不撓未□寄祿不
志行爲違度見黜於心言或非法不啓其惡若乃班□之政恃鑰
近遺俗弔氣還歌吳國舊墟寬浪及笈與公之從事也恩稱父母咸
參則不下於堂飛蝗亦不入於境賦詩懷縣製歸岷江著能聲於法
枝三異與公之爲宰也大夏已西河源地險常山已北易水風寒濟
術得韓高之政□□□□郡也風無靜樹詩有高□日□□給
年位無曾不見茲此之居賈也蒲海煙騰沸沓湟之外柳城月暈
北陰而食鼎以秘□任風龍劍鳴而鳥壘空魚鈴閑而根山靜此公之
祥有量冝齊名氏之刀郭鳳知年忽終周槃之業上開元十年九月
櫟陽崇義里之私第春秋七十有四夫人京兆韋氏扶陽縣君芳華

二六　故朝議郎行太常寺丞裴君夫人河南白氏誌銘并序

開元十二年（724）十一月十六日

【誌蓋】

大唐故／白夫人／墓誌銘

【誌文】

故朝議郎行太常寺丞裴君夫人河南白氏誌銘并序

書：『「咨！四岳。有能典朕三禮？」僉曰：「伯夷。」』太公五侯九／伯[1]，自唐虞以迄於皇室，在宗再考[2]，世爲著姓。盛德／盛功，詒厥[3]洪曼。君玉諱玄則，河東郡人也。君弱齡早／慧，幼性天聰，調應簫韶[4]，言成典則，亦文武之軌匠，有／盐梅之骨風。神龍元年六月廿四日制受太常丞／内供奉，出入帷握，上下欽望，聲譽京都，名流海内。嗚／呼！天厲弗戒，卒於洛陽安業坊太常卿魏□萬館舍，／六十有壹。夫人朝請大夫、行太常寺太樂令守海之／弟二女，肅恭令淑，儀範賢才，德爲代傳，行爲人則，習／夫父之遺樂，日智增奇，音律妙窮，逾新雅韻。時開元／歲，奉詔於蓬萊宮，對御教練嬪妃廿餘人，至／於壹調壹弄，莫不稱奇。可謂智惠祲年，聰明損壽，開／元十二年十月薨於私第，春秋六十有八。詔贈縑／壹佰匹，十一月丁巳十六日壬申葬長安城東南陳村／之東北。嗣子安期，酷訴遺訓，稱伐泉壤，其銘曰：

大哉神靈，聰惠天生。早閑禮樂，宿著嘉聲。朝廷視／仰，禁闥經行。黄天靡祐，先從大夜。松柏雕秋，芳蘭／夭夏。嗚呼夫君，伉儷容輝。作嬪君子，道盛母儀。風燭／俄謝，人世長辭。雖佳城兮獨奄，終冥路兮契期。

【注釋】

❶五侯九伯：泛指各路諸侯。語出左傳·僖公四年：『五侯九伯，女實征之，以夾輔周室。』

❷在宗再考：指宗廟裏洋溢著孝道。語出詩經·湛露：『厭厭夜飲，在宗載考。』

❸詒厥（yí jué）洪蔓：指祖上積德而使子孫繁榮興盛。語出詩經·文王有聲：『詒厥孫謀，以燕翼子。』

❹簫韶：指舜時的樂曲。語出尚書·益稷：『簫韶九成，鳳皇來儀。』

【案】

誌主白氏，妙窮音律，開元時曾供奉於蓬萊宮内教練嬪妃。卒於開元十二年（724），享壽六十八歲，葬於長安城東南陳村之東北。

二七 大唐故洛州司士韩公墓誌銘并序

開元十五年（727）二月二十九日

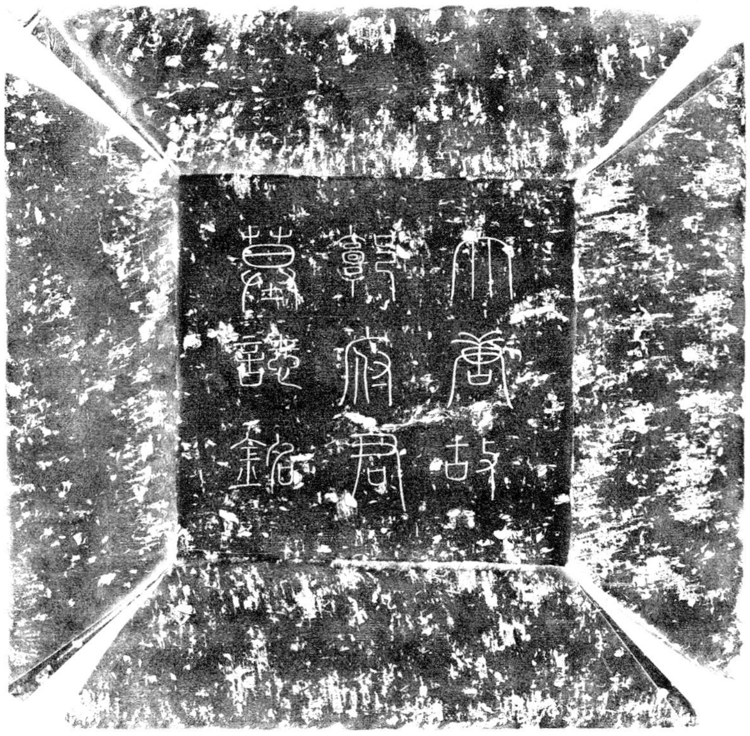

【誌蓋】

大唐故／韓府君／墓誌銘

【誌文】

大唐故洛州司士韓公墓誌銘并序

號州刺史許景先撰　　奉內教羅文會書

公諱大智，字不或，其先昌黎人，蓋与姬同姓。若武承晉封之原❶，厥立趙孤之／後❷，是邁種德，以逮于漢，韓王信即其後也。曾祖護，北齊光州刺史、隋商州刺／史、洪雅公。祖尚賢，隋鄧州長史、黃臺縣開國公。父符，皇朝閬州長史、巫州刺／史。并聿修明德，不隕盛名。公含道精微，秉心泉塞，淑茂貞亮，孝友温恭，包孔／門之四科，究闕里之六藝。年始齠齔，執經授學，至性生知，言合聖旨，師甚敬／异焉。因誦詩、書、禮、易日五千言，研深睹奧，罔不殫洽。弱冠，大學射策高第，選／補閬州蒼溪、洛州長水二縣丞，羈雲翰而縶泥蟠❸也。俄丁內艱❹，創巨纏心，充／窮❺殆滅，至於饘粥之食，齊斬❻之容，有過於禮者。遂與兄大壽等負土成墳，結／廬墓側。白狐馴擾，克致厥祥，時人以爲至孝所感。服闋，授左金吾兵曹。尋以／茂异高第，遷華州司兵。復以清白首薦，拜洛州司士。公學擅經通，文成禮樂，／至於陰陽咎徵❼之异，政要簡大之方，皆理會深衷，洞制心極，至是賢良之對，／獨冠當時。其在公也，夙夜惟寅，好是正直，執事盡規誨之節，同官無比周之／黨，審固關鍵，剖析豪芒，奸息慮先，明照事始，不伐其善，不矜其功。元寮者／罔不申主諾之資，待師友之禮。公之昆，吏部郎中大壽、中書舍人大敏，并與公／文學德行齊名一時，雖平輿太丘不之尚也。斯亦純嘏篤至，善慶所興者歟！／至乃卑己讓能，儉榮置欲，接上交而不諂，在下位而無憂，盤桓利貞，以保元／吉。夫孝，德之本也；善，人之紀也。有公才而加其二美，不享厥位，命矣夫如是！／則仲尼聖而不達，顏回賢而短命，自古而嘆，吁可道耶！春秋卌九，以弘道元／年十二月十三日終於官。嗚呼哀哉！夫人扶風竇氏，皇朝司空陳國公抗之／曾孫，光禄主簿孝感女，地稱右戚，門擅勛華。夫人特禀幽閑，生而柔順，守專／一之德，秉淑慎之儀。早年孀居，躬自儉約，蹈閨門之禮，弘徙宅之訓，故以爲／邦族憲式，母氏宗師。春秋七十六，以開元十三年歲次二月終於號州官舍。／以十五年二月廿九日合祔京兆少陵原，禮也。嗣子守號州刺史休等，銜恤／在疚，靡所寘哀，見託幽銘，俾傳神道，詞曰：

大哉茂族，始自晉封，灼灼令問，克承厥庸。明睿既哲，孝友惟恭，文章之秀，道／德之宗。騁迹千里，齊價二龍，惟德是尊，匪爵而貴。漢雲執戟，楚周傲吏，孰若／哲人，安乎下位。履涅莫淄❽，處屯無悴，微言將絶，德音永墜。痛茲邦媛，時惟敬／姜，祔禮存古，孝心不忘。新塋載卜，舊櫝成行，達人有後，身歿名章。

【注释】

❶若武承晋封之原：『武』指韓武子韓萬，晋國政治家，韓氏的先祖，因被晋武公封於韓原，遂以韓爲氏。

❷厥立趙孤之後：指春秋時晋國卿大夫韓厥，爲韓武子之後，曾保護趙盾的後人。

❸羈雲翰而縶泥蟠：『雲翰』指才德之士，『泥蟠』指處在困厄之中。意爲才德之士無法施展抱負，沉淪下寮。

❹丁内艱：指爲母親守喪。

❺充窮：謂父母死後，孝子内心悲戚，若有所失。語出禮記·檀弓上：『始死，充充如有窮。』

❻齊斬：古代喪葬制度，有人去世，親屬根據血緣關係的遠近親疏，守長短不同的喪期，穿粗細不等的喪服，分爲齊衰、斬衰、大功、小功、緦麻五種，即所謂五服，以表示哀悼。

❼咎徵：『咎』指過失，『徵』指徵兆，語出尚書·洪範：『曰咎徵：曰狂，恒雨若；曰僭，恒暘若。』

❽履涅莫淄：涅、淄，黑色。處於黑色而不被染黑，指品德高尚，不受外部環境影響。典出論語·陽貨：『不曰白乎，涅而不緇。』

【案】

誌主韓大智，曾任洛州司士，卒於弘道元年（683）十二月十三日，享壽四十九歲，葬於京兆少陵原。韓大智史書無傳，其子韓休開元間任宰相，舊唐書卷九十八，新唐書卷一百二十六均有傳，近年并有墓誌大唐故太子少師贈揚州大都督昌黎韓府君墓誌銘并序出土，收於陝西省考古研究院新入藏墓誌中。

撰墓銘者許景先，進士及第，又中手筆俊拔、茂才异等科，歷任左補闕、殿中侍御史、吏部侍郎、虢州刺史等，爲官剛正，擅文辭。許景先之文，今可見者，全唐文卷二百六十八有奏停賜射疏、唐朝議大夫行聞喜令上柱國臨淄縣開國男于君請移置唐興寺碑，全唐文補遺第三輯有唐故通議大夫行廣州都督府長史上柱國朱府君（齊之）墓誌銘并序、第八輯有大唐開府儀同三司紫微令梁國公姚公（崇）夫人沛國夫人劉氏墓誌銘并序。據新唐書卷一百二十八許景先傳載：『（景先開元年間）與齊澣、王丘、韓休、張九齡更知制誥，以雅厚稱。張説曰：許舍人之文，雖乏峻峰激流，然詞旨豐美，得中和之氣。』本篇墓誌不見收録，却頗能體現許文『詞旨豐美，得中和之氣』的特點。

雅公祖尚賢隨鄧州長史黄臺縣開國公父符皇朝閬州長史巫
聿脩明德不隕盛名公含道精微秉心泉塞淵茂貞亮孝友溫恭
四科究闡里之六藝年始齔齔執經授學至性生知言合聖旨師其
日誦詩書禮易日五千言研深覩奧罔不殫洽弱冠大學射策高第
州蒼溪洛州長水二縣丞羈雲翰而縶泥蟠也俄丁內艱創巨纏
滅至於饘粥之食齋斬之容有過於禮者遂与兄大壽等負土成墳
側白狐馴擾克致厥祥時人以爲至孝所感服闋授左金吾兵曹
高第遷華州司兵復以清白首薦補洛州司士公學擅經通父成
陰陽各徵之異政要簡大之方皆理會深衷洞制心極至是賢良
當時其在公也夙夜惟寅好是正直執事盡規誨之節同官無比
固闡鍵剖析豪芒姦息慝先明照事始不伐其善不矜其功元寮考
主諾之資待師友之禮公之昆吏部郎中大壽中書舍人大敏並
德行齊名一時雖平輿太丘不之尚也斯亦紀述蔫至善慶所興
畀已讓能儉榮賞欲接上交而不諂在下位而無憂盤桓利貞以
孝德之本也善人之紀也有公才而加其二美不蕁厥位命矣夫
居聖而不違顏回賢而短命自古而歎吁可道耶春秋卌九以弘道
二月十三日終於官嗚呼哀哉夫人扶風竇氏皇朝司空陳國公抗

二八　唐同德興唐觀故法師尹氏墓誌銘并序

天寶五載（746）

【誌文】

唐同德興唐觀故法師尹氏墓誌銘并序

尹氏，黄軒之後也，官有代功，則有官族。子孫派别，今爲京兆之三原/人，諱謙光。高祖禮，大父寶，王考巨，三代舊德，一貫吾道，桎梏軒冕，不/大公侯之門；棲遲衡泌[一]，俱擅丘園之業。將有達者，其在師乎？始提孩/也，克岐克嶷；其揔丱也，如珪如璋。自爲大道之家，嘗慕列仙之事，神/龍歲，捨俗入道。於是伏勤玄言，涵習真訣，舉儒墨之學，窮百家之辯，/耳聽口宣，目覽心記。肯綮千古，盤根百結，觸舟不怒，按刃皆虚。/睿宗時，累召内殿敷演。/今上敦崇玄教，渥澤尤深，獨召侍講者於再，兩教對揚者累十，/天威咫尺，帝俞數四。解頤[二]而吾道已東，折角[三]而彼人奔北[四]，豈惟/道門百夫之特，實謂吾宗千里之駿。嘗謂所親曰：『貧道早年所學，恨/其紕繆，有所討論，冀獲精旨。人則不能得理忘象，便謂滯言騁辯；至/於佞人屢憎，嗇夫捷給，則吾非斯人之徒也，而今而後，不欲人之加/諸我，吾亦欲無加諸人矣。』自是墮枝體，黜聰明，以齋戒爲洗心防患/之資，以坐忘爲向晦宴息之利。便欲馳玄冥，入參寥[五]，乘莽眇之鳥，游/六合之外。敏可存道，不厭於進德修業；鋭則病身，適成於朝聞夕死。/丁丑歲仲夏遘病，未秋云亟，景戌終於興唐觀之院舍，春秋卌有七。/逾月辛酉，葬於長安馬祖原。皇帝聞而傷之，賻賵加等。嗚呼，天/与之材明而鮮其壽考，天賦之仁義而冥其福禄，空爲知命之士，未/盡知命之年，報施[六]之効，何其爽也！始師童幼偏罰[七]，老親在堂，而家道/艱弊，生事死葬，君子美其得禮。長姊適人，而遺甥孤藐[八]，解衣輟餔，今/盡成立。幼弟喪明，而動静撫視，彼所不適，此必疚心。豈昊蒼我欺而/殲良[九]奄及，不然何孝友之至，不通於神明乎？夫子知余，余不爲善矣。/嗚呼，有唐尹氏之子之墓銘曰：

德以庇宗，尹氏其昌。學以潤身[十]，夫子之墻。詩書義府，睹奥升堂[一一]。不幸/短命，今也則亡。未喪吾道，遽殲吾良。輔善之言，何其茫茫。不憖遺一/士[一二]，於嗟乎彼蒼。

【注釋】

❶衡泌：謂隱居之地。語出詩經・衡門：『衡門之下，可以棲遲，泌之洋洋，可以樂飢。』朱熹集傳：『衡泌，此隱居自樂而無求者之詞。言衡門雖淺陋，然亦可以游息；泌水雖不可飽，然亦可以玩樂而忘飢也。』

❷解頤：謂開顔歡笑。語出漢書・匡衡傳：『無説詩，匡鼎來；匡説詩，解人頤。』

❸折角：喻指雄辯。漢元帝時，少府五鹿充宗治梁丘易，以貴幸善辯，諸儒莫敢與抗論。人有薦朱雲者，雲入，昂首論難，駁得充宗無言以對。諸儒爲之語曰：『五鹿嶽嶽，朱雲折其角。』事見漢書・朱雲傳。

❹奔北：指敗逃。語出尚書・甘誓：『弗用命，戮于社。』孔傳：『不用命奔北者，則戮之於社主前。』孔穎達疏：『奔北，謂背陳走也。』

❺參寥：莊子中虚擬的人名，寓意虚空高遠。語出莊子・大宗師：『玄冥聞之參寥，參寥聞之疑始。』陸德明釋文引李頤云：『參，高也。高邈寥曠，不可知也。』

❻報施：亦作『報嗣』，謂報答，賜予。語出左傳・僖公二十四年：『報者倦矣，施者未厭。』杜預注：『施，功勞也，有勞則望報過甚。』

❼偏罰：指喪母。語出唐駱賓王靈泉頌序：『幼丁偏罰，早喪慈親。』

❽孤藐：謂幼年喪父，失去依靠。語本左傳・僖公九年：『以是藐諸孤辱在大夫，其若之何？』

❾殲良：指誅殺好人。語出詩經・黄鳥：『彼蒼者天，殲我良人。』

❿潤身：謂使自身受益。語出禮記・大學：『富潤屋，德潤身。』

⓫升堂：比喻學問技藝已入門。語出論語・先進：『子曰：「由也升堂矣，未入於室也。」』

⓬不憖遺一士：原意指上天不留下賢人，後成爲對大臣逝世表示哀悼之情的固定用語。語出詩經・十月之交：『不憖遺一老，俾守我王。』左傳・哀公十六年：『孔丘卒，公誄之曰：「旻天不弔，不憖遺一老。」』

【案】

誌主尹謙光，興唐觀法師，曾於唐睿宗、玄宗時多次受召進入内宫宣講道法。尹氏卒於天寶景戌年，享壽四十七歲，葬於長安馬祖原。景戌即丙戌（唐高祖李淵之父名昞，故唐人諱丙，干支中『丙』字多改爲『景』），爲天寶五載（746）。

興唐觀在唐長安城朱雀門街東第四街從北第一坊長樂坊中西南隅，開元十八年（730）敕建，憲宗元和初年復修葺，壯其舊制，因此觀北接禁苑，於是開複道，以便皇帝行幸。參見李健超增訂唐兩京城坊考，112 頁。

侯之門棲遲衡泌假攝丘園之業將存道者且任師
岐克嶷其抱朴也如珪如璋自將大道之旨當[illegible]刻
指洛入道於是伏勤玄言誦習真訣畢儒墨之學窮
曰宜目覽心記肯綮千古益根盲綸綱冊不[illegible]拔力皆
請累名內殿敷演
敕[illegible]玄教渥澤尤深獨名侍講者于再兩教對敭
起人[illegible]俞數四辭頤而吾道已來折角而彼之奔
旨夫之特賓謂吾宗千里之駿僧謂所覩日賁道尋年
緣有所詞論異獲精首人則不能得理忘家役謂游[illegible]
之屢惜書夫捷給則吾非其人之徒也而合而後[illegible]
吾亦欲無加諸人矣自是隨杖體默明以齋戒為[illegible]
以生志為向晦宴息之利使欲馳玄冥入希微乘莽渺
之外敏可存道不獻於進德修學致則病身道[illegible]於朝
歲仲夏遘病於秋云亟晝戌終於興唐觀之院舍春秋

二九　大唐華州太中大夫上柱國資州司馬別敕檢校隴右諸監牧使王府君墓誌銘并序

開元二十八年（740）二月十五日

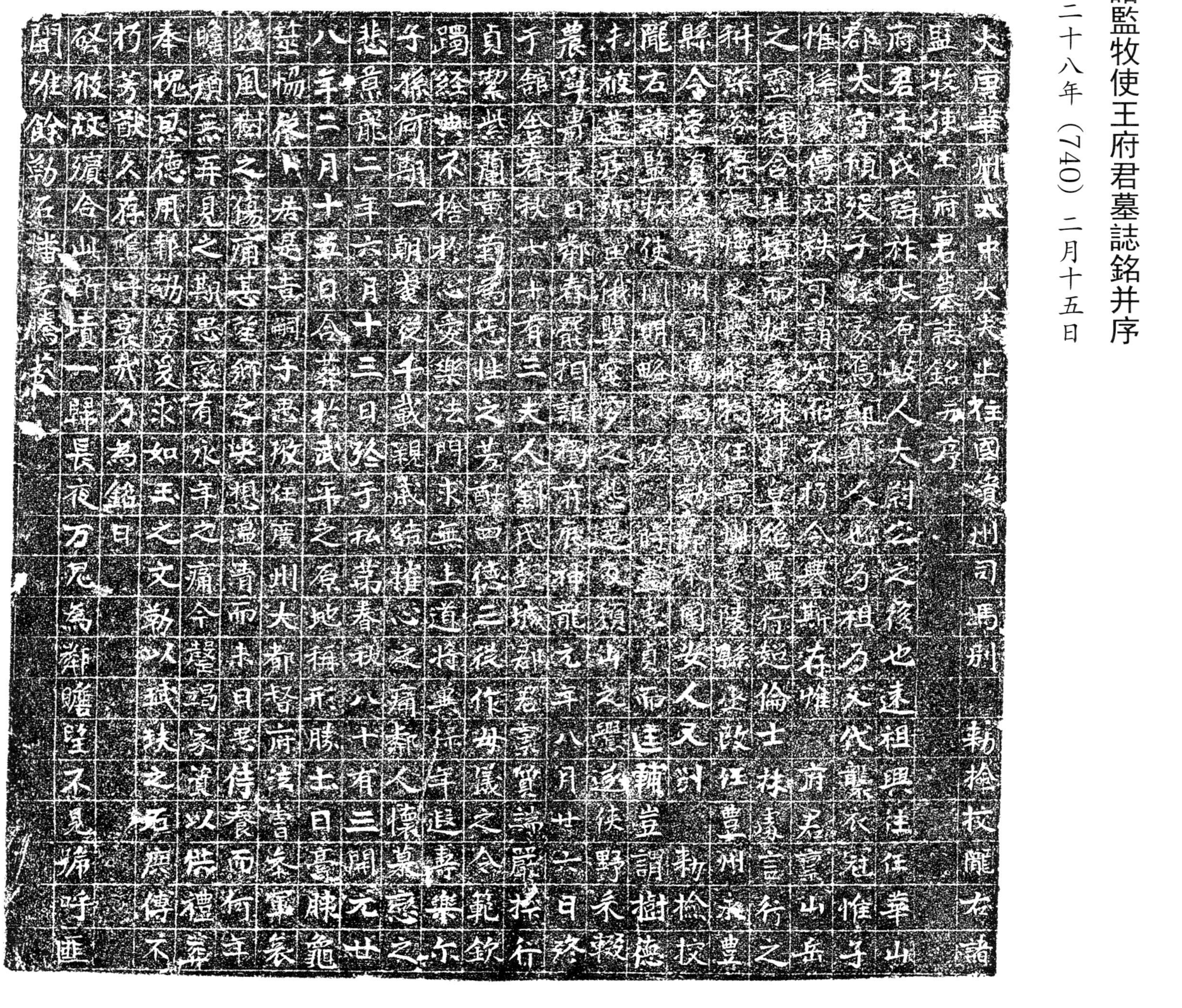

【誌蓋】

大唐故／王府君／墓誌銘

【誌文】

大唐華州太中大夫上柱國資州司馬別敕檢校隴右諸／監牧使王府君墓誌銘并序

府君王氏諱祚，太原岐人，太尉公之後也。遠祖興，往任華山／郡太守，傾歿，子孫家焉，鄭縣人也。乃祖乃父，代襲衣冠；惟子／惟孫，家傳斑袟，可謂歿而不朽，令譽斯存。唯府君稟山岳／之靈輝，含珪璋而挺秀，殊才卓絶，异行超倫，士林處言行之／科，深谷得凝懷之譽。解褐任晉州襄陵縣丞，改任豊州永豊／縣令，遷資硤等州司馬，竭誠效節，奉國安人。又別敕檢校／隴右諸監牧使，闡明略以佐時，盡忠貞而匡輔。豈謂樹德／未被，遘疾弥留，俄嬰窀穸之悲，遄及頹山之釁。遂使野禾／輟／農，寧專曩日；鄰春罷相●，詎獨前辰？神龍元年八月廿六日終／於館舍，春秋七十有三。夫人劉氏，彭城郡君，稟質端嚴，操行／貞潔，紫蘭黃菊，爲志性之芳猷；四德三從，作母儀之令範。欽／躅經典，不捨於心，愛樂法門，求無上道，將冀保年遐壽，樂尔／子孫。何期一朝，奄從千載，親戚結摧心之痛，鄰人懷慕戀之／悲。景龍二年六月十三日終於私第，春秋八十有三，開元廿／八年二月十五日合葬於武平之原。地稱形勝，土曰膏腴，龜／筮協從，卜居是吉。嗣子思口任廣州大都督府法曹參軍，哀／纏風樹之傷，痛甚望鄉之哭，想温清而未日，思侍養而何年，／瞻顔無再見之期，思戀有永年之痛。今罄竭家資，以供禮葬，

／奉愧恩德，用報劬勞。爰求如玉之文，勒以珷玞之石❷，庶傳不／朽，芳猷久存。

嗚呼哀哉！乃爲銘曰：

啓彼故殯，合此新墳，一歸長夜，万鬼爲鄰。瞻望不見，號呼匪／聞，唯餘勒石，播美騰芬。

【注释】

❶鄰舂罷相：語出禮記·曲禮上：『鄰有喪，舂不相；里有殯，不巷歌。』指鄰家有喪事，舂米的時候不唱送杵的號子，不在巷中歌唱，以示同哀之心。

❷珷玞：似玉的美石。

【案】

誌主王祚，曾任資州司馬别敕檢校隴右諸監牧，卒於神龍元年（705），享壽七十三歲，葬於武平之原。隴右諸牧監使，唐儀鳳三年（678）在隴山以西地區始設，掌監牧馬牛等畜繁育之政令，屬員有都副使、都使判官等，下轄監牧使。唐肅宗至德以後，隴右地失，監使皆廢。

三〇　大唐西京至德觀主大洞三景張練師●墓誌銘并序

天寶二年（743）二月三日

大唐西京至德觀主大洞三景張練師墓誌銘并序
師諱昇玄，姓張，清河郡人。殿中侍御史建孫，少府監丞感第二女。昔照
祖以孤天威天下，終騰紫極；投水以帷幄成王業，竟追赤松，綿綿仙蹤
有自來矣。況代傳積善，特禀靈骨，含氣則絕葷，所生方孫而克歧，有志
之水，外淨或珠，內明蘭桂，汾穎冰霜，凜冽道德，所以枕其高，又毋由是
全其節。歲十有四，光宅元年十二月四日，　天皇太帝陛遐初七
降霓裳于　天朝，奉香火於至德觀。垂拱二年三月甲子受三洞
畢法于中岳先生閻玄表，而清介卓立，風規景許，當觀舉為監齋，開元
初登進觀主。奉上以忠，臨下以簡，盛可畏儀，可象，所以成不紊，理不嚴
庶務有條，若網在綱焉。二十年以精行上聞，名入修功德于內殿，自朔終
望，寵惠有加。　睿宗皇帝之神昇九天，特表崇瑞像，鑄洪鍾以應景
禕。詔下褒許，錫縑五百，銅千斤，先是頻伽縣主降羽衣於茲觀，師
以經緯宗重，手疏推讓。　帝嘉其人，固拒不易，九年有勅存問，俾
叅寧王四縣主練師，又以三元天地考校之日，幽明削注之辰，乃於
貴新正上中丹，歎請於當觀為國修行。　天聰允茲，首為恒
載。二年正月四日示疾，解形于本院玄堂，春秋四百四十有四甲子矣。
容知猶生，體若無骨，識者難言焉。即以逾月十一日明卜宅于長安馬祖
京，從俗也。于嗟人代，功滿帝鄉，有期乘白雲兮，此日還竹杖兮，何時瞻
院宇以荒，素感行路以連洏。姪東岳先生道元弟子仙才等，恨藏山而
廓臣悲，畫斂以空留，顛紀玄石以永清猷。深哀難拒，短札斯投。銘曰：
崑山何有，無非夜光；鄧林多林，之皆棟梁。軒轅立德，孤夫表姓，房寶
功滿，陵斯道感，乃生青骨，是紀玄門。志堅金石，行穆蘭蓀，三洞畢該，六
度將脩，術道奉福，修元興利，神鍾發歸，瑞像呈儀。　帝錫榮問[illegible]
祈寵綏名，列上清，形遺下土，翛然來往，倏尔今古，仙道尚默，禮意從宜。
化兮非化，知之何知。
天寶二年二月辛未朔三日癸酉葬於馬祖原，禮也。

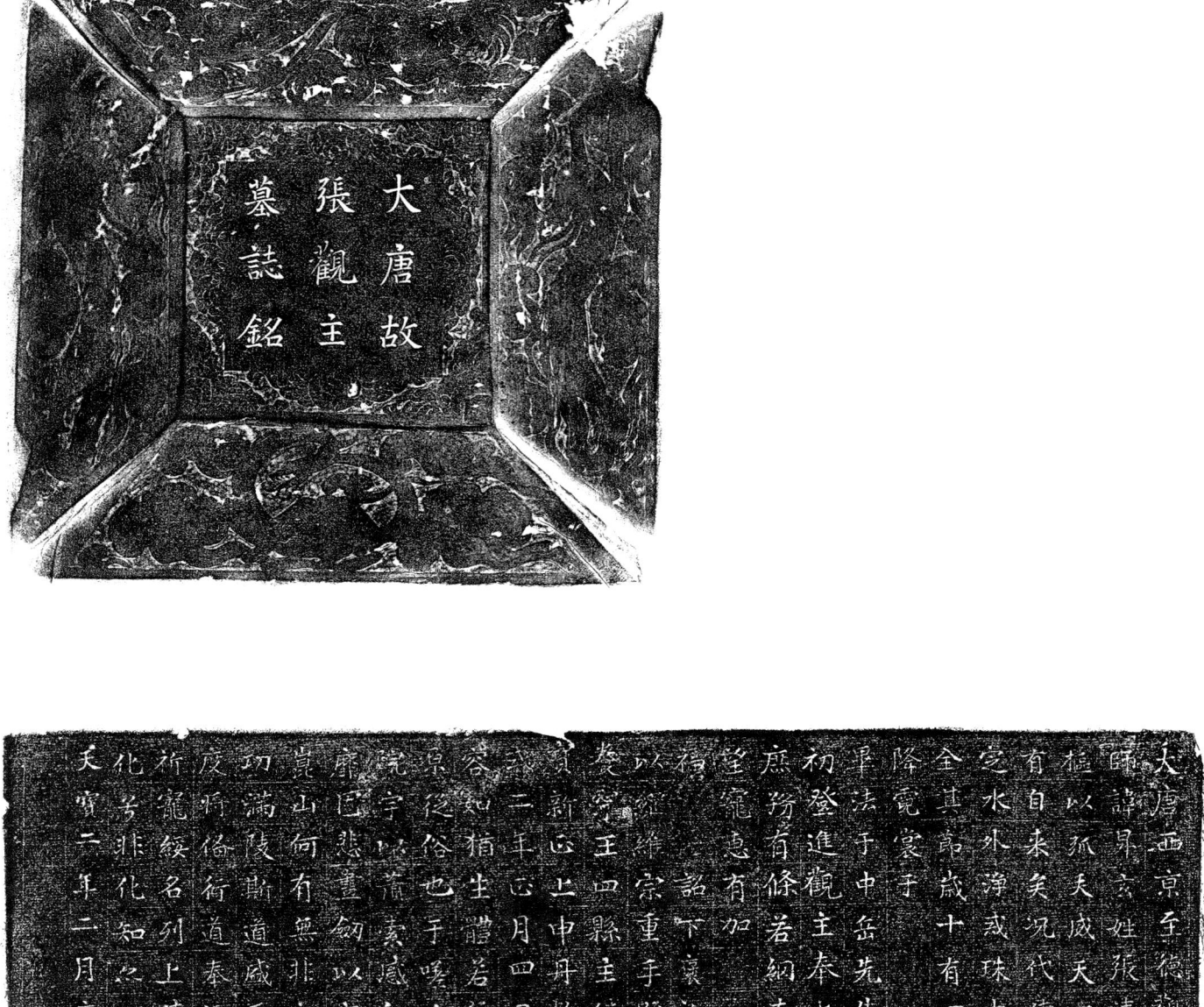

【誌蓋】

大唐故／張觀主／墓誌銘

【誌文】

大唐西京至德觀主大洞三景張練師墓誌銘并序

師諱昇玄，姓張，清河郡人，殿中侍御史建孫，少府監丞感第二女。昔照／樞以弧矢威天下[二]，終騰紫極；投水以帷幄成王業[三]，竟追赤松，綿綿仙踪，／有自來矣。况代傳積善，特禀靈骨，含氣則絶葷所生，方孩而克歧有志，／定水外浄，戒珠内明，蘭桂芬馥，冰霜凛冽，道德所以抗其高，父母由是／全其節。歲十有四，光宅元年十二月四日，天皇大帝升遐[四]，初七／降霓裳於天朝，奉香火於至德觀。垂拱二年三月甲子受三洞[五]／畢法於中岳先生閻玄表，而清介卓立，風規衆許，當觀舉爲監齋[六]。開元／初，登進觀主，奉上以忠，臨下以簡，盛可畏，儀可象，所以成不肅，理不嚴，／庶務有條，若綱在綱焉。二年，以精行上聞，召入修功德於内殿，自朔終／望，寵惠有加。叡宗皇帝之神升九天，持表崇瑞，像鑄洪鍾，以薦景／福。詔下褒許，錫縞五百，銅千斤。先是頻伽縣主降羽衣於兹觀，師／以綱維宗重，手疏推讓，帝難其人，固拒不易。九年有敕存問，俾／養寧王四縣主。練師又以三元天地考校之日，幽明削注之辰，乃於天／寶新正上申丹欵，請於當觀爲國修行。天聰允兹，首爲恒／式。二年正月四日示疾，解形[七]於本院玄堂，春秋四百四十有四甲子矣。／容如猶生，體若無骨，識者難言焉。即以逾月才生明，卜宅於長安馬祖／原，從俗也。於嗟人代功滿，帝鄉有期，乘白雲兮此日，還竹杖[八]兮何時？瞻／院宇以蕭索，感行路以漣洏。侄東岳先生道元、弟子仙才等，恨藏山而／靡固，悲晝劍以空留，願紀玄石，以永清猷，深哀難拒，短札斯投。銘曰：

昆山何有，無非夜光；鄧林多林，亦皆棟梁。軒轅立德，弧矢表姓，房實／功滿，陵斯道盛[九]。乃生青骨，是紀玄門，志堅金石，行馥蘭蓀。三洞畢該，六／度[十]將備，行道奉福，修元興利。神鍾發號，瑞像呈儀，帝錫榮問，主／祈寵綏。名列上清，形遺下土，儵然來往，倏尔今古。仙道尚默，禮意從宜，／化兮非化，知亦何知。

天寶二年二月辛未朔三日癸酉葬於馬祖原，禮也。

【注釋】

❶練師：舊稱德行高超的道士。唐六典・禮部尚書・祠部郎中：『道士修行有三號：其一曰法師，其二曰威儀師，其三曰律師。其德高思精謂之練師。』

❷昔照樞以弧矢威天下：此處指黄帝事迹。照樞，傳説黄帝之母在野外望見電光照在北斗樞星上，後樞星隕落，感天而生黄帝。弧矢威天下，指黄帝安定天下後，乘龍升天。語出周易・繫辭下，稱黄帝『弦木爲弧，剡木爲矢，弧矢之利，以威天下。』

❸投水以帷幄成王業：指張良輔佐劉邦建立天下。投水，語出三國魏李康運命論：『張良受黄石之符，誦三略之説，以游於群雄……及其遭漢祖，其言也，如以石投水，莫之逆也。』指張良和漢高祖的莫逆之交。帷幄，史記・高祖本紀記載漢高祖劉邦評價張良：『夫運籌策帷帳之中，决勝於千里之外，吾不如子房。』

❹升遐：帝王去世的婉辞。拾遺記・軒轅黄帝有：『及升遐後，群臣觀其銘，皆上古之字。』

❺三洞：道教典籍，指洞真、洞玄、洞神。

❻監齋：主管齋醮諸事。

❼解形：道教称修道人去世。

❽還竹杖：比喻得道成仙，出自典故『竹杖成龍』，晋代葛洪神仙傳・壺公载，費長房從壺公學仙，壺公遣歸，與一竹杖使騎。長房乘杖，須臾到家。投杖於葛陂中，回視，已化爲龍。

❾房實功滿，陵斯道盛：房指子房張良；陵指張道陵，張良十世孫，道教正一教創始人。以此兩人喻指张練師功德圓滿。

❿六度：道教戒律開度衆生的六種情形：一者見人窮急，度其死尸，見世明達，能制凶逆，年命長遠，世享無極；二者見人窮乏，寒饑因急，損己布施，令人富貴，福報萬倍；三者含血之類，有急投入，能爲開度；四者施惠鳥獸，有生之類；五者度諸蠢動一切衆生；六者常行慈心，滘濟一切。

【案】

誌主张昇玄，爲唐高宗至玄宗時至德觀練師，卒於天寶二年（743），享壽七十三歲，葬於長安馬祖原。至德觀，位於唐長安城興道坊西南隅，隋開皇六年（586）立。由京師至德觀主孟法師碑（褚遂良書，貞觀十六年立）、唐至德觀上座楊仙師志文（上元二年立）以及本篇墓誌，均可知其在唐時专供女道士修行。而据唐語林卷一記載，『宣宗微行至德觀，有女道士盛服濃妝者，赫怒歸宫，立召左街功德使宋叔康，令盡逐去，别選男子二人，住持其觀』，似乎在晚唐時有所變化。

自来矣況代傳積善特稟靈骨含氣則絶葷所生方孫而克岐有
来外淨彧珠内明蘭桂芬馥氷霜凛冽道德所以杭其高又毋由
其節歲十有四光宅元年十二月四日　　　天皇大帝陛返初
霓裳手　　　天朝奉香火於至德觀垂拱二年三月甲子受三
法于中岳先生闡玄表而清介卓立風規衆許當觀舉爲監齋閏
登進觀主奉上以忠臨下以簡感可畏儀可象所以成不肅理不
務有條若綱在經焉二年以精行上聞名入修功德于内殿自祖
龍惠有加　　叡宗皇帝之神昇九天特表崇瑞像鑄洪鍾以應
　　詔下褒許錫縞五百銅千斤先是頻伽縣主降羽衣於茲遺
經維宗重手跪推　　讓帝弟其人固柜不易九年有　勅存問
學王四縣主練師又以三元天地考校之日幽明削注之辰乃於
新正上中丹數請於當觀爲　　國修行　　　天聪允茲首若
一年正月四日示疾解形于本院玄堂春秋四百四十有四甲子
如猶生體若無骨識者難言焉即以僉月十生明卜宅于長安馬
從俗也于嗟人代切滿帝鄉有期乘白雲兮此日還竹扶兮何時
守以蕭素感行路以建涵姪東岳先生道元弟子仙才等恨藏山
也悲盡劒以空留顯紀玄石以永清猷深哀難拒短札斯投銘日

三一　大唐故雲麾將軍弘農楊公墓誌銘并序

天寶八載（749）二月十四日

【誌文】

大唐故雲麾將軍弘農楊公墓誌銘并序

公諱生，字伏生，弘農人也。其先遠系，清畏人知[1]，王／密懷慚[2]，垂芳竹帛。黄雀銜巾箱之惠[3]，白璧來投；孝／廉酬拔擢之恩，紫金見贈。三鱣[4]呈三公之像，四知[5]／爲萬古之規。積善之家，上玄鉴其休德，楊都受命，／九五居尊，築萬雉之城，功傳我後。頃因蕭墻／起舋[6]，懼玉石之俱焚，公乃懷忠，率其儕醜，翊戴／明君，宗社獲安，萬國清恬，無勞士卒。功既成矣，／澤也流焉，紫綬金章，寵禄逾厚。降年不永，自古皆／然。寢疾於床，龜筮之禱罔吉；扁氏失據，瓊田之草／□焚。去天寶七載十一月廿四日薨於普寧里第，／春秋七十有五。以八載二月十四葬於長安城西／龍首原，禮也。公生平也，葷辛絶茹，不异緇流，建福／修因，當歸净域，生滅之道，孰免斯殃。勒石紀勛，恐／桑田之有革；鐫銘記號，貽後嗣之無疑。其辭曰：

公之生也，杰出當年。雄豪佐世，功侔補天。公之殁／也，史籍標賢。國恩未弭，寵贈逾千。縱刼石之／銷盡，庶兹言之永傳。

【注釋】

❶清畏人知：指清廉戒惕爲人所知。

❷王密懷慚：典出後漢書·楊震傳：『當之郡，道經昌邑，故所舉荆州茂才王密爲昌邑令，謁見，至夜懷金十斤以遺震。震曰：「故人知君，君不知故人，何也？」密曰：「暮夜無知者。」震曰：「天知，神知，我知，子知。何謂無知！」密愧而出。』

❸黄雀銜巾箱之惠：指楊震父親楊寶積德行善、獲得福報之事。後漢書·楊震傳：『楊震字伯起，弘農華陰人也。八世祖喜，高祖時有功，封赤泉侯。高祖敞，昭帝時爲丞相，封安平侯。父寶，習歐陽尚書。哀、平之世，隱居教授。』唐李賢注引續齊諧記：『寶年九歲時，至華陰山北，見一黄雀爲鴟梟所搏，墜於樹下，爲螻蟻所困。寶取之以歸，置巾箱中，唯食黄花，百餘日毛羽成，乃飛去。其夜有黄衣童子向寶再拜曰：「我西王母使者，君仁愛救拯，實感成濟。」以白環四枚與寶：「令君子孫潔白，位登三事，當如此環矣。」』後以『銜環報恩』『黄雀銜環』等喻知恩圖報。

❹三鱣（zhān）：指登公卿高位的吉兆。後漢書·楊震傳：『震少好學，受歐陽尚書於太常桓郁，明經博覽，無不窮究。諸儒爲之語曰「關西孔子楊伯起」，常客居於湖，不答州郡禮命數十年，衆人謂之晚暮，而震志愈篤。後有冠雀銜三鱣魚，飛集講堂前，都講取魚進曰：「蛇鱣者，卿大夫服之象也，數三者，法三台也，先生自此升矣。」年五十，乃始仕州郡。大將軍鄧騭聞其賢而辟之，舉茂才，四遷荆州刺史、東萊太守。』

❺四知：指楊震廉潔自持、不受非義饋贈的典故。參見注釋❷。

❻蕭墻起釁：指内部發生禍亂。蕭墻，古代宫室内作爲屏障的矮墻。典出論語·季氏：『吾恐季孫之憂，不在顓臾，而在蕭墻之内也。』

【案】

誌主楊生，卒於天寶七載（748），享壽七十五歲，葬於長安城西龍首原。新、舊唐書無傳。

三二　唐右金吾將軍程公故媵和容墓誌并序

天寶十一載(752)九月三日

【誌蓋】

程公故／媵和容／墓誌銘

【誌文】

唐右金吾將軍程公故媵和容墓誌并序

天寶十一載八月廿九日媵和容卒。九月／三日葬咸寧縣龍首原。清河人左威衛長上張／湊女。厥父有訓，之子蹇賢，謙光降心，願同衆女之配；媵歸於我，懿承小星之禮㊀。卑言／曲從而志直，趨事服勞而執先，職檢察而／無遘言㊁，録財帛而無苟取。心志精密，性唯廉退。春秋卅五，産疾而亡。明神嘗与善，殯奪何爽譺。篋無衣衾以殮備，衆無怨而／涕思。忍二子之始孩，使偏零之無寄。可傷存没，聊誌情懷。銘曰：職抱衾裯，德實馨柔。爲嫡自悔，君子好求。／何罹不傭，降此鞠凶。塗車哀挽，地户泉封。松檟秋聲，山川月明。宇宙階畢，空留盛名。

【注释】

❶小星：妾的代稱。語出詩經・小星序：『小星，惠及下也。夫人無妬忌之行，惠及賤妾。』

❷遘言：即『中冓之言』，指内室的私房話，也指有傷風化的醜話。語出詩經・墻有茨：『中冓之言，不可道也。』

【案】

誌主張和容，卒於天寶十一載（752）八月二十九日，享壽三十五歲，葬於咸寧縣龍首原。

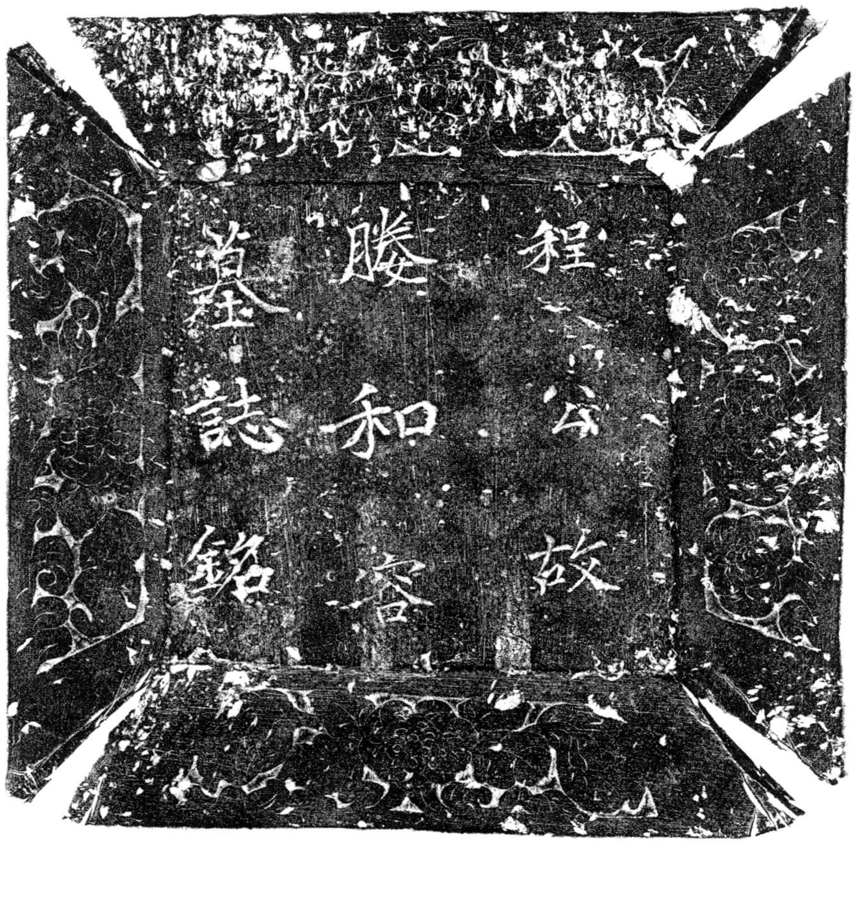

三三 唐故太原府盂縣尉廉公墓誌銘并序

天寶十二載（753）正月七日

【誌蓋】

大唐盂/縣尉廉/公誌銘

【誌文】

唐故太原府盂縣尉廉公墓誌銘并序

河上隱者董詹撰　京兆杜迪書

君諱寬，字令忱，處士華陽君貞一之孟子也。綺年芳聲，譽重/天下，弱冠擢第，褎然儒林，瓊樹㊀迥出於風塵，鳳姿不侶於鸞鶴。（釋）褐/拜豊陽簿，喜祿及親，無咨枳棘。秩滿赴調，判登甲科，小冢宰李公/旌其能者，用超近甸，尉永壽焉。立斷稱釪鏌之雄，指撝有騄騮㊁之捷。坐/進幾劇，時議多之。三命太原，五府推挹，理□烏署，位期必遷。尹京賴其操/割，人吏悅乎信順。公昆季有五，花萼㊂相榮，察尉金城，名動文菀，難兄/難弟㊃，爲龍爲光㊄，豹變炳然於一時，薰歇痛嗟於千古。公以開元廿一載五/月朔終於私里，春秋五十九。朝野嘆惜，寮友增哀，權瑩閔南，松檟未/列。嗣子翂動中規矩，孝義著聞，撫弟淡、澤，節高三虎㊅。淡稱文雅，猶/踠秀才；澤以經明，青紫俛拾。不澤（擇）禄仕，以尉永嘉，欲圖養親，旋□風樹。玉臺歡笑，望制河而路遙；素韠㊆銜悲，臨浚郊而何恃。/夫人常氏，以天寶十一載五月七日終於陳留，壽凡七十。母儀閫則，/作範九姻，教子義方，克成七業。澤板輿不遂，團扇無依，沙海長號，/梁城泣血，侍奉輴櫬，還歸故庭。卜之牛崗，合祔先考牧馬原/之東，乳泉鳩里之中腹，地如京兆之阡，勢抱秦韓之要，即天寶十二/載正月七日也。雞金犬玉，鳴吠合時，驎頟鳳心，安居應吉，狀行實/録，斫石爲銘。銘曰：

彼美廉公，玉樹青蔥，言爲義府，道是儒宗。位歷三命，才成九功，/天湏京兆，名立而終。夫人常氏，作嬪君子，聲著四德，行稱五美。/椓斛㊇留惠，社金踐祉，合祔茲原，風徽遠矣。

【注釋】

❶瓊樹：喻品格高潔的人。晋書·王戎傳：『王衍神姿高徹，如瑶林瓊樹。』

❷驊騮：周穆王八駿之一，泛指駿馬。荀子·性惡：『驊騮、騹驥、纖離、緑耳，此皆古之良馬也。』

❸花萼：花與萼相互著生，比喻兄弟和睦友愛。語出詩經·常棣：『常棣之華，鄂不韡韡。凡今之人，莫如兄弟。』

❹難兄難弟（nán xiōng nán dì）：南朝宋劉義慶世説新語·德行：陳元方和陳季方兄弟二人才德相當，難分高下，其父親陳寔説：『元方難爲兄，季方難爲弟。』難兄難弟用以稱兄弟才學品德均佳。该詞原意比喻兄弟都非常好，今多反用其意。

❺爲龍爲光：龍，古『寵』字，爲龍爲光指被天子恩寵而榮光，贊誉人美德之辭。語出詩經·蓼蕭：『蓼彼蕭斯，零露瀼瀼。既見君子，爲龍爲光。其德不爽，壽考不忘。』

❻三虎：虎爲猛獸，喻同時以雄杰著稱的兄弟三人。

❼素韠：韠，蔽膝，古代一種遮蔽在身前的皮制服飾，縫在腹下膝上。素韠指穿著孝服，遵喪禮，盡孝道。詩經·素冠：『庶見素韠兮，我心藴結兮，聊與子如一兮。』

❽椓斛（zhuó hú）：叩斛，使所盛穀物下陷，以便多盛。指仁厚濟人之舉。荀氏家傳云：『荀邃夫人有至行，歲荒，來糴者，夫人叩其斛。糴者歸量，過其本斛，因號椓斛夫人。』南朝梁庾肩吾答湘東王賚粳米啓：『椓斛瀉珠，嘉聞陶量；翻庭委玉，欣見馬圖。』

【案】

誌主廉寬，曾任唐太原府盂縣尉，卒於開元廿一年（733），享壽五十九歲；夫人常氏，卒於天寶十一載（752），享壽七十歲。二人合葬於牧馬原之東乳泉鳩里之中腹。新、舊唐書無載，可補史闕。

[illegible]不侶於鸞鶴
陽傳嘉祿及親無咨於棘陝尚赴調判登甲科小家宰李公
衛者用超延甸尉永壽焉立斷稱銜鏤之雄指橋有驊騮之捷
夙時識多之三命太原西府推挹理焉署位期必遷尹京頡其擢
又悅乎信順公昆季有五花萼相榮衆所企成名動文苑難兄
為龍為光鈞璞炳煥於時董歎痛嗟於千古公以開元廿一載五
終于私里春秋五十九朝野歎惜痛哉友增家摧燈閣南松檟未
子牀動中規矩孝義普歸撫弟以慈譯節高三席淡稱文雅猶
才署以紆明青縱倪拾不澤祿仕以尉永嘉欲晶養
戚樹王臺歎從制河而路遙梁驛衙悲臨浚郊而何恃
常氏以天寶十一載五月七日終于陝留壽允七十有七歲閻則
允娴敬于義方克成七葉澤枝興不遂團扇無依泣海長號

三四　大唐故朝散大夫守殿中少監兼濮州別駕郭公墓誌銘并序

大曆七年（772）十二月二十七日

大唐故朝散大夫守殿中少監兼濮州別駕郭公墓誌銘并序
冠軍大將軍前行右領軍衛將軍郝縣開國伯溫太易撰
堂弟朝散大夫前守將作少監嘉珍書
維大曆七年龍集壬子十二月二日崇賢里郭公諱嘉諒卒啓予手啓予
足曾未乙甲東首牖下目不瞑而氣散人興望而思得噫夫知我者傷之
以是月季旬七日歸葬于先大夫九原不忘孝禮歟公通德備能躬仁
服信器深沉而不測體閑清而可尊生且七歲已負曾雲之搆飛且六月
自致摩霄之勢況乎天寶末家噴燕薊·龍興朔垂風雲具舉經濟草昧
公首獻千駟征裝萬夫家室遂空竪兇遂陷愛人活國不在我矣
上議蠲超等公陳懇固讓卒從例進君子曰義哉忠矣夫永泰初公屏星
左綿識而季父擁旄庸部旋乃禍生肘腋勢屈舟沉公當幽陷獄戶迫以
順旨直詞抗節卒不回邪君子曰直哉孝矣夫竊惟前代亡國喪家者衆
矣至于名義特舉忠孝卓立有如公者焉初公以平戎功授果毅折衝並
只翁歸文武去病通才時貳藩條或遊侯邾尋拜儀王府司馬加朝散大
夫將作少監兼綿州別駕轉殿中少監無何兼濮州別駕覃鄉入國趙王
如再見之禮王祥到郡晉王樂沂康之慶方將股肱元首檥上川酌
人開化式古宣力奈何蓄憤攻身藏恨成性長吁不歿怫鬱而絕至哉重
其痛矣嗣子左金吾兵曹巨左率府兵曹逸甫等棘心共圖疑謀未解僕
忝執友能誄刻光刊之珷玞式表泉壤銘曰
有周用孫芀錫其類孫郭聲近于因厥氏長孤綿綿于紀天地·我祖咸
公于配武成我孝亙原于為　國程我公含德于有令名我又介命于守
西嶽從來竊國于有傾覆公獨何恨于邊不祿茂陵山下塚壘壘郭氏由
來宅在茲公志于不偶名于已垂芳刻傳千古何憂舟壑移
弘農楊愃·隴西李逵刻

【誌文】

大唐故朝散大夫守殿中少監兼濮州別駕郭公墓誌銘并序

冠軍大將軍前行右領軍衛將軍祁縣開國伯温太易撰

堂弟朝散大夫前守將作少監嘉珍書

維大曆七年龍集壬子十二月二日崇賢里郭公諱嘉諒卒，啓予手，啓予/足[一]，曾未乙甲，東首牖下，目不瞑而氣散，人輿望而鬼得。噫夫，知我者傷之。/以是月季旬七日歸葬於先大夫九原，不忘孝禮歟！公通德備能，躬仁/服信，器深沉而不測，體閑清而可尊。生且七歲，已負曾雲之構；飛且六月[二]，/自致摩霄之勢。况乎天寶末，豕噴燕薊[三]，龍興朔垂[四]，風雲具舉，經濟草昧[五]。/公首獻千駟，征裝萬夫，家室遂空，堅兇遂陷，愛人活國，不在我矣。/上議爵超等，公陳懇固讓，卒從例進。君子曰：義哉忠矣！夫永泰初，公屏星/左綿[六]，俄而季父擁旄[七]庸部，旋乃禍生肘腋，勢屈舟沉。公當幽陷獄户，迫以/順旨，直詞抗節，卒不回耶。君子曰：直哉孝矣！夫竊惟前代，亡國喪家者衆/矣，至於名義特舉，忠孝卓立，有如公者焉？初公以平戎功授果毅折衝，豈/只翁歸文武，去病通才[八]，時貳藩條，或游侯邸，尋拜儀王府司馬、加朝散大/夫、將作少監，兼綿州別駕，轉殿中少監。無何，兼濮州別駕。虞卿入國，趙王/加再見之禮；王祥到郡，晋主樂沂康之慶[九]。方將股肱元首，舟楫巨川[十]，酌/人開化，式古宣力。奈何蓄憤攻身，藏恨滅性，長吁不收，怫鬱而絶，至哉重/其痛矣！嗣子左金吾兵曹亘、左率府兵曹逸甫等，棘心失啚，疑謬未解。僕/忝執友，能誣烈光？刊之珷玞，式表泉壤。銘曰：

有周用號兮錫其類，號郭聲近兮因厥氏，長派綿綿兮紀天地。我祖威/公兮配武成，我考五原兮爲國程[一一]，我公食德兮有令名，我父分命兮守/西嶽。從來竊國兮有傾覆，公獨何恨兮遽不禄。茂陵山下塚壘壘，郭氏由/來宅在兹。公志兮不偶，公名兮已垂。芳烈傳千古，何憂舟壑移？

弘農楊恒、隴西李達刻

【注釋】

❶啓予手，啓予足：指臨終前。典出論語·泰伯：『曾子有疾，召門弟子曰：啓予足！啓予手！』此處引用曾子語，意为手足完備，可以安心去見逝去的父母。

❷飛且六月：指大好前程刚刚展開，語出莊子·逍遥游：『鵬之徙於南冥也，水擊三千里，摶扶搖而上者九萬里，去以六月息者也。』

❸豕噴燕薊：指天寶十四載（755）十一月，身兼范陽、平盧、河東節度使的安禄山發兵南下，發動安史之亂。

❹龍興朔垂：指安史之亂時，唐玄宗逃亡四川，太子李亨於靈武繼位，是爲唐肅宗。

❺經濟草昧：指國計民生艱難，百廢待興。

❻屏星，車輛前用以避塵的車檔，舊時州郡別駕、從事車前有此。左綿，綿陽代稱。屏星左綿，指在四川綿陽任州郡屬官。

❼季父擁旄：指郭嘉諒叔父郭英乂时任劍南節度使。擁旄，古代武官持旄節專制一方。

❽翁歸文武，去病通才：翁歸，指尹翁歸，西漢廉吏，文武全才；去病，指西漢大將霍去病，抵禦匈奴有功。此處以二者作比，贊譽誌主之才高。

❾虞卿入國，王祥到郡：虞卿，戰國時趙國善於游説之士，受到趙王重用；王祥，西晋大臣，善政有德行，曾受到司馬炎重用。此處以二者作比，贊譽誌主有此二人之賢能。

❿舟楫巨川：比喻宰輔之臣。語出尚書·説命：『若濟巨川，用汝作舟楫』。

⓫國程：指國之表率。

【案】

誌主郭嘉諒，授守殿中少監兼濮州別駕，唐代宗大曆七年（772），卒於崇賢里。其祖郭知遠，唐河西名將，威震西陲，在開元年間任隴右節度使，因功升左武衛大將軍，後卒於軍，贈涼州都督，中書令張説撰其碑文，存於張燕公集卷十九，郭知遠兩唐書有傳。其父守左威衛大將軍兼五原太守郭英奇，開元、天寶間在與吐蕃、奚、突厥的戰鬥中屢立奇功，郭英奇墓誌在 1993 年出土，碑林博物館集刊（六）上有王月華、陳根遠的文章唐郭英奇墓誌考釋可以參考。郭嘉諒叔父爲定襄王、劍南節度使郭英乂，舊唐書卷一百一十七、新唐書卷一百三十三有傳。

[illegible]□□龍府□□十二月二日崇賢里第之□□□平居手足

未乃甲東首牖下目不瞑而氣散人興望而思得憶夫知我者

月季旬七日歸葬于 先大夫九原不忘孝禮歟公通憶備能

器深況而不測體閑清而可尊生且七歲已負曾雲之攜飛且六

摩霄之勢況乎天寶未家賁燕翦 龍興朔垂風雲具舉經濟

獻千駟征裝萬夫家室遂空堅兇遂陷愛人活國不在我矣

麾超等公陳懇固讓卒從俯進君子曰義哉忠矣夫永恭初公

讖而委父擁旋庸部旋乃禍生肘腋執屈舟沈公當幽陷獄戶

宜詞折節卒不回邪君子曰直哉孝矣夫竊惟前代亡國喪家

于名義特舉忠孝卓立有如公者焉初公以平戎功授果毅折

歸文武去病通才時貳藩條或遊兵邵尋拜儀王府司馬加朝

從少臨兼綿州別駕轉殿中少臨無何兼滁州別駕稟鄉入國

見之禮王祥到郡晉生樂沂康之慶方將股肱 元首舟檝巨

化式古道乃奈何蓄憤攻身藏恨成性長吁不扱怫鬱而絕坐

矣嗣子左金吾兵曹亘左率府兵曹免甫等棘心共號泣纍[illegible]

三五　唐故朝散大夫九成宮總監韓府君墓誌銘并序

大曆十年（775）十月十三日

【誌文】

唐故朝散大夫九成宮總監韓府君墓誌銘并序

君諱禮徵，字徵，其先与周同姓，仕晉，自武子三代至厥，始/受氏焉。其後千有餘祀，世載明德，分茅裂土[1]，乃公乃侯，不/可勝紀。曾祖衆，祖行，并不仕。父禮徵，調補勾順丞，轉右衛/率府翊衛兵曹參軍，轉太倉丞，都省主事，都事，右金吾衛/長史，加朝散大夫，改九成宮總監，凡歷七任，皆著能名。君/心識冲濬，器度夷遠，故從宦中外，皆以清白恭聞；盡力父/兄，皆以孝悌著。以道德爲城池，以禮義爲干櫓，世有頡滑/卓鶩者[2]，不敢不馴服焉。雖古之君子，無以加之。天命不祐，/遘疾於萬年縣豐潤鄉赤頭王村莊，終於此。夫人任氏，樂/安縣君，魏州司士庭光之中女也，有柔婉之姿，有淑慎之/德，年十九而歸於君，和如琴瑟，誓同生死，以永泰元年三/月十五日因長男佋攝絳州萬泉縣令，終於萬泉縣。次子/守左贊善大夫兼絳州長史佑，次子前郴州平陽縣丞份，/弟三子前右衛率府兵曹參軍侊等，痛罔極之恩，詢改卜/之兆，玄龜告期於泉壤，青烏相塚於咸鎬，以大曆十年歲/次乙卯十月辛酉朔十三日合祔京兆府萬年縣洪固/鄉鳳栖原，禮也。佋等恐鄰谷有變，懼南北之無從。位爲中/卿，禮有封樹[3]，銘曰：

惟川之精，惟岳之靈，共生明德，爲世作程。出中入孝，承家/保榮，忽摧梁木，合祔秦京。松門泉壤，萬古冥冥。

【注釋】

❶分茅裂土：古時天子用白茅包土封賞，以示分封。

❷卓鷙：謂行爲乖戾，不合於常道。莊子·在宥：『於是乎天下始喬詰卓鷙，而後有盜跖、曾、史之行。』

❸封樹：聚土爲墳，植樹爲飾，爲古代士人以上的葬禮。

【案】

誌主朝散大夫韓禮徵，生卒年不詳，曾在中唐時期任九成宫總監，與夫人任氏合葬於京兆府萬年縣洪固鄉鳳栖原。新、舊唐書無傳。

九成宫總監，爲唐司農寺屬官，掌修繕宫苑，供進煉餌之事。唐武德初，改隋仁壽宫監爲九成宫監。有監一人，從五品；副監一人，從六品；丞一人，從七品下。又有主簿、録事、府、史等員吏。

三六　唐故忻王傅北平田公墓誌銘并序

貞元十九年（803）正月二十九日

【誌文】

唐故忻王傅北平田公墓誌銘并序

前壽州壽春縣尉楊昱撰并書

公諱瑀，字瑀，信都南宫人也。其先□舜氏之裔，厥後封陳王，齊陳漢□魏皆世/濟其美，史册詳之備矣。曾祖敬崇，贈秘書監。大父游隱，贈户部尚書。烈考神功，/尚書右僕射、汴宋節度使。公即僕射之嗣子，虔王府長史瓘之愛弟。□族/信安王，其外王父也。天寶末，二虜繼逆，中原震蕩，僕射誓師遼海，剿定两河，盛/德大業，超冠今古，人到於今稱之。公弱歲以門蔭授太常寺協律郎，既冠，授衣/赤紱，佩銀印。洎僕射即世，國夫人捐館舍●，公哀毁過禮，幾至滅性。服闋，調補河/中府虞鄉縣丞，寮友祇其德，下吏畏其威。滿歲，屬賊臣亂黨竊擄宫闕，金商/節度使尚僕射以公爲衙門將，寰宇清廓，皇輿反正，公之勛勞，實逾等列。/公以爲見危致命，人臣之節，貪天之賞，義士不爲，遂從常調授左羽林軍録事/參軍。環禁之閑，望之而肅；軍衛之内，賴之而理。秩滿，守道養正，僻居丘園，壽/州刺史楊公挹公高義，以重幣厚禮辟公都總衙門。旋遇楊公朝天，凶狡構/禍，公筭運密計，以挫逆謀，奸人就誅，軍府安泰，緊公之力也。朝廷以功非常/而賞不次，特拜御史中丞，人稱其當。後刺史王公，公之深知也，營中之事，悉以／咨之。公感知己之恩，願竭太上之誠節，戎行嚴整，士卒雄毅。無何，淮右搔擾，王／公授以鋭卒五千，命公式遏封壤。公又申之以威令，撫之以仁惠，逆黨再北，淮／淝底寧。方□□之功，用表閫張之績，天奪其志，王公不禄。公又□運方略，重／安州師，寮吏耆舊将校卒士等，慕公誠績，思公撫字，累有陳請，表章上聞。公／以爲名非所據，危辱必及，蹈危取辱非孝也，恃功邀賞非忠也，遂駕言星馳，伏／表天闕。帝念其忠，特賜金印紫綬，拜忻王傅，旌其德也。公倜儻其／心，温和其性，柔而能斷，寬而有謀，門無雜賓，室無私饋，忠以奉國，孝以承家，何／積善之有餘，而降年之不永。貞元十八年十二月廿九日遘疾，薨於善政里之／私第，享年□有□，以明年正月廿九日葬於京兆高陽原，祔先塋，禮也。公少／遭閔凶，長值多難，故不及禮娶而歿。有子一人，年始四歲，未任縗絰。女四人，二／及笄年，二居襁褓，而喪所怙，可哀也哉！昱以風塵之舊，猥承顧託，刻石銘墓，多／慚□□。銘云：

倬彼盛族，克生令嗣。既崇其葉，亦顯其位。依仁據德，資忠履義。開國承家，夷險／齊致。出掌戎車，入爲王傅。動必由禮，舉無違度。才屈於命，運窮於數。於此中年，／奄歸大暮。日慘郊野，風悲壠樹。慮彼陵谷，有時遷□。何以垂芳，勒銘泉路。

【注釋】

❶捐館舍：拋棄館舍，死亡的婉辭。戰國策·趙策二：『今奉陽君捐館舍。』

【案】

誌主田璵，曾任忻王傅，信都南宫人。卒於貞元十八年（802），次年葬於京兆高陽原。兩唐書無載。

其父田神功，舊唐書卷一百二十四、新唐書卷一百四十四有傳。田神功，天寶末年爲縣吏，時逢安禄山反唐，占領河北多數郡縣，田神功率衆隨唐將董秦（賜名李忠臣）征討安禄山，先後收復滄州、德州，攻占相州，作戰勇猛，屢次建功。後因陳留失守，降於史思明，史思明命南德信、劉從諫攻占江淮各地，田神功尋機斬南德信，劉從諫脱走，遂收其兵將復歸唐。上元元年（760），田神功擢升爲平盧節度都知兵馬使兼鴻臚卿，奉命征討劉展，因功被授爲檢校工部尚書、御史大夫、淄青節度使。寶應元年（762）五月，河北節度使李光弼被困宋州，田神功奉命救援，大破史朝義軍，遂被封爲信都郡王，不久又晋爲汴宋八州觀察使。大曆二年（767），田神功入朝，被封爲檢校尚書右僕射、太子太師。大曆八年（773）卒，唐代宗『爲之徹樂，廢朝三日；贈司徒，賻絹一千匹、布五百端；特許百官吊喪，賜屏風茵褥於靈座，并賜千僧齋以追福，至德已來，將帥不兼三事者，哀榮無比。』

三七　大唐故試左武衛兵曹參軍馮府君之墓誌銘并序

元和三年（808）四月二十一日

【誌蓋】

大唐故／馮府君／墓誌銘

【誌文】

大唐故試左武衛兵曹參軍馮府君之墓誌銘并序

試太常寺奉禮郎崔琉撰

公諱士端，字士端，其先長樂人也。歷世英賢，光於史策／矣，易簡之義，此焉不載。曾祖詳，岐州岐山縣令。祖諶，常／州司功參軍。父叔，皇興、永二州刺史。或施密（宓）賤㊀之能，一／時居最；或著文翁㊁之化，百世垂芳，積慶之餘，鍾於後嗣／矣。公即永州府君之嗣子也，幼聞詩禮，生知孝悌，淑質／貞諒，稟之天機。世人皆以軒冕爲榮，我獨以色養爲美，／故年近知命，而纔登解褐，誠謂孝矣，复何悲乎。期年冬，／丁先府君憂，泣血柴立，興言殞絶，無涯之哀，竟以滅／性。以元和三年三月廿二日歿於京兆府盩厔縣□陰／里之私第，春秋卌有九。以其年四月廿一日遷葬於盩／厔縣黄龍原，從龜筮也。夫人太原王氏，閨儀婦德，雪凈／松寒，及喪所天，哀毀過禮，遠期有日，長號無聲。有子三／人，長曰莧，次曰茗，幼者未名。有女二人。長男未冠，長女／未笄，皆荼毒奉喪，聲氣若絶。嗚呼！以公體和而不矜，守／約如不能，資以忠信孝友，四者備矣。豈謂天不福善，臻／此短曆。悲夫！夫人令弟洎，以余忝迹姻婭，見命爲文，懼／陵谷推遷，勒於貞石，其詞曰：

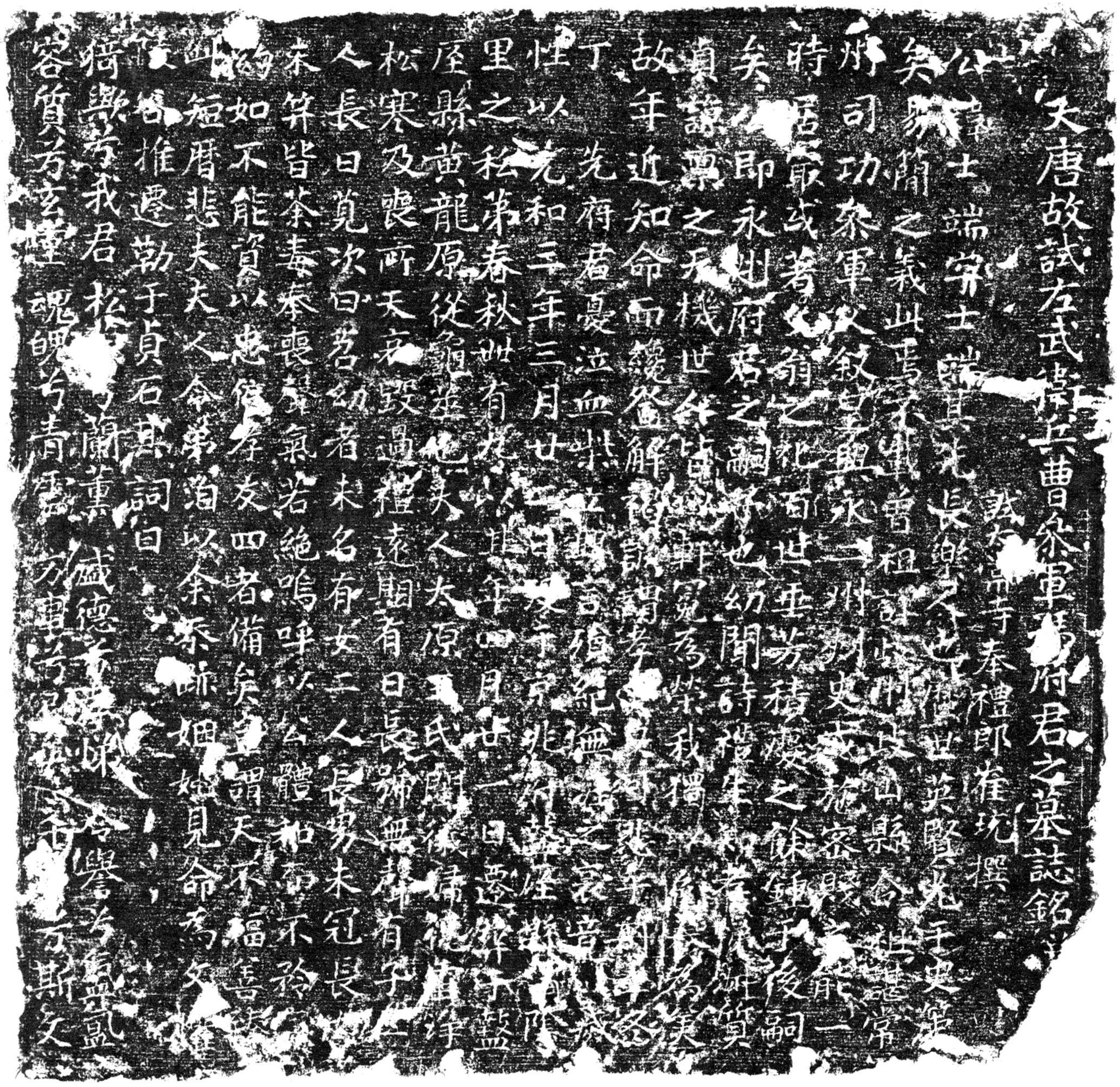

猗歟兮我君，松茂兮蘭薫。盛德兮孝悌，令譽兮氲氲。/容質兮玄堂，魂魄兮青雲。万事兮已矣，千古兮斯文。

【注釋】

❶密（宓）賤：孔子弟子宓子賤，名不齊，仁而有才，爲單父宰，彈琴而單父治。呂氏春秋·開春論：『宓子賤治單父，彈鳴琴，身不下堂而單父治。』

❷文翁：西漢景帝時出任蜀郡太守。他爲政推崇仁教，重視教化，使蜀地民風教化大爲改觀。

【案】

誌主馮士端，曾任唐左武衛兵曹參軍。卒於元和三年（808），享壽四十九歲，葬於盩厔縣黄龍原。

三八　唐故殤女北海王氏墓誌銘并序

大和五年（831）三月二十六日

【誌蓋】

殤女北／海王氏／墓誌銘

大和八年歲在甲寅二月壬午月／三日甲申自前殯所改葬於義／善鄉其姊塋之庚地修備器增／襚服謹窀穸而已其他皆具於／前誌

第其舅前秘書省校書郎韓琮記

【誌文】

唐故殤女北海王氏墓誌銘并序

舅秘書省校書郎韓琮撰并書

殤女姓王氏，字常。其先北海人，宣城令贈工部尚書／暾之曾孫，監察御史贈禮部尚書倰之孫，今京兆少／尹彥威之第三女。曾祖妣，河東裴氏。祖妣，趙郡太夫／人，江夏李氏。母潁川縣君韓氏，丞相贈太保鄘之甥／孫，大理少卿衢之長女子也。德延慶集，是生令女。生／而惠和，備靈粹於天性；言而明淑，契儀訓於柔則。動／無違仁，婉有餘懿。前年秋得疾且甚，醫不遺工，禱不／辭巫，及今大和五年三月十二日，奄終於永寧里第，／享年十七。嗚呼天呼！初縣君生子七人，未亂㊀而夭者／四。暨常之姊真、子賢、如之疾。如之少一歲，先五年而／逝。父曰吾咎，母曰吾不辰㊁也。由是愛常之心愈深，而／若自紿於□□慈者。嗚呼！天奪予懷，神爲不聞，前哀／未忘，而斯慟薦至，天誠不仁哉。卜歲不叶，即以其月／廿六日權殯於京兆萬年縣義善鄉，迩先姊之所安，／明年將墓於其域，禮也。尹公悲不忍詞，命其舅琮爲／誌。銜痛

哀天，悲爵重氐，朔庸云乎。其銘曰：

天既質而以瓊華㊂，又性之以蘭芳㊃，胡期榮而與癘，胡／望耄而罹殤。慈聲感泉，慈痛創腸，理微哀勝，孰問／蒼蒼。

朱弼刻字

【注釋】

❶未齓（chèn）：指兒童乳齒未脱。周禮·秋官·司厲：『凡有爵者與七十者，與未齓者，皆不爲奴。』鄭玄注：『齓，毀齒也。男八歲，女七歲而毀齒。』

❷不辰：不得其時，指遭遇不好。語出詩經·桑柔：『我生不辰，逢天僤怒。』

❸瓊華：美石。語出詩經·著：『俟我於著乎而，充耳以素乎而，尚之以瓊華乎而。』毛傳：『瓊華，美石，士之服也。』

❹蘭芳：蘭花的芳香，比喻女孩性情如蘭花一般芬芳。

【案】

誌主王常，卒於唐大和五年（831），享壽十七歲，葬於京兆萬年縣義善鄉。墓誌撰書者韓琮，字成封，生卒年不詳，約爲唐憲宗至唐宣宗時期人，曾任湖南觀察使，有詩名。王常之姊墓誌拓片唐北海王氏長殤女墓誌銘并序現藏於浙江大學圖書館，墓誌由其父王彦威親撰。

三九　大唐故銀青光祿大夫檢校尚書左僕射四鎮北庭行軍兼涇原等州節度營田觀察處置使持節涇州諸軍事涇州刺史御史大夫上柱國會稽郡開國公食邑二千戶贈司空康公墓誌銘并序

大和八年（834）二月二十日

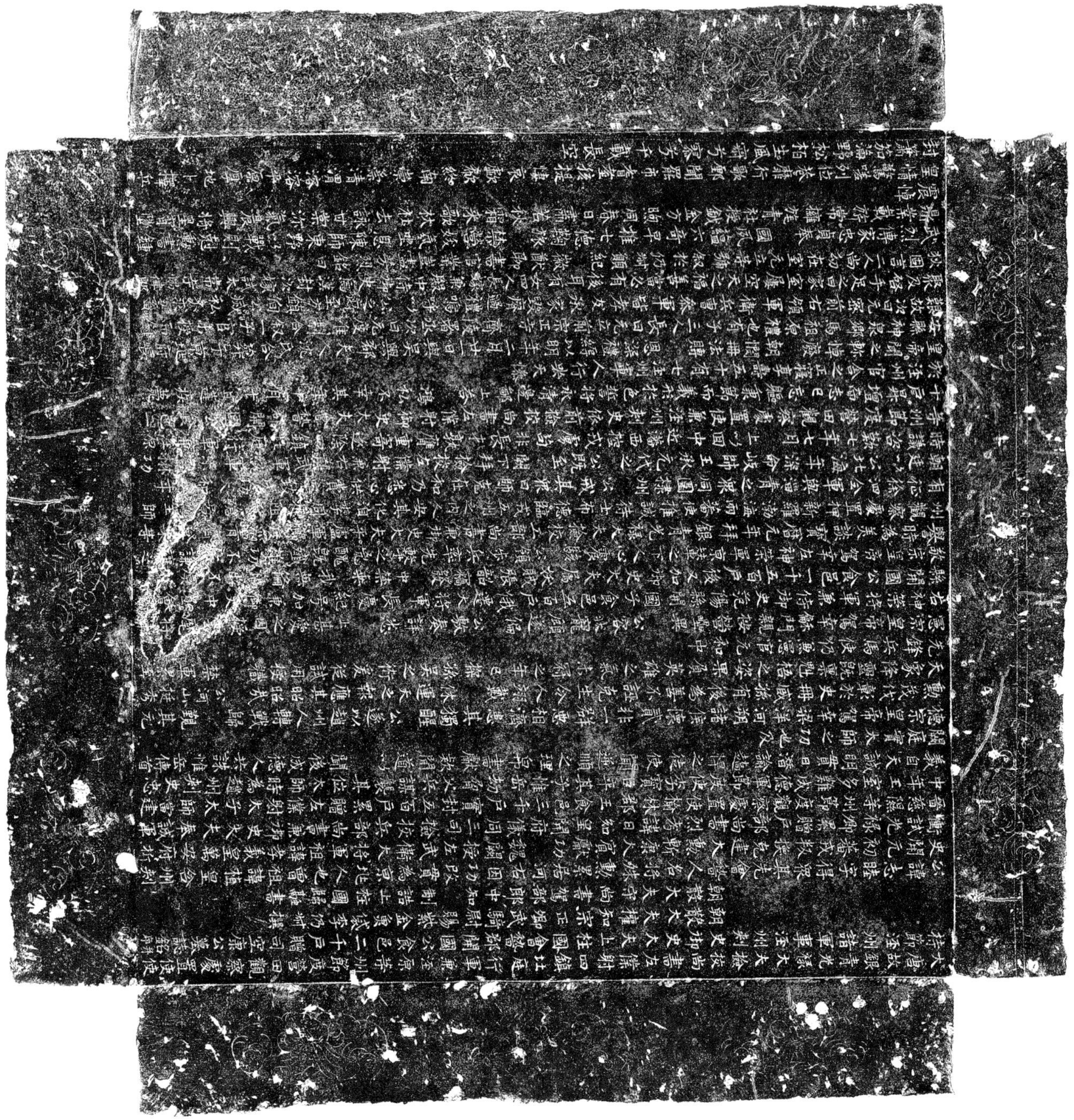

【誌蓋】

唐故檢校／左僕射贈／司空會稽／康公墓銘

【誌文】

大唐故銀青光禄大夫檢校尚書左僕射四鎮北庭行軍兼涇原等州節度營田觀察處置使使／持節涇州諸軍事涇州刺史御史大夫上柱國會稽郡開國公食邑二千户贈司空康公墓誌銘并序

朝散大夫權知宗正卿武騎尉賜紫金魚袋李仍叔撰

朝散大夫守尚書駕部郎中知制誥上柱國歸融書

公諱志睦，字得衆。其先會稽人，名將殊勋，累居河右，因功改貫，爲京兆人也。曾祖諱植，皇含州刺／史。開元初，蕃戎叛换[一]，克建大勋，斬康大賓，獻功魏闕，授左武衛大將軍。祖諱孝義，皇萬安府折／衝、試光禄卿，累贈户部尚書。烈考諱日知，皇開府儀同三司、檢校兵部尚書兼御史大夫，奉誠軍／晉慈隰等州節度觀察處置使、榆林郡王，食邑三千户，實封五百户，累贈左僕射、太子太師。當建／中年，王室多難，成德軍節度使李寶臣卒，其子惟岳劫脅父兵，謀襲其位。太師時爲趙州刺史，忠／義自天，誠明貫日[二]，潛諭趫悍之徒，使聞逆順之理，帛書獻款，間道以聞。後成德人共誅惟岳，傳首／闕庭，實太師之功也。及／德宗皇帝駕幸梁洋，河朔諸侯懷貳非一，群惡相濟，患其獨醒，公遂以趙州人轉戰歸覲，其元／勋茂伐，彰於史册。臧孫有後，爲善不誣，克生令人，翊戴休運，天之報應，其昭昭哉。公河山挺秀，／天象降靈，既禀魁梧之姿，果負英雄之氣。未冠之年，已探孫吴之術，爰從試用，授職禁軍，累至／先鋒兵馬使，仍兼憲官。元和中，／憲宗皇帝駕幸穌門，親按營壘，异公容状，寵顧遂偏，公敷奏[三]詳悉，上甚愛之。因授雲麾將軍、／右神策將軍兼侍御史、范陽縣開國子，食邑五百户，俄遷大將軍。長慶紀号，加兼御史中丞、會稽／縣開國公，食邑一千五百户，後又加御史大夫。屬妖賊張韶竊發中禁，乘我無備，祸出不虞。／敬宗皇帝駕幸左神策軍，京輦之下，人心震駭。公領步兵，率先擊之，凶醜既殲，推功不□，謙讓之／譽，時爲美談。寶曆元年，拜銀青光禄大夫、檢校工部尚書兼御史大夫、平盧軍事節度、淄青齊登萊等／州觀察處置，押新羅、渤海兩蕃使。推誠待士，布德臨戎，五州之内，人安其化。洎李同捷阻兵滄景，王師有／征，徐泗全軍與淄青之衆，同圍棣州。公戒其衆曰：師克在和。乃悉心供費，卒致成功。大和□年，／朝廷以公北海年深，命岐帥王承元代之。公既至闕下，拜檢校左僕射，兼右龍武軍統軍。未啓棘功，／時議咨嘆。七年七月，上以迴中近藩，西控戎虜，苟非長才，孰膺重寄，遂除四鎮北庭行軍兼涇原／等州節度營田觀察處置使，兼涇州刺史，依前檢校尚書左僕射、御史大夫、會稽郡開國公，食邑二／千户。升壇而志已忘軀，秉節而義形於色，誓將永清邊鄙，上荅鴻私。不幸其年十一月十八日遘疾，薨／於涇州官舍之正寢，享壽五十有七。涇州軍人行哭[四]天慘，／皇帝聞之軫悼廢朝，惘册法賻，恩深禮縟。以明年二月廿一日，與吴興郡夫人沈氏合葬於京兆府長／安縣神泉鄉馬祖原，禮也。有子三人，長曰元立，前宗正寺齊陵署丞；次曰元度，准制合叙一子，官未授而鍾／艱故；次曰元密，前右領軍衛兵曹參軍，皆孝友[五]承家，毁瘠過禮。嗚呼，以公之所至方鎮，徇公滅私，不求蓄／聚。及啓手足之日，家室屢空，天之福善，當必有後耳。有女四人，長嫁兼殿中侍御史烏漢封，次嫁試太常寺協律郎／狄固言，二人尚幼在室。元立等號叙於仍叔，願紀徽猷[六]，聊書官業，豈盡芳烈？銘曰：

武烈❼傳家，忠貞奉國，夙蘊六奇❽，早推七德。鞠旅❾禁營，妖氛坐息，陳師東野，以戰則剋。勛書鍾/鼎，業載旂常❿，擁旄青社，授鉞金方。煦同春日，肅若秋霜，來歌杕杜⓫，去咏甘棠⓬。沴氣晨興，將星宵墜，/震悼/皇情，驚嗟列位。巷靡行歌，廛聞罷市，耆耋孩提，悽哀歔欷。終南崇崇，清渭溶溶，平原厚地，卜擇丘/封。簫笳滿野，松柏生風，寂兮寥兮，千載長空。

【注釋】

❶叛换：凶暴跋扈。語出文选・魏都赋：『雲撤叛换，席卷虔劉。』张载注：『叛换，猶恣睢也。』

❷貫日：古人常以之爲君王蒙難或精誠感天的天象。語出戰國策・魏策四：『夫專諸之刺王僚也，彗星襲月；聶政之刺韓傀也，白虹貫日。』

❸敷奏：陳奏，向君上報告。語出尚書・舜典：『敷奏以言，明試以功，車服以庸。』孔傳：『敷，陳；奏，進也。』

❹行哭：放聲哭，且行且哭。語出禮記・檀弓下：『今及其死也，朋友諸臣未有出涕者，而内人皆行哭失聲。』

❺孝友：孝順父母，友愛兄弟。語出詩經・六月：『侯誰在矣，張仲孝友。』毛傳：『善父母爲孝，善兄弟爲友。』

❻徽猷：美善之道。語出詩經・角弓：『君子有徽猷，小人與屬。』毛傳：『徽，美也。』鄭玄箋：『猷，道也。君子有美道以得聲譽，則小人亦樂與之而自連屬焉。』

❼武烈：謂武功。國語・周語下：『成王能明文昭，能定武烈者也』。韋昭注：『烈，威也。言能明其文，使之昭；定其武，使之威也』。

❽六奇：指漢陳平爲高祖劉邦所謀畫的六條奇計。史記・太史公自序：『六奇既用，諸侯賓從於漢。』後因以指出奇制勝的謀略。

❾鞠旅：陳列軍隊。語出詩經・采芑：『方叔率止，鉦人伐鼓，陳師鞠旅。』

❿旂常：指王侯的旗幟，旂畫交龍，常畫日月，出自周禮・春官・司常：『日月爲常，交龍爲旂……王建大常，諸侯建旂。』

⓫杕（dì）杜：比喻骨肉情誼。語出詩經・杕杜序：『杕杜，刺時也。君不能親其宗族，骨肉離散，獨居而無兄弟，將爲沃所并爾。』

⓬甘棠：稱頌循吏的美政和遺愛。語出詩經・甘棠：『蔽芾甘棠，勿翦勿伐，召伯所茇。』

【案】

誌主康志睦，生平事迹附於新唐書卷一百四十八其父康日知傳後：『子志睦，字得衆。資趫偉，工馳射。隸右神策軍，遷累大將軍。討張韶，以多兼御史大夫，進平盧軍節度使。李同捷反，放兵略千乘，志睦挫其鋭，不得逞，遂下蒲臺，盡奪其械。加檢校尚書左僕射。徙涇原，封会稽郡公。卒，年五十七，贈司空。』康志睦卒於大和七年（833），享壽五十七歲，葬於京兆府長安縣神泉鄉馬祖原。康志睦墓誌文字詳於史傳，補充了新唐書未載之康志睦家族世系、婚姻子息、任右神策軍之前及遷徙涇原後的仕宦履歷等情況，可作爲研究康志睦生平經歷的第一手資料。

該墓誌撰文者李仍叔，兩唐書中無傳。新唐書・宗室世系表有云：『宗正卿仍叔，字周美，初名章甫。』爲宗正卿栻之子。據兩唐書及資治通鑒等相關史料，李仍叔曾歷任倉部郎中、水部郎中、道州司馬、湖南觀察使、太子賓客及宗正卿等職。李仍叔與白居易、劉禹錫等人交好，唐兩京城坊考・外郭城：『太子賓客李仍叔宅。宅有櫻桃池，仍叔嘗與白居易、劉禹錫會其上。』白居易有洛陽春贈劉李二賓客、洛下雪中頻與劉李二賓客宴集因寄汴州李尚書、劉禹錫有和樂天李周美中丞宅池中賞櫻桃花等詩作。白居易贊其『爲人厚實謇直，嘗以文行謀畫，從容於幕府之間。臨事敢言，當官能守』。李仍叔所撰墓誌，除康志睦墓誌之外，還有唐故秘書省秘書郎博陵崔公（遂）墓誌銘、唐李仍叔四歲女德孫墓誌銘、唐故京兆田君（占）墓誌銘、唐故宗正卿上柱國賜紫金魚袋李公（濟）墓銘、唐故河南縣丞安定皇甫君（弘）墓誌銘。

書丹者歸融，字章之。唐文宗朝任戶部侍郎、御史中丞、兵部尚書等職，武宗時朝廷禮典多出於歸融之議。歸融書法精妙，陶宗儀書史會要言其『工於翰墨，有名當世』。他既工八分，又擅正書，今可知者，有八分書寫的唐義成李德裕德政碑以及正書書寫的康志睦墓誌、唐贈太尉會稽郡公康志睦碑。

四〇　唐故正議大夫守虔州刺史上柱國河東裴公墓誌銘并序

大和九年（835）十月十三日

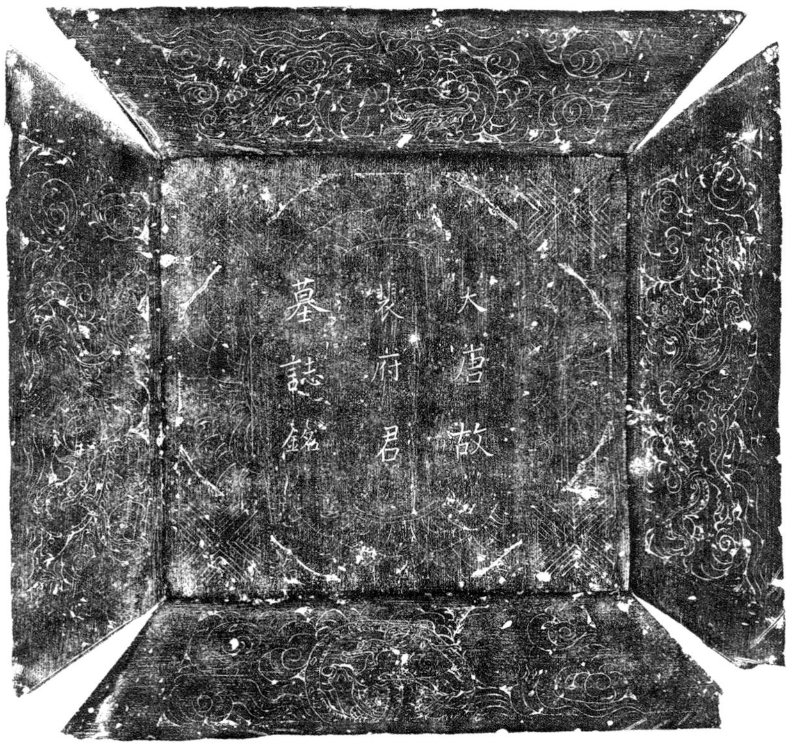

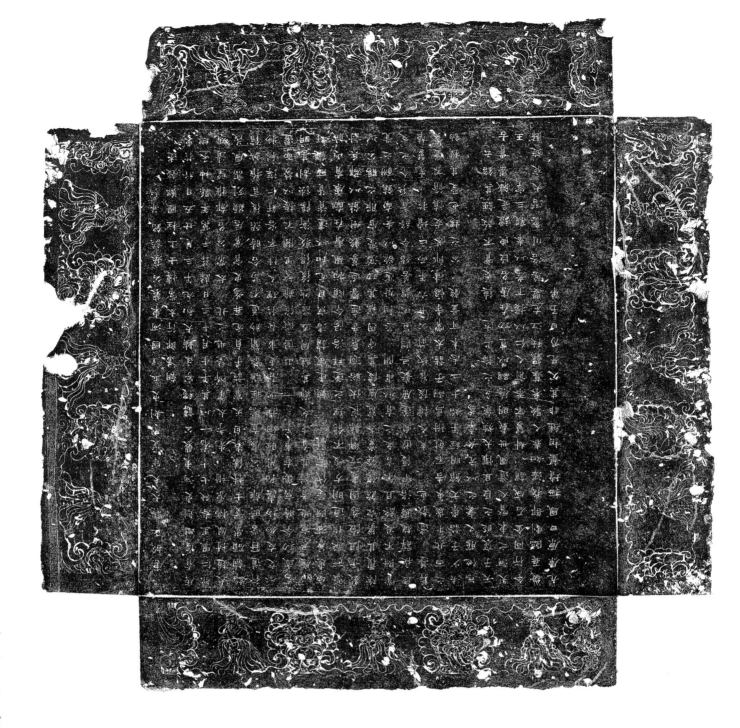

【誌蓋】

大唐故／裴府君／墓誌銘

【誌文】

唐故正議大夫守虔州刺史上柱國河東裴公墓誌銘并序

朝議郎行太常博士上柱國鄭𣪊述

唐有虔州刺史河東裴公，諱稷，字匡輔。大和九年三月廿五日終於東／都仁風里，春秋七十有一，以其年十月十三日歸葬於萬年縣神禾鄉／大趙村鳳栖原，祔先考太常卿塋兆之北。太常公名郁，雅望清規，／雄詞碩學，實士林儀表。自天寶訖於貞元，再爲史官，常居顯列，高風茂／行，道冠當時。維公廉直端莊，謙恭簡約，道不苟合，時然後言，推誠信／以交友朋，均惠和用睦姻族。少習吏事，長於理人，性不容奸，仁深利物。／爲武功令，時京畿有事於山園，徵役雖繁，里閭不擾，以勞而遷／□應。尹京兆者惜其有才，久難其繼，周五歲，然後得牧衡陽，法制甚明，／威惠兼濟。既受代言歸，朝廷咸謂洛京自元和以還，資貨所藏，奸／豪所聚，非通明方峻不能理之，遂拜洛陽令，頗振風聲。在南康有山賊／數千，阻險爲固，晝攻鄉縣，夜伏谿洞，梟音連響，延蔓數州，能以郡兵討／除，覆其巢穴，殄傷餘黨，奔竄廬陵。其守因竊其功，濫受官服之賜，公以／賞既不及，終且不言。久之，有以事聞，丞相府遽欲以安南鎮酬之，竟／因疾辭，旋歸洛下。優游自遂，屈喪無悶，豈不謂善始令終者乎。今之反／葬，遵遺教也。夫人博陵崔氏，前公十六年而亡，墳於先舅塋／之西北，卜歲未吉，不剋祔焉。嗣子諸，太常寺協律郎，恭友慎修，不墜家／法。少子諗，崇文館明經，年始十二，志未可量。𣪊，公之甥也，愛其樸訥／無他腸，又妻之以元女。幸爲／天子褒貶之臣，且懼大族衆多之論，上述德美，實不敢誣。其銘云：

夫河之東，賢人遺風，世載明德，嗣以豐功。在唐名臣，典禮是職，學貫古／今，行同金石。咸謂叔舅，不忝前人，仁以接下，孝以奉親。三宰王／畿，再臨劇部，我澤如春，人歌来暮。麗秩江左，嬰恙洛川，忽潛大夜，旋歸／九原。原曰鳳栖，墳壟相繼，非其父兄，乃曰子弟。

【案】

誌主裴稷，曾任虔州刺史。卒於大和九年（835），享壽七十一歲，葬於萬年縣神禾鄉大趙村鳳栖原。裴稷兩唐書無載，其父裴郁見載於舊唐書卷十二、二十六、一百六十七，新唐書卷十三、一百五十一、二百。新唐書·宰相世系表中眷裴氏下列有：『郁，太常卿，河東縣公；稷，虔州刺史。』兩人差了一輩，但并非父子。墓誌可補正史書。

四一　唐故太中大夫檢校戶部尚書兼太僕卿上柱國賜紫金魚袋贈吏部尚書段公墓誌銘并序

開成二年（837）五月四日

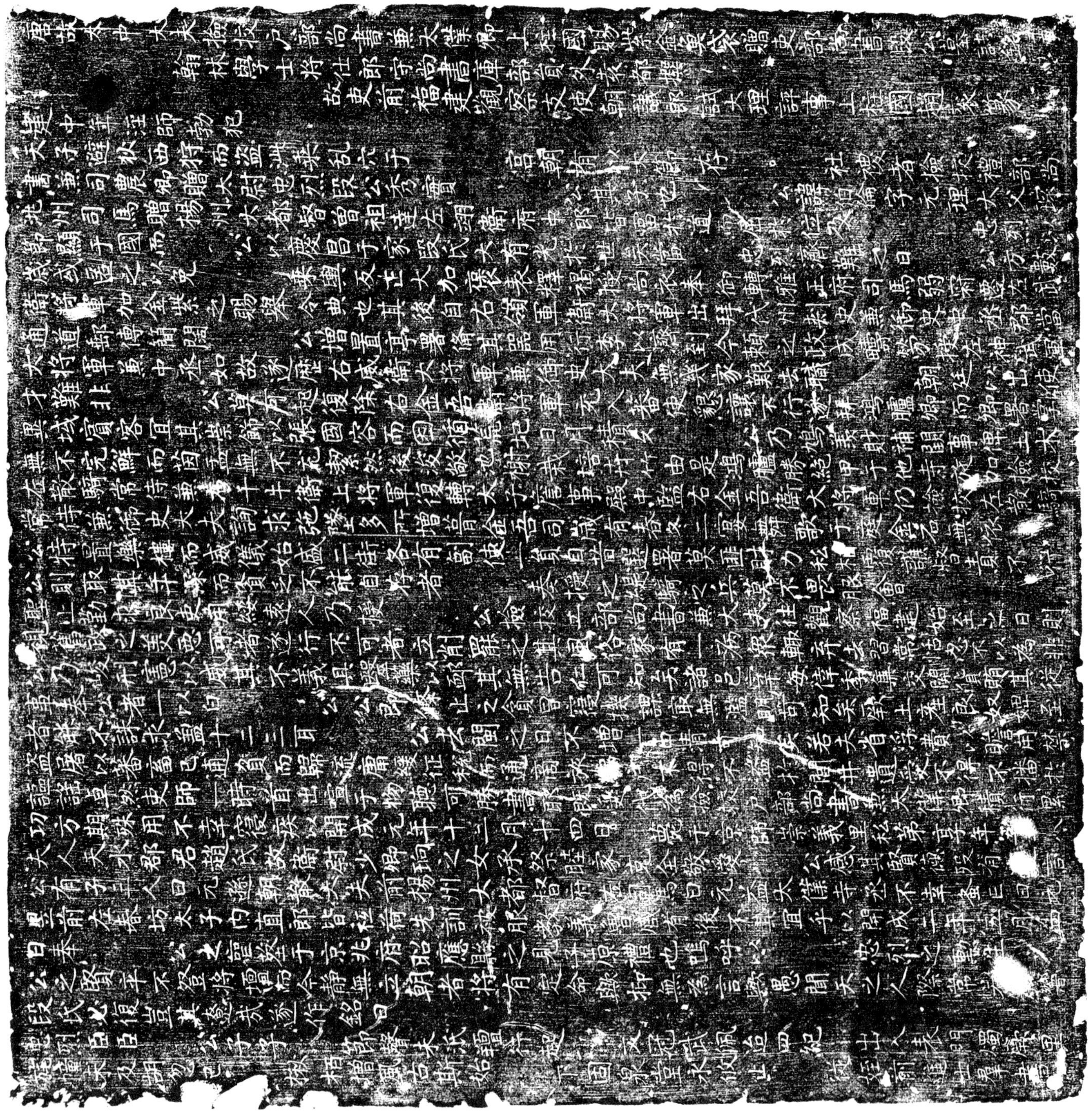

【誌文】

唐故太中大夫檢校户部尚書兼太僕卿上柱國賜紫金魚袋贈吏部尚書段公墓誌銘并序

翰林學士將仕郎守尚書庫部員外袁都撰

故吏前福建觀察文使朝議郎試大理評事上柱國趙袞篆

建中年涇師勃犯，／天子避狄西狩，而盜泚乘亂穴於宮朝，有以大節存社稷者，檢校禮部尚／書兼司農卿贈太尉忠烈段公秀實。公，其子也。公諱伯倫，字元理。大父琛，／洮州司馬，贈楊州大都督；曾祖達，左翊衛府中郎，皆富於道而屈於位。及忠烈以／節顯於國，而公以慶昌於家，段氏大有光於世矣。當忠烈濟難之日，公方數／歲，或匿之以免。乘輿反正，大加褒表，釋褐❶授尚衣奉御，轉雅王府司馬。弱冠，遷左武／衛將軍，加金紫之賜，舉令典也。其後自右領軍衛大將軍出拜代州刺史，兼御史中丞。郡當／通道，郵傳簡闊，公增置亭署，備其器用，行李以濟，到今賴之。政成疇勞，授左神武軍大將軍，兼中丞如故。遂歷右威衛／大將軍，兼御史大夫。無幾，家艱去職。朝廷以出使／才難，非公莫可，起復除右金吾衛將軍，充入蕃使。懇讓不行，遂拜鴻臚卿。而卿署掌／异域賓客，宜其崇飾❷，以張國容，而因循荒圮，日月積久。公乃鳩羨財，補闕事，俾土木／無不完鮮，而茵盂無不充潔，然後浚敞池榭，栽培卉竹，由是鴻臚勝絶，甲於他寺。旋加檢校／左散騎常侍、兼右千牛衛上將軍，復轉太子詹事、殿中監、右金吾衛大將軍，仍檢校左散騎／常侍、兼御史大夫，詢求弛墜❸，多所增葺。金吾司歲有春冬二宴，舞歌於庭，金石無依，／公特置樂樓，而威儀始盛。二街各有副使一員，自昔選署，莫匪財力，私相覆護，督責不行，／公則取其年深而貧乏不能自存者奏授之，緹騎❹之兵，莫不畏服。會／聖上勤求良吏，用綏遠人，乃授公檢校工部尚書兼大夫，往觀察福建。始至之日，則／視舊政之美惡，可者遂行，不可者立削罷之。其風俗，家有一病，衆輒棄去，習常恬忍，不以爲非。／公乃峻刑憲以威其不義，具毉藥以恤其無告，仁可知矣。諸邑宰每幸季集，交關貨賄，其從／事奉公者一以白公，公即條止之，貪冒寢機，課最無濫，明可知矣。厥土產良奴婢，至／者能不誅求，蓋十二三耳。公去閩之日，不增一口，清可知矣。若夫省浮費以贍用，禁／盜屠以蓄畜❺，已逋負而歸流庸，緩征稅而通商旅，編户不得不溢於閭井，遺愛不得不播於／謳謠，卓然吏師，一時首出，喧於物聽，可勝書耶！既受代，爲檢校户部尚書，兼太僕卿。積行累／功，方期殊用，不幸寢疾，以開成元年十二月十四日薨於京師崇義里私第，享年五十八。／夫人天水郡君趙氏，故衛尉少卿珣之女，承祭睦家，克全敬愛。公感其賢德，歿有遺言。／公有子三人：曰元遜，朝散大夫、前楊州大都督府左司馬；曰元益，太僕寺丞，不幸蚤亡；曰元／昱，前左春坊太子内直郎。皆祗荷先訓，被服教義，魯臧有後❻，不其宜乎！以開成二年五月四／日奉公之喪，葬於京兆府昭應縣之見子原，禮也。嗚呼，以忠烈之勛，生／公之賢，卒不登將壇而今静無立朝者，將有定命歟？抑無爲言歟？愚聞天之人際，常若□響，／段氏必復，豈其遼哉？遂作銘曰：

忠烈臣臣公子子，節聲未泯膻行起，文冠武佩迨四紀，出入表門燭厥里。／旄幢未及胡忽已，楸柏增風古斯始，下固泉堂永攸止。

從侄前進士群書

【注釋】

❶釋褐：脱去平民衣物，指開始出仕擔任官職。

❷崇飾：裝飾，修飾，這里指整修房屋。

❸弛墜：指廢毁。晉書・元帝紀云：『王室多故，奸凶肆暴，皇綱弛墜，顛覆大猷。』

❹緹騎：穿紅色軍服的騎士，泛指貴官的隨從衛隊。

❺蓄畜：使民衆得以蓄養。莊子・天下云：『以衣食爲主，以蕃息畜藏。』

❻魯臧有後：指子孫能繼承祖先之德，發揚門風。左傳・桓公二年云：『周内史聞之，曰：「臧孫達其有後於魯乎，君違，不忘諫之以德」。』

【案】

誌主段伯倫，爲唐太中大夫檢校户部尚書兼太僕卿上柱國，卒於開成元年（836），享壽五十八歲，葬於京兆府昭應縣之見子原。段伯倫爲唐中葉名將段秀實之子。段秀實（719—783），字成公，隴州汧陽（今陝西千陽）人。唐肅宗時，歷任朔方節度判官、懷州長史、邠寧節度判官、涇州刺史、涇原軍行軍司馬、兼都知兵馬使等，頗有幹才，累立功勛。代宗時，拜涇州刺史、兼御史大夫、四鎮北庭行軍涇原鄭潁節度使，封張掖郡王。德宗建中四年（783），涇原朱泚兵變，占領長安，德宗出逃。叛軍脅迫段秀實，他堅拒不從，密謀除賊，事敗後以笏板怒擊朱泚，因此遇害。朝廷下詔褒獎，追贈段秀實太尉，謚號『忠烈』，唐德宗李适親自撰碑以旌其徽烈。段秀實舊唐書卷一百二十八、新唐書卷一百五十三有傳，段伯倫傳附於其後。本書後附有唐段伯倫墓誌考釋一文，可參考。

國而　公以慶昌于家段氏大有光於世矣當　忠烈濟難之日
之以免　乘輿反正大加褒表擢授尚衣奉御轉雍王府司馬
加金紫之賜舉令典也其後自右領軍衛大將軍出拜代州刺史兼
傳簡閱　公增置亭署備其器用行李以濟到今賴之政成疇
兼中丞如故遂歷右威衛大將軍兼御史大夫無幾家艱去職
公莫有起復除右金吾衛將軍充入蕃使懇讓不行遂拜鴻臚
客宜其崇飾以張國容而因循荒圮日月積久　公乃鳩義財補
繕而茵蓋無不充絜然後浚敞池榭栽培卉竹由是鴻臚勝絕甲于他
常侍兼右千牛衛上將軍復轉太子詹事殿中監右金吾衛大將軍仍
御史大夫詢求弛隳多所增葺金吾司歲有春冬二宴舞歌于庭舍
樂樓而威儀始盛二街各有副使一員自昔選署莫匪財力私相□復
冀年深而資之不能自存者　公奏授之緹騎之兵莫不畏服會
以良吏撫綏遠人乃授　公檢校工部尚書兼大夫往觀察福建
之美惡可者遂行不可者立削罷之其風俗家有一病衆輒棄去習常
刑憲以威其不義具醫藥以郵其無告仁可知矣諸邑守宰每律季集
者一以白　公即條止之貪冒寢機課寂無濫明可知矣歟
詠求盈十二三耳　公去閩之日不增一由清可知矣若夫省
畜已逋負而歸流庸緩征稅而通商旅矣不得不溢於閭井遺

四二　唐朝議大夫行内侍省奚官局㊀丞員外置同正員上柱國賜緋魚袋李公故夫人北海西門氏墓誌銘并序

會昌二年（842）十一月三十日

【誌文】

唐朝議大夫行内侍省奚官局丞員外置同正員上柱／國賜緋魚袋李公故夫人北海西門氏墓誌銘并序

通直郎前行興元府南鄭縣丞王康撰

夫人姓西門，因封受氏，望在北海，代有賢杰，自鄴令相／承，簪纓不絶，弈葉之緒，史諜詳焉。曾祖光鮮，皇不仕。祖／朝，皇不仕。父守卿，皇任元從奉天定難功臣，壯武將軍、／守左武衛翊府左郎將、員外置同正員、上柱國。皆貞素／履㊁，俱藴令名。夫人性禀柔和，情深淑慎，母儀婦道，咸自／生知。弱歲歸我德門，自事舅姑，如事父母，總笄佩帨，／不失其儀，名問洽於六姻，容範存乎四德。和順内積，清／明外融，奉親族而克有成規，守威儀而不愆常度，所以／輔佐賢德，載益官榮。方將永保休徵㊂，同臻壽域㊃，何期倏／忽，奄謝明時。會昌二年八月十七日寢疾，終於長安／修德坊私第，春秋卌一。即以其年十一月卅日卜葬於／京兆府長安縣龍門鄉小王村，禮也。於戲！陵谷變移，傳／之今古，式彰不朽，用刻貞珉。銘曰：

茫茫生死，修短有殊，賢愚共貫，高下同途。悲夫逝矣，悲／可盡乎，懿彼餘裕，傳諸楷模。言念夫人，嘉猷㊄式孚，用／志泉壤，斯言不誣。

將仕郎試左内率府兵曹參軍魯仁復書

【注釋】

❶奚官局：唐隸内侍省（監），置令、丞各二員。掌宮内奚隸、工役、宮官之品及宮人病、喪之事。

❷素履：比喻質樸無華、清白自守的處世態度。語出周易·履卦·初九：『素履往，無咎。象曰：素履之往，獨行願也。』高亨注：『素，白色無文彩。履，鞋也。素履往，比喻人以樸素坦白之態度行事，此自無咎。』

❸休徵：吉祥的徵兆。

❹壽域：謂人人得盡天年的太平盛世。語出漢書·禮樂志：『願與大臣延及儒生，述舊禮，明王制，驅一世之民，濟之仁壽之域，則俗何以不若成康？壽何以不若高宗？』

❺嘉猷：治國的好規劃。語出尚書·君陳：『爾有嘉謀嘉猷，則入告爾后於内，爾乃順之於外。』孔傳釋云：『汝有善謀善道則入告汝君於内。』

【案】

誌主西门氏，卒於唐武宗會昌二年（842），享壽四十一歲，葬於京兆府長安縣龍門鄉小王村。唐德宗建中、興元年間，朝廷對兩河割據藩鎮連年用兵，導致政局險象環生，先有朱泚涇師兵變，德宗出奔奉天；後被李懷光逼迫，再幸梁州。爲獎勵立功將士和扈從宦官，德宗賜予他們『元從奉天定難功臣』稱號，享有恕死罪，終身官給家糧，犯法減罪三等、蠲除差徭雜役等特權。據此墓誌所載，西門氏之父西門守卿，即其中之一。

四三　唐故朝請郎行光州光山縣主簿雲騎尉趙公墓誌銘并序

會昌三年（843）正月十四日

【誌蓋】

大唐故/天水趙/公墓誌

【誌文】

唐故朝請郎行光州光山縣主簿雲騎尉趙公墓/誌銘并序

將仕郎前行唐州桐柏縣尉□行儒撰

公諱季弘，字仲卿，其先天水，今爲京兆三原人也。曾祖/諱嘉慶，試右衛長史。祖諱冬秀，試左金吾衛胄曹參軍。/父膺，試太常寺協律郎。夫人王氏，慈以訓子，德以宜家。/公即協律之長子也。幼而聰敏，長有全德，謙讓雲備，恭/近無乖，道協沖和，學藝精博，忠勤奉上，孝以名家。開/成四年，敕授光州光山縣主簿。公才可幹務，理/識詳明，何期能事未陳，禍殃斯構。以會昌二年十二月/廿日，寢疾終於平康里之私弟，享齡三十有九。嗚呼！天/縱之才，神夭其命，父母撫喪而痛心，思孤幼而摧絶，悲/夫！以明年癸亥歲正月十四日，窆於萬年縣長樂鄉陳/張村，禮也。妻楊氏，苕華不實，搖落先凋，有子十兒，女志/娘。又妻張氏，琴瑟始諧，哀勞永慕，有子寶郎，女胡胡、泰/紅。二子三女，及公之葬，盡於懷抱，以送行路，慮陵谷之/變易，斯貞石以誌之。銘曰：

公之生兮榮畢萃，壽考官兮位可貴。公之歿兮代共悲，/親戚哀兮涕交隕。旌旐葬儀前引路，地勢盤曲夾龍虎。/于嗟于嗟公長夜，窀穸一閉於泉下。

【案】

誌主趙季弘，曾任光州光山縣主簿，卒於會昌二年（842），享壽三十九歲，葬於萬年縣長樂鄉陳張村。

四四　唐故將仕郎守右監門衛率府長史張府君墓誌銘并序

會昌四年（844）五月二十日

【誌蓋】

大唐故/張府君/墓誌銘

【誌文】

唐故將仕郎守右監門衛率府長史張府君墓誌銘并序

鄉貢進士路迪撰

府君諱元勛，字輔唐，上谷人。或因官列爵，任重邊陲；或執旌旂，出鎮/茅土，王事靡盬，不遑寧居，今爲京兆萬年縣人也。昔者聖人仰視天/文，弧矢[一]之星而弓形，因以命謚曰張。洎乎本枝百世，弈葉重昌，分派/源流，蕃演盈盛，宜其永保邦家[二]，垂芳継裔者矣。曾祖謚，/皇開府儀同三司、試鴻臚卿、平州刺史、北平郡王，贈洺州刺史、户部/尚書，改贈太子太傅。祖孝義，皇成德軍節度都押衙、驃騎/大將軍，兼試太常卿、上柱國、南陽縣開國子，食邑五百户，贈潞州大/都督，改贈尚書左僕射。父公素，雲麾將軍、左神武軍將軍知軍/事，兼侍御史、上柱國、開國公，食邑二千户。公即将軍第五之子。公之/尊夫人宋氏，易定都押衙、銀青光禄大夫、檢校太子賓客、贈習州刺/史宋忻之女。令淑有聞，剋諧具美，外和内睦，柔順履貞，歸積善之家，/已傳餘慶[三]，封廣平郡夫人。公幼而明敏，長乃秀异，我易定節度使内/舉薦授。公之妻楊氏，良玉比德，貞石居心，當春日之妍華，攀夭桃而/共笑，想芳年之宛艷，和翠羽以相鮮。雖問名之禮，猶執姬姜[四]；審納徵[五]/之期，未聞奠雁[六]。公清慎在躬，克勤於事，屬寒暑不時，律吕屢變，以五/月二日遘疾。雖遭秦緩[七]，難施藥餌之功；尚詣君平[八]，不遇蓍龜之吉。以/其月十一日奄終於宣陽里之私第，享年三十有一。嗟乎！高堂割愛，/腸斷續而俱分；流水驚波，歸逝川之嗚咽。會昌四年五月廿日葬於/京兆萬年縣寧安鄉三趙村古原。火雲垂彩，與丹旐之分飛；松柏交/柯，慘悲風之盡悴，含毫命簡，約我以文。乃爲銘曰：

溫溫問望，白玉良人，祖宗蓋代，唐虞藎臣[九]。赫弈衣冠，/潔矩入仕，出奉敬恭，入侍孝理。慈顔靡託，奄泣華堂，/卜宅厚地，仰視彼蒼。伊何神理，伐我賢良，古原松櫝，/歸兆剋期。野煙撗空，高鳥傷悲，千秋万歲，誰其忍之。

【注釋】

❶弧矢：古星名。共九星，在天狼星東南，八星如弓形，外一星象矢，分屬於大犬、南船兩星座。張姓由此星象而得姓。

❷邦家：指國家。詩經·我行其野：『爾不我畜，復我邦家。』

❸積善餘慶：謂積德行善之家，恩澤及於子孫，福佑後代。周易·坤卦：『積善之家，必有餘慶；積不善之家，必有餘殃。』

❹姬姜：周代王室姓姬，齊國姓姜，二姓常通婚姻，因以『姬姜』爲貴族婦女之稱。

❺納徵：古代婚姻六禮之一，男方給女方送財物，以助成婚。儀禮·士昏禮：『納徵，玄纁、束帛、儷皮，如納吉禮。』鄭玄注：『徵，成也，使使者納幣以成昏禮。』

❻奠雁：先秦婚禮當中用雁作爲禮物，象徵及時成婚，長幼有序。

❼秦緩：秦緩爲春秋時秦國良醫。左傳·成公十年：『公疾病，求醫於秦。秦伯使醫緩爲之。』

❽君平：指嚴君平，名遵，字君平。西漢晚期居住在成都，擅長占卜。

❾藎臣：指忠誠的臣子。詩經·文王：『王之藎臣，無念爾祖。』

【案】

誌主張元勛，卒於會昌四年（844），享壽三十一歲，葬於京兆萬年縣寧安鄉三趙村古原。據舊唐書卷一百四十一、新唐書卷一百四十八張孝忠傳載，張孝忠原爲安禄山部將，後歸順朝廷，爲成德節度使李寶臣部将。唐德宗建中二年（781），李寶臣去世，其子李惟岳叛亂，張孝忠支持朝廷，叛亂平定後任成德節度使、義武節度使等职。其父張謐，其弟張孝義。由此可知墓主張元勛之祖張孝義，與張孝忠之弟當爲同一人。墓誌所載張氏世系官爵，可補史傳之闕。

王事靡盬不遑寧居今為京兆萬年縣人也昔者聖人
矣之星而弓形因以命謚曰張泊乎本枝百世弈葉重
番演盈盛宜其永保邦家垂芳繼奕者矣曾祖謚
府儀同三司試鴻臚卿平州刺史北平郡王贈洺州刺
改贈太子太傅祖孝義皇成德軍節度都押
軍兼試太常卿上柱國南陽縣開國子食邑五百户贈
改贈尚書左僕射父公素雲麾將軍左神武軍將
侍御史上柱國開國公食邑二千户公即將軍第五之
人宗氏易定都押衙銀青光祿大夫檢校太子賓客贈
忻之女令淑有聞克諧貞美外和內肅柔順履貞歸積
餘慶封廣平郡夫人公幼而明敏長乃秀異義勇定節
授公之妻楊氏良玉比德貞名居心當春日之妍華琴
想芳年之窕艷和琴羽以相鮮雖閨名之禮猶執姬呈
未聞貞鴻公清雅躬克勤于事寒暑不時律呂屢

四五　唐前邠州三水縣令牛君衡故夫人馮氏墓誌銘并序

大中七年（853）十二月二十日

【誌蓋】

大唐馮／氏夫人／墓誌銘

【誌文】

唐前邠州三水縣令牛君衡故夫人馮氏墓誌銘并序

處士宋子凝撰

粤乃嘗吁大道難窮，大運莫測，來而無言，去而絶辭，奄然垂手，／弃於昭世者，即夫人也，諱婉，弟廿九。其先軒轅十四族之後／人。昔魏皇帝仰星漢而嘆曰，天道雖遠，感之頃刻，安可不敬哉？／夫人即帝皇后之雲孫矣。從始祖皆紫綬金璋，漢天子之／忠臣；朱紱銀封，晋武皇之卿相。簪珽冠勛，胤於此唐。禮云女適他／從，紹躅彼廟，不可具載。夫人考諱宗亮，少蘊彩羽之奇才，長／以文秀而擢弟（第），器傳寰海，藝動岳牧，是以薦公之盛德，授定安／郡上寮。位綰箋記，飛草[一]褶綸，屈公之翰菀矣。嗟公有調鼎之／術，不遇台賓之飪，然隮階級，終於殿察。有女三人，夫人即侍／御之幼女矣。未践禮輧，處於閨室，已習箴管之訓範。刺組紃[二]纓，／敦姆德之令儀；小遭舋酷，在世父之左蔭。受笄之歲，世父／慕宰君之盥風，媲適君子，奉於巾櫛，已二十二載。稟柔成性，賓禮／理於公宫；容止婦行，無傾於壼則。若闻窈窕之秀，婉嫕之態，貞／節峻於寒松，韶質儷於温玉，浣衣是濯，勤黼黻之績；采蘋饋蘩，／無闕於籩豆之祀。志乃慈施中外，撫恤煢孤，六親仰欽，敦義九／族。咸睦淑慎，雍雍蹌蹌，必由善道矣。將謂琴瑟永調，鸞鳳齊翼，／豈期旻蒼不祐，哲人萎乎？在於人間四十餘五載矣，即以大中七／年歲在玄黓十一月沉痾，食藥無效，大吕月廿日終於邠州三／水縣延壽里之私館。以甲朔不吉，攢塗在堂，宰君皓素之秋，痛以／貞姜流於逝水[三]。妝閣寂寥，望湘波而增悲；閴户無人，褰繐幃猶／泣平生。夫人有子三人，長者鵠，次者鶡，年雖尚幼，喪過乎哀。請／祗何止[四]，方展返哺之恩；懷果問安[五]，未終戾天之孝。遽遭荼茹。

【注釋】

❶飛草：指以散筆所作之草書。宋代沈括夢溪筆談·技藝：『古人以散筆作隸書，謂之「散隸」。近歲蔡君謨又以散筆作草書，謂之「散草」，或曰「飛草」，其法皆生於飛白，亦自成一家。』這裏指起草文書。

❷組紃（zǔ xún）：原指絲繩帶，代指婦女從事的女紅。禮記·內則：『女子十年不出，姆教婉娩聽從。執麻枲，治絲繭，織紝組紃，學女事，以共衣服。』

❸貞姜流於逝水：貞姜为春秋齊侯女，楚昭王夫人。劉向列女傳·楚昭貞姜记載：『王出游，留夫人漸臺之上。王聞江水大至，使使者迎之，忘持其符，夫人不肯行。使者歸取符，水大至，臺崩，夫人流而死。王曰：「嗟夫！守義死節，不爲苟生，處約持信，以成其貞。」』

❹請衽何止：指鋪設卧席問足向何方。喻指孝子之道。語出禮記·曲禮：『請席何鄉，請衽何趾。』

❺懷果問安：三國志·陸績傳：『績年六歲，於九江見袁術。術出橘，績懷三枚，去，拜辭墮地，術謂曰：「陸郎作賓客而懷橘乎？」績跪答曰：「欲歸遺母。」術大奇之。』

【案】

誌主馮婉，爲北魏孝文帝祖母馮太后之後裔，卒於唐宣宗大中七年（853），享壽四十五歲。唐邠州三水縣，即今陝西省咸陽市旬邑縣。

人即帝皇后之雲孫矣從始祖皆凱綬金璋漢天
曰朱紱銀封晉武皇之卿相簪埏冠勳胤于此唐禮云女
絡躅彼廟不可具載夫人考諱宗亮少蘊彩羽之奇才
文秀而擢弟器傳家海藝動岳牧是以爲·公之盛德授
主察佐綰階記飛章褶綸屋公之翰苑矣嗟　公有詞鼎
不遷台賓之餞然齊階級紛於殿察有女三人夫人即
之幼女矣未踐禮軿處於閒室已習藏管之訓範刻組紃
姆德之令儀小遵豐酷在世父之左蔭受算之歲世
拿君之盥夙娘右字奉於巾鄉已二十二載寞宗戌性宥
於公宮容止婦行無傾於壺則若聞窈窕之[illegible]婉嬉之能
峻於寒松韶質儼於溫玉浣衣是濯勤繭獻之績采蘋錯
閑於籩豆之祀志乃慈施中外撫恤煢孤六親仰欽敦義
識睦姻順雍、蹈、必由善道矣將謂琴瑟永調鸞鳳齊
期旻蒼不祐哲人萎予在於人間四十餘五載矣即以大中
歲在戊戌十一月

四六　唐潁川□仙尉故夫人安定梁氏墓誌銘并序

咸通二年（861）六月十七日

【誌蓋】

唐故安／定梁夫／人誌銘

【誌文】

唐潁川□仙尉故夫人安定梁氏墓誌銘并序

叔進士從晦述

吾祖周平王東遷，封秦仲少子康於夏陽梁山，是爲梁伯，爲秦穆所并，／子孫奔晋，因國爲氏。吾祖弘所、由靡、益耳，春秋時皆爲晋大夫，鮪爲漢／司徒。益耳十代孫臨，漢初以豪族自河東遷北地，漢元鼎中分北地郡／爲安定郡，屬爲郡人。大將軍冀弟宗，避權勢入天水，子孫因家焉。宗六／代孫越，自天水來居京兆城南，今爲京兆人。曾祖鑽，賊泚僭逆既平，以／軍功贈華州別駕，兼侍御史。祖迪，潭府兵曹參軍。父從諫，虔州南康縣／丞。尔爲長女也，外氏弘農楊氏。尔幼有智識，卜兆得其良婿，年十七嫁／潁川陈仙尉彦恭。仙尉昆仲三人，太夫人從長子彦温，□准繫擢，／□務不□。彦温卧疾終，尔啓仙尉曰：『婦道執箕帚，奉舅姑耳。賢伯／既終，太夫人既諸孤何從哉？君其迎之，得一日奉事，婦□畢矣。』仙／尉職縻醝府，命從兄備裹糧往迎之，使者未報，太夫人□舟車。俄／寢疾，自季冬涉於□夏，方藥備至，疾竟弗瘳，以咸通二年五月廿一日／甲午歿長安興道里私第，年廿四。仙尉以舊塋修阻❶，以其年六月／十七日庚申卜宅於京兆府萬年縣滻川鄉北姚村新塋，禮也。有一／子，年七歲，名惠感；有二女，曰戒師，曰小戒，皆在繦褓。嗚呼！天與其夭，神／奪其算。吾兄弟自尔遘疾，至號呼，寧能留情筆硯間哉！仙尉以從晦／嘗學舊史，再命紀□，儻事不摭實，吾寧敢欺天乎？欺尔先舅乎？欺／尔夫□弟乎？握管□吒，痛切心靈，撫嬰稚以申哀，銘曰：

嗟尔之生，若蕣之華，蘭之英。皇天不仁，降雪霜兮遽此凋零；哀哀／慈父，與骨肉兮异□而同其哀聲。嗟尔之死，胡不適其志。姑在天／一方兮凝慕無地，捨良夫兮棄其嬰稚，皇天不仁兮尔之到此。秦原／蒼蒼兮拱木森森，噪雀啾啾兮日苦沉沉；撫嬰稚兮痛骨傷心，泉臺一／□□空留德音。嗚呼哀哉！

【注释】

❶修阻：指路途遥遠而阻隔。

【案】

誌主梁氏，卒於咸通二年五月，享壽二十四歲，葬於京兆府萬年縣滻川鄉北姚村。其地大約在今西安市東郊韓森寨，見徐畅唐萬年長安縣鄉里村考訂補一文（唐史論叢二十一辑）。

四七　唐故太原府兵曹陳府君墓誌銘并序

咸通九年（868）七月十八日

【誌蓋】

唐故陳／府君墓／誌之銘

【誌文】

唐故太原府兵曹陳府君墓誌銘并序

鄉貢進士董斯譔

公諱簡，字行之，京兆人也。曾祖審，祖臻，禰師正。維其先，由／胡公滿受封於陳，以後爵禄継継者且餘四十世而生公，以／明經入仕，至太原府兵曹。咸通九年二月二十八日以疾終於私／第，年七十三。有弟二人，長曰庶周，前守孟州温縣令；次弟庶元，／見任同州録事參軍。有子二，長曰福，次曰京。女二，皆生知實相㊀，／志樂空门，長号知空，次名知延，皆禀至性，哀過柴毁㊁。其年／七月十八日，歸封於鳳翔府郿縣之西北原先塋，禮也。維公生而／好實，故其名聲雖久而弥懋，居親戚間能以孝悌聞，朋友／以信聞，事上接下以謹克謙恕聞。其存也，則人多慕樂焉。／及其亡，聞之者咸悲慟焉。銘曰：

士之生尚有令名，夫子則尔；其没也重其哀，夫子無愧。於／是復何言也已。龜策叶吉兮窆於先塋，松柏蒼蒼兮／千萬齡。

男京書

【注釋】

❶實相：佛教語。指宇宙事物的真相或本然狀態。

❷哀過柴毁：謂居喪哀甚，瘦損如柴。

【案】

誌主陳簡，京兆人，曾任太原府兵曹參軍。卒於咸通九年（868），享壽七十三歲，葬於鳳翔府郿縣之西。

四八　唐故巢氏夫人墓誌銘并序

咸通十四年（873）五月□七日

【誌蓋】

唐故巢／氏夫人／墓誌銘

【誌文】

唐故巢氏夫人墓誌銘并序

將仕郎試大理評事兼殿中侍御史陳庠撰并書

□□□盧江郡人，故許州別駕處玄之女也。生於禮義之家，長於慈愛之室，盈／□□妹，盡參名宦之夫；次第七人，今全第二姊一位。夫人生居第五，茂葉霜枝，／適隴西李氏，育兒女三人，皆童稚瓌奇，神彩黠慧。如何秀而不實，邐迤離以恩／情。夫人立性溫恭，禀氣孝敬，禮節不虧於孟母，貞明能奉於梁鴻●，回詳而重其／夫君，處理而全其婦道。幼而好學，長乃知非，握筆而詞句可觀，展卷而參詳莫／及，此天與其性，豈在矻矻而精思者哉。至於女工奇巧之類，出於時輩，不可備／言，而皆閭巷推許，親姻仰□。當茂春之顔，謂其永壽；舒營樂之際，謝於芳年。夫／之哀情，號訴罕有，鄰里聞之驚嘆，還往聞之傷嗟。乖百年之恩懿，斷一生之肝／腸，別親兒女，嬰幼何託。思在日於异育，怜愛過於己孕，慈心既懷其不二，哀慕／自令其再三。德行而迥於當今，撫恤可超於前古，爲人世之賢哲也。奈何桃李／花發，松篁烟生，歲月未深，豈能摧折。嘆朱顔而隨落日，嗟翠黛而逐曉風。入室／閨而環珮無聲，哀催不已；睹雲蹤而容華絶影，悲咽難任。再窺往日規謨，魂銷／幾度；更視如今服玩，血淚交流。何期福祐無徵，一至於此，告天叩地，無所逮及。／夫之號訴，情理也。先夫人慈母清河郡張氏太夫人鞠育恩深，眷戀情重，期以／扶侍，願遂百年，何啚疾疹所縈，不逢良藥，遽聞凶變，哀咽難勝，念素□而告皇／天，悲芳年而沉白日。痛哉惜哉，不可勝忍，次及兄弟，悲哀亦然，若負骨肉之情，／不可窮也。固知生是來日，死是往日，世路來往，人之常也。然而不果其志，猶未／盡其懷，俄及風燭，遽奄夜泉，泛逝川一去不迴，殁幽扃千秋永謝。以咸通十三／年六月三日終於西京務本里之私第，享年廿有九。烏戲！夫人幼時鮮居，俘華／隨葉，喪其茂質，殞以盛年。將知禍福隨緣，吉凶周及，日月迅速，禮節有期。卜其／幽門，安以宅兆，俯逼良辰，赴其泉壤。以咸通十四年五月□七日葬於京兆萬／年縣豊潤鄉太夠村順安里之原，禮也。表以盛德，懷其令名，刻石標題，紀之今／古，銘曰：

生乎天然，滅乎逝川。韞以令淑，世曰間含。進退有範，高低無偏。／孝敬承順，禮義周旋。皆言其德，衆仰其賢。霜月爲性，寒松比肩。／不保永壽，俄及少年。棄以白日，歸於黃泉。魂飛緑野，靈掩洪原。／號哭動地，悲歌震天。永安真宅，畢此山前。

處士趙俅篆蓋

鐫字人尹仲傪

【注释】

❶梁鴻：東漢名士，其妻孟光，夫妻二人感情和睦，相敬如賓，有『舉案齊眉』的故事，典出後漢書·梁鴻傳：『爲人賃舂，每歸，妻爲具食，不敢於鴻前仰視，舉案齊眉。』

【案】

誌主巢氏，卒於咸通十三年（872）六月三日，享壽二十九歲，葬於京兆萬年縣豐潤鄉太㪺村。據徐暢唐萬年長安縣鄉里村考訂補（載於唐史論叢第二十一輯）一文，萬年縣豐潤鄉在今西安市東郊灞橋區。

巫孝氏質兒女[illegible]
人立性温恭寬氣孝教禮帋不戲於孟母貞明能奉於渠鴻同
慶理而全其婦道幼面併學長乃知非握筆而詞句可觀展卷
夭與其性豈在砫砫而相思者我至於女工所巧之類紆於時
昔問蒼惟許親姻仰[illegible]面茂春之頎謂其承詩節營樂之際謝
情歸許穿有隣里間[illegible]鬱歎送注間之傷嗟乖百年之恩懿於
視兒女嬰幼何託思在日於異育吟愛過於已忍悲心既懷其
其再三德行而迎于當令撫恒可超於前古爲人世之賢哲也
松篁嬛生識月未深豈能推折歎朱須而隨落日嗟翠黛而逐
璪風無聲衰惟不已覩雲蹤[illegible]谷華絶慙懸咽難往再窺往畢
史視如令悲說血淚交流何衡福祐無徵一至於此告天叩地
鄉辞情理也先夫人慈毋清河郡張氏大丈人稍育恩深眷織
顏遂自華何高疾疼所榮不逢良樂憂聞凶愛衆咽始谿令素
厺年命泥白日痛哉惜哉不可勝忽疾及乜萬悲哀々賓君省
躬也固知生是米猶兆是悲日世路來往人之常也然[illegible]京畢
慄俄及風燭遷昏祀泉浚逝川二封下迴役幽高千秋[illegible]謝許
月三日終於西泉孫奈里之松学早年廿有九鳥戲夫[illegible][illegible]徒

四九　唐故楚州司倉參軍吴興姚府君墓誌銘并序

咸通十五年（874）四月二十六日

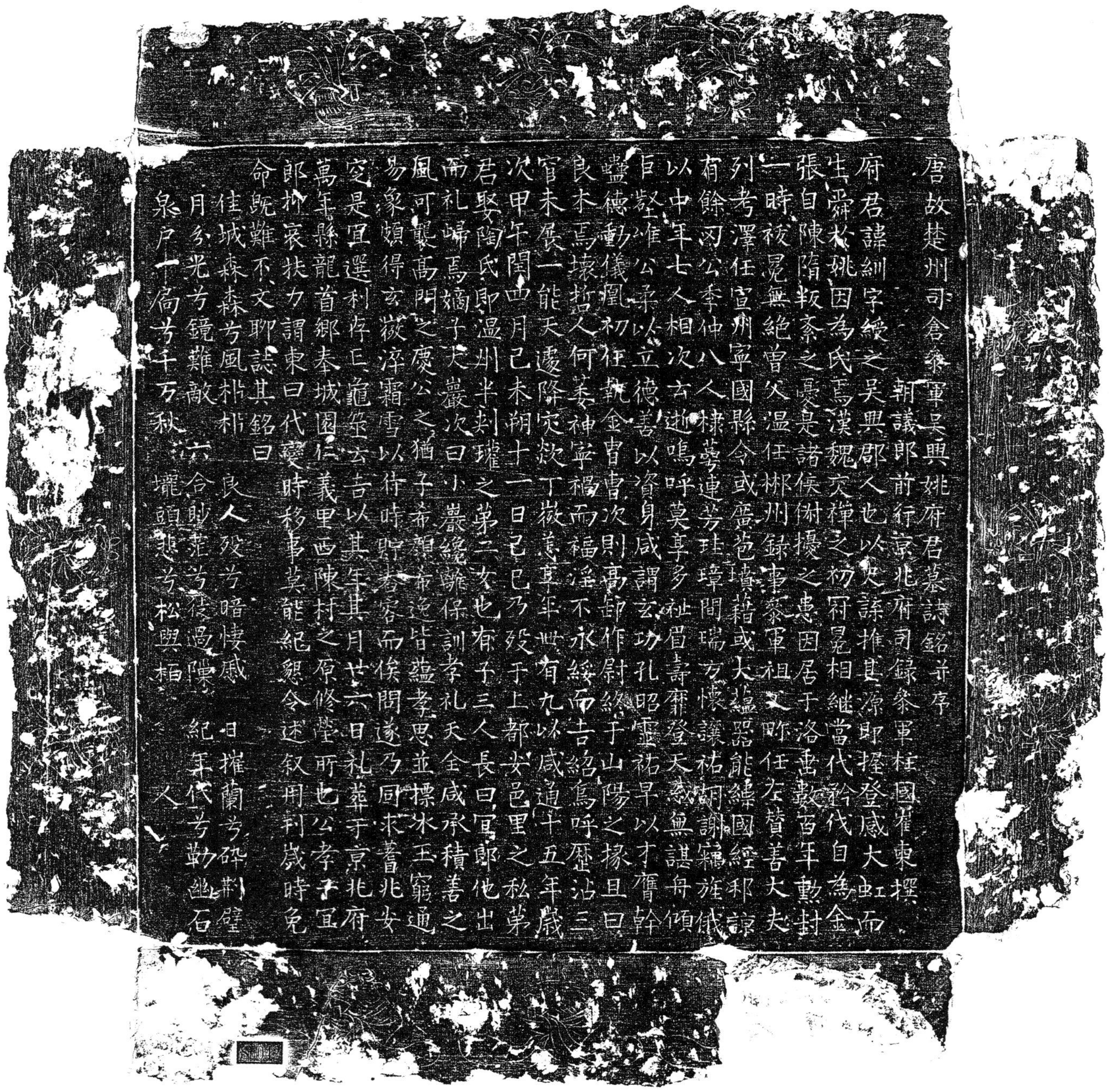

【誌文】

唐故楚州司倉參軍吳興姚府君墓誌銘并序

朝議郎前行京兆府司録參軍柱國崔柬撰

府君諱絅，字綏之，吳興郡人也。以史諜推其源，即握登感大虹而/生舜於姚[一]，因爲氏焉。漢魏交禪之初，冠冕相繼，當代矜伐，自爲金/張[二]。自陳隋叛紊之憂，是諸侯俶擾之患，因居於洛，垂數百年，勛封/一時，袚冕無絶。曾父温，任郴州録事參軍。祖父昣，任左贊善大夫。/列考澤，任宣州寧國縣令。或廣苞墳藉，或大蘊器能，緯國經邦，諒/有餘刃（力）。公季仲八人，棣萼連芳，珪璋間瑞，方懷讓祐，胡謝竊旌，俄/以中年，七人相次雲逝。嗚呼，莫享多祉，眉壽[三]靡登，天惑無諶，舟傾/巨壑[四]。唯公柔以立德，善以資身，咸謂玄功，孔昭[五]靈祐，早以才膺幹/蠱[六]，德動儀凰。初任執金胄曹，次則高卸（郵）作尉，終於山陽之掾。且曰/良木焉壞，哲人何萎，神寧禍而福淫，不永綏而吉紹。嗚呼，歷沾三/宦，未展一能，天遽降灾，欻丁微恙，享年卌有九。以咸通十五年歲/次甲午閏四月己未朔十一日己巳乃歿於上都安邑里之私第。/君娶陶氏，即温州半刺瓘之第二女也。有子三人，長曰宜郎，他出/而礼歸焉；嫡子大巖，次曰小巖，纔離保訓，孝礼天全，咸承積善之/風，可襲高門之慶。公之猶子[七]希顔、希逸，皆蘊孝思[八]，并摽冰玉，窮通/易象，頗得玄微。淬霜雪以待時，貯春容而俟問，遂乃同求蓍兆，安/窆是宜，選利存亡，龜筮云吉。以其年其月廿六日，礼葬於京兆府/萬年縣龍首鄉奉城園仁義里西陳村之原修塋所也。公孝子宜/郎，抑哀扶力，請柬曰：代變時移，事莫能紀，勰令述叙，用刊歲時。免/命既難，不文聊誌。其銘曰：

佳城[九]森森兮風析析，良人歿兮暗悽戚。日摧蘭兮碎荆璧[十]，/月分光兮鏡難敵。六合眇茫兮徒過隙[一一]，紀年代兮勒幽石。/泉户一扃兮千万秋，壠頭悲兮松與柏。

【注釋】

❶握登感大虹而生舜於姚：竹書紀年載，帝舜『母曰握登，見大虹，意感而生舜於姚墟，目重瞳子，故名重華，龍顔大口，黑色，身長六尺一寸』。

❷金張：漢代金日磾、張安世二人均爲汉宣帝時權貴，子孫相繼，七代榮顯。

❸眉壽：人年老時會長出幾根特别長的眉毛，爲長壽之象，故稱爲『眉壽』。詩經・七月：『爲此春酒，以介眉壽。』

❹舟傾巨壑：語出莊子・大宗師：『夫藏舟於壑，藏山於澤，謂之固矣。然而夜半有力者負之而走，昧者不知也。』指時光流逝，世事推移。

❺孔昭：語出詩經・鹿鳴：『呦呦鹿鳴，食野之蒿。我有嘉賓，德音孔昭。』鄭玄箋：『孔，甚；昭，明也。』

❻幹蠱：指子能承父業。典出周易・蠱卦：『幹父之蠱，有子，考無咎。』王弼注：『以柔巽之質，幹父之事，能承先軌，堪其任者也。』

❼猶子：指侄子或侄女。論語・先進：『回也視予猶父也，予不得視猶子也。』

❽孝思：指孝子思親之情。詩經・下武：『永言孝思，孝思維則。』

❾佳城：指墓地。典出葛洪西京雜記：『滕公使士卒掘馬所跑地，入三尺所，得石椁。滕公以燭照之，有銘焉……曰：「佳城鬱鬱，三千年見白日。吁嗟滕公居此室！」

滕公曰：「嗟乎，天也！吾死其即安此乎？」死遂葬焉。』

❿荆璧：即和氏璧，後用以泛指美玉，事見於韓非子・和氏。

⓫過隟：莊子・知北游：『人生天地之間，若白駒之過隙，忽然而已。』指白駒過隙，光陰易逝。

【案】

誌主姚紃，曾任楚州司倉參軍，卒於咸通十五年（874），享壽四十九歲，葬於京兆府萬年縣龍首鄉奉城園仁義里西陳村。

張自陳隋叛紊之憂是諸侯俯擾之患因居于洛垂數百年
一時被晃無絕曾父温任郴州録事參軍祖文昕任左贊善
列考澤任宣州寧國縣令或廣苞璜藉或大蘊器能緯國經
有餘司公季仲八人棣萼連芳珪璋間瑞方懷讓祐胡謝鎬
以中年七人相次古逝嗚呼莫享多祉眉壽靡登天慭無謂
巨豎惟公承以立德善以資身咸謂玄功孔昭靈祐早以才
蠱德動儀風初任執金曹曹次則高節作尉終于山陽之擢
良木焉壞哲人何萎神寧禍而福淫不永綏而吉絡烏呼厤
官未展一能天遽降灾欸丁嶽慈享年卌有九以咸通十五
次甲午閏四月己未朔十一日己巳乃殁于上都安邑里之
君娶陶氏即温州半刺璀之第二女也有子三人長曰寫郎
而礼婦焉嫡子夫巖次曰小巖繞離保訓孝礼天全咸承積
風可襲高門之慶公之猶子希顏希逸皆蘊孝思並標冰玉
易象頗得玄微淬霜雪以待時貯春容而俟問遂乃同求著
定是宜選利存巨龜筮云吉以其年其月廿六日礼葬于亯

五〇　大唐故内弓箭庫使金紫光禄大夫守左領軍衛上將軍贈特進劉公墓誌并序

咸通十五年（874）七月十一日

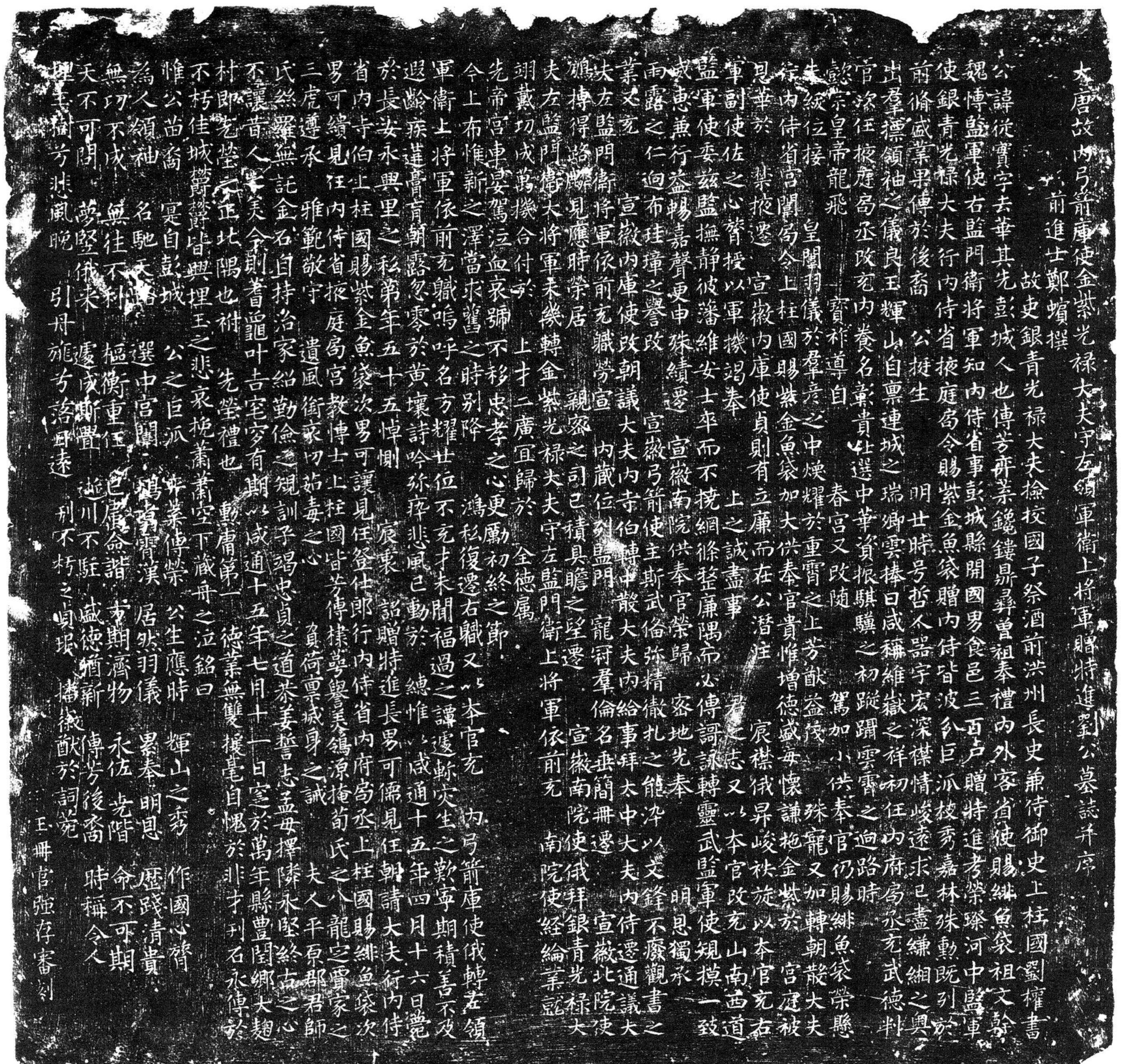

【誌蓋】

唐故贈/特進劉/公誌銘

【誌文】

大唐故内弓箭庫使金紫光禄大夫守左領軍衛上將軍贈特進劉公墓誌并序

前進士鄭轙撰

故吏銀青光禄大夫檢校國子祭酒前洪州長史兼侍御史上柱國劉權書

公諱從實，字去華，其先彭城人也。傳芳奕葉，鑱鏤鼎彝。曾祖奉禮，内外客省使[一]，賜緋魚袋[二]。祖文幹，/魏博監軍使、右監門衛將軍，知内侍省事，彭城縣開國男，食邑三百户，贈特進。考榮璨，河中監軍/使，銀青光禄大夫，行内侍省掖庭局令，賜紫金魚袋，贈内侍。皆波分巨派，枝秀嘉林，殊勛既列於/前修，盛業果傳於後裔。公挺生明世，時号哲人，器宇宏深，襟情峻遠，求己盡縑緗[三]之奥，/出群摽領袖之儀。良玉輝山，自禀連城之瑞；卿雲捧日，咸稱維嶽之祥。初任内府局丞，充武德判/官，次任掖庭局丞，改充内養。名彰貴仕，選中華資，振騏驥之初蹤，躡雲霄之迴路。時/懿宗皇帝龍飛寶祚，導自春宫[四]，又改隨駕，加小供奉官，仍賜緋魚袋。榮懸/朱紱，位接皇闈，羽儀於群彦之中，焕耀於重霄之上。芳猷益茂，殊寵又加，轉朝散大夫，/行内侍省宫闈局令、上柱國，賜紫金魚袋，加大供奉官。貴惟增德，盛每懷謙，拖金紫於宫庭，被/恩華於禁掖。遷宣徽内庫使，貞則有立，廉而在公，潛注宸襟，俄升峻秩。旋以本官充右/軍副使，佐之心膂，授以軍機，竭奉上之誠，盡事君之志。又以本官改充山南西道/監軍使，委茲監撫，静彼藩維，安士卒而不撓綱條，整廉隅而必傳歌咏。轉靈武監軍使，規模一致，/威恵兼行，益暢嘉聲，更申殊績。遷宣徽南院供奉官，榮歸密地，光奉明恩，獨承/雨露之仁，迥布珪璋之譽。改宣徽弓箭使，主斯武備，弥精徹札[五]之能；淬以文鋒，不廢觀書之/業。又充宣徽内庫使，改朝議大夫、内寺伯，轉中散大夫、内給事，拜太中大夫、内侍，遷通議大/夫、左監門衛將軍，依前充職，勞宣内藏，位列監門，寵冠群倫，名垂簡册。遷宣徽北院使[六]，/鵬摶得路，麟見應時，榮居親密之司，已積具瞻之望。遷宣徽南院使，俄拜銀青光禄大/夫，左監門衛大將軍。未幾，轉金紫光禄大夫，守左監門衛上將軍，依前充南院使。經綸業就，/翊戴功成，萬機合付於上才，二廣宜歸於全德。屬/先帝宫車晏駕[七]，泣血哀號，不移忠孝之心，更勵初終之節。/今上布惟新之澤，當求舊之時，别降鴻私，復遷右職，又以本官充内弓箭庫使，俄轉左領/軍衛上將軍，依前充職。嗚呼！名方耀世，位不充才，未聞福過之譚，遽軫灾生之嘆，寧期積善，不及/遐齡。疾遘膏肓，朝露忽零於黄壤；詩吟殄瘁[八]，悲風已動於繐帷。以咸通十五年四月十六日薨/於長安永興里之私第，年五十五。悼惻宸衷，詔贈特進。長男可儒，見任朝請大夫、行内侍/省内寺伯、上柱國，賜紫金魚袋。次男可讓，見任登仕郎、行内侍省内府局丞、上柱國，賜緋魚袋。次/男可續，見任内侍省掖庭局宫教博士、上柱國。皆芳傳棣萼，譽美鴒源[九]，掩荀氏之八龍，定賈家之/三虎[十]。遵承雅範，敬守遺風，銜哀切茹毒之心，負荷禀滅身之誡。夫人平原郡君師/氏，絲羅無託，金石自持，治家紹勤儉之規，訓子竭忠貞之道。恭姜[一一]誓志，孟母擇鄰，永堅終古之心，/不讓昔人之美。今則蓍龜叶吉，窀穸有期，以咸通十五年七月十一日窆於萬年縣豊閏鄉大麴/村，即先塋之正北隅也。祔先塋，禮也。勛庸第一，德業無雙，援毫自愧於非才，刊石永傳於/不朽。佳城鬱鬱，皆興埋玉之悲；哀挽蕭蕭，空下藏舟[一二]之泣。銘曰：

惟公苗裔，寔自彭城，公之巨派，奕葉傳榮。公生應時，輝山之秀，作國心膂，/爲人領袖。名馳天路，選中宫闈，鷄翥霄漢，居然羽儀。累奉明恩，歷踐清貴，/無功不成，無往不利。樞衡重任，己屬僉諧，方期濟物，永佐堯階。命不可期，/天不可問，夢豎⓭俄來，遽成斯疊。逝川不駐，盛德猶新，傳芳後裔，時稱令人。/埋玉樹兮悲風晚，引丹旐兮落日遠，刊不朽之貞珉，播徽猷於詞苑。

玉册官⓮強存審刻

【注釋】

❶客省使：唐代宗時始置，主接待四方奏計及外族使者。

❷緋魚袋：唐制，五品以上佩魚符袋。三品以上紫袍，佩金魚袋；五品以上緋袍，佩銀魚袋；六品以下緑袍，無魚袋。官吏有職務高而品級低的，皇帝可特賜魚袋。

❸縑緗：供書寫用的淺黃色細絹，指代書册。

❹春宮：指太子宮。

❺徹札：即穿透鎧甲。典出左傳·成公十六年：『潘尫之黨與養由基蹲甲而射之，徹七札焉。』

❻宣徽使，官名。唐憲宗元和（806—820）中置，以宦官充任，爲宣徽院長官，分南北兩院使，總領内諸司使及三班内侍名籍，掌其遷補、郊祀、朝會、宴享供帳，檢視内外進奉名物。

❼宫車晏駕：指皇帝上朝之車晚到，婉稱皇帝駕崩。典出史記·范雎蔡澤列傳：『宫車一日晏駕，是事之不可知者一也。』

❽殄瘁：指凋謝，枯萎，語出詩經·瞻卬：『人之云亡，邦國殄瘁。』

❾芳傳棣萼，譽美鴒源：棣萼、鴒源皆指兄弟，此處意爲兄弟出挑，受人贊譽。語出詩經·常棣：『常棣之華，鄂不韡韡，凡今之人，莫如兄弟。死喪之威，兄弟孔懷。原隰裒矣，兄弟求矣。脊令在原，兄弟急難。每有良朋，況也永嘆。』

❿掩荀氏之八龍，定賈家之三虎：八龍，指東漢荀淑的八個兒子：荀儉、荀緄、荀靖、荀燾、荀汪、荀爽、荀肅、荀旉。八人皆才華出衆，顯明一時，人稱荀氏八龍。范曄後漢書·荀爽傳云：『荀氏八龍，慈明無雙。』三虎，指東漢賈彪兄弟三人，後漢書·賈彪傳載：『彪兄弟三人，并有高名，而彪最優，故天下稱曰「賈氏三虎，偉節（彪字）最怒。」』南朝陳徐陵代梁貞陽侯與荀昂兄弟書有：『賈氏三虎，豈獨貴於前修；荀家八龍，信服在於今日。』

⓫恭姜：春秋時期，衛世子恭伯早死，其妻守節不再嫁。典出詩經·柏舟序：『柏舟，共姜自誓也。衛世子共伯蚤死，其妻守義。父母欲奪而嫁之，誓而弗許。故作是詩以絶之。』

⓬藏舟：比喻事物不斷變化，不可固守。典出莊子·大宗師：『夫藏舟於壑，藏山於澤，謂之固矣。然而夜半有力者負之而走，昧者不知也。』

⓭夢豎：典出左傳·成公十年：『公夢疾爲二豎子，曰：「彼良醫也，懼傷我，焉逃之？」其一曰：「居肓之上，膏之下，若我何？」醫至，曰：「疾不可爲也，

在肓之上，膏之下，攻之不可，達之不及，藥不至焉，不可爲也。」』後用夢豎以稱病魔。晉葛洪抱朴子·貴賢有：『二豎之疾既據而募良醫，棟橈之禍已集而思謀夫，何异乎火起乃穿井，覺飢而占田哉。』

一四玉册官：玉册是我國古代册書的一種，形式模仿簡牘，册文直接鐫刻在編聯成册的大理石或漢白玉册條之上。唐宋時期，玉册是中原王朝即位、册命、上尊號、上徽號、上（或賜）謚號、追謚、遣奠、封禪、祀汾陰后土、謁陵、郊廟等禮制活動當中使用的重要儀具，中書省下設有專門官員負責制作，稱爲玉册官。在中晚唐碑誌中常見鐫玉册官、刻玉册官、刻字官、刻石官、填金字官等職。

【案】

誌主劉從實，唐宣宗、懿宗时歷任監軍使、宣徽北院使、宣徽南院使、左監門衛大將軍、內弓箭庫使等職，卒於咸通十五年（874），享壽五十五歲，葬於長安萬年縣豐閏鄉大麴村。劉從實兩唐書無載，其墓誌充分反映了唐代後期宦官娶妻養子、世代把持高級職位的現象，可補史之闕。

墓誌撰文者鄭嬪，史書無載，此墓誌銘不見收於全唐文、全唐文補編及全唐文補遺。近年陝西西安出土的咸通七年（866）李凝墓誌，首題『唐故鄉貢進士趙郡李府君墓誌銘并序』，後云『友人鄉貢進士鄭嬪書』，從時間、身份來看，兩位鄭嬪很可能是同一人。

五一　唐故魏王墓誌銘并序

乾符六年（879）八月二十七日

【誌文】

唐故魏王墓誌銘并序

翰林學士承旨銀青光禄大夫行尚書兵部侍郎知制誥

上柱國臣王徽奉敕撰

翰林待詔朝議郎行虔州雩都縣主簿柱國臣姜□奉敕書

翰林待詔朝議郎守都水監丞上柱國臣董瓌奉敕篆蓋

高祖文皇撥亂反正，天父曰子非聖乃賢。／故魏王佾，則／懿宗皇帝第二子也，救灾慮變，宿著其聰明；秤象[1]浮／舟，早推乎智識。表兹盛德，分祚大名。實／吾君之孝慈，舉邦家之令典。至於詩書之訓，閨壼[2]之／儀，不復重述於間平[3]，比方於魯衛[4]也。生十四年，以乹／符五年五月廿七日薨。母弘農楊氏，用明年八月廿／七日葬於萬年縣崇道鄉西趙村南界。／皇帝軫悼纏悲，備物加礼，命大京兆以監護，降内臣／以弔臨，可謂終始哀榮，恩輝特异。臣徽職參／宥密，奉詔草銘：

積慶所鍾，乃降王宫。琮璜比德，／孝敬由衷。聖慈廣裕，天族肅雍。磐石用建，／大邑俄封。桐珪未故，松阡已穠。悼興／旒扆，物備禮容。鳳城在右，渭水在東。／斯焉卜宅，代祀何窮。

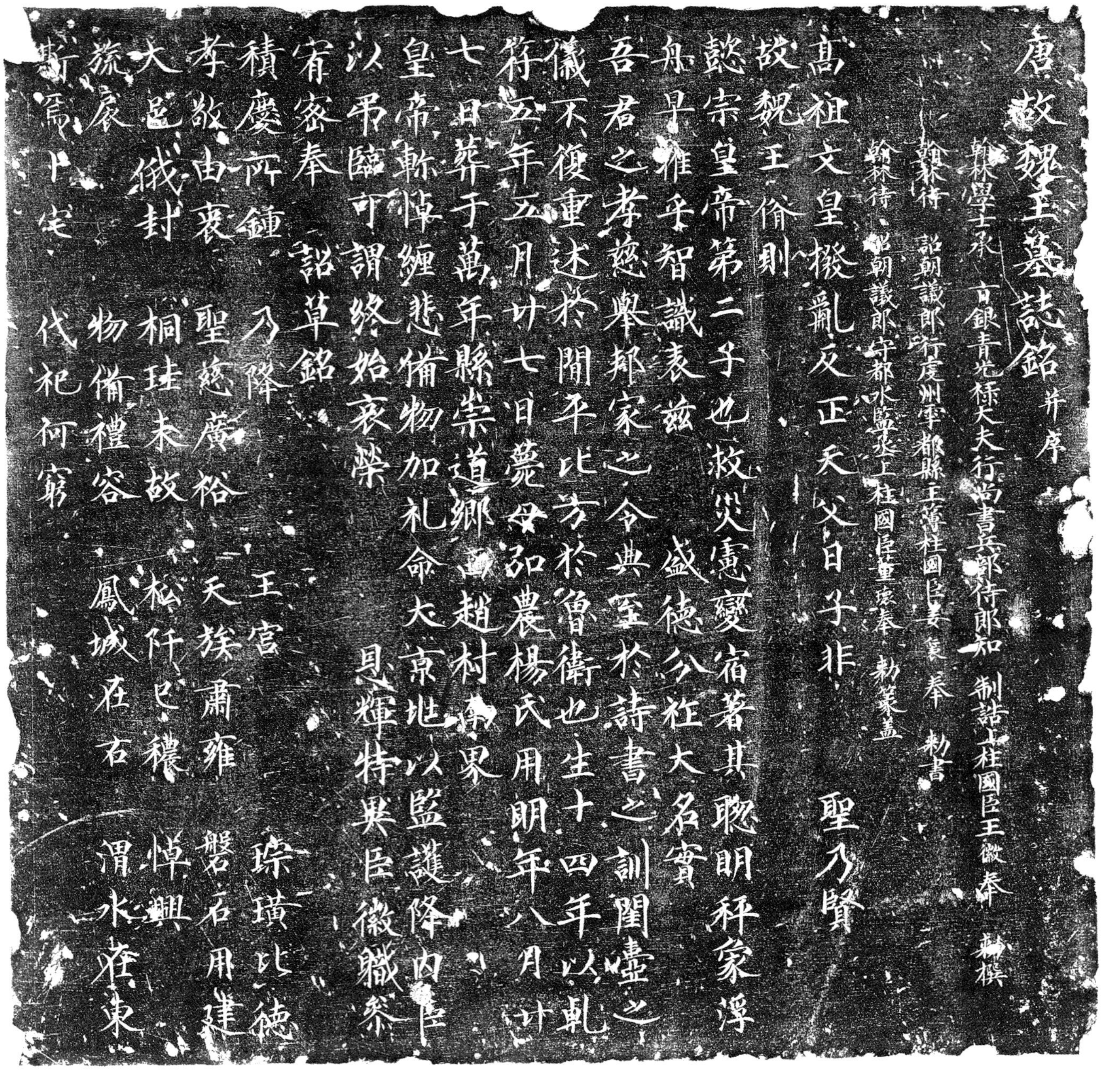

【注釋】

❶秤象：爲三國時曹沖稱象之典，用以稱贊少年聰慧，見三國志・魏志・鄧哀王沖傳：『時孫權曾致巨象，太祖欲知其斤重，訪之群下，咸莫能出其理。沖曰：「置象大船之上，而刻其水痕所至，稱物以載之，則校可知矣。」太祖大悦，即施行焉。』

❷閨壼：指内宮。

❸間平：間，指西漢河間獻王，修学好古。平，指東漢東平宪王劉蒼，習經好禮。見漢書卷五三景十三王傳・河間獻王劉德傳、後漢書卷四二光武十五王傳・東平憲王蒼傳。

❹魯衛：魯，指魯國敬姜；衛，指衛國定姜，爲兩位淑慧賢良之婦。見劉向列女傳・母儀傳。

【案】

誌主李佾，唐懿宗之子，封魏王，卒於乾符五年（878），享壽十四歲，葬於萬年縣崇道鄉西趙村南界。

關於魏王李佾，史書記載極其簡略，新唐書卷八十二記載：『懿宗八子，惠安皇后生僖宗皇帝，恭憲皇后生昭宗皇帝，餘六王亡其母氏、位。魏王佾，咸通三年始王，與涼、蜀二王同封。』舊唐書卷一百七十五云：『魏王佾，咸通三年封。』若以墓誌所載『生十四年，以乾符五年五月廿七日薨』來推，李佾應生於咸通六年（865），而史書所言『咸通三年封王』，事在李佾出生之前，兩者必有一誤。碑史互异，未知孰是。而且此方墓誌從行文遣詞、書法風格上均有可疑之處，似僞。

撰文者王徽，字昭文，京兆杜陵人。僖宗乾符初累拜中書舍人，賜金紫，遷户部侍郎學士承旨。改兵部，轉尚書左丞，以户部侍郎同平章事。後歷任昭義節度使、大明宮留守京畿安撫制置修奉使、權京兆尹，累爲太子少師。昭宗立，授吏部尚書，進右僕射。大順元年（890）卒，贈司空，謚曰貞。全唐文卷七百九十三收有其創築羅城記、請車駕還京表、辭澤州節度表等文。

五二　唐故太中大夫前檢校刑部尚書兼太子賓客上柱國賜紫金魚袋贈吏部尚書京兆韋公墓誌銘并序

广明元年（880）正月

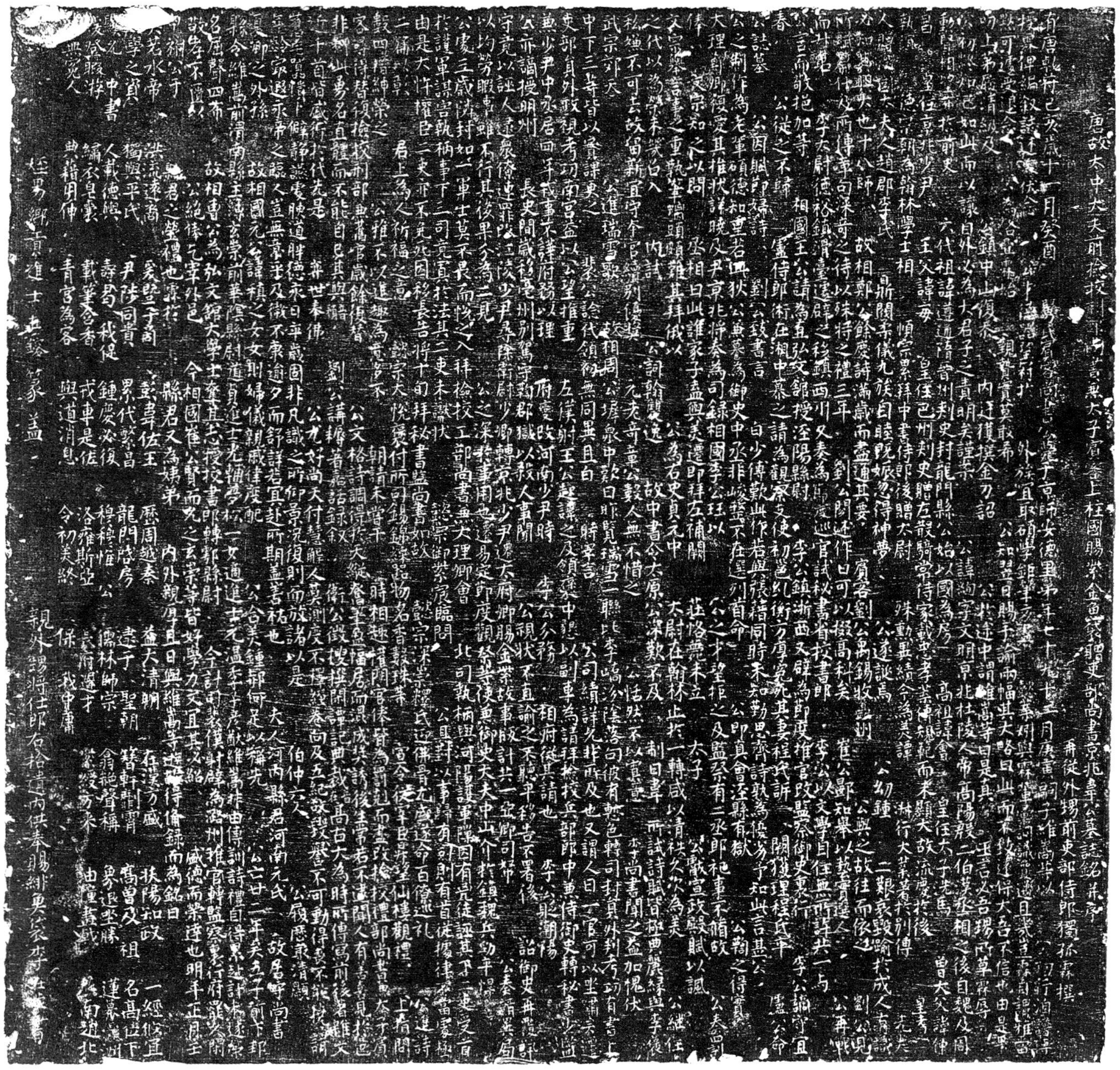

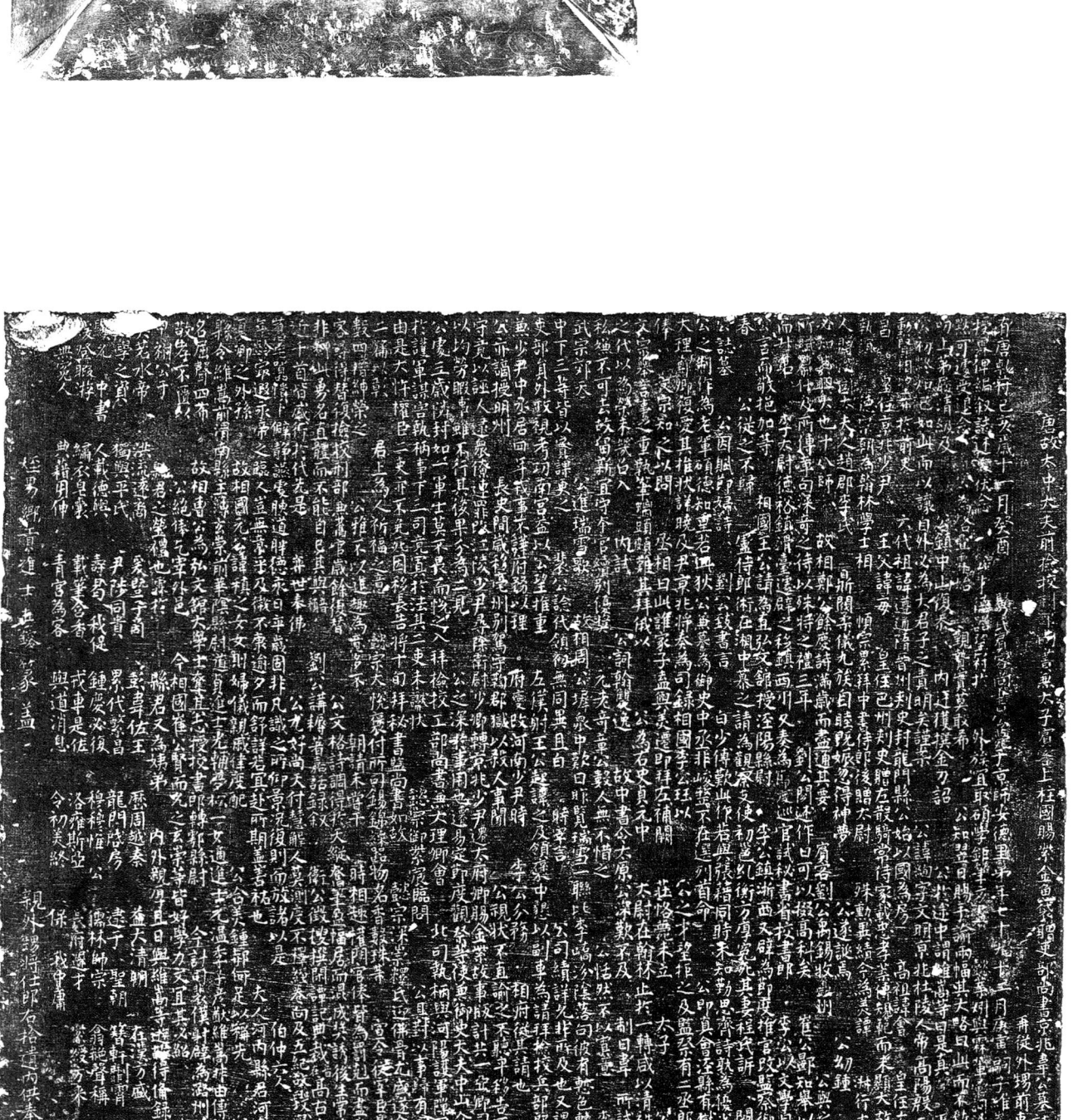

【誌蓋】

唐贈吏部／尚書韋公／誌文之石

【誌文】

唐故太中大夫前檢校刑部尚書兼太子賓客上柱國贈紫金魚袋賜吏部尚書京兆韋公墓誌銘并序

再從外甥前吏部侍郎獨孤霖撰

有唐乾符己亥歲十一月癸酉，舅氏賓客、尚書公薨於京師安德里第，年七十九。十二月庚寅，嗣子維嵩等以公功行洎譜傳／授霖，俾編叙誌述。霖伏念公才德器望，冠於外族，宜取碩學鉅筆，方盡懿業，矧與霖輩彙詞識夐邁且幾，豈霖自謂雅當／默可遽受？退念公爲洛□，霖始覲贄，實莫敢希公知。翌日，賜手諭兩幅，其大略曰：此而不致遠保大，吾不信也。由是果／叨上第，履清級。及公鎮中山，復忝內廷，獲撰金刀詔。公於途中謂維嵩等曰：是真玉言，必吾甥所草。霖辱／公初終知己如此，而以讓自外，必爲大君子之責明矣。謹案：公諱絢，字文明，京兆杜陵人。帝高陽[1]、殷二伯[2]、漢丞相[3]之後，自魏及周，／勛賢相望，布於前史。六代祖諱遵通，隋晋州刺史，封龍門縣公，始以國爲房。高祖諱會，皇任太子洗馬。曾大父諱仲／昌，皇任京兆少尹。王父諱每，皇任巴州刺史，贈左散騎常侍。家載忠孝，葉傳規範，而未顯大，故流慶於後。皇考／執誼，德宗朝爲翰林學士，相順宗，累拜中書侍郎，後贈太尉。殊勛异績，今爲美譚；淑行大業，著於別傳。先夫／人贈□國太夫／人趙郡李氏，鼎閥柔儀，九族自睦，既娠忽得神夢，公遂誕焉。公幼鍾二艱，哀毁逾於成人，有識／必知其興大也。十八，師故相鄭公餘慶詩，滿歲而盡通其要。賓客劉公禹錫牧夔州，公與之故，往而依之。劉公見／所賦篇什及所傳章句，深奇之，待以殊特之禮。三年，劉公閱述作曰：可以掇高科矣。崔公鄲知舉，以藝實選人，公再戰／而升第。李太尉德裕鎮滑臺，遽辟之，移鎮西川，又奏爲節度巡官，試秘書省校書郎。李公以文學自任，無所許共，一與／公言，而敬挹加等。相國王公請爲直弘文館，授涇陽縣尉。李公鎮浙西，又辟爲節度推官，改監察御史裏行。李公謫守宜／春，公從之不歸。盧侍郎衎在湘中，慕之，請爲觀察支使。初邕紀衡方厚冤死，其妻程氏訴闕獲理，程氏卒，盧公命／公誌墓，公因賦節婦詩。劉公致書，言白少傅嘆此作若與張藉同時，未知勤思齊詩孰爲優劣。予知此言甚公，／公之制作，爲老輩碩德知重若此。狄公兼謨爲御史中丞，非峻整不在選列，首命公即真。會涇縣有獄，公鞫之得實，／大理鄭卿復愛其推狀詳曉，及尹京兆，將奏爲司録，相國李公珏以公之才望拒之。及監察，有二丞郎祀事不修，故公奏罰／俸。文宗知之，以問丞相曰：此誰家子，盍與美遷？即拜左補闕。莊恪薨，未立太子，公獻宣政殿賦以諷。／文宗舉言事之重，執筆螭頭，頗難其拜，俄以公爲右史。貞元中，太尉在翰林止於一轉，咸以清秩久次爲美。公繼任／之，代以爲榮。未幾，召入內試，公詞翰雙逸，故中書令太原公深嘆不及，制曰：韋所試詩賦皆極典麗，緣與李褒／私嫌不可去，故留新宜守本官，續別優獎。元老奇章公數人無不惜之，公恬然不以寘意，李尚書聞之，益加愧伏。／武宗郊天，公進瑞雪歌，故相周公墀衆中嘆曰：昨覽瑞雪一聯，比李嶠汾陰落句，彼有慚色。轉司封員外，判考功，有書上／中下三等，皆以實課吏之。裴公諗代領，初無同异，且白時宰言：公司績詳允，非所及也。又謂人曰：一官可以坐嘯矣。遷／吏部員外，政視考功，南宮益以公望推重。左僕射王公起諱之及領褒中，懇以副車爲請，拜檢校兵部郎中，兼侍御史，轉秘書少監，／兼少尹中丞。居四年，戎事不譁，府務以理。府變，改河南少尹，時李公分務相府，從其請也。李公貶潮陽，／公亦謫授明州長史。間歲，移亳州別駕。守鞫郡獄，以殺人事聞，公視狀不直，諭之不聽，卒移告不署。後詔御史再覆訊，／守竟以誣人，逮衆僚連罪，改江陵少尹。尋除衛尉少卿，轉京兆少尹，遷太府卿，賜金紫。故事，版計共一亞卿司帑，公奏請异局，／以均勞暇，事雖不行，其後果分爲二，見公之深於事用也。遷易定節度觀察等使，兼御史大夫。中山介於鎮、魏，兵勁卒悍，／公處三歲，鄰封如一，軍士莫不畏而悦之。入拜檢校工部尚書，兼大理卿。會北司執柄與河陽護軍隟，因有凶徒誣其下二吏受旨／於護軍，謀害執柄，事下三司，竟寘於法。其二吏未讞狀，懿宗御紫宸臨問，公具對，以事歸有司，則有首從，據律不當處極，／由是大忤權臣，二吏亦不免死。因移長告將十旬，拜秘書監尚書如故。懿宗深崇釋氏，迎佛骨尤盛，遂命百僚巡礼，公進詩／二篇，以彰君上爲人祈福之意。懿宗大悦，褒付所司，錫錦彩器物名香數珠等，宣令從宰臣升望仙樓觀禮，上指問／數四，搢紳榮之。公雅不以進趣爲意，多不朝請，未嘗干時相，趣權門，官俸皆爲罰剋而盡。改檢校禮部尚書，兼太子賓／客。尋得替，復檢校刑部，兼舊官，歲餘復替。公文格詩調，得於天縱，奮筆盈幅，居而混成。獎誘後生，常若不逮，聞人有善，喜見於色，／非□此勇名，直體而不能自已。其與（音預）劉公講媷[四]著嘉話録，叙衛公徵搜撰闲譚記，典裁（音在）高古，大爲時所傳寫。前後著雜文／近千首，皆盛行於代。先是弈世奉佛，公尤好尚，天付慧解，人莫測度，不擇經卷，向及五紀，故毀譽不可動，得喪不能撓。謂／舊宅囂慣，卜僻静讌處，腴道胖德，永日卒歲，固非凡識之所仰景，况復則而放諸？以是伯仲六人，公履歷最清顯，／年齡最遐永，帝之臨人，豈無意乎？及微不康，逾夕而舒詳，若宜赴所期，蓋善祐也。夫人河内縣君河南元氏，故居守尚書／夏卿之外孫，故相國元公諱稹之女，女則婦儀，親戚律度，配公合美，鍾郝何足以稱？先公亡廿二年矣。五子：前下邽／縣令維嵩，前渭南縣主簿玄崇，前華陰縣尉道貞，進士光輔、夢松；一女，適進士元温季子彦猷。維嵩非由傳訓，詩禮自得，累赴計，未遂榮／名，屈聲四布。故相曹公爲弘文館大學士，奪其志，授校書郎，轉鄠縣尉。今計司裴僕射辟爲潞州推官，轉監察裏行，府罷久閑，／敬孝不匱。以公絶倖，乞宰外邑，今相國崔公賢而允之。玄崇等皆好學力文，宜其必紹盛德而榮達也。明年正月壬／申，祔公於縣君之塋，禮也。霖於縣君又爲姨弟，内外親厚，且日與維嵩等游，故得備録，而爲銘曰：

天若水帝，洪流遠裔。爰暨子商，彭韋佐王。歷周越秦，益大清明。在漢方盛，扶陽知政。一經攸宜，／□學之資。獨與平氏，尹陟同貴。累代繁昌，龍門啓房。逮於聖朝，簪軒劇霄。高曾及祖，名高位下。／顯允中書，人載德輿。壽曷我促，鍾慶必復。穆穆惟公，儒林師宗。翕艴[五]聲稱，象退坐勝。蓮幕□洲，／爰登暇游。繡衣皂囊，載筆含香。戎車是佐，洛雍斯亞。長府遲才，紫綬方來。油幢[六]畫戟，□南趙北。□無冤人，典藉用伸。青宮爲客，與道消息。令初美終，保我中庸。

侄男鄉貢進士□鎔篆蓋

親外甥將仕郎右拾遺内供奉賜緋魚袋李□□書

【注釋】

❶高陽：指帝顓頊。

❷殷二伯：指顓頊之後豕韋、大彭迭爲商伯，周赧王時失國，徙居彭城，以國爲氏，爲韋姓之開始。

❸漢丞相：指西漢丞相、扶陽節侯韋賢，徙居京兆杜陵。

❹講耨：治草爲耨，借指治學。語本禮記·禮運：『陳義以種之，講學以耨之。』

❺翕艴：光色盛貌。此指才華彰顯。

❻油幢：張挂於舟車上的油布帷幕。隋書·禮儀志五有：『王公加禮者，給油幢絡車，駕牛。』

【案】

誌主韋絢，字文明，京兆杜陵人，生於唐德宗貞元十七年（801），卒於乾符六年（879）十一月，壽年七十九。韋絢一生貫穿德宗、順宗、憲宗、穆宗、敬宗、文宗、武宗、宣宗、懿宗、僖宗十朝，歷任西川節度巡官、試秘書省校書郎、涇陽縣尉、浙西節度推官、湖南觀察支使、左補闕、右史、河南少尹、江陵少尹、京兆少尹，易定節度觀察使、大理卿、檢校刑部尚書、太子賓客等官。韋絢爲李德裕器重，曾多次隨李德裕出居方鎮，擔任僚佐，其仕途也隨當時的牛李黨争和南衙北司之争而升沉起浮。韋絢以文學見長，頗爲劉禹錫、白居易等推重，與當時衆多政治人物都有交集。墓誌云其有詩、賦及雜文千篇，大多失傳。今唯有劉賓客嘉話一卷、戎幕閑談一卷可見，即墓誌所提到的『大爲時所傳寫』的嘉話録、閑譚記。

韋絢爲順宗朝及憲宗初宰相韋執誼之子，舊唐書卷一百三十五有韋執誼傳，未附及韋絢。新唐書卷七十四上宰相世系表韋氏龍門公房列韋執誼譜系，執誼之下，有子曙、曈、昶、旭，并無韋絢之名。此方墓誌可補史書之闕，爲研究韋絢的生平交游、文學創作及晚唐政治歷史提供了可貴的第一手資料。

五三　宋故朝奉郎尚書虞部郎中通判舒州軍州兼管內勸農事上騎都尉賜緋魚袋南陽晁府君墓誌銘并序

熙寧二年（1069）正月二十九日葬

【誌蓋】

宋故尚書／虞部郎中／南陽晁府／君墓誌銘

【誌文】

宋故朝奉郎尚書虞部郎中通判舒州軍州兼管内勸農事上騎都尉賜／緋魚袋南陽晁府君墓誌銘并序

翰林學士朝散大夫尚書工部郎中知制誥兼侍講修撰

實録判秘閣秘書省兼判尚書／兵部同提舉醴泉觀公事太原郡開國侯食邑一千一百户護軍賜紫金魚袋王安石撰

宣德郎守尚書度支員外郎充集賢校理同知太常禮院兼丞事騎都尉王汾書

奉直郎尚書屯田郎中校定館閣小學書籍同詳定印文騎都尉賜緋魚袋張次立篆蓋

尚書虞部郎中晁君，諱仲參，字孝先。以治平四年五月九日卒於通判舒／州事，其子以熙寧二年正月二十九日卜濟州任城縣諫議鄉吕村之原／以葬，狀君之行來乞銘，掇其語爲銘曰：

晁望潁川，衛有卿丙，錯以術用，作漢家令。魏晋南北，史無傳人，良正官唐，／仍不大振。開封于家，徙鉅野縣，辟時艱屯㊀，出宋而顯。迴奮布衣，太子／太師，宗愨秉政，父子一時。三朝四世，錫榮丘墓㊁，侄令中書，爲君曾祖。有子／迪者，刑部侍郎，乃生宗簡，世德孔揚。使京東西，郎于刑部，君實其嗣，少則／多譽。仲父保任，主簿上虞，宰墨窯政，易君仕初。從容調瑜㊂，史莫玩法，墨以／廉終，弱伸强懾。按察擾獄，風如我謀，君不爲奪，械囚於州。將范文正，嘆愛／而謂：『畏宜繩私，公勇勿畏。君顧持此，畢身無尤。』薦監越酒，旋宅父憂。判官／於滁，擢丞大理，汝州郟城，来知縣事。富姓賕吏，寓田勢家，役煩且窘，中户／愁嗟。君哀僞券，應手即辨，完蠹嘘枯，俗戒以勸。秦王諸孫，上冢入郛，卒榜／驛隸，君禽而誅。將劾中人，匿車夜遁，移内侍省，罪令即訊。迄明年至，徒御／無譁，能聲震越，號稱其家。易曹濟陰，太子贊善，督尉索盜，里閭宴衎。馬入／罷牧，地租于民，厨傳费劇，輸之殆貧。君曰閔哉，責豈無務，操書鐫守，多絀／其數。遷官博士，去領開州，大築學校，率衣冠游。温湯之鹽，實不酬課，歲蠲／五萬，奏自君可。氓疾不治，謁巫代醫，教以餌藥，盡投詭祠。失怙恃者，予其／娶嫁，坐堂朝晡，飲酒間暇。英宗纂極，員外于虞，比駕二部，閱最而除。／今天子恩，始正郎位，攝舒期年，條教逾肆。殍来鄰邦，賑使無僵，扶携飽去，／又遺之糧。敏於除害，未始愛力，取樅陽河，避羅刹石。析池口征，合於銅陵，／官不失筭，舟無危行。人幸是爲，曠数十載，趨令驩呼，無有稚艾。孤山、馬當，／歲漂百航，鑿秋口浦，直走雷江。脱險風濤，幾五百里，章隨驛聞，就付其事。／方冬告役，君夏而徂，壽五十五，識者嘆吁。齊公孫氏，作配甚似，封永康君，／誕惟四子：端仁、端義，端禮、端智，仁中進士，常州司理；義郊社郎，餘則未仕。／五女四人，歸爲士妻。石端、侯彦，侯歸而夒；范、胡二倩，純粹、僧孺；幼處於家。／君孫有五：男節、符、籛，其二則女。惟君平生，外晦内明，忤出不意，默無與争。／禄賙族姻，恩稱疏戚，庖無朝炊，笑語如昔。晚尤静曠，病不告遺，極談性命，／方絶之時。子丐埋辭，襄庵走汴，掇其緒餘，以質幽竁。

彭公矩刊

【注釋】

❶艱屯：艱難。晋潘岳懷舊賦：『塗艱屯其難進，日晼晼而將暮。』

❷丘墓：指墳墓。史記·范雎蔡澤列傳：『楚王封之以荆五千户，包胥辭不受，爲丘墓之寄於荆也。』

❸調畊：烹調煮熟，比喻加工使之完美。

【案】

誌主晁仲參，山東巨野人，曾任尚書虞部郎中、通判舒州軍州、管内勸農事，卒於宋英宗治平四年（1067），享壽五十五歲，葬於濟州任城縣諫議鄉吕村之原。晁仲參爲蘇門四學士之一晁補之的叔祖父。巨野晁氏家族爲漢代御史大夫晁錯之後，至宋代，晁迥在宋真宗時任翰林學士承旨、太子少傅，并且三次知貢舉，門生後輩多有文壇翹楚。其子晁宗慤官至參知政事。晁氏家族在宋代是仕宦世家，吕夷簡、曾鞏、陸游、葉夢得爲晁氏姻親，晏殊、蘇軾、黄庭堅、張耒、秦觀、陳師道、吕祖謙、梁師成等與晁家均相友善。

撰文者王安石（1021–1086），字介甫，號半山，撫州臨川（今江西撫州市人）。宋神宗熙寧三年拜相，主持變法，後罷相。累贈爲太傅、舒王，謚號『文』。該墓誌爲王安石受晁仲參之子所托而撰，全文今收於王安石全集第七册卷九十六（王水照主編，復旦大學出版社出版）。

書者王汾，字彦祖，山東巨野人，爲北宋詩人王禹偁之孫，進士。神宗時知兖州，哲宗時歷任太常卿、知明州、兵部侍郎、知齊州。其事見宋史卷二九三王禹偁傳。

篆蓋者張次立，擅長篆書，官至殿中丞，仁宗嘉祐六年（1061），曾奉詔篆國子監石經，嘗爲徐鍇説文繫傳作補。

君之行来乞銘掇其語為銘曰
川衛有鄉丙錯以術用作漢家令魏晉南北史無傳人良
振開封于家從鉅野縣辟時鞊屯出 宗而顯迴奮布
懲秉政父子一時三朝四世錫榮丘墓佺令中書為君曾
部侍郎乃生宗簡世德孔揚使京東西郎于刑部君實其
父保任主簿上虞宰墨隨政易君仕初從容調聽史莫玩
伸強懾按察擾獄風如我謀君不為奪械因于州將范文
且繩私公勇匆畏君頗持此畢身無尤薦監越酒旋宅父
丞大理汝州郏城来知縣事冨姓財吏寓田勢家役煩且
畏偽券應手即辨完蠹嘘枯俗戒以勸秦王諸孫上冢入
爲而誅將劾中人匿車夜遁移内侍省罪令即評迄明年
聲震越號稱其家易曹濟陰太子賛善督尉索盜里閭寘
祖于民尉傳費劇輸之殆貧君曰閔哉責豈無豫操書鐫
官博士去領開州大築學校率衣冠游温湯之鹽實不酬

五四　宋故進士蘗君墓誌銘并序

熙寧十年（1077）十一月初八日

【誌文】

宋故進士藥君墓誌銘并序

前進士廬江何中復撰　侄男唐奉命書

熙寧十年丁巳歲次十一月初八日，以龍坑原拜享不便，男／昭儉、昭潁，孫中輔等再迎考妣，及兄昭矩、侄中孚等別卜／於□賢里賈村永樂原，禮葬畢，孫婿中山劉輔填。

公諱爲光，字天錫，世籍晉之臨汾，後徙京兆，今爲臨潼人也。故贈殿中丞／諱彥升之季孫，故處士諱咸章之少子，與兄爲善、爲正皆出於適喬氏，早／失慈訓，事後母以孝聞。天資勤儉，涉獵經史，左右采獲。方書術／數，多所通曉，工詩尚雅，往往造古。叔父太傅，官卒於慶，群子甚幼，公持／喪還雍，辦護㊀尤謹。集其服玩，以營別墅，省浮務實，界之以禮，更相損補，卒／以豊羨。殖田僅四千畝，器用稱是，成立諸弟，婚學不失。其後誅邪動利，日／求判産，公懇諭以義，愈切愈戾，因慟而從之。推沃受确，释良取窳，彼十／己一，恬若有餘，不數年，五倍其始。奉身以約，周人以篤，慎固家法，俯仰無／妄，閨門之内，肅肅㊁如也。慶曆三年八月十三日疾，亟於寢立諸子而戒之／曰：『吾本儒族，弈代不耀，曾高而上，率以士終。逮吾皇祖，潤色先業，開門聚／徒以講藝，傾貲市書以教子，終以吾叔之貴，追封朝列。天聖中，吾與諸弟／以拜享不便，自晉遷其神柩，葬於韋里，兼舉父叔陪祔於側。當時爲霖兄／弟拘陰陽之説，易長少之列，吾争之以典，迄不能得。然中心惶愧，未常一／日忘更殯而願重序也。今吾必死，汝當擇便壤，奉吾祖妣父母，改而葬之，／使賢昭孝穆，近而不瀆，魂而有知，吾得嚴色養於地下，足矣。』諸子泣而聽／命。翌日，公遂卒。後十六年嘉祐戊戌，仲子昭矩、昭儉、昭潁等卜臨潼縣／旌儒鄉龍坑原兆吉，即以其年二月十三日啓故塋，迎奉殿丞君及張、／李、喬三太君來厝新墓，以處士君及喬、秦二先妣侍葬於墓之□□，又／以公及母安氏侍葬於墓之□□，冢子㊂昭緯、次子昭遠、昭白列於次。安／氏即故中書令彥威府君之曾孫，以大族配公，柔嘉維則㊃。生子六人，女／七人。長適會稽榮整，次適彭城劉隨，次適譙國曹奭。三在室㊄皆少亡，今其／存者第在四，適河南于可宗。孫四人，適曰中輔，出於／昭緯；次曰中理，出於／昭潁；次曰中孚，出於昭矩；次曰中行，暨女孫一人，亦出於昭潁。銘曰：

順於孫，孝於子。志雅頌，躬墳史。／渭南涯，驪北趾。全膚髮，從祖妣。／名是名，死非死。一宅兆，萬年紀。

樊高刊字

【注釋】

❶辦護：料理、主持。

❷肅肅：恭敬貌。語出詩經·思齊：『雝雝在宫，肅肅在廟。』毛傳：『肅肅，敬也。』

❸冢子：長子。語出禮記·内則：『父没母存，冢子御食。』鄭玄注：『御，侍也，謂長子侍母食也。』

❹柔嘉：柔和美善。語出詩經·烝民：『仲山甫之德，柔嘉維則。』孔穎達疏：『柔和而美善。』

❺在室：女子已訂婚而未嫁，或已嫁而被休回娘家，稱『在室』。後亦泛指女子未婚。

【案】

誌主進士藥爲光，卒於宋慶曆三年（1043），葬於臨潼□賢里賈村永樂原。

雜辨護尤謹集其服玩以營別墅省淨務實界之以禮見祖
殯殖由僕曰斤器用稱是成立諸弟婚學不夫其後計亦
庭公息衍以家愈切愈虔因慟而從之推天愛弱婿良家
悟若有餘石數年五歲其始奉身以約周人以篤慎固家法
門之內肅肅如也慶曆三年八月十三日疾亟於寢立諸子
令儀族弈代不耀曾高而上年以壯終逮吾皇祖酒色先業
詩藝傾貴市富以教子終以吾叔之貴追封朝列天聖中吾
學不便自晉遷其神樞葬於華里兼舉父叔偕祔於側當時
惕陽之說易長少之列吾争之以典違不能得然中心惶恐
吏殯而願重序也今吾必死汝當擇便壤奉吾祖妣父母改
昭孝禮近而不嘗寬而有知吾得嚴色覺於地下足矣諸子
日　公逝卒後十六年嘉祐戊戌仲子昭矩昭儉昭願等卜
鄉龍坑原兆吾郎以其年二月十三日啓故塋迎奉殿丞
三太君來曆新墓以慰士君及喬泰二先妣侍葬于塋之
公及母安氏侍葬于墓之　冢子昭緯次子昭遠昭白列

五五　宋故張君墓誌銘

元豐八年（1085）三月

【誌文】

宋故張君墓誌銘

君姓張，諱守德，字慶長，以元豐元年十月二／十八日終於第，得年六十五。曾祖彦進，萊州／防禦使。祖繼筠，供奉官。君考承恩，累贈左衛大／將軍。妣王氏，追封華原郡太君。君即左衛之／長子，先娶楊氏，再室武氏。男一人冕，學進士／業；女一人，在室。以元祐七年八月庚申敬舉／二夫人之喪，合葬於京兆府長安縣善政鄉／祖塋之東。君少有武勇，善騎射，知書史，力能／敵數人。初君之伯氏敏，解州團練使，以君當／廕補而堅辭不受，乃推與其次者。故終無仕／進意，但晦迹自處，視富貴蔑如也。每歲時，與／鄉人往還，樽酒相娱樂，不計其有無，衆益稱／之。龍神衛四廂都指揮使❶、昌州刺史諱守約，／即君之弟，昌州公且貴，屢欲迎君之官，俾朝／夕視寢食起居。君雖諾而終不往，其操執恬／澹如此。昌州測其意，乃割俸以助君終身焉。／將葬，冕來乞銘，遂書其梗概云。銘曰：

生於慶門，晦迹不仕。年止中壽，／可謂命矣。龜筮協從，新阡❶永瘗。

始卜七年八月庚申，不利，改就八年三月甲申，

附左衛庚穴之西近南。侄供奉官充謹記。

【注釋】

❶龍神衛四廂都指揮使：宋朝軍職名。太宗時置，隸侍衛司，爲騎兵龍衛軍、步兵神衛軍統兵官。北宋中期以後，多不領本職，成爲武將虚銜。

❷新阡：新築的墓道。

【案】

誌主張守德，宋京兆府長安縣人，卒於元豐元年（1078）十月二十八日，享壽六十五歲。宋史卷三百五十有張守約傳。張守約以門蔭入仕，前後典知七州，皆有政績，晚年以龍神衛四廂都指揮使召還。曾向宋神宗舉薦燕達、姚麟、劉舜卿等人可用，後來皆成爲名將，當時稱爲知人。史書所載張守約名字、年代、履歷都與誌主之弟張守約大致相合，不知是否一人。

五六　宋故壽安縣太君公孫夫人墓誌銘

元祐元年（1086）七月十日

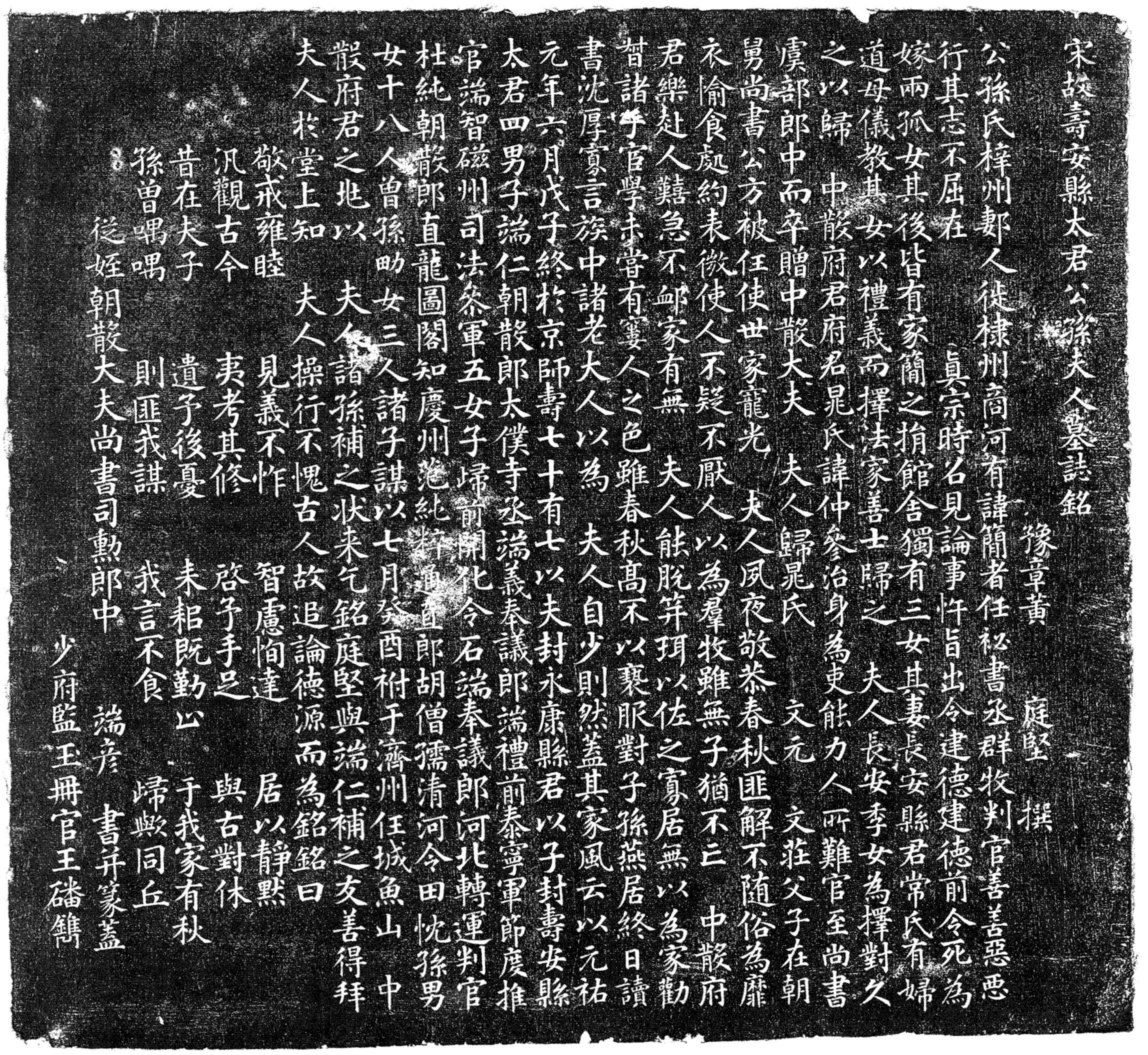

【誌蓋】

宋壽安／縣太君／公孫氏／墓誌銘

【誌文】

宋故壽安縣太君公孫夫人墓誌銘

豫章黄庭堅撰

公孫氏，梓州郪人，徙棣州商河。有諱簡者，任秘書丞、群牧判官，善善惡惡，／行其志不屈。在真宗時召見，論事忤旨，出令建德。建德前令死，爲／嫁兩孤女，其後皆有家。簡之捐館舍㊀，獨有三女，其妻長安縣君常氏，有婦／道母儀，教其女以禮義，而擇法家善士㊁歸之。夫人長安季女，爲擇對㊂久／之，以歸中散府君。府君晁氏，諱仲參，治身爲吏，能力人所難，官至尚書／虞部郎中而卒，贈中散大夫。夫人歸晁氏，文元、文莊父子在朝，／舅尚書公方被任使，世家寵光。夫人夙夜敬恭，春秋匪解，不隨俗爲靡／衣愉（偷）食㊃，處約表微，使人不疑不厭，人以爲群牧雖無子，猶不亡。中散府／君樂赴人艱急，不恤家有無，夫人能脱笄珥以佐之。寡居無以爲家，勸／督諸子宦學，未嘗有窶人之色。雖春秋高，不以褻服㊄對子孫，燕居終日讀／書，沈厚寡言，族中諸老大人以爲夫人自少則然，蓋其家風云。以元祐／元年六月戊子終於京師，壽七十有七。以夫封永康縣君，以子封壽安縣／太君。四男子，端仁，朝散郎太僕寺丞；端義，奉議郎；端禮，前泰寧軍節度推／官；端智，磁州司法參軍。五女子，歸前開化令石端；奉議郎、河北轉運判官／杜純；朝散郎、直龍圖閣、知慶州范純粹；通直郎胡僧孺；清河令田忱。孫男／女十八人，曾孫男女三人。諸子謀以七月癸酉祔於濟州任城魚山中／散府君之兆，以夫人諸孫補之狀來乞銘，庭堅與端仁、補之友善，得拜／夫人於堂上，知夫人操行不愧古人，故追論德源而爲銘。銘曰：

敬戒雍睦，見義不怍，智慮恂達，居以静默。／泛觀古今，夷考其修，啓予手足，與古對休。／昔在夫子，遺予後憂，耒耜既勤止，於我家有秋㊅。／孫曾喁喁，則匪我謀，我言不食，歸歟同丘。

從侄朝散大夫尚書司勛郎中端彦書并篆蓋

少府監玉册官王磻鐫

【注釋】

㊀捐館舍：指去世。

㊁法家：講究禮法之家。

㊂擇對：意爲擇配，即選擇婚姻對象。

㊃靡衣愉（偷）食：靡，華麗；偷，苟且。美衣甘食，苟且偷生。典出班固漢書·韓信傳：『衆庶莫不輟作怠惰，靡衣媮食，傾耳以待命者。』

㊄褻服：指家居便服，貼身之内層衣物。

㊅有秋：秋天有收成。語出尚書·盤庚：『若農服田力穡，乃亦有秋。』

【案】

誌主宋故壽安縣太君公孫夫人，爲晁仲參之妻（晁仲參墓誌見前），封壽安縣太君，卒於元祐元年（1086），享壽七十七歲，葬於濟州任城魚山。

撰文者黄庭堅，與誌主公孫夫人之孫晁補之同爲『蘇門四學士』，情誼深厚，經常有信札往來、詩詞唱和，故而受晁補之請託爲其叔祖母撰寫墓誌。此篇墓誌銘，全宋文（上海辭書出版社，2006）和黄庭堅全集（中華書局，2021）均未收録。

書者晁端彦，晁補之叔父，爲歐陽脩門生，嘉祐二年（1057）與蘇軾同登進士第，交誼甚好。歷任開封府推官、提點淮南東路刑獄、司勛郎中、江淮荆浙等路發運使，秘書少監、知陝州等職，文章書法，爲朝野所崇尚。

猶女其後皆有家範之指飭今猶有三女其妻長安縣君常氏
儀教其女以禮義而擇法家善士歸之夫人長安季女為擇
歸中散府君府君晁氏諱仲參治身為吏能力人所難官至
郎中而卒贈中散大夫 夫人歸晁氏 文元文莊父子
書公方被任使世家寵光夫人夙夜敬恭春秋匪解不隨俗
食飭約表微使人不疑不厭人以為羣牧雖無子猶不二中
赴人之急不卹家有無 夫人能脫笄珥以佐之寡居無以為
子宦學未嘗有窶人之色雖春秋高不以褻服對子孫燕居終
厚寡言族中諸老夫人以為 夫人自少則然蓋其家風云以
六月戊子終於京師壽七十有七以夫封永康縣君以子封壽
四男子端仁朝散郎太僕寺丞端義奉議郎端禮前秦寧軍節
智磁州司法參軍五女子歸前開化令石端奉議郎河北轉運
朝散郎直龍圖閣知慶州范純粹通直郎胡僧孺清河令田棫
八人曾孫男女三人諸子謀以七月癸酉祔于濟州任城魚山
君之兆以 夫人諸孫補之狀來乞銘庭堅與端仁補之友善

五七　宋故隴西李君墓誌銘

崇寧元年（1102）五月一日

【誌文】

宋故隴西李君墓誌銘

君諱成，祖世歧人，曾仕於唐，耕／農爲業，户籍不下於二三，因爲／异居，充天興縣人吏，善能刀筆，／和同百嘗。君好施惠，鄉人無不善／慕。凡與人財悔，臨事有斷，自然／有孝悌之風，忠信之倖。不居勞／苦，其業自臻。取孫氏，生女二人，／并卒。次取陳氏爲妻，敬上愛下，／内外和其六親，舉事多能。生子／一人諱宗政，善繼父業，通曉陰／阳地理，土人凡百人之禮葬，無／不干求，乃善令成家子，皆是先／君之善德。有孫三人，長曰諱□／亮；次曰諱茂清，卒；次諱宥充，都／茶場專知官。有女二人，皆適良／族。有重孫三人，長曰諱中慶，次／曰松受，次閏受。有女二人，長松／娘，次受娘。君於寶元❶元年正月／十二日因疾而命夭。天地蒼茫，／日參不光，鄉閭敢稱，善人以亡。／今選得崇寧❷元年壬午歲次五／月初一日乙卯朔，覆葬於天興／縣里仁鄉申都社祖阙東己業／地❸内，立墳二所，南北一十一步，／東西一十六步，次南一料，南北／九步，東西一十二步。宗政泣，其／謀葬皆以宗政之力，宗政□□／□立銘請，安敢致穰。銘曰：君美百端，略言所睹。人生有迹，／死無今古。大野茫茫，君其丘土。

【注释】

❶寶元：宋仁宗趙禎年號，共計三年（1038—1040）。

❷崇寧：宋徽宗趙佶年號，共計五年（1102—1106）。

❸業地：指家族之中世代繼承之地。

【案】

誌主李成，宋天興縣（今寶雞鳳翔）人，卒於寶元元年（1038），葬於天興縣里仁鄉。

五八　宋故忠訓郎蔡公墓誌銘

宣和四年（1122）八月初四

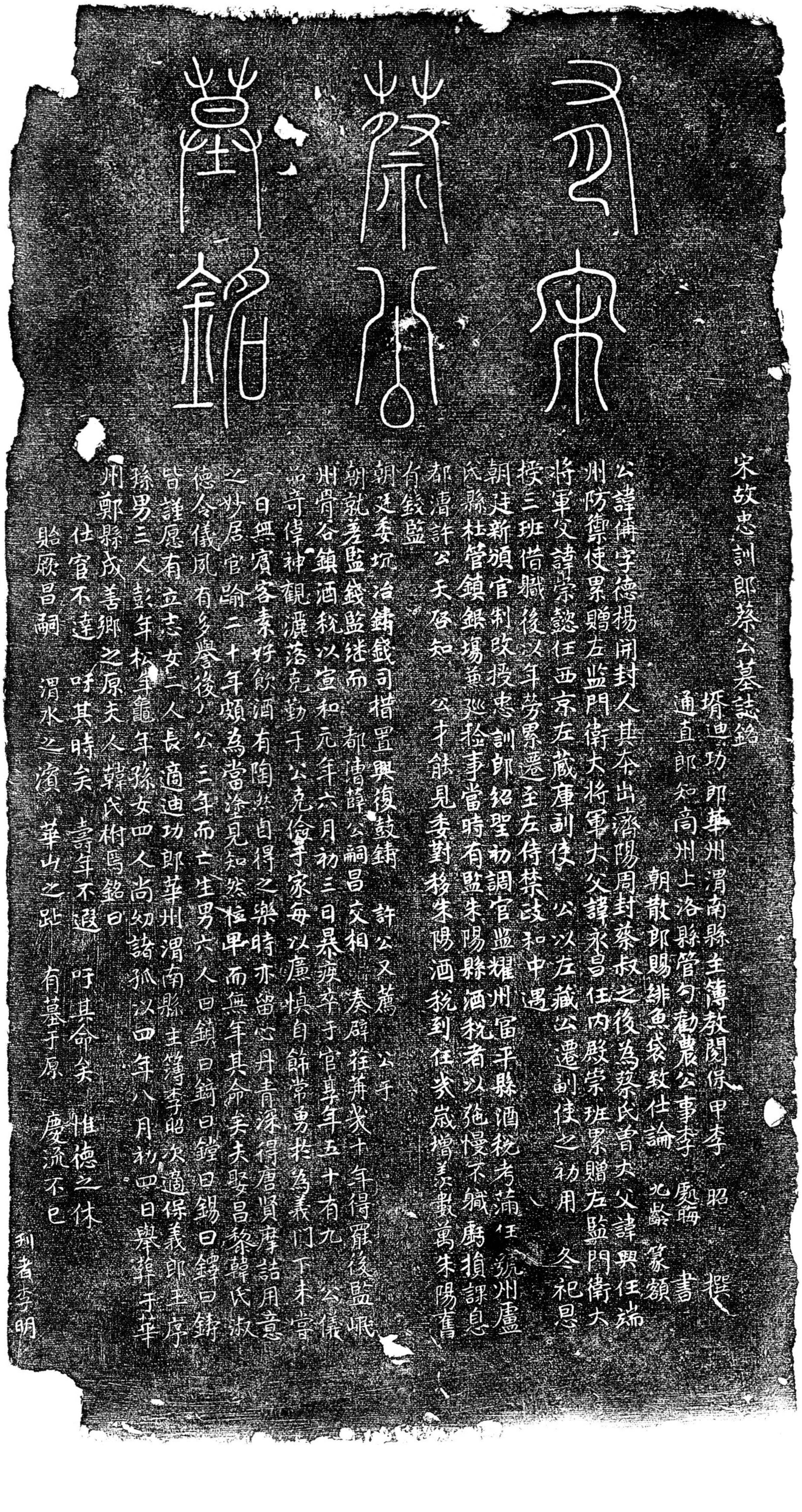

宋故忠訓郎蔡公墓誌銘

壻迪功郎華州渭南縣主簿敎閱保甲李　昭　撰

通直郎知商州上洛縣管勾勸農公事李　處晦　書

朝散郎賜緋魚袋致仕論　允齡　篆額

公諱偁字德揚開封人其本出濟陽周封蔡叔之後爲蔡氏曾大父諱興任端州防禦使累贈左監門衛大將軍大父諱永昌任內殿崇班累贈左監門衛大將軍父諱崇懿任西京左藏庫副使　公以左藏公遷副使之初用　冬祀恩授三班借職後以年勞累遷至左侍禁政和中遇朝廷新頒官制改授忠訓郎紹聖初調官監耀州富平縣酒稅考滿任虢州盧氏縣杜管鎮銀場兼巡捡事當時有監朱陽縣酒稅者以疾慢不職廢損課息都漕許公天啓知　公才能見委對移朱陽酒稅到任歲增羨數萬朱陽舊有錢監朝廷委坑冶鑄錢司措置興復鼓鑄　許公又薦　公于朝就差監錢監繼而　都漕薛公嗣昌交相　奏辟莅華幾十年得罷後監岷州骨谷鎮酒稅以宣和元年六月初三日暴疾卒于官享年五十有九　公儀品奇偉神觀灑落克勤于公克儉于家每以廉慎自飭常勇於爲義門下未嘗一日無賓客素好飲酒有陶然自得之樂時亦留心丹青深得唐賢摩詰用意之妙居官踰二十年頗爲當塗見知然秩卑而無年其命矣夫娶昌黎韓氏淑德令儀夙有多譽後　公三年而亡生男六人曰鎮曰錡曰鐘曰錫曰鎛曰鑄皆謹愿有立志女二人長適迪功郎華州渭南縣主簿李昭次適保義郎王序孫男三人彭年松年龜年孫女四人尚幼諸孤以四年八月初四日舉葬于華州鄭縣成善鄉之原夫人韓氏祔焉銘曰

仕官不達　吁其時矣　壽年不遐　吁其命矣　惟德之休

貽厥昌嗣　渭水之濱　華山之趾　有墓于原　慶流不已

刊者李　明

【誌額】

有宋／蔡公／墓銘

【誌文】

宋故忠訓郎蔡公墓誌銘

婿迪功郎華州渭南縣主簿教閱保甲李昭撰
通直郎知商州上洛縣管勾勸農公事李處晦書
朝散郎賜緋魚袋致仕論九齡篆額

公諱偁，字德楊，開封人。其本出濟陽，周封蔡叔之後，爲蔡氏。曾大父諱興，任端／州防禦使，累贈左監門衛大將軍。大父諱永昌，任内殿崇班，累贈左監門衛大／將軍。父諱崇懿，任西京左藏庫副使。公以左藏公遷副使之初，用冬祀❶恩／授三班借職，後以年勞，累遷至左侍禁。政和中，遇／朝廷新頒官制，改授忠訓郎。紹聖初，調官監耀州富平縣酒稅。考滿，任虢州盧／氏縣杜管鎮銀場兼巡檢事。當時有監朱陽縣酒稅者，以弛慢不職，虧損課息，／都漕許公天啓知公才能，見委對移❷朱陽酒稅，到任幾歲，增羨❸數萬。朱陽舊／有錢監，／朝廷委坑冶鑄錢司措置，興復鼓鑄。許公又薦公於／朝，就差監錢監。繼而都漕薛公嗣昌交相奏辟，荏苒幾十年，得罷。後監岷／州骨谷鎮酒稅。以宣和元年六月初三日暴疾卒於官，享年五十有九。公儀／品奇偉，神觀灑落，克勤於公，克儉於家，每以廉慎自飭。常勇於爲義，門下未嘗／一日無賓客。素好飲酒，有陶然自得之樂，時亦留心丹青，深得唐賢摩詰❹用意／之妙。居官逾二十年，頗爲當塗見知，然位卑而無年，其命矣夫。娶昌黎韓氏，淑／德令儀，夙有多譽，後公三年而亡。生男六人，曰鎮、曰錡、曰鎧、曰錫、曰鐸、曰鑄，／皆謹愿有立志。女二人，長適迪功郎、華州渭南縣主簿李昭，次適保義郎王序。／孫男三人，彭年、松年、龜年；孫女四人，尚幼。諸孤以四年八月初四日舉葬於華／州鄭縣成善鄉之原，夫人韓氏祔焉。銘曰：

仕宦不達，吁其時矣。壽年不遐，吁其命矣。惟德之休，／貽厥昌嗣。渭水之濱，華山之趾。有墓於原，慶流不已。

刊者李明

【注釋】

❶冬祀：指冬至祭天，朝廷一般會在冬祀時行大赦、設恩科或進行獎賞。

❷對移：猶對調。

❸羡：指收入。

❹唐賢摩詰：指唐代王維，字摩詰，精通詩書音畫，以詩名盛於開元、天寶間，書畫精妙，後人推其爲南宗山水畫之祖。

【案】

誌主宋故忠訓郎蔡偁，卒於宣和元年六月（1119），享壽五十九歲，葬於華州鄭縣成善鄉之原。

宗使，累贈左監門衛大將軍。父諱永昌，任內殿崇班，累贈左監
父諱宗懿，任西京左藏庫副使。公以左藏公遷副使之初，用
班借職。後以年勞累遷至左侍禁。政和中，遇
新頒官制，改授忠訓郎。紹聖初，調官監耀州富平縣酒稅，考滿、任
杜管鎮銀場兼巡檢事。當時有監朱陽縣酒稅者以疮慢不職，廢
許公天啓知公才能，見委對移朱陽酒稅。到任歲增羨數萬
監
安坑冶鑄錢司措置興復鼓鑄。許公又薦公于
考監錢監。繼而都漕薛公嗣昌交相奏辟，荏苒幾十年。得羅
谷鎮酒稅。以宣和元年六月初三日暴疾卒于官，享年五十有九。
偉神觀，瀟落，克勤于公，克儉于家。每以廉慎自飭，常勇於為義。門
無賓客，素好飲酒，有陶然自得之樂。時亦留心丹青，深得唐賢摩
居官踰二十年，頗為當塗見知，然位卑而無年，其命矣夫！娶昌黎
儀，夙有令譽。後公三年而亡。生男六人：曰鎮、曰錡、曰鏜、曰錫、曰
愿，有立志。女二人：長適迪功郎華州渭南縣主簿李昭；次適保義
三人：彭年、松年、龜年。孫女四人，尚幼。諸孤以四年八月初四日舉
成善鄉之京，夫人韓氏付焉。銘曰

五九　大元故朝請大夫武昌路達魯花赤墓誌銘

至順四年（1333）十一月十五日

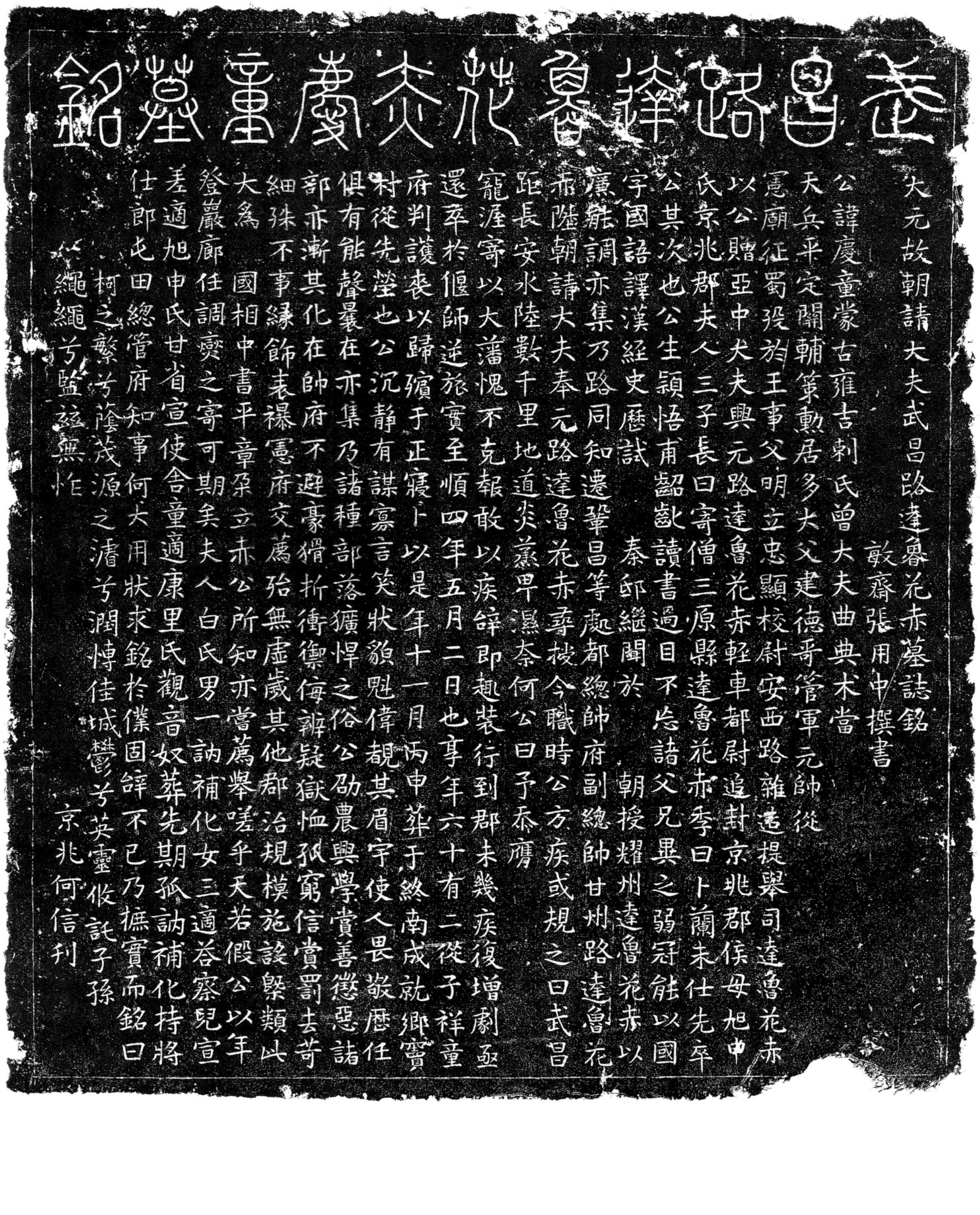

【誌額】

武昌路達魯花赤慶童墓銘

【誌文】

大元故朝請大夫武昌路達魯花赤[一]墓誌銘

敏齋張用中撰書

公諱慶童，蒙古雍吉剌氏。曾大父曲典术，當/天兵平定關輔，策勛居多。大父建德哥，管軍元帥，從/憲廟征蜀，殁於王事。父明立，忠顯校尉、安西路雜造提舉司達魯花赤，/以公贈亞中大夫、興元路達魯花赤、輕車都尉，追封京兆郡侯。母旭申/氏，京兆郡夫人。三子，長曰寄僧，三原縣達魯花赤；季曰卜蘭，未仕先卒；/公其次也。公生穎悟，甫齠齔[二]，讀書過目不忘，諸父兄异之。弱冠，能以國/字國語譯漢經史，歷試秦邸，繼聞於朝，授耀州達魯花赤。以/廉能調亦集乃路[三]同知，遷鞏昌等處都總帥府副總帥、甘州路達魯花/赤，升朝請大夫，奉元路達魯花赤，尋授今職。時公方疾，或規之曰：武昌/距長安水陸數千里，地道炎蒸卑濕，奈何？公曰：予忝膺/寵渥，寄以大藩，愧不克報，敢以疾辭？即趣裝[四]行，到郡未幾，疾復增劇，亟/還，卒於偃師逆旅[五]，實至順四年五月二日也，享年六十有二。從子祥童/府判護喪以歸，殯於正寢，卜以是年十一月丙申葬於終南成就鄉賓/村，從先塋也。公沉静有謀，寡言笑，狀貌魁偉，睹其眉宇，使人畏敬。歷任/俱有能聲，曩在亦集乃，諸種部落獷悍之俗，公劭農興學，賞善懲惡，諸/部亦漸其化。在帥府不避豪猾，折衝禦侮，辨疑獄，恤孤窮，信賞罰，去苛/細，殊不事緣飾表襮[六]，憲府交薦，殆無虛歲。其他郡治規模施設概類此，/大爲國相中書平章朵立赤公所知，亦嘗薦舉。嗟乎，天若假公以年，/登巖廊，任調燮[七]之寄，可期矣。夫人白氏，男一，訥補化；女三，適荅察兒宣/差、適旭申氏甘省宣使舍童、適康里氏觀音奴。葬先期，孤訥補化持將/仕郎屯田總管府知事何大用狀，求銘於僕，固辭不已，乃摭實而銘曰：

柯之繁兮蔭茂，源之濬兮潤博。佳城鬱兮英靈攸託，子孫/繩繩兮監茲無怍。

京兆何信刊

【注釋】

❶達魯花赤：元朝官名。在元朝的各級地方政府裏面，均設有達魯花赤一職，掌握地方行政和軍事實權，是地方各級的最高長官。在元朝中央政府，也有某些部門設置達魯花赤官職，一般必須由蒙古人擔任。

❷齠齔：指孩童垂髫換齒之時。

❸亦集乃路：元朝地方設行中書省，省下設路、府、州、縣，亦集乃路屬甘肅行中書省下一路。

❹趣裝：趣（cù），通『促』，指速整行裝。

❺逆旅：指客舍、旅館。

❻緣飾表襮：緣飾，文飾；表襮，顯露。指彰顯才華。

❼調燮：古謂宰相能調和陰陽，治理國事，故此處以調燮指代宰相。

【案】

誌主慶童，曾任元武昌路達魯花赤，卒於至順四年（1333）五月，享壽六十二歲，葬於關中終南成就鄉賓村。

亞中大夫興元路達魯花赤輕車都尉追封京兆郡侯母
郡夫人三子長曰寄僧三原縣達魯花赤季曰卜蘭未仕
也公生穎悟甫齠齔讀書過目不忘諸父兄異之弱冠能
譯漢經史歷試 秦邸繼闢於 朝授耀州達魯花
亦集乃路同知遷鞏昌等處都總帥府副總帥甘州路達
請大夫奉元路達魯花赤尋授今職時公方疾或規之曰
水陸數千里地道炎蒸卑濕奈何公曰予忝膺
以大藩愧不克報敢以疾辭即趣裝行到郡未幾疾復增
偃師逆旅實至順四年五月二日也享年六十有二從子
喪以歸殯于正寢卜以是年十一月丙申葬于終南成
瑩也公沉靜有謀寡言笑狀貌魁偉靚其眉宇使人畏
聲曩在亦集乃諸種部落獷悍之俗公勸農興學賞善懲
其化在帥府不避豪猾折衝禦侮辨疑獄恤孤窮信賞罰
事緣飾表襮憲府交薦殆無虛歲其他郡治規模施設既

六〇 明故商隱惠公孺人尚氏合葬墓誌銘

成化二十三年（1487）十月

【誌文】

四川成都府華陽縣儒學訓導同邑周玘撰

公諱守信，字以誠，姓惠氏。家世履歷之詳，迭遭兵燹，譜諜不存，無所／考證。自十世祖始，占籍㊀長安，遂爲長安人，子孫綿衍，迄今爲盛。高祖／諱仲卿，在宋時以材行同知開封府。曾祖諱克敬，祖諱允中，皆晦德／韜行，治生惟厚。考諱寧，字永康，妣楊氏，世以忠厚相承，儲禧委祉，寔／篤生公。自幼岐嶷异常，游鄉校，經史子集皆留心洞究。比長，出入起／居，一循矩度，而從容文雅，甚爲鄉邦所器重之。其柰食旨蓄費，爲家／事所羈，不得售名於時。每出厚貲，貿易江湖，而忠信謙退，又爲一時／縉紳士夫所敬慕之。及歸，與鄉人處，則恂恂雅飭；與兄弟居，則怡怡／和睦。其於恤患周贫，唯恐有所不及，而遠近知者稱其德善，如出一／口，信乎其爲純篤謙厚人也。夫以公之存心德行，儼然鄉邦典則，足／以風勵乎世道，宜乎膺官守，享高壽，夫何名不時顯，壽不稱德，詎非／命耶？嗚呼惜哉！娶尚氏，錦衣衛經歷永昌之姪女，柔慈静專，閑淑／雅配，宜其室，足爲中壼㊁儀範。子男六，長英，任山西行都司安東中屯／衛經歷，九載考滿，將有别用，娶張氏。次俊，娶張氏，早卒。次鸾，無出，早／卒，娶吴氏。次鳳，充陝西都司承差，娶吉氏。次鼎，娶龔氏，俱名家也。次／鼐，未娶。女一，適商人孫福。孫男六，曰應角、曰應軫、曰應奎、曰應壁、曰／應箕、曰應參。孫女二，曰淑賢，適藍田宦族王氏子洪；一在幼。公生於／永樂丁酉閏五月十九日，卒於成化乙巳二月初二日，春秋六十有／九。孺人生於永樂丙申二月廿二日，卒於成化乙巳九月廿四日，春／秋七十有一。英等以今年十月廿五日奉公與孺人之柩，卜葬於郡／城南曲江池之側先壟之次，從吉兆也。先期持庠友㊂魏文熙所爲公／之事狀謁予求銘，予亦知公潛德惟深，故不辭，遂爲之銘。銘曰：／終南華峯，競秀凌空。地靈氣异，妇萃夫鍾。德行超卓，懿範肅雍㊃。中／正能主乎外，蘋蘩克助乎中。人皆以無官爲公遺憾，予則以榮歿／爲公善終。郡城之陽，曲江之東。藉此蒭言㊄，鬱乎幽宫。陵谷有改，此／則無窮。／

大明成化二十三年歲次丁未冬十月吉日孤哀子英等立石

長安鄧海鐫

【注釋】

❶占籍：上报户口，入籍定居。

❷中壼：中宫。皇后的住处。壼，宫内巷舍间道。借指皇后。泛稱妻室。出自新唐书·宪宗十八女传：『礼始中壼，行天下，王化之美也。』

❸庠友：庠，古代的学校，特指乡学。出自礼記·学記：『黨有庠。』孔颖达疏：『庠，學名也，於黨中立學教閭中所升者也。』庠友，即指求學時，志同道合的友人。

❹肅雍：莊嚴雍容，整齊和諧。形容祭祀時的氣氛和樂聲。後因以『肅雝』爲稱頌婦德之辭。出自詩·周頌·清廟：『於穆清廟，肅雝顯相。』

❺蒭言：浅陋的言论；卑贱者的言论。多用为自谦之词。出自舊唐書·卷一六四·李绛傳：『臣等备位，无所發明，但陛下不廢蒭言，则端士贤臣，必當自效。』

【案】

誌主惠守信，卒於明成化乙巳（1485）二月初二日，享壽六十九歲；其妻尚孺人，卒於同年九月，享年七十一歲，二人合葬於长安城南曲江池東邊之祖塋。

信乎其[illegible]

風勵乎世[illegible]享高壽夫何[illegible]詩不稱[illegible]

郎嗚呼[illegible]衛經歷永昌之女[illegible]幽閑

配宜其室[illegible]乾予男六長英任山西行都司安東

孫厄九載[illegible]洞娶張氏次俊娶張氏早卒次鳶無出

娶吳氏次鳳娶[illegible]陝西都司承差娶吉氏次鼎娶龔氏俱名家也

未娶女一適商人孫福孫男六曰應角曰應軫曰應奎曰應壁

箕曰應參孫女三曰淵賢適藍田官族王氏子洪一在幼公生

樂丁酉閏五月十九日卒于成化乙巳二月初三日春秋六十

孺人生于永樂丙申二月廿二日卒于成化乙巳九月廿四日

七十有一英等以今年十月廿五日奉公與孺人之柩卜葬于

南曲江池之側先塋之次從吉兆也先期持庠友魏文熙所為

事狀謁予求銘予亦知公潛德惟深故不辭遂為之銘銘曰

終南華岑巍秀凌空地靈氣異婦萃夫鍾德行超卓懿範肅雍

正能主乎外賴克助乎中人皆以無官為公遺憾予則以學

為公善終郡城之陽曲江之東籍此為言聯乎幽宮陵谷有改

六一　明故大邑縣主簿王公合葬墓誌銘

弘治十三年（1500）八月八日

【誌文】

明故大邑縣主簿王公合葬墓誌銘

賜進士第承德郎刑部主事長安孔琦撰文

鄉貢進士直隸蘇州府通判西安徐朝翰書蓋

戊午解元長安吉時書丹

弘治庚申六月十五日未時，大邑縣簿王公以疾卒於正寢。厥配柳氏先／公卒，諸子卜以是年八月初八日合葬於城南先塋之次。持狀乞予銘諸／石，以傳於後。

按狀：公諱廷璋，字文表，世居長安。高祖諱好禮，曾祖諱志信，／祖諱吉，隱德代著，不求仕進。父諱縉，賦通敏之才，温厚之德，以明經領鄉／薦，任雲南南安州知州，政教修舉，吏民懷感。母顔氏，貞静慈惠，見称於時。／公生天資穎悟，讀書記誦過人，即曉大義。長游邑庠，潛心經史，雖嚴寒盛／暑，功不間斷。且笑語有時，出入有度，事親長、接朋友、待宗族，各盡其道。既／而遇蒙恩例升太學，友四方名士，識見日高，人多重之。成化庚子謁選天官，授四川大／竹縣。前職奉公守法，夙夜匪懈，不逢迎催科以利己，不淆亂黑白以病民。／鄰境群盜竊掠，人心驚懼，鎮巡諸公命公往治之，聞風悉遁，數邑賴以不／擾。癸卯歲，丁外艱，起改大邑，益勵厥志。當道察其廉能，或委勘公事，或命／理他邑，所至事無枉滯，人咸畏服一時，累蒙奬勸。弘治壬子解綬東歸，置／別業於城南三里許，日率諸子及僮僕，盡力農事，家道饒裕。

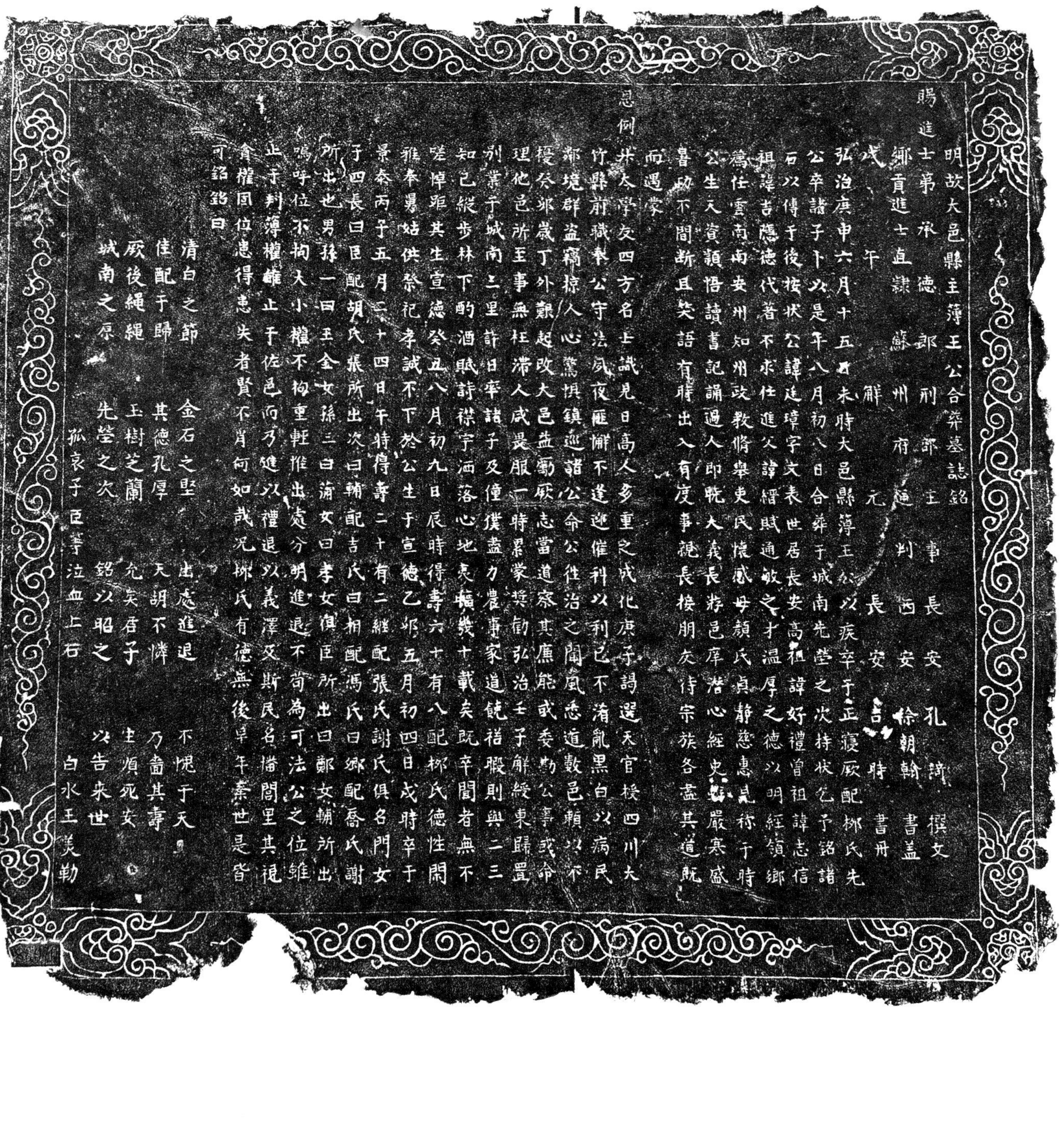

暇則與二三/知己縱步林下，酌酒賦詩，襟宇洒落，心地夷曠，幾十載矣。既卒，聞者無不/嗟悼。距其生宣德癸丑八月初九日辰時，得壽六十有八。配柳氏，德性閑/雅，奉舅姑，供祭祀，孝誠不下於公，生於宣德乙卯五月初四日戌時，卒於/景泰丙子五月二十四日午時，得壽二十有二。繼配張氏、謝氏，俱名門女。/子四，長曰臣，配胡氏，張所出。次曰辅，配吉氏；曰相，配馮氏；曰鄉，配喬氏，謝/所出也。男孫一，曰玉金。女孫三，曰蒲女，曰孝女，俱臣所出；曰鄭女，輔所出。/嗚呼！位不拘大小，權不拘重輕，惟出處分明，進退不苟爲可法。公之位雖/止於判簿，權雖止於佐邑，而乃進以禮，退以義，澤及斯民，名播閭里。其視/貪權固位、患得患失者，賢不肖何如哉？况柳氏有德無後，早年棄世，是皆/可銘。銘曰：

清白之節，金石之堅，出處進退，不愧於天。/佳配於歸，其德孔厚，天胡不憐，乃嗇其壽。/厥後繩繩❶，玉樹芝蘭，允矣君子，生順死安。/城南之原，先塋之次，銘以昭之，以告來世。

孤哀子臣等泣血上石

白水王美勒

【注释】

❶繩繩：語出詩經·螽斯：『螽斯羽，薨薨兮。宜爾子孫，繩繩兮。』指子孫綿延不斷。

【案】

誌主王廷璋，曾任大邑縣（今屬四川成都市）主簿，卒於明弘治十三年（1500）六月十五日，享壽六十八歲，葬於長安城南。

六二　明张天泽妻王恭人墓誌

正德六年（1511）十二月十九日

【誌文】

年僅廿八，適予之歲僅十周，天乎数邪？／亦予不穀致然邪？然王氏繼楊／氏也。楊氏諱繼先，字秀卿，贈恭人，予之先妻，／錦衣千户義之長女，盧之合肥盛族。／吾先考贈明威將軍、府君先妣贈太／恭人任氏爲予擇配者也。性嚴介敏幹，／予少業儒，恭人奉吾二親之暇，執蠟停／紅，助吾讀書，每至夜分。素艱於産，産／每弗育，晚生一子，更易直動辭色，洗／兒日●暴卒，正德辛未十二月二十一日也，／年止四十。葬都城北永安莊世墓／右。當時事屬倉卒，未刻銘誌，予／每以爲恨。兒名廷柱，育十歲亦夭，埋／世墓左昭之次。嗚呼！天何奪人如是／邪！擬是月十九日，將依恭人壙而葬／王恭人。吾乃追叙其始末以銘之。／銘曰：

早配維楊，辛苦相我，不以儒昌。晚配／維王，顯榮共我，乃以武揚。爲子傷生，／無子送終，賦德雖异，寔命則同。汝歸／何早，我生漸老，淚滴淵泉，聲徹秋旻。／城陰故地，後先有序，不羞摛文，不忍終／没於世。

殿直明威將軍僉錦衣衛指揮使司／事北野子含山張恩天澤抆淚書

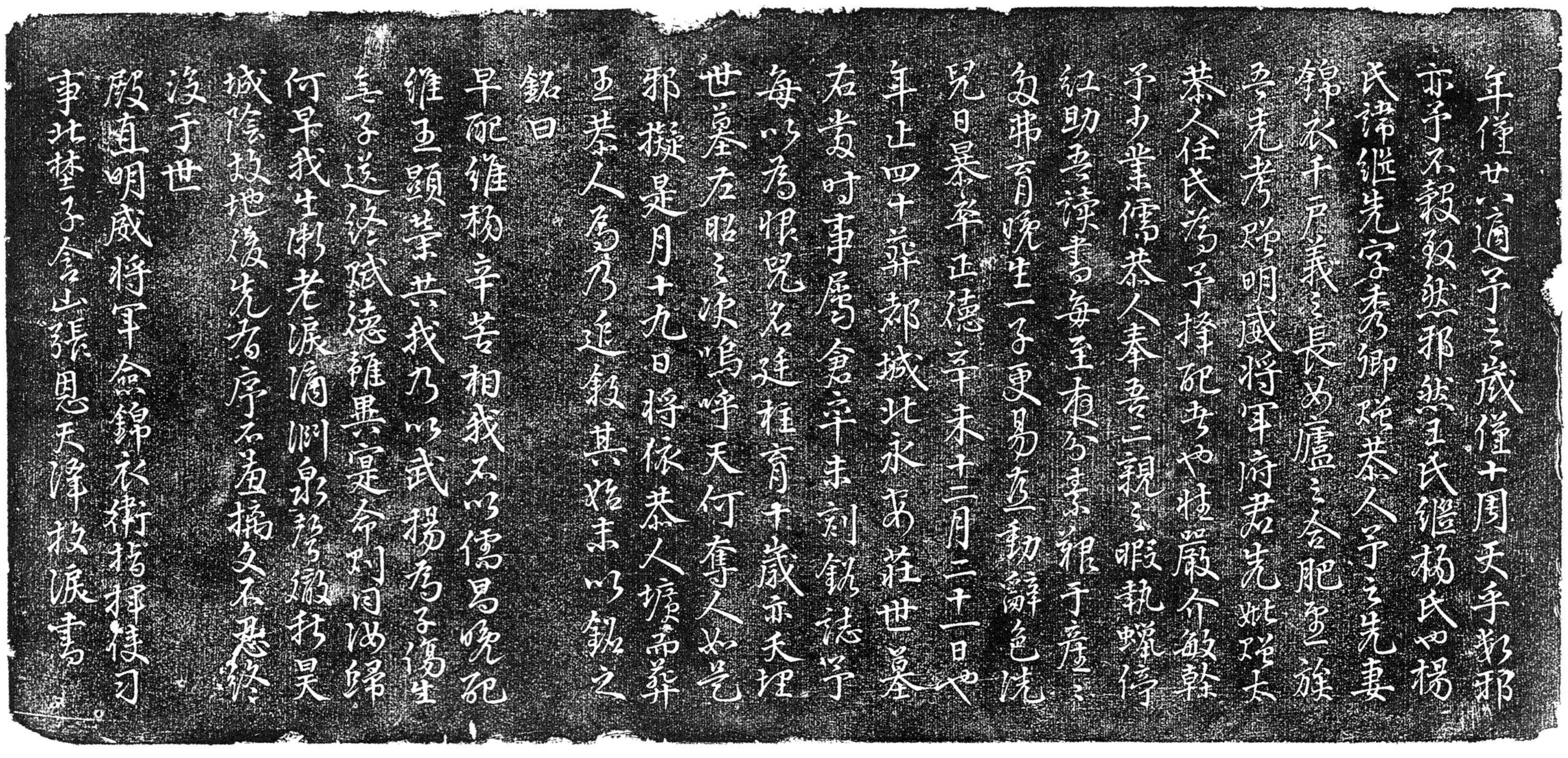

【注释】

❶洗兒日：舊時風俗，嬰兒出生三天或滿月，親朋集會慶賀，給嬰兒洗身。

六三　大明故恭人張母蔣氏合葬墓誌銘

正德九年（1514）十一月二十六日

【誌文】

大明故恭人張母蔣氏合葬墓誌銘

賜進士資政大夫户部尚書經筵官致仕咸寧劉璣撰

賜進士通議大夫刑部左侍郎致仕前大理寺卿經筵官咸寧張鸞篆

賜進士承事郎工科左給事中雍門朱璣書

階明威將軍、守備階文西安前衛指揮僉事、攝行都指揮事東軒張先生，既卒之／十有六年，爲正德甲戌十月丙申，其繼室蔣恭人亦感疾而卒。其子陝西都司都／指揮僉事道夫詣予，以誌銘請。嗚呼！方予弱冠時，與東軒同師事介菴李先生，同／肄舉業於其家。東軒每出飲饌，皆精潔，皆恭人所自炊，用是知恭人之懿行，爲有／日矣。昭墓之文，自不容辭。按狀：恭人●諱妙英，分守興武營陝西都司都指揮僉事／太之女，母張氏，生恭人。幼聰慧，年十七歸東軒，是爲西安前衛指揮僉事諱黼字／允剛之家婦，陝西都司都指揮僉事諱通字泰亨之孫婦，太原前衛指揮僉事諱／山字均玩之曾孫婦，元河南樞密院副諱義之玄孫婦也。天性孝慈，事舅姑能得／心，女紅之精，乃其餘事。初東軒負大志，欲以儒顯，燈窗力學二十餘年。及累科不／利，始襲父祖之蔭。歲時伏臘，婚喪慶吊，皆恭人所綜理，以故東軒得以一意王事，／克稱厥職焉。東軒得子晚，道夫馬氏出，時恭人亦有女曰利貞，恭人不乳其女，而／乳道夫。或曰：『自有乳者，何用如此？』恭人曰：『所賴以承宗祀者，此子也，豈吾弱息之／比？』道夫生八月，即出痘疹，恭人五味不入口者百日，卒保無虞。東軒先娶王氏卒，/遺女安貞，恭人亦撫養之如己女。既笄，適西安左衛指揮同知王節，裝奩之類，恭/人盡出所有而與之。有勸其少留以資其女者，恭人曰：『失母之女，吾不忍也。』東軒/弘治己未改守商洛，瀕行，恭人語道夫曰：『汝父今年頓覺衰老，我不可不隨行。』果/於是年十月十八日卒於家。恭人斂殯以禮，冰霜之操，始終如一。每從容語道夫/曰：『汝雖武胤，而世業儒。汝父作秀才時，攻苦食淡❷。及入官，有饋黄金十兩者，不受；/又有饋黄金百兩者，亦不受。倉無積粟，衣無重帛，清白如此。汝若能以廉慎自持，/即不墮父志，爲孝子矣。』道夫受命惟謹，由是蒞官，隨寓有聲❸，見重當道，交章薦者/不一，升令職焉，未必不由乎庭訓也。恭人天順庚辰三月廿日生，得壽五十有五。/女一曰永貞，適西安後衛指揮使王紀，早卒。道夫娶寧夏副總兵驃騎將軍都指/揮使林公盛之孫女，男一，曰東陽。女二，長清絜，字西安後衛指揮應襲周君佐；次/玉絜，尚幼。以是年十一月二十六日合東軒葬咸寧三兆里祖塋之次。東軒諱啓，/字文明，別號東軒，另有門人爲之誌。道夫，名光宇。嗚呼！婦道母儀，克全爲難，若恭/人之行，夫孰不謂之賢。銘曰：

失母之女，承宗之子，惟權重輕，不分彼此。孝慈/之行，絜白之操，錫封恭人，不忝厥號。庭闈❹慈訓，我實聞之，勒銘貞石，爲世女師。

【注釋】

❶恭人：古時命婦封號之一。宋徽宗政和三年定制，中散大夫至中大夫之妻封恭人，亦爲元六品、明清四品官員之妻的封號。

❷攻苦食淡：亦作『攻苦食啖』，謂過艱苦的生活。史記・劉敬叔孫通列傳：『吕后與陛下攻苦食啖，其可背哉！』裴駰集解：『如淳曰：「食無菜茹爲啖。」』

❸有聲：有聲譽，著稱。語出詩經・文王有聲：『文王有聲，遹駿有聲。』

❹庭闈：内舍，多指父母居住處。文選・束晳《補亡詩》：『眷戀庭闈，心不遑安。』李善注：『庭闈，親之所居。』

【案】

誌主恭人蔣妙英，爲明正德時陝西都司都指揮僉事張道夫之嫡母，卒於正德九年（1514），享壽五十五歲，葬於咸寧三兆里祖塋。

六四　明故太中大夫浙江右參政鄭公墓誌銘

正德十三年（1518）八月二十三日

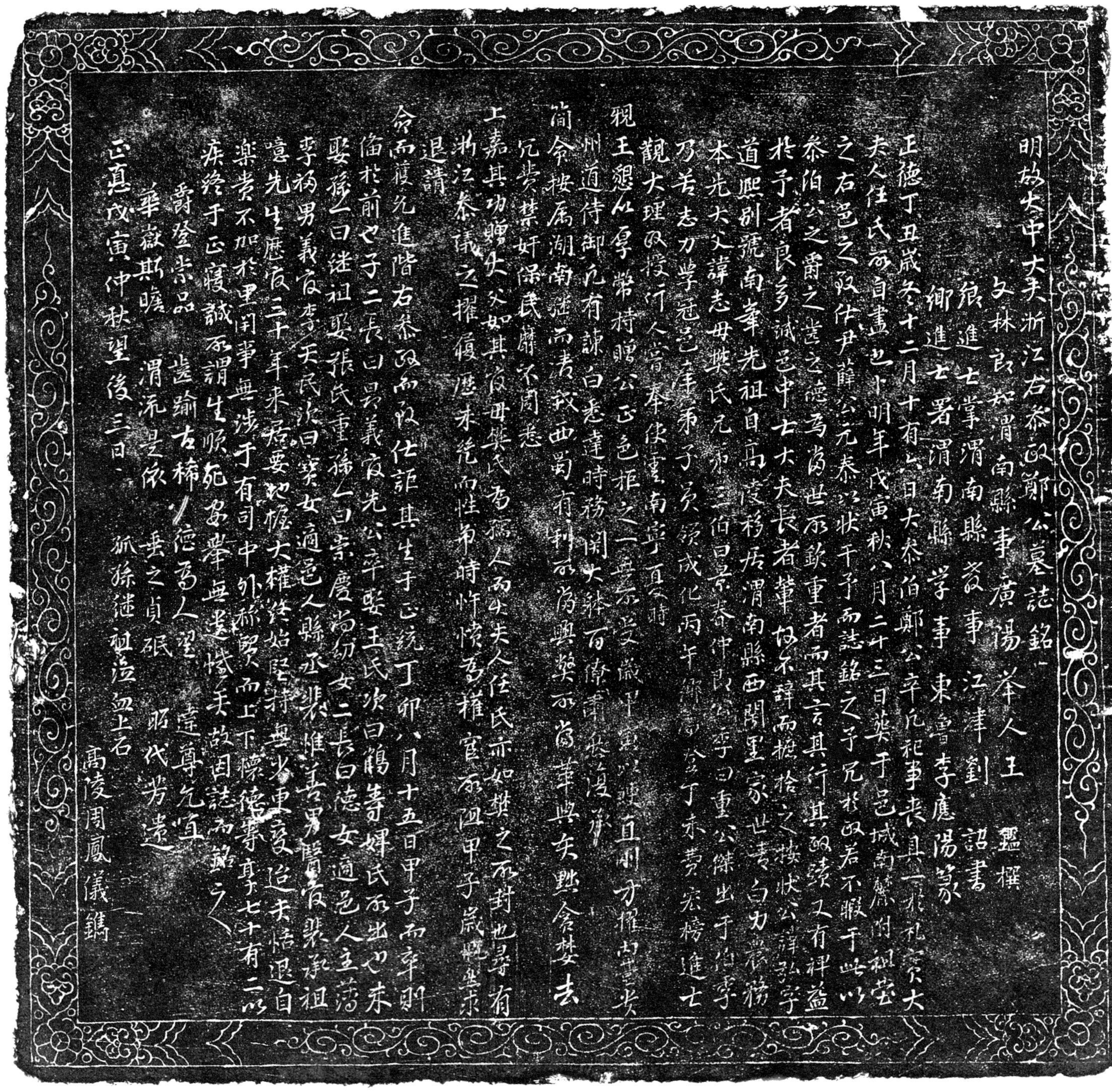

【誌蓋】

明故太中／大夫浙江／右參政鄭／公墓誌銘

【誌文】

明故太中大夫浙江右參政鄭公墓誌銘

文林郎知渭南縣事廣陽舉人王鑑撰
鄉進士掌渭南縣教事江津劉詔書
鄉進士署渭南縣學事東魯李應陽篆

正德丁丑歲冬十二月十有六日，大參伯鄭公卒，凡祀事喪具一於礼，實大／夫人任氏所自盡也。卜明年戊寅秋八月二十三日葬於邑城南麓，附祖塋／之右。邑之致仕尹薛公元泰以狀干予而誌銘之。予冗於政，若不暇於此，以／參伯公之爵之齒之德，爲當世所欽重者，而其言其行其政績，又有裨益／於予者良多，誠邑中士大夫長者輩，故不辭而摭拾之。按狀：公諱弘，字／道熙，別號南峯。先祖自高陵移居渭南縣西關里，家世清白，力農務／本。先大父諱志，母樊氏。兄弟三，伯曰景春，仲即公，季曰重。公杰出於伯季，／乃苦志力學，冠邑庠弟子員。領成化丙午鄉薦，登丁未費宏❶榜進士，／觀大理政，授行人。嘗奉使雲南寧夏，時／親王懇以厚幣持贈，公正色拒之，一無所受。歲甲寅，以鯁直剛方擢內臺安／州道侍御，凡有諫白，悉達時務，關大體，百僚肅然。復承／简命，按屬湖南。繼而清我西蜀，有利所當興，弊所當革，與矣。黜貪婪，去／冗費，禁奸保民，靡不周悉。／上嘉其功，贈大父如其官，母樊氏爲孺人，而太夫人任氏亦如樊之所封也。尋有／浙江參議之擢，履歷未幾，而性争時忤憤，爲權宦所阻。甲子歲，慨然求／退，請／命而獲允，進階右參政而致仕。詎其生於正统丁卯八月十五日甲子，而卒則／備於前也。子二，長曰昂，義官❷，先公卒，娶王氏；次曰鶴壽，婢氏所出也，未／娶。孫一曰繼祖，娶張氏。重孫一曰崇慶，尚幼。女二，長曰德女，適邑人主藩／李福男義官李天民；次曰寶女，適邑人縣丞裴惟善男醫官裴承祖。／噫！先生歷官三十年來，居要地，握大權，終始堅持，無少更變。迨夫恬退自／樂，貴不加於里閈，事無涉於有司，中外稱賢，而上下懷德。壽享七十有二，以／疾終於正寢，誠所謂生順死安，舉無遺憾矣。故因誌而銘之：

爵登崇品，齒逾古稀。德爲人望，達尊允宜。／華嶽斯瞻，渭流是依。垂之貞珉，昭代芳遺。

正德戊寅仲秋望後三日，孤孫繼祖泣血上石

高陵周鳳儀鐫

【注釋】

❶費宏（1468—1535）：字子充，號健齋，鉛山河口人，明憲宗成化二十三年（1487）丁未科狀元，授翰林修撰。明武宗時入閣，累擢爲太子太保、武英殿大學士。明世宗時兩次入閣，擔任首輔，加至少師兼太子太師、吏部尚書、謹身殿大學士。嘉靖十四年（1535）去世，年六十八。獲贈太保，謚號『文憲』。

❷義官：是古代社會專設的一種編外官職，明朝時最爲盛行，由官府直接任命或采用其他獎勵形式向社會頒布。榮獲義官稱號後即在社會上擁有一定的地位，能直接參與當地官府、域內的管理事宜。因爲這些義官的家境富裕，不拿俸禄，把爲社會做貢獻視爲己任，各地誌書多有『義官』的記載。

【案】

誌主鄭弘，渭南縣人，曾任浙江右參政。卒於明正德十二年（1517），享壽七十二歲，葬於渭南縣城南麓。

邑之政仕尹薛公允泰以狀千予而誌銘之予冗於政若不暇于
公之爵之崇之德爲尚世所欽重者而其言其行其政蹟又有
者良多誠邑中士大夫長者輩故不辭而撫拾之按狀公諱
别號南峯先祖自高陵移居渭南縣西關里家世素力[illegible]
大父諱志母樊氏兄弟三伯曰景春仲良公季曰重公傑出于
志力學冠邑庠弟子員領成化丙午鄉薦丁未費宏榜
理政授行人嘗奉使雲南寧夏時
政厚幣持贈公正色拒之一無所受歲甲寅以經直剛方擢
侍御凡有諫白悉達時務開大體百僚嘗爲之凌[illegible]
爲湖南湖西蜀有利所當興弊所當革興實點[illegible]
禁奸保民靡不周悉
政贈大父如其官母樊氏爲孺人而安夫人任氏亦如樊之所封也
參議之擢復歷亦著而性剛時忤權貴官所阻甲子歲
允進階右參政而致仕距其生于正統丁卯八月十五日甲子而
則也子二長曰昱義官先公卒娶王氏次曰鶴壽娶婦氏所出

六五　大明故登仕郎文安縣判簿宜公墓誌銘

嘉靖二年（1523）三月十九日

【誌文】

大明故登仕郎文安縣判簿宜公墓誌銘

賜進士嘉議大夫都察院左副都御史華陰屈直撰

賜進士出身朝議大夫四川布政使司左參議前南京刑科／給事中郡人石禄書丹

賜進士出身大中大夫山東布政司左參政奉／勅總理糧儲前禮部郎中岷山張潛篆蓋

公諱文智，字德明，姓宜氏，世居陝西華州王宿莊。古老相傳，謂周平王宜臼／爲太子時被出奔申，曾宿於此，故後人因名其地爲王宿莊，又謂宜姓即宜／臼之裔。此恐土人附會，不足盡信。考之史傳，申國在今鄧州即古楚境內地，／楚有箴尹宜臼及大夫宜申、市南宜僚者，或即若人後也。陝西人質實，類多／無譜，故公之家世無考。公大父孝恭，娶武氏，生長子全，次子廣，即公父處士／公也。處士娶太孺人陳氏，生公，幼而岐嶷。處士嘗謂孺人曰：『吾族諸子，獨此／兒穎异，他日必昌吾門第，吾不及見耳。』公未十歲，處士果即世[一]。孺人年方三／十餘，苦育公及三女，皆至成立。公不俟督勸，即自嗜學，援筆楷書，綽有魏晋／人風範。藩司檄善書者供案牘，州守舉公應檄，得充風翔府儒學司吏，因而／獲資諸士子請□，遂通經書大義，尤熟於歷代史鑑及陰陽兵律之術。成化／乙巳授遼西復州倉大使。倉多豪奸官吏，稍不謹，即爲所餌，被挾墳（債）事[二]者甚／夥。公至，則嚴於自治，以禁革之，又出納明允，積糧至數萬計。任滿，撫按諸公／交薦其能，得升霸州文安縣簿。縣多用事巨璫[三]，公則不激不阿，一以正大□／處之，及有犯罪而求援於內者，公固索之，必訖於法而後已。諸巨璫不□□／加怨怒，且服其公而執焉。縣西北隅地卑，爲衆流所歸，沒民田幾萬餘□。公／則築堤捍障，遂爲膏腴之田。順天府所屬，挽運京儲輸邊，民遭窮□□，并／□價官米逃，府丞楊公孟瑛屬公處之。公則計畫允當，故民不擾，□事集／□。公在任八年，令在必行，鋤强恤弱，無所顧忌。故小民悦服，巨盗□□，皆禁／其欲而不敢肆，政聲流播，遂爲一方稱首。正德己巳，太孺人卒於□，公歸葬／於鄉。至次年，則文安巨盗齊彦明輩起矣。既免喪，復判四川儀隴縣，其莅政／臨民，無异文安。適有巨盗鄢老人輩聚五萬餘，流劫川漢□□□。彭公濟物／以左都御史奉／命督征，公具行兵擊賊方略十餘事，詣轅門獻，彭公□□略之良，留贊軍務。／賊平，給銀牌彩幣，以勞其能，且將剡薦而大用之。□□則上章求退，不待報／而歸矣。家食幾十年，惟明農[四]讀書以爲樂。他公□□□□干預。嘉靖改元，十／二月二十七日公卒於正寢，享年七十有一。直方□慟悼，公之子民乃衰絰／百拜，以誌銘托直。然直情雖不忍，義不可以不□辭也。嗚呼！公修長清癯，天／性孝友，嗜學好禮，至誠待物。雖素所親狎者，必執禮加敬，無少怠弛。以母孺／人早寡，又年逾三十，例不旌表，恒茹苦食□以祈母壽。每之官，必板輿赴□／任，晨夕省候，以悦其心。由是一家化之，亦□不茹葷膳。以篤於孝養，故母孺／人享年八十有四，無病而終。配李氏，亦清癯勤儉，每痛念不及事翁，奉養寡／姑，純孝備至。子男一即民，本州醫學□□，感州守桑公信任，乃不避親讎，竭／力以副委用，遂獲怨於鄉，爲衆所□□。娶潘氏，繼娶管氏子，女一，適直；一男，／國子生汝召。孫男二，長良臣，聘李氏；次良弼。孫女三，俱幼。涓於嘉靖二年三／月十九日葬於州南之南園。直爲太僕正時，公判文安，密邇京師，聞公清介／而能於官，遂與之締親，今幾二□年矣。友愛如骨肉，故知公爲最詳。乃抆淚／誌其大略，而銘之曰：

嗟惟我公，是敬是崇。綽有古風兮典司國糈，奸蠹頓除；／功載薦書兮擢判巨縣，大盗□□。□焰可憚兮處此劇難，竭罄忠丹；患□□／息民安兮乞歸田里，德尤可□；一疾弗□兮卜葬南圃，後山前塢永奠□□／茲土兮。

【注释】

❶即世：離世。

❷墳（僨）事：敗事。

❸巨璫：指有權勢的宦官。语出宋李綱靖康傳信録：『因呼内侍楊修、李俅等三人坐幄次，與再道前語。三人者，巨璫也。』

❹明農：盡力務農，勉力農事。

【案】

誌主宜文智，陝西華州人，曾任文安縣判簿，卒於嘉靖元年（1522），享壽七十一歲，葬於州南之南園。撰墓銘者屈直，字道伸，號西溪，陝西華陰人。明成化二十年（1484）進士，授刑部浙江司主事，歷任浙江按察使、河南布政使、南京大理寺卿等，爲官有聲譽。

爲太子時被出奔申曾宿于此故後人因名其地為王宿莊文謂宜姓即
白之裔此恐其人附會不足盡信考之史傳申國在今鄧州即古楚境內
是有歲尹宜曰及大夫宜申市南宜僚者或即若人後也陝西人負賞類
無譜故公之家世無考公大父孝恭堅武氏生長子全次子貴即公父處
公也處士娶太孺人陳氏生公幼而岐嶷處士嘗謂孺人曰吾族諸子彼
兒頴異他日必昌吾門第吾不及見耳公未十歲處士果即世孺人年方
十餘苦育公及三女皆至成立公不倦督勸即自習學援筆楷書綽有餘
入風範藩司撫善書者供奉隨州守舉公應撫得充鳳翔府儒學司吏因
獲資諸士子請[illegible]遂通經書大襄尤熟於歷代史鑑及陰陽兵律之術成
乙[illegible]後遂西復州倉大使倉多豪奸官吏稍不謹即為所餌被挾擯事去
教[illegible]至則嚴於自治以禁革之又出納明允積粮至數萬計任滿撫按諸
父薦其能得陞蘄州文安縣簿縣多用事巨璫公則不激不阿一以下[illegible]
廢之及有犯罪而求援於內者公固宗之公訖於法而後已諸巨璫不[illegible]
加怨懟且服其公而執馬縣西北隅地界為衆流所歸沒民田幾萬餘[illegible]
則尊[illegible]提捍隄逆為膏腴之田順天府所屬抗運京儲輸邊民遭害[illegible][illegible]
[illegible]鄉價官米逆府丞楊公孟璜屬公慶之公則計盡允當故民不擾[illegible]書
[illegible]勿存任八年今在必行鋤強抑弱無所顧忌故小民悅服巨盜[illegible][illegible]其
其谷而不敢肆政聲流播遂為一方稱首正德己巳太孺人辛[illegible][illegible]公[illegible]

六六　流曲孫氏　曾祖墓碑

萬曆二十八年（1600）九月初七日

【誌文】

前口原流曲[1]孫氏南墳第一塚曾祖勤儉翁墓記

余聞之父祖曰，曾祖諱慶，字天錫，余高祖西墳第一塚高年公之三子也。初業儒，繼讀法，遂以法入掾，兩試之，皆清／白吏。祖獨不樂法官，幡然改曰：『與我五斗折腰，豈若有畝自贍哉？』遂隱居頻山[2]之陽，日與父老徜徉田野，視勢利淡／如也。性樂與人爲善，見作善者，誘掖之；不善者，勸誨之；爭訟者，和解之；爭之弗改，弗措也。諺云：人有不平三爺解，祖／之謂乎？平日又喜濟人，見貧窮乏絶者，即解衣推食，不少爱。族祖晚者爲述祖德，猶然泣下，如是安得不爲鄉評重／也？居家首力畎畝，曰：此即所以治生也。國税時刻不緩，曰：此即所以報君也。教祖翁輩嚴而有法，飯必侍側，衣／必澣布，過必直指，出告反面，日以爲常。少有惰行，即正己臨之，曰：此即所以裕後也。故伯祖義官[3]公、余祖少保[4]公、叔／祖兩考公，皆以行誼有譽鄉黨，祖之貽謀力也。余總角時，猶記我祖。□晝祖像，稱勤儉祖，更記述懿行，大如承顔親／闈，細如躬自□種，直如開心納交，曲如見過自訟，真古遺直風，嗟嗟此不可以觀祖乎？配祖母惠氏，天性淳篤，相家／尤勞。曾祖捐館時，父少保公猶未里選，祖母督教惓惓，勉成祖志。比游庠，祖母泫然曰：『安能令爾祖見此襴衫耶？』父／晚年時，每談及，亦泫然，又余親傾耳者。然則内外齊美，咸有一德，如余曾祖父、曾祖母者，可多屈指乎？曾祖三男，長／諱瑤，即義官祖，配於陳。次諱瓊，即余祖，任四川遞運使，以余官贈太子少保、吏部尚書，配余祖母宋、繼楊，皆贈夫人。／次諱璿，即兩考祖，配於惠。諸孫名配，分載各墳記中。二女，長配李公宗橋，少配宋公朝用，子女翩翩，迄今枝派益／昌茂云。祖生景泰元年六月六日，卒嘉靖元年七月十一日，與惠祖母合葬前口南墳，彼其時未有以表也。從伯諱／汝相者，與先少保傷之，同心昌義，石已伐，事未果成，今回首又二十年矣。每睹卧石，如侍二父，遂與昆玉共成先志，／令二父含笑九原，曰孺子成我，余可無愧此石矣。

太子少保吏部尚書在告曾孫孫丕揚謹記

太學生曾孫孫丕振書丹

曾孫孫丕績、孫丕宰、孫丕□、孫丕扶

玄孫孫光藩、序班孫光範、序班孫光第、孫光宇立石。

【注释】

❶流曲：流曲鎮，今隸屬陝西省渭南市富平縣。

❷頻山：頻山，又名明月山，位於陝西省富平縣東北隅薛鎮以北，古時因山巔建有明月寺而聞名。

❸義官：中國古代社會專設的一種編外官員，明朝時最爲盛行，榮獲義官稱號能直接參與當地官府的管理事務。

❹少保：官名，明清少保爲從一品，後轉變爲榮譽稱號。

【案】

墓主孫慶，陝西富平县流曲镇南街人，生於景泰元年（1450），卒於嘉靖元年（1522），享年七十三歲。爲明朝大臣孫丕揚之曾祖。孫丕揚，明嘉靖三十五年（1556）丙辰進士，歷任應天府尹、南京都察院右僉都御史、大理寺卿、户部右侍郎、刑部尚書、吏部尚書、太子太保等，爲官正直，頗有聲譽。

第一掾高年公之季子也初業儒繼籍法遂以法入掾
豈若百畝自贍哉遂隱居頻山之陽日與父老徜徉田
勸誨之淨歎者和解之爭之弗改輒措也諺云人有不
推食不少吝族祖曉者爲遂祖德循然泣下如是安得
時刻笑□曰此即所以報　君也教祖翁革嚴而有法
行即正已臨之曰此即所以裕後也故伯祖義官公余
余總角時猶記我祖　畫祖像稱勤儉祖更記述懿行
訟真古遺直風差嗟此卷可以觀祖手配祖母惠氏天
教卷卷勉成祖志此遊庠祖母法然曰失能令爾祖見
外齊襄咸有二德如余曾祖父曾祖母者可多屈指乎
遞運使以余官贈太子少保吏部尚書配余祖母宋□
記中二女□長配李公宗橋少配宋公朝用子女嗣□
七月十二□與惠祖母合葬前口南墳彼其時未有以
果咸令四首又二十年矣每覲卧在如侍二父遂□□

六七　明故韓府教授敷泉宋先生暨配劉孺人合葬墓誌銘

萬曆二十八年（1600）十二月二十八日

【誌蓋】

明故韓府教/授敷泉宋先/生暨配劉孺/人合葬墓誌/銘

【誌文】

明故韓府教授敷泉宋先生暨配劉孺人合葬墓誌銘

河南開封府通判郡門人張士度撰

山東高唐州知州郡人席勤講篆

貢士[1]郡門人張士龍書

此吾敷泉先生墓也，先生歿，門下士咸往哭之。已，議狀行實者屬馮孝廉志，以誌銘/屬不肖度。度弗文，不堪任傳述事，且極道弗敢銘先生意。後數日，嗣大尹君士程、生/員[2]憲程詣度懇請，度不獲辭，勉爲先生誌，又計請鄉先生銘焉。謹按，先生諱應期，字/子貞，別號敷泉，世居華柳鎮，上世則無譜莫考。祖諱朝，始遷郡治中。父諱玉，嗜學，頗/通大義，以貲爲州掾。好從郡士夫游，郡士夫莫不交歡也，可山、槐野、華峰諸公俱有/贈言，載在家乘。配孫氏，生先生。先生少從豐山王公習毛氏詩，尋又從學先君，無何，/補郡弟子員[3]。值父卒京邸，哀哭嘔血，幾至戕生。徒跣至京，扶櫬歸，秉禮葬之。既免喪，/益肆力於學，即隆冬盛暑，弗輟也。督學謝公試，取一等二名補廩[4]。陸公試，取一等一/名。其後屢試，屢居高等，數丁其奇，竟不博一第。以歲貢授完縣訓導[5]，升城固縣教諭，/一德禔躬[6]，四教範士。既又升韓府教授，以年老不赴云。初先生從先君游也，先君雅/重之，闢館，令不肖輩受業其門，後從學者日益衆。先生口授，功無間斷，故每歲試，收/録者半出其門，其歲貢者、科甲者計可數十人，在學稱弟子員者近百數。大抵先生/醇謹篤厚，慈祥孝友，即與晚進少年接，亦必恂恂退讓。至宴飲杯酒，絶不近聲妓，雖/白首偶一見之，面猶赤也。生嘉靖三年甲申七月廿一日，卒於萬曆二十八年庚子/七月廿二日，得壽七十七歲。配劉孺人，郡處士劉公繼女，永寧知州劉公天章姊也。/稟性柔順，事孀姑孫，頗盡誠孝。姑年八十有五，且病，孺人奉持，至以手承便，且夜禱，/願以身代死，以增姑壽。饘粥藥餌，靡不備至矣。見子士程力學，且喜且誡曰：『儒業女/工，理則一也，女之績也，絲分而治之則帛成，汝力學自奮，期必如是乎。』及士程中式，/孺人逝矣。先生嘗痛悼曰：『力儉相夫而未畢其志，服勤[7]課子[8]而弗享其榮，哀哉！』生於/嘉靖二年癸未閏四月十六日，歿於萬曆八年庚辰三月初一日，享年五十有八耳。/人亦有言，種木自芘，種德自昌，余溯宋先生及劉孺人行，其子孫之昌，宜哉！生子二：/長士程，娶劉氏，中萬曆乙酉科鄉試，任山西和順縣知縣；次子憲程，娶郭氏，爲州庠/生。生女一，適藩掾郭鑑。孫男八：琰，娶生員李允恒女；璉，娶予弟貢士張士龍女；庠生[9]/玳，娶義官郭起蛟女；琮，娶舉人袁鳴鳳女；庠生瑄，聘生員母紀女；陽生尚幼，士程出；/完生、廣生尚幼，憲程出。孫女四：士程出二，一字生員郭宗周第三子，一幼。憲程出二，/一字藩掾劉永浩第三子，一字生員高自新長子。曾孫男二：順兒、秦兒，琰、璉出。曾孫/女四：琰、玳、琮出。士程等卜是年十二月廿八日合葬於城南祖兆側，當系之銘，予請/高唐州知州席公勤講爲之銘，曰：

敦朴其心，淑慎其行，啓迪後人，期厥有成。謙恭孝/友，配亦克儷，二璧同瘞，芳聞弗替。

繼室劉氏仝不孝男士程等泣血上石

富平杜君賜鐫

【注釋】

❶貢士：唐、宋時，以州（府）、縣科舉考試（鄉貢、鄉舉）中試者稱鄉貢士。明、清時，參加全國範圍科舉考試（會試）及格後獲得的資格統稱貢士，參加會試的考生必須是舉人，已仕未仕皆可。

❷生員：指明、清經本省各級考試进入府、州、縣學者，通名生員，俗稱秀才，亦稱諸生、庠生。生員常受本地教官（即教授、學正、教諭、訓導等）及學政（明爲學道）監督考核。生員的名目分廩膳生、增廣生、附生，初入學爲附學生員，廩、增有定額，據歲考、科試成績遞補。

❸弟子員：明清時期對縣學生員的稱謂。

❹補廩：明清科舉制度，生員經歲、科兩試成績優秀者，增生可依次升廩生，謂之『補廩』。

❺歲貢：貢生有歲貢、恩貢、拔貢、副貢、優貢等五種。歲貢，每隔一年把食廩較久的生員選一二入國子監的稱歲貢；恩貢，歲貢之年遇皇帝或國家喜事，入貢的叫恩貢；拔貢，每十二年一次在生員中選拔出學行兼優的叫拔貢，經廷試復試取一二等者，即可任七品小京官、知縣、教職；副貢，鄉試正榜之外，另取副榜若干人稱副貢，與拔貢同等待遇；優貢，每三年由省學政考後，會同巡撫保送的優秀生員，每省可選2—6人，叫『拔貢』，再經朝考後，一等任知縣、二等任教諭、三等任訓導。

❻禔躬（zhī gōng）：修身。明史·隱逸傳·劉閔：『求古聖賢禔躬訓家之法，率而行之。』

❼服勤：服侍勤勞。禮記·檀弓上：『事親有隱而無犯，左右就養無方，服勤至死，致喪三年。』孔穎達疏：『言服勤者，謂服持勤苦勞辱之事。』

❽課子：督教兒子讀書。明沈德符野獲編·科場三·癸未丙戌會元：『辰玉辛丑授官後，即奉差歸里，日惟課子，每命一題，輒自作一首。』

❾庠生：古代學校稱庠，明清時府、州、縣學生稱爲庠生，又爲秀才的別稱。

【案】

誌主宋應期，曾任陝西城固縣教諭，卒於明萬曆二十八年（1600），享壽七十七歲；其妻劉孺人，卒於萬曆八年（1580），享壽五十八歲，二人合葬於華柳鎮城南祖塋之側。

程詣度懇請度不獲辭勉為先生誌又計請鄉先生銘焉謹按先生諱應
別號數泉世居華郴鎮上世則無譜莫考祖諱朝始遷郡治中父諱王嗜
我以貲為州掾好從郡士夫游郡士夫莫不交歡也可山槐野華峯諸公
載在家乘配孫氏生先生先生少從豐山王公習毛氏詩尋又從學先君
弟子員值父卒京邸家哭嘔血幾至戕生徒跣至京扶櫬歸秉禮葬之既
乃於學即隆冬盛暑弗輟也督學謝公試取一等二名補廩陞公試耴一
後屢試屢居高等數丁其奇竟不售一第以歲貢授完縣訓導陞城固縣
從躬四教範士既又陞韓府教授以年老不赴云初先生從先君游也先
闢館令不肖輩受業其門後從學者日益衆先生口授功無間斷故每歲
年出其門其歲貢者科甲者計可數十人在學稱弟子員者近百數大抵
萬厚慈祥孝友即興脫進少年接亦必恂恂退讓至宴飲杯酒絕不近聲
偶一見之回循赤也生嘉靖三年甲申七月廿一日卒于萬曆二十八年
廿二日淂壽七十七歲配劉孺人郡處士劉公繼女永寧知州劉公天童
朵順事孀姑孫頗盡誠孝姑年八十有五且病孺人奉持至以手承便且
貝代死以增姑壽饘粥藥餌靡不倦至矣見子士程力學且喜且誠曰儒
則一也女之續也絲分而治之則帛成汝力學自奮期必如是乎及士程
逝矣先生嘗痛悼曰力儉相夫而未畢其志服勤課子而弗享其榮袞哉
二年癸未閏四月十六日殁於萬曆八年庚辰三月初一日享年五十有
有言種木自芘種德自昌余遡宋先生及劉孺人行其子孫之昌宜哉生
程娶劉氏中萬曆乙酉科鄉試任山西和順縣知縣次子愿程娶郭氏為

六八　前口原流曲孫氏大一枝伯曾祖翁墓記

萬曆三十一年（1603）四月十五日

【誌文】

賜進士資政大夫太子少保吏部尚書食進一級俸侍

經筵前三法司掌司事刑部尚書、兩京都察院掌院事、左右都御史在告四世從孫孫丕揚撰

明威將軍西安前衛指揮僉事四世從孫孫丕振書

吏部聽選國子監監生四世外孫田養廉篆

余總角時拜掃，即知南原東陵第二墓爲六世祖，友義其諱也。六世祖生志行，配齊村張氏。子五人，長曰玉，曰/釗，曰慶，即余曾祖；曰哲、曰舉。故子孫稱諱玉祖爲大爺云，字良璧，配劉氏，墳在東陵第二墓之東南隅。伯曾祖/少負奇氣，十三歲時，即隨五世祖告除軍□，詞連接年，苦樂甘心，不以一累他人，卒得伸冤。比長，又能友愛諸/弟，和睦族黨。公事人不肯者，身任之，惟恐後。嘗輸餉會省，抵渭濱，有窮人遺金者，勢急甚，且投渭。祖緩之，并贈/路金，以慰其懷，遺金者得不死，人到於今稱焉。以故行誼升聞縣主，至入其第見子孫，揖遜，悅曰：『人言孫某賢，/今果然。』遂選爲『耆宿老人』❶，其見重上下如此。有二子，長孜，配張氏；次儒，字稚文，配劉氏，官通州大使❷。孜男五，長/勝餘，配劉氏；次完，爲儒嗣，配劉氏；次良，配劉氏，繼張氏。次增，配白氏。次載，配鄧氏。儒男一惟賢，配楊氏，繼張氏/，副杜氏。勝餘男一，勛，配劉氏，繼楊氏。完男二，長烈，配龐氏，繼劉氏；次照，配劉氏。良男二，長熱，配張氏，繼鄭氏；次/焦。增男一黨，配白氏，繼趙氏，副雒氏。載男二，長熙，配徐氏，繼蕭氏；次蒸，配劉氏。惟賢男二，長丕擇；次丕操，配韓/氏。勛男三，曰濯、曰習、曰翠。烈男一，曰六媧。照男一，曰光宙，爲布政司吏❸。熱男二，曰湛、曰湖。黨男一，曰改問。熙男/一，曰汪。丕操男一，曰僧保。孫丕揚曰：余聞余祖贈冢宰翁每述伯曾祖孝友，又六世賀始祖母尤器重之，以爲/克家子。今觀奕世繩繩，在五門中獨爲人勝，不可見積善報哉？萬曆間余成先少保志，修記祖墳，從叔惟賢、從/弟黨聞而興起，并刻石欲傳不朽，故述祖德如此云。

萬曆三十一年（1603）四月望日，孫孫惟賢、曾孫孫熙、烈、照仝立石。

【注釋】

❶耆宿老人：指年老資長德高望重的老人。

❷通州大使：明代工部官員。

❸布政司吏：布政司，爲明清兩朝的地方行政機構。吏，官員。

【案】

墓主孫友義，生卒年不詳。为明孙丕扬六世祖。孫丕揚，參見前流曲孫氏曾祖墓碑。

六九　明故文林郎直隸河間府青縣知縣馬公合葬墓誌銘

萬曆三十五年（1607）十月二十五日

【誌蓋】

明故文林郎/直隸河間府/青縣知縣金/川馬公合葬/墓誌銘

【誌文】

明故文林郎直隸河間府青縣知縣馬公合葬墓誌銘

賜進士第河南彰德府推官李朴頓首拜撰
承德郎直隸保定府通判白琚頓首拜篆
門生大學生路從度頓首拜書

按狀，公諱自渭，字應周，號金川，家世澄城人。自漢伏波將軍馬援以功顯，苗裔/茲茲[一]，戴爵位者不乏焉，公其後也。始祖圖，中景泰庚午舉人，以平遙司訓應西/臺御史選時，忤中貴人，不果，竟令陽曲、商河二縣焉。圖生尉，中成化庚子舉人，/歷代州守。尉生躍如，由選貢任山西行都司断事。躍如生徐，歷任東昌府通判。/徐生子四，次即公。公具慧識，迥不類尋常人，弱冠博極群書，自謂青雲可立致。/比文戰，數不利已。以萬曆丁丑選貢謁選天官，得青縣令。青縣故衝邑，冠蓋鱗/次不絶，夫馬之役，日弗暇給，公爲申增舊額，用是民不疲於奔命。自/潞藩南封，衛士以百千數，當之者無不錯愕。公爲從容處辦，餘金且以請督學賑/貧焉，賈吾余勇也。水災頻仍，道殣相望[二]，時東事方急，倉議不敢輕發。公曰：『乃積/乃倉，唯饑是濟，民已饑矣，又何俟焉？』法古矯詔意賑之，深得直指[三]歡。邑民有戴/棟者，覆盆[四]冤積廿年無能雪者，公爲細推其故，始見天日，是所謂緊起死人而/肉白骨[五]也。任丘人張堦，善含沙射人[六]，人不敢忤視，公爲緝訪剪除，良善無側目/重足[七]之患。邑邊海，海隅緑林嘯聚，荐爲鄰州不利，公大爲搜捕百餘，四封之人/獲有寧宇[八]。運道國所依以興立，秋水時至，百川灌河，濤声遠震，將决矣，公急爲/補葺，驚波安瀾，有恃無恐。倭有戎心，波海大洋之中，揚帆鼓枻，爲國家肘腋患，/無能大創者。公調陳御倭之策，切中機宜，撫臺爲之嘉奬。都内薦餞[九]，流移啼號/於道，莫不嘆無家之别也。公爲多方招撫，離落烟火，一望霏霏。若其他勸課農/桑，談經解藝，滌除煩苛，與民更始，試與古循良吏比德而度智，未易軒彼而輊此[十]也。公性坦易，然直方不阿權貴，卒以不事迎合，量移唐府審理。公亦不就，/歸而結廬城闉，花竹异鳥，漸與相親，淡然不復知人世間事，倘所謂不竟所長，/寄傲竹林非耶？乃一疾卒發，二日遂終，謂之何哉？配權氏，早卒。繼白氏，有相敬/風。氏故名族媛也，善事尊人，母病，焚香自代。克相夫子，居恒有順無違，嫻於母/訓，亦閨閣中所罕見者。與公相繼而逝，哀哉。余觀公以跌宕之才，握符[一一]百里，期/數間多所展錯，即其調設擘畫[一二]，似枳棘[一三]之林，非鸞鳳可棲，然亦效鉛刀一割[一四]之/用矣。向使得竟所施，宜與漢召杜[一五]等争烈。乃操刀未几，遂令曳裾王門[一六]，此養安/無事者之所爲，而謂一特達善作之人所肯濡足其間乎？宜其飄然冥鴻，不爲/弋人之慕[一七]矣。不事王侯，高尚其事，馬公有焉。距公生於嘉靖二十四年十月初/八日，卒於萬曆二十八年三月初六日，享壽五十有六。孺人生於嘉靖三十四/年三月二十二日，卒於萬曆三十四年五月十六日，壽享五十有二。子一鵾，光/禄寺監事，倜儻不羈才也，娶權氏、副索氏，女一，適郃陽縣諸生謝台署。孫男一/昌志，權氏出。於萬曆三十五年十月二十五日合葬於縣東三里之原。

銘曰：

騏驥之閑於六轡兮，取道一日而千里。鏌鋣之發於新硎兮，可断蛟龍與犀革。/吁嗟既有此内美兮，乃止於小試其鋒。然观其箕裘[一六]之有賴兮，孰謂其没則已/矣。

不孝男馬鵾謹誌

石匠吴登場刊

【注釋】

[一]苗裔茲茲：指後代子孫綿延不絕。史記・陳杞世家：『田常得政於齊，卒爲建國，百世不絶，苗裔茲茲，有土者不乏焉。』

[二]道殣相望：指餓死的人相望於路。語出左傳・昭公三年：『宫室滋侈，道殣相望。』殣，餓死。

[三]直指：指巡察的官員。

[四]覆盆：倒置的盆，比喻遭到冤枉，無處申訴。抱朴子・辨問：『周孔自偶不信仙道。日月有所不照，聖人有所不知，豈可以聖人所不爲，便雲天下無仙，是責三光不照覆盆之内也。』

[五]緊起死人而肉白骨：指把死人救活，使白骨長肉，喻給人以再造之恩。語出國語・吴語：『君王之於越也，緊起死人而肉白骨也。』

[六]含沙射人：亦作『含沙射影』，典出晋干寶搜神記卷十二：『其名曰蜮，一曰短狐，能含沙射人，所中者則身體筋急、頭痛、發熱，劇者至死。』傳説有一種叫蜮的毒蟲，能噴沙害人，人被射中即發瘡，人的影子被射中也會害病。比喻暗中攻擊或陷害人。

[七]重足：迭足不前，形容非常恐懼。

[八]寧宇：指安定的區域。國語・周語中：『昔我先王之有天下也，規方千里以爲甸服，以供上帝山川百神之祀，以備百姓兆民之用，以待不庭不虞之患。其餘以均分公侯伯子男，使各有寧宇，以順及天地，無逢其災害。』

[九]薦饑：指連續災荒。左傳・僖公十三年：『冬，晋薦饑，使乞糴於秦。』孔穎達疏引李巡曰：『連歲不熟曰薦。』

[十]軒輊：車前高後低爲『軒』，車前低後高爲『輊』，軒輊喻指高低輕重。詩經・六月：『戎車既安，如輊如軒。』

[一一]握符：符，指帝王受命於天的符命，握符指帝王即位。班固東都賦：『聖皇乃握乾符，闡坤珍，披皇圖，稽帝文。』

[一二]擘畫：安排、策劃。

[一三]枳棘：兩種多刺的灌木，常用以比喻奸邪惡人或險惡環境。左思咏史：『出門無通路，枳棘塞中塗。』

[一四]鉛刀一割：鉛刀，钝刀。鉛刀一割，比喻才能平常的人也有用處。後漢書・班超傳：『况臣奉大漢之威，而無鉛刀一割之用乎？』

❶❺召杜：指西漢召信臣和東漢杜詩。此二人先後任南陽太守，有善政。

❶❻曳裾王門：指依附權貴門下，仰承鼻息。這裏指在王府走動，爲權貴服務。

❶❼飄然冥鴻，不爲弋人之慕：冥鴻，高飛的鳥。弋人，射鳥的人。指射手對高飛的鳥束手無策，比喻隱逸的賢者能够全身遠禍。揚雄法言·問明：『鴻飛冥冥，弋人何慕焉。』李軌注：『君子潛神重玄之域，世網不能制御之。』

❶❽箕裘：出自禮記·學記：『良冶之子，必學爲裘，良弓之子，必學爲箕。』箕，簸箕。裘，鼓風的皮囊。冶匠的兒子，要把冶煉金屬製造的本領學到手，就要先學縫製皮衣的技術；工匠的兒子，要把製造良弓的本領學到手，就要先學習用木條做簸箕的技術。比喻學習技藝應先易後難，循序漸進。後因以『箕裘』比喻子孫能够繼承祖上的事業。

【案】

誌主馬自渭，陝西澄城人，曾任青縣知縣，在任多有善政。卒於萬曆二十八年（1600），享壽五十六歲；其妻白孺人卒於萬曆三十四年（1606），享壽五十二歲。二人合葬於澄城縣縣東三里之原。

七〇 皇明敕授修職佐郎㊀光禄寺良醖署㊁監事光川馬公墓誌銘

崇禎五年（1632）十二月十日

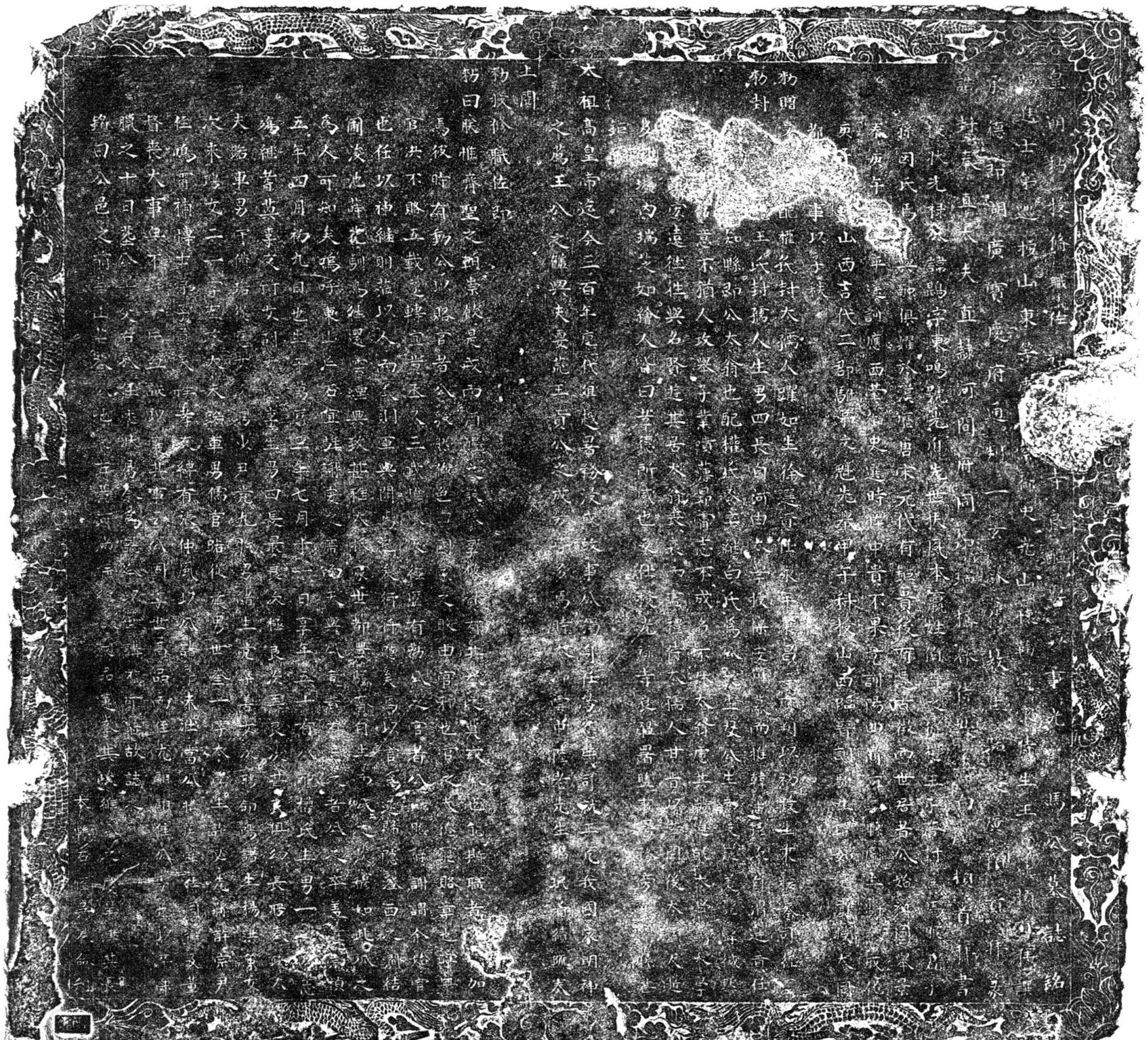

【誌蓋】

皇明敕授修/職佐郎北京/光禄寺良醖/署監事光川/馬公墓誌銘

【誌文】

皇明敕授修職佐郎光禄寺良醖署監事光川馬公墓誌銘

賜進士第巡按山東等處監察御史光山懷鞠通宗侍生[三]王道純頓首拜撰

承德郎湖廣寶慶府通判一玄眷侍教生[四]路之廣頓首拜篆

誥封奉直大夫直隸河間府同知瑞橋眷侍教生白熙頓首拜書

按狀：光禄公諱鷴，字東鳴，號光川。先世扶風，本嬴姓，伯益之後，趙王子奢封爲馬服君，子/孫因氏焉。援與融俱耀於漢，歷唐、宋、元，代有鉅貴，後有遷古徵而世居者。公始祖圖，舉景/泰庚午科，□平遙訓應西臺御史選時，忤中貴，不果，竟訓陽曲、商河二縣。圖生駙，舉成化/庚子科，刺山西吉、代二郡。駙子文魁，先舉甲午科，授山西臨晉訓。駙生躍如，選貢，授大同/都□□事，以子秩/敕贈文□□，配權氏，封太孺人。躍如生徐，選貢任永平、東昌二府判，以初授山東按察司經歷，/敕封文□□，□王氏封孺人。生男四，長自河，由太學授保安州幕而推韓藩臣；次自渭，選貢任/□□□□知縣，即公太翁也，配權氏蚤卒，繼白氏爲公之生母。公生而岐嶷，美髭髯，緘默/□□□□，事意不猶人，攻舉子業，噴薄昂霄，志不成名不休。太翁慮其勞迫，就太學爲太學/□，□□宏遠，往往與明賢游其居。太翁喪，哀而盡禮；侍太孺人，甘旨以孝聞，後太孺人逝，/及□，壙内瑞芝如繪，人皆曰孝德所感也。及仕，授光禄寺良醖署監事，署務旁午，□孫甚/鉅。/太祖高皇帝迄今三百年，庖代俎越，署務浸成故事，公獨身任勞怨，庶司就正。凡我國家明神/之薦，王公之饈，與夫要荒王貢，公之成勞居多焉。時太卿雲中陸老先生鐫珉著績，疏奏/上聞，/敕授修職佐郎，敕曰：朕惟齊聖之朝，崇飲是戒，而酒醴之設，祭享攸資，有其□之莫或廢也。能斯職者，□□加/焉。彼時有動公以賂官者，公毅然作色曰：『國家之敗，由官邪也；官之失德，寵賂章也。寧無/官，决不賂。』五載，遂轉宜黄丞。又三載，推承天經歷。有勸公之官/者，公慨然辭謝，謂：『余始官/也任以神，繼則蒞以人，而今則軍與閫焉。已矣，行將隱矣，焉以官？』爲遂歸隱澄西之澗，結/圃浚池，蒔花馴鳥，往還雲烟，興致甚雅。大抵家世都豐，驕奢自生，而公之淡穆如此，公之/爲人可知矣。嗚呼！東山片石，宜駐謝安之席，而天與公，竟若有亡之者。公之卒蓋在崇禎/五年四月初九日也，生於萬曆三年七月十一日，享年五十有八。配權氏，生男一□□，志/殤繼耆，妻李交竹女，副李氏。李生男四，長最良，次極良，次至良，次甚良，俱幼。長聘奉政大/夫路車男守備路從應女；次聘少尹党九牧男諸生党集善女；次聘部陽諸生楊洪策女；/次未聘。女二，一字奉政大夫路車男儒官路從廉男世奎；一字太學生許必先孫許宗尹。/侄鳴霄補博士弟子員，天性孝友，綽有張仲風，以公諸子未壯，當公構疾，嘗侍罔懈；及董/督喪，大事無不辦，一片血誠，以襄其事云。公固季世高品，而侄尤翩翩佳公子也。以卒年/臘之十日葬公於父右，公侄述狀，囑余爲誌，余以世講[五]不可辭，故誌之。

銘曰：公邑之前，華山茫蒼。公地之右，黄河淌洋。維公之品，蓮峰其峻。維公之慶，星津其長。

本縣石匠吴眷命刊

【注释】

❶修職佐郎：散階稱號。明始置，爲文職從八品。

❷良醞署：官署名，隋始立，掌宫廷用酒。宋屬御厨，有内酒坊，明屬光禄寺。

❸宗侍生：明清時期，官場上同族中後輩對前輩的自稱。

❹眷侍教生：明清時期，具有姻親關係的公卿對縉紳的自稱。

❺世講：指兩姓子孫世世有共同講學的情誼。

【案】

誌主馬鵾，陝西澄城人，曾任光禄寺良醞署監事，卒於明崇禎五年（1632），享壽五十八歲。其父馬自渭，曾任青縣知縣，在任多有善政，卒於明萬曆二十八年（1600），見前明故文林郎直隸河間府青縣知縣馬公合葬墓誌銘。

因氏為秦與[illegible]俱耀於漢歷唐宋元代有顯貴後有愚[illegible]微而世居昔公始[illegible]
庚午平遙訓應西臺御史選時時中貴不果竟訓陽曲縣[illegible]假處士
山西吉代二郡縣學文魁先生甲午科授山西臨晉訓導縣[illegible]
事以子秩
配權氏封太孺人躍如生徐是亓仕承事郎昌[illegible]判以初授山東按察[illegible]
王氏封孺人生男四長曰河曲太學授保安[illegible]而推韓徵[illegible]自
知縣即公太翁也配權氏登[illegible]繼白氏為公[illegible]生及公生[illegible]是
意不猶人攻舉子業嘗薄帛謂志不成名不朱太翁庚其[illegible]就大[illegible]
宏遠往往與名賢遊其居太翁喪哀而盡禮侍太孺人甘旨以孝聞後太
[illegible]內瑞芝如繪人皆曰孝德所感也及仕授光祿寺良醞署監事務旁
皇帝迄今三百年庭代俎起署務浸成故事公獨身任多人無司執正凡我國
為王公之饈與夫要荒王貢公之成券多焉時人所[illegible]由陛者先生躬祇奉
職佐卿
惟齊聖之朝崇飲是戒而酒醴之設以享祀賓客莫或廢也能斯職者
後時有勤公以賂官者公毅然作色曰國家之敗由官邪也官之失德寵賂章
洪不賂五載遂轉宣黃丞又三載陞承天經歷有勸公之官者公毅然辭謝謂

七一　皇清文林郎江南鳳陽府五河縣知縣池侯羅公墓誌銘

康熙二十七年（1688）十二月二十一日

【誌蓋】

清故文林郎／江南鳳陽府／五河縣知縣／池侯羅公墓／誌銘

【誌文】

皇清文林郎江南鳳陽府五河縣知縣池侯羅公墓誌銘

賜進士第奉直大夫四川合州知州眷弟[1]劉宗沛頓首撰文

賜同進士出身中憲大夫江南江寧府知府年眷弟[2]郭恒頓首書丹

賜同進士出身奉直大夫雲南師宗州知州年眷弟王綜頓首篆蓋

公諱大初，字天真，別號池侯。其先世來自洪洞，歷年久遠，世系莫考。公曾祖諱／珠，始家於蒲之北街。祖諱熙，父諱繼印，世以耕讀相傳。昆季五人，大元、大有、大／成、大濟，公於雁行爲伯。賦性高曠，不拘小節，讀古人書，微言大義，一覽無餘。習／舉子業，奇正縱橫，揮毫如意。言則高談雄辯，勢若懸河；行則見義必爲，疾如釋／矢。弱冠入泮，丁酉薦於鄉，庚戌成進士。向使入爲卿相，致主三代之隆，登民衽／席之上，豈不綽綽然有餘裕哉。值國家以循次用人，出宰五河，不獲大展其偉／抱。顧其宰五河也，不事姑息，禁暴抑强，境内肅然，士民樂業。會有墾荒升官之／例，一時喪良有司，往往以荒作熟，覬一日之身榮，貽無窮之民害。五河荒田最／多，公軫念民艱，不忍妄報，五河之民受公之賜，蓋在萬億年矣。大用大效之器，／不已見端於此乎。乃以上交不諂，見忤當路，掛冠歸里，優游家居者六年。公孝／友性成，葬祭二親，竭誠竭敬；友愛諸弟，同戚同休。每教子曰：『汝曹學問常視勝／己者，享用常視不如己者，庶不墜我家聲。』德行如是，政事如是，官之高卑，固無／所加損焉。一旦遘疾，溘焉長逝。嗟乎！人莫不有一死，如公者可謂重於泰山已。／元配孺人季氏，男四：長緒，太學生，娶王氏，邑庠生昱女；繼娶張氏，繼聘張氏，庠／生鳳翥女；次綺，武生，娶王氏，武舉和州衛千總秩經女；次紘，庠生，娶王氏，庚戌／進士、師宗州知州綜女；次統，庠生，娶李氏，進士、江西督學道馥蒸子端女。女四：／長適癸未進士、監利縣知縣藺完瑝次子生員恭廉，次適甲子科舉人韓留，次／適庠生王綎子庠生趾孫，四幼未字。孫男四：長异，庠生，聘兖州府通判張六吉／子貢生張所愫女；次岊，聘武進士、寧夏衛守備王年慶子大學生灝女，俱緒出；／次峻，幼，綺出；次岧，幼，緒出。孫女五：長字貢生張所愫子庠生張弘緒，緒出；次字舉／人韓留子璟，統出；三幼未字，統出；四幼未字，綺出；五幼未字，紘出。公生前崇禎／元年戊辰十一月十三日午時，卒康熙二十七年戊辰三月初一日辰時，享壽／六十有一。卜吉康熙二十七年十一月二十一日，附葬於縣北池陽村之西南／祖塋。公之子持狀求余誌，余與公忝屬姻戚，豈以不文謝之哉。謹約略大概以／誌，因爲之銘，曰：

浮山佳氣，繚繞池陽。先生安此，惟吉惟康。永庇厥後，奕葉克昌。

孝男紘、緒、綺、統暨孫岊、異、岧、峻仝泣血納石

【注释】

❶眷弟：姻親關係之間的互稱，『眷』，本有姻親、親眷之意，初結婚之家，平輩稱爲『眷弟』。

❷年眷弟：平輩姻親關係中有同一年考中科舉者稱爲『年眷弟』。

【案】

誌主羅大初，陝西蒲城人，曾任鳳陽府五河縣知縣，卒於康熙二十七年（1688），享壽六十一歲，葬於蒲城縣北池陽村。

濟公於雁行為伯賦性高曠不拘小節讀古人書微言大義一覽無餘
叢奇正縱橫揮毫如意言則高談雄辯勢若懸河行則見義必為疾如
冠入泮丁酉薦於鄉庚戌成進士向使入為鄉相致主三代之隆登
上豈不綽綽然有餘裕哉值國家以循次用人出宰五河不獲大展其
其宰五河也不事姑息禁暴抑强境內肅然士民樂業會有懇荒墜官
時表良有司往往以荒作熟覬一日之身榮貽無窮之民害五河荒田
彰念民艱不忍妄報五河之民受公之賜蓋在萬億年矣大用大效之
見端於此乎乃以上交不諂見忤當路掛冠歸里優游家居者六年公
成葬祭二親竭誠竭敬友愛諸弟同戚同休每教子曰汝曹學問常祖
孚用常視不如己者庶不墜我家聲德行如是政事如是官之高卑固
損焉一旦遘疾遽焉長逝嗟乎人莫不須一死如公者可謂重於泰山
孺人李氏男四長緒大學生娶王氏邑庠生昱女繼娶張氏繼聘張氏
聽女次綺武生娶王氏武舉和州衛千總秩經女次綋庠生娶王氏庠
師宗州知州綜女次統庠生娶李氏進士江西督學道馥蒸子端女女
癸未進士監利縣知縣藺完瑝次子生員恭廉次遣甲子科舉人韓要
生王繼子庠生珽孫四幼未字孫男四長異庠生聘兗州府通判張六
生張所愫女次崁聘武進士寧夏衛守備王午慶子太學生灝女俱幼
幼綺出次岧幼緒出孫女五長字貢生張所愫子庠生張弘緒出次字

昊天上帝

朝山各宮建宮建醮碑記

記

朝武當山碑記

武當為余作文以誌之者不啻數矣余何以誌之乎益即其無量者而為之九神苟有

力行道成真厥後金闕玉諧遠通北通燕晉南遠巴蜀東西往來悟遂浩志几危若非聱升斗蜀東西往來輝曰至璽

不絕故名其神曰無量佛亦名曰蠡湯名宰禹曰蠡蠡魏名孔雀曰至璽地莓

爾則是地之誠心向善不惮跋涉朝謁金闕亦神中無量所感而應者地莓

其武祖師本介胄之貴篤修煉之術四十餘年道心几危
可量則量之至武量之以方域或量者以時數

記

康熙伍拾二年仲春碑吉日立

庠生丁替遠

會首複明春

劉金棟張雄勝斗

中化明徐明芳

劉全楷劉金德

張良臣

張乃翮張良楠捷金巨

張良輔提自志

石匠比盧閔刊

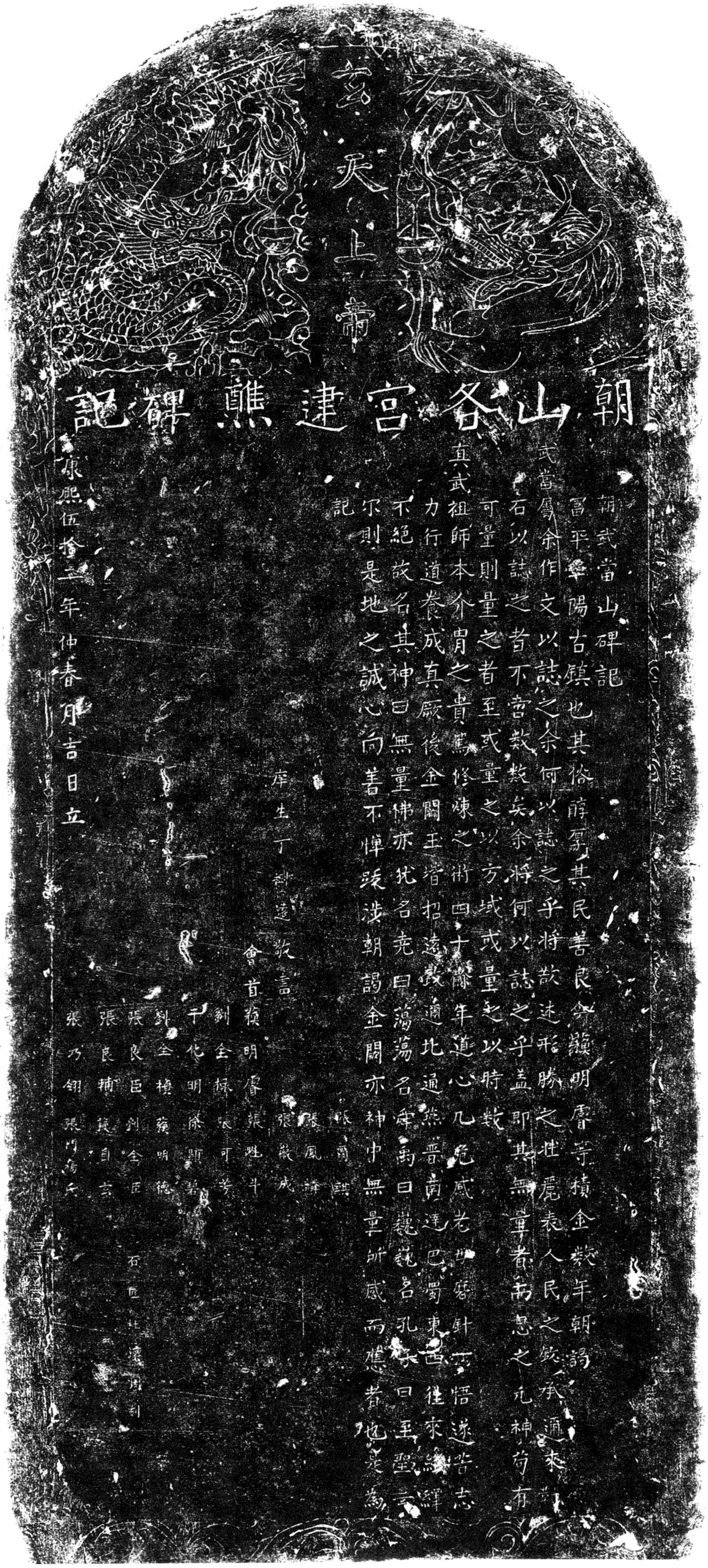

【碑額】

朝山各宫建醮❶碑記

【碑文】

朝武當山碑記

富平華陽古鎮也，其俗醇厚，其民善良，今蘇明睿等，積金數年，朝謁／武當，屬余作文以誌之。余何以誌之乎？將欲述形勝之壯麗，表人民之欽承。邇來勒／石以誌之者，不啻數數矣，余將何以誌之乎？蓋即其無量者而思之，元神苟有／可量，則量之者，至或量之以方域，或量之以時數。／真武祖師，本介胄之貴，篤修煉之術四十餘年，道心幾危，感老母磨針一悟，遂苦志／力行，道養成真。厥後金闕玉堦，招遠致邇，北通燕晋，南達巴蜀，東西往來，絡繹／不絶，故名其神曰無量佛，亦猶名堯曰蕩蕩，名舜禹曰巍巍，名孔子曰至聖云／尔。則是地之誠心向善，不憚跋涉，朝謁金闕，亦神中無量所感而應者也。是爲／記。

庠生丁樹遠敬書

會首❷蘇明睿

劉全禄、于化明、劉全禎、張良臣、張良輔、張乃翎

張爾麒、張鳳麟、張嶶成、張魁斗、張可芳、徐顯碧、蘇明德

劉全臣、蘇自玄、張門楊氏

石匠杜汉周刻

康熙五十二年仲春月吉日立

【注釋】

❶建醮：指道士設壇做法。

❷會首：舊時民間組織的發起人，亦稱『會頭』。

【案】

此碑立於康熙五十二年（1713），記述富平華陽古鎮之民朝謁武當之事。

七三　皇清太學生張公字朴庵墓誌銘

乾隆五年（1740）十一月二十七日

志牽車服賈可至□遂人競取之貲數倍爲益其沐和雜泆有以合人
合而不爲□大夫□之術也既念親年遲暮日薄西山遂輟息鞅曲
力耕田以供子職雅不敢衍古大孝之視無形聽無聲而至性純篤
有則膺人俗吾□可及者自幼之長吹篪吹塤和樂且耽閨門之□
相權相讓器無□則操同維翁公覺絲光典瑰偉善之操成
堂換倒北雍益□功白衣見先人於地下而非以耀鄉人耳目哉
信長支庭晚年性愈淡情愈謙然善積□豐而處富若貧視有若無
子輸人從富而好禮公庶幾近此者余之所習而視見者夫乃念
異業之言有以也故於其卜葬之□中石公偉亨相生於康熙
月初八日未時卒於雍正十二年三月初十日申時享壽六十四歲合
五年十一月二十七日午時歸窆於鄭□□□涼新塋元配首公文
雍正□配□公肇鑄□女子二長訓娶王公□□女賈氏出次諧國學生
生文公崇彩女繼娶于公景富女鮮氏出女六長適大學生高公譽林
子次適庠生顏公炳仁子必維次女次適大學生姬公紹祿子周基次
士公撙交子繩武次子僑士師公道彰子璣次子大學生賈公統子綿
父出孫男一長壽中告□亮□□□

七四　皇清王公墓誌銘

乾隆五十□年

【誌文】

公姓王氏，諱居旺，興之其字也。曾祖以來，世居富邑之瓦李村。曾祖諱照宏，祖/諱相穆。父諱莊，尤修謹，配康氏，稱賢淑，生公兄弟五人，公其长也。幼素壯無恙，/且体厚氣雄，爲父母所鍾愛。及冠，家計艱窘，躬率諸弟竭力耕田，以奉其親。後/以勤儉，漸致盈餘，雖曰諸弟共爲之，而經營締造，公之力居多云。年五十餘間，偶/得目疾，遂謝家政，終日閑坐户外，或高歌，或低吟，或聽黄鸝，或一枕華胥❶，亦自/有一番樂趣，非他人所能知。且賦性耿介，不屈於人，里中少年望而憚之，弗敢/近。然聆其言論，親其舉止，又未嘗不若祥風之拂也。他如視猶子無异所生，撫/諸孫含飴分甘，以至周困扶危，賻葬助婚，困可指❷，囊可解，不少吝焉。公之爲人，/於此概可見矣。配樊氏，諱慨公之女，嫻姆訓，事舅姑，執婦道，維謹内助之賢，固/均有可述者。乃不幸弦斷而失偶，諸弟勸再續，公力辭弗允。既承母命，娶李氏，/又娶井氏。生子二：長得禄，李氏出；次得福，井氏出。生女二：俱井氏出，一適任门，/早亡；一堂弟撫養，未次。侄男五人：一名得智，太學生，四弟子；一名得民，一名得/修，俱二弟子；一名得春，五弟太學生子；一名得賢，三弟之子。侄女三，俱於歸。侄/孫三，俱幼，讀書。孫女四，一許康門，三未次。公生於雍正乙巳相正月初七日子／時，享壽六旬有六，卒於乾隆五十二年七月十四日亥時。今卜吉於五十年／月日時葬公夫婦於村西新塋。令侄得智持狀銜哀，謁余焉誌其墓，／余稔知公者，聊述其梗概以誌之，且爲之銘。曰：

頻山之陽，淍水之旁，／篤生哲人，志正行方。克敦孝友，門閭之光，天壽平格，／蘭桂盈堂。瘞玉佳城，德音難忘。乃安斯寢，長發其祥。

邑庠生員眷弟徐子玠頓首拜誌并書丹篆蓋

男得禄、得福

弟居有、居法、居文、居恭

侄得春、得民、得智、得修、得賢

侄孫維屏、維清、維翰

仝泣血上石

【注释】

❶一枕華胥：又稱爲『華胥夢』，用爲夢境的代稱，典出列子·黄帝篇：『（黄帝）晝寢而夢，游於華胥氏之國。』

❷囷可指：即『指囷相贈』，形容慷慨資助朋友。典出三國志·魯肅傳：『周瑜爲居巢長，將數百人故過候肅，并求資糧。肅家有兩囷米，各三千斛，肅乃指一囷與周瑜，瑜益知其奇也，遂相親結。』

【案】

誌主王居旺，富邑（今陝西富平）人，卒於乾隆五十二年（1787），享壽六十六歲，葬於村西新塋。

七五　皇清大學生伯扶武公暨德配孫孺人郭孺人何孺人王孺人合葬墓誌銘

嘉慶三年（1798）

【誌文】

皇清大學生伯扶武公暨德配孫孺人郭孺人何孺人王孺人合葬墓誌銘

恩設己亥科舉人吏部候選知縣眷晚生何友范頓首拜撰文

賜進士出身翰林院庶吉士／欽派清書加一級年眷晚生王鼎頓首拜書丹并篆蓋

此大學生伯扶武公暨德配孫孺人、郭孺人、何孺人、王孺人合葬墓也。公姓武，／諱翼國，伯扶其字也。世居蒲之西北鄉安王村。自王父萬生公以來，耕讀傳／家，代有文人。公父子綬公胞兄弟四人，子綬公居三，同心理家至今，號稱／素豊，人丁浩繁，以故食指百有餘口，同爨百有餘年。公忠厚居心，孝友克敦，其／事子綬公，問寢視膳，動見真性。幼嗜詩書，以急於科名，援例大學生。公堂兄／弟七人，公居四。友兄愛弟，怡怡相處，終身無間言，亦無戾色，族党間咸有張公／同居●之稱焉。公生於雍正十二年七月初三日未時，卒於嘉慶三年十月二十／八日亥時，享壽六旬有五。元配孫孺人，諱璠公女，生於雍正七年二月初四日／寅時，卒於乾隆二十年四月十五日子時，得年二十有六。繼配郭孺人，諱崇義／公女，生於乾隆七年正月初七日未時，卒於乾隆三十五年十一月二十三日／巳時，得年二十有八。繼配何孺人，諱吕公女，生於乾隆四年十二月二十日辰／時，卒於乾隆四十年六月二十一日辰時，得年三十有六。繼配王孺人，諱文魁／公女，生於乾隆二十一年閏九月二十八日子時，卒於乾隆五十九年四月初／九日巳時，得年三十有八。俱淑慎有德，堪作姆儀，一皆公德有以成之也。公男／五，長祥齡，娶張氏，諱淑堯公女，孫孺人出。次椿齡，元聘路氏，大學生諱仲謨／公女；繼娶李氏，名世益公長女；繼娶李氏，世益公第三女，郭孺人出。三柏齡，娶曹／氏名從周公女，何孺人出。四遐齡，聘趙氏俊英公女。五芳齡，聘曹氏名馨公女，／王孺人出。孫男四，長建木，娶王氏名可亭公女。次曙寅，娶孫氏名永敬公女，繼／聘董氏名浩公女。三會戌，聘權氏名中正公女，祥齡出。四會申，椿齡出。孫女二，／俱幼，長椿齡出，次柏齡出。曾孫男一季秋，建木出。今卜吉十一月二十七日辰／時，合葬於庄西祖塋之次，囑余爲文，又系以銘。銘曰：

佳城永固兮鬱鬱蒼蒼，山明水秀兮樂且無央。惟公之德兮孝友是將，賢媛淑／慎兮相夫子以安康，子孫承繼兮何用不臧。

男遐齡、椿齡、祥齡、柏齡、芳齡

孫會戌、建木、曙寅、會申

曾孫季秋泣血納石

嘉慶三年十一月二十七日辰時

【注释】

❶張公同居：唐高宗時，鄆州壽張人張公藝，九代同居和睦，高宗問其法，張公在紙上寫下百餘『忍』字，故又稱爲『張公百忍』。張公同居歷來被看作是大家族和睦同居的典範。

【案】

誌主武翼國，陝西蒲城人，太學生，卒於清嘉慶三年（1798）十月二十八日，享壽六十五歲，葬於蒲城縣安王村。

撰墓誌者王鼎（1768-1842），字定九，號省厓，陝西蒲城人。清嘉慶元年（1796）中進士，選庶吉士，參加乾隆皇帝實録的編纂。至嘉慶十八年（1813）『凡十遷至内閣學士』，十九年後歷任工、吏、户、禮、刑各部侍郎，并一度兼管順天（北京）府尹事。道光時歷任河南巡撫，左都御史、户部尚書、直隸總督、東閣大學士。道光五年被任爲軍機大臣，任此職十七年。王鼎性耿直，崇尚氣節，忠於職守，所任多有政績。鴉片戰争期間，王鼎堅决支持林則徐的嚴禁鴉片措施，主張抵抗英國侵略，反對議和，道光皇帝不聽，王鼎留下遺折數千言，以身殉國。

國伯扶其字也世居甫之西北鄉安王村自王父萬生公以耒耜
有文人公父子綬公兄弟四人子綬公居三同心理家至今
人丁浩繁以故食指百有餘口同爨百有餘年公忠厚居心孝友克
子綬公問寢視膳動見真性幼嗜詩書以急于科名援例大學生公
入公居四友兄愛弟怡怡相處終身無間言亦無戾色族党間咸有
之稱焉公生于雍正十二年七月初三日未時卒于嘉慶三年十月
亥時享壽六旬有五元配孫孺人諱瑫公女生于雍正九年二月初
卒于乾隆二十年四月十五日子時得年二十有六繼配郭孺人諱
生于乾隆七年正月初七日未時卒于乾隆三十五年十一月二十
得年二十有八繼配何孺人諱呂公女生于乾隆四年十二月二十
于乾隆四十年六月二十一日戌時得年三十有六繼配王孺人諱
生于乾隆二十一年閏九月二十八日子時卒于乾隆五十九年四
巳時得年三十有八俱淑慎有德堪作姆儀一以公德有以成之也
祥齡娶張氏諱淑堯公女孫孺人出次椿齡元聘洛氏太學生常

七六 皇清例贈登仕郎義伯連公神道碑

道光五年（1825）

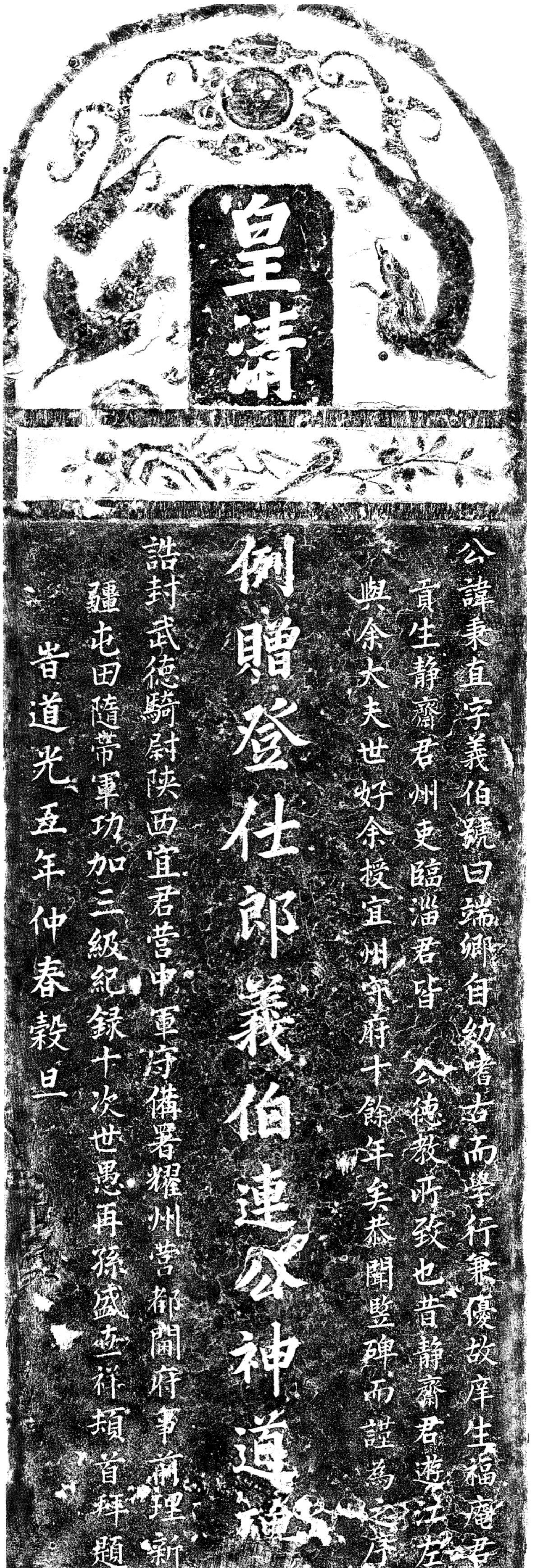

【碑文】

皇清例贈登仕郎義伯連公神道碑

公諱秉直，字義伯，號曰端卿。自幼嗜古，而學行兼優，故庠生福庵君、/貢生静齋君、州吏臨淄君，皆公德教所致也。昔静齋君游江左❷，/與余大夫世好，余授宜州，守府十餘年矣，恭聞竪碑而謹爲之序。

誥封武德騎尉、陝西宜君營中軍守備、署耀州營都閫府事、前理新/疆屯田隨帶軍功加三級紀録十次世愚再孫盛世祥頓首拜題

時道光五年仲春穀旦

【注释】

❶神道碑：立於墓道前記載死者生平事迹的石碑。

❷江左：長江從九江往南京一段爲西南—東北走向，於是將大江以東的地區稱爲『江東』，又稱江左，指長江下游南岸地區。

七七　皇清例贈武略騎尉厚菴楊公暨德配敕旌節孝惠安人合葬墓誌銘

道光八年（1828）十一月二十四日

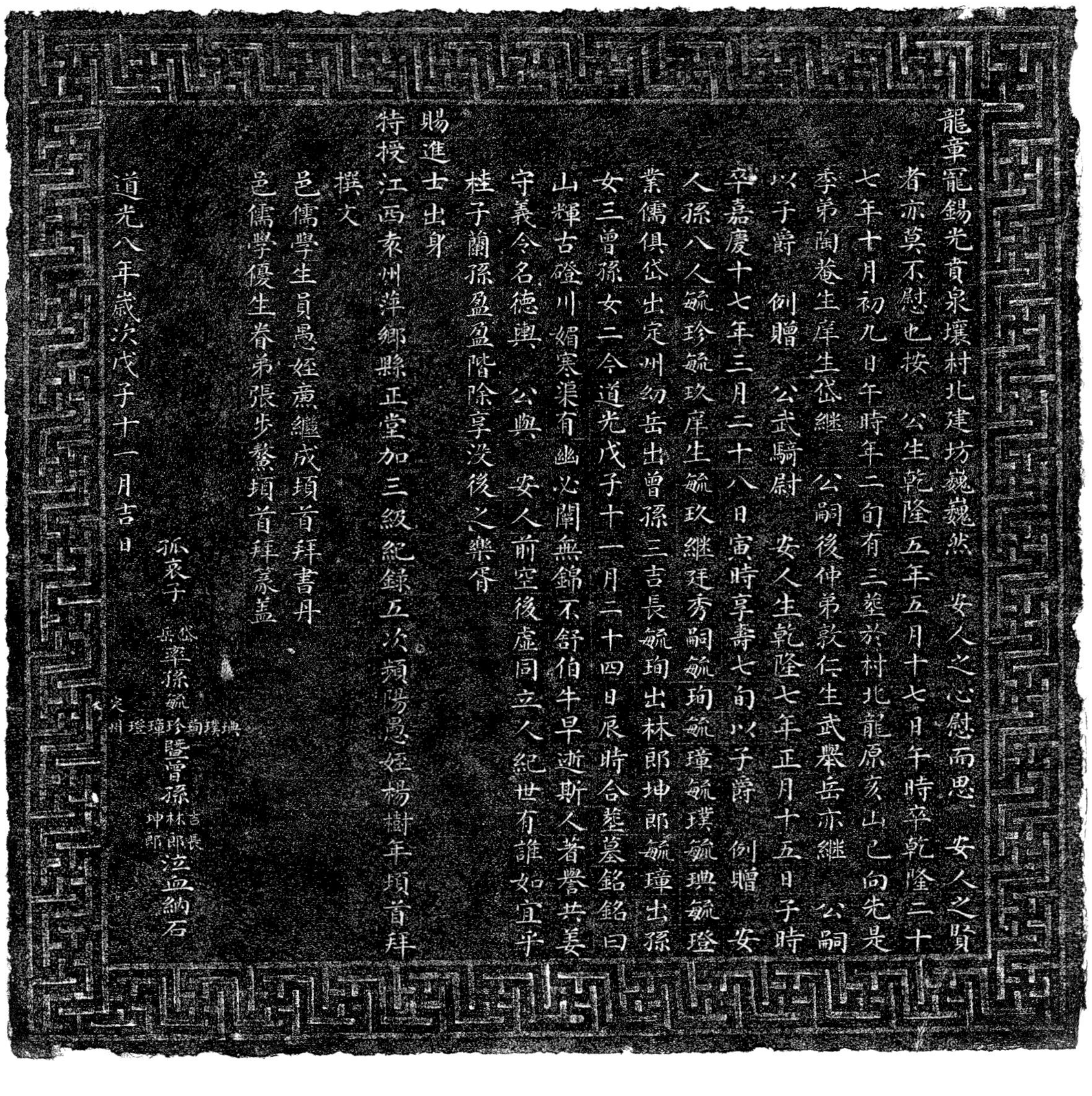

【誌額】

皇清例贈武略騎/尉厚菴楊公暨德/配敕旌節孝惠安/人合葬墓誌銘

【誌文】

皇清例贈武略騎尉厚菴楊公暨德配/敕旌節孝惠安人合葬墓誌銘

楊公諱福興，字厚菴，先世居南京定遠縣，從明太祖北伐定鼎，洪武/初屯田蒲西寨子鎮，遂世其家焉。傳至公父純若公，寬洪勤儉，/掘起其家。母趙孺人，誕公及胞弟敦仁。繼母徐孺人，誕公/季弟陶菴。公生而醇謹，孝友因心，知民生之在勤，櫛風沐雨，日夜/不憚勤勞，惜乎天不永年，弱冠早卒。德配惠安人，名家淑媛也，賦/性温恭，立身淑慎，奉盤匜則舅姑稱孝，操井臼則妯娌化勤。迨黄鵠/作歌❶，柏舟矢志❷，求之古烈女傳中，有相合焉。嘉慶二十年，里黨舉/安人之節，/龍章寵錫，光賁泉壤，村北建坊巍巍然。安人之心慰，而思安人之賢/者，亦莫不慰也。按公生乾隆五年五月十七日午時，卒乾隆二十/七年十月初九日午時，年二旬有三，葬於村北龍原，亥山巳向。先是/季弟陶菴生庠生岱，繼公嗣；後仲弟敦仁生武舉岳，亦繼公嗣，/以子爵例贈公武騎尉。安人生乾隆七年正月十五日子時，/卒嘉慶十七年三月二十八日寅時，享壽七旬，以子爵例贈安/人。孫八人，毓珍、毓玖，庠生毓玖繼廷秀嗣；毓珣、毓璋、毓璞、毓琠、毓璒，/業儒，俱岱出；定州幼，岳出。曾孫三，吉長，毓珣出；林郎、坤郎，毓璋出。孫/女三，曾孫女二。今道光戊子十一月二十四日辰時合葬，墓銘銘曰：

/山輝古磴，川媚寒渠，有幽必闡，無錦不舒。伯牛早逝❸，斯人著譽，共姜/守義，令名德輿❹。公與安人，前空後虚，同立人紀，世有誰如。宜乎/桂子蘭孫，盈盈階除，享没後之樂胥。

賜進士出身/特授江西袁州萍鄉縣正堂加三級紀録五次頻陽愚侄楊樹年頓首拜/撰文

邑儒學生員愚侄廉繼成頓首拜書丹

邑儒學優生眷弟張步鰲頓首拜篆蓋

孤哀子岱、岳率孫毓琠、毓璞、毓珣、毓珍、毓璋、毓璒、定州暨曾孫吉長、林郎、坤郎泣血納石

道光八年歲次戊子十一月吉日

【注釋】

❶黃鵠作歌：指女子喪夫後矢志不嫁。典出列女傳：『陶嬰者，魯陶門之女也。少寡，養幼孤，無強昆弟，紡績爲產。魯人或聞其義，將求焉。嬰聞之，恐不得免，作歌明己之不更二也。其歌曰：「悲夫黃鵠之早寡兮，七年不雙。宛頸獨宿兮，不與衆同。夜半悲鳴兮，想其故雄。天命早寡兮，獨宿何傷。寡婦念此兮，泣下數行。嗚呼哀哉兮，死者不可忘。飛鳥尚然兮，況於貞良。雖有賢雄兮，終不重行。」』

❷柏舟矢志：指女子夫喪後守節不嫁。典出詩經・柏舟序：『柏舟，共姜自誓也。衛世子共伯蚤死，其妻守義，父母欲奪而嫁之，誓而弗許，故作是詩以絕之。』

❸伯牛早逝：孔子弟子冉耕，字伯牛。論語・雍也：『伯牛有疾，子問之，自牖執其手，曰：「亡之，命矣夫！斯人也而有斯疾也！斯人也而有斯疾也！」』後世以『伯牛之疾』指不治的惡疾。

❹令名德輿：人有美名，德行就可以傳播遠方。語出自左傳・襄公二十四年：『夫令名，德之輿也；德，國家之基也。』

【案】

誌主楊福興，陝西蒲城人，卒於乾隆二十七年（1762），享壽二十三歲；其妻惠安人卒於嘉慶十七年（1812），享壽七十歲，合葬於蒲西秦子鎮村北龍原。

皇清例贈武略騎
尉厚菴楊公暨德
配敕旌節孝恵安
人合葬墓誌銘

皇清例贈武略騎尉厚菴楊公暨德配
勅旌節孝恵安人合葬墓誌銘
楊公諱福興字厚菴先世居南京定遠縣從明太祖北伐定鼎洪武
初屯田蒲西寨子鎮遂世其家焉傳至 公 父紀若公寛洪勤儉

七八 皇清例贈武略德騎尉雲駒馬公暨德配例贈太宜人[1]張太君合葬墓誌銘

道光十七年（1837）十二月

【誌文】

皇清例贈武略德騎尉雲駒馬公暨德配/例贈太宜人張太君合葬墓誌/銘

道光丁酉冬十二月，爲雲駒馬公/暨德配張太君瘞玉[2]之期，嗣君宜/軒公囑余爲之誌銘，禮也。

按狀，/公諱萬里，雲駒其字也。世居富邑/東鄉之平里，爲邑望族。曾祖諱鳴/鸞，業精岐黄。祖諱騰良，中雍正壬/子副榜[3]，銓長武縣教諭。考諱捷，處/士。公少時以一犁風雨爲生涯，/嘗慨然曰：『貧人病貧而不安於貧，/則終病矣。』惟是恪守家法，奮力隴/畝，勤勤懇懇，數十年如一日。張/太君佐之，亦數十年如一日。公/長嗣愛卿公，力田服賈，不墜先業，/以故家道終裕，里號素封[4]。良有以/也。公生於乾隆十一年八月初/九日辰時，卒於嘉慶十八年二月/初十日辰時，享壽六旬有八。張/太君生於乾隆十九年十一月十/八日子時，卒於道光十六年二月/十四日未時，享壽八旬有三。舉丈/夫子四，長春仁，字愛卿，生於乾隆/四十一年正月初七日戌時，卒於/道光十四年十二月十四日未時，/春秋五十有九。元配李太安人，先/卒；繼配王太安人，稱未亡人。次春/義，繼叔父雲菴公嗣。三春禮。五春/信，字誠齋，□於學行。當愛卿在日，/所看重者，諸弟諸子之學也。嘗置/塾延師，課子孫，不少懈。又視諸子/孫中可以耀武科者，即令就武試。/惟時愛卿之孫登甲與誠齋之子/繼武，并受知於督學載。乙未恩/科，同膺宴鷹揚[5]。繼武即於丙申登/（誌殘）

【注釋】

❶宜人：封建時代婦女因丈夫或子孫而得的一種封號。宋代政和年間始有此制。文官自朝奉大夫以上至朝議大夫，其母或妻封宜人；武官官階相當者亦同。元代七品官妻、母封宜人，明清五品官妻、母封宜人。

❷瘞玉：古代祭山禮儀，禮畢埋玉於坑，稱爲瘞玉。語出漢書・武帝紀：『（天漢三年）三月，（武帝）行幸泰山，修封，祀明堂，因受計。還幸北地，祠常山，瘞玄玉。』

❸副榜：明代永樂中期，會試有副榜，即於正式録取的正榜外，再選若干人列爲副榜。清因之，鄉試、會試正榜以外，還録取一定名額的『副榜』。每正榜五名取中一名，名爲副貢，仍可應下届鄉試、會試。

❹素封：指無官爵封邑而富比封君的人。出自史記・貨殖列傳：『今有無秩禄之奉，爵邑之入，而樂與之比者，命曰「素封」。』張守節正義：『言不仕之人自有園田收養之給，其利比於封君，故曰「素封」也。』

❺宴鷹揚：指鷹揚宴。科舉制度中，武科鄉試放榜後，考官和考中武舉者共同參加的宴會。

【案】

誌主馬萬里，字雲駒。世居富邑東鄉之平里，爲當地望族。卒於清嘉慶十八年（1813），享壽六十八歲；其妻張太君卒於道光十六年（1836），享壽八十三歲。道光十七年（1837）十二月二人合葬。此墓誌銘内容殘缺。

七九　皇清大監元[1]殿元雷公暨德配王孺人合葬墓誌

道光二十二年（1842）九月二十五日

【誌文】

皇清大監元殿元雷公暨德配王孺人合葬墓誌

公姓雷氏，諱惟魁，字殿元，世居郃之棋南村。/祖諱性若，齒德兼優。考諱象景，元配王氏，繼配/張氏，生公昆玉[2]四，公居三。雖未嘗從事詩書，而/頗有奇氣。公生於乾隆二十四年正月十七日/酉時，卒於道光十九年九月初十日卯時，享壽/八旬有一。配王氏，生於乾隆三十六年九月初/四日申時，卒於道光二十年七月十七日辰時，/享壽七旬。生女三，長適豆莊村种門，次適黑池/村王門，三適峪北村張門。生子一，漢章其名也，/公已早爲捐例而名列上庠，元娶李氏早逝，無/出；繼娶趙氏，生子一，名玉貴，尚幼。今卜吉於/道光二十二年九月廿五日，合葬於村南祖塋之/次，是爲誌。

邑儒學生員眷再晚[3]王步元頓首填諱

孤哀子漢章泣血上石

【注釋】

❶大監元：國子監課業考試第一名。

❷昆玉：稱人兄弟的敬詞。

❸眷再晚：兩家結爲婚姻以後，晚輩對於長輩者稱眷翁，自稱眷晚生。

【案】

誌主雷惟魁，陝西郃陽人。卒於清道光十九年（1839），享壽八十一歲。配王氏，卒於道光二十年（1840），享壽七十歲。夫妻合葬於村南祖塋。

八〇　皇清例贈登仕郎太學生佩聲呂公暨德配例贈孺人劉太君合葬墓誌并銘

道光廿四年（1844）二月二十日

【誌額】

皇清例贈／登仕郎太／學生佩聲／呂公暨德／配例贈孺／人劉太君／合葬墓誌并銘

【誌文】

皇清例贈登仕郎太學生佩聲呂公／暨德配例贈孺人劉太君合葬墓誌／并銘

象賢而承祖父，燕翼以詒子孫，爲後／嗣啓興隆之業，而仍不失先人長厚／之風，此鄉曲中所不多覯也。佩聲姊／夫姓呂氏，諱金環，其先自郜邑城内／遷居趙莊，世以忠厚傳家。曾祖諱雲／杞，祖諱景仰，飲於鄉。考例貢生埉，字／朗仙，宿德積學，時望攸歸。妣太孺人／喬氏淑惠貞良，善相夫子，於乾隆四／十五年正月二十一日辰時生公，恬／淡寡營，有乃父風。太儒人歿，事繼母／康無殊所生，患病侍湯藥必親，數年／無懈容。幼業儒，以親老未竟，援例入／成均，鄰里戚屬莫不稱爲長者，遇事／輒諮焉。戊子歲，躬膺里長，廉明無私，／闔邑爲書匾以榜其門。姊有遺子，家／中落，公代爲籌畫，衣食無缺。末歲子／孫簇列，家道浸盛，蓋公以承先者啓／後，故能身致興隆而仍不失爲長厚／有如此。享壽六旬有四，於道光廿三／年十一月廿七日寅時捐舍。嗚呼難／矣！元配劉孺人，余堂姊也，生於乾隆／四十二年五月初二日午時，卒於嘉／慶廿四年二月廿四日寅時。子三，長／從九逢陽，次周，次化。女二，長適監生／雷經性，次適李世泰。繼配王孺人，新／茂女，在堂。子二，長虎娃，次慶餘。女一，／未字。陽娶馬氏監生維元女，早逝。繼／娶郭氏君□女。子一，樹功，娶喬氏學／孔女。女二，長適康監生第子，次適党／奉陽。周娶党氏千總寅女，子一，樹善，／娶趙氏生員丙申孫女，再承化嗣。化／幽娶張氏，故進士乘邱知縣墉女。虎／娃娶喬氏張儒女，慶餘聘喬氏景陽／女。今於道光廿四年二月廿日辰時，／合葬村西北□塋，

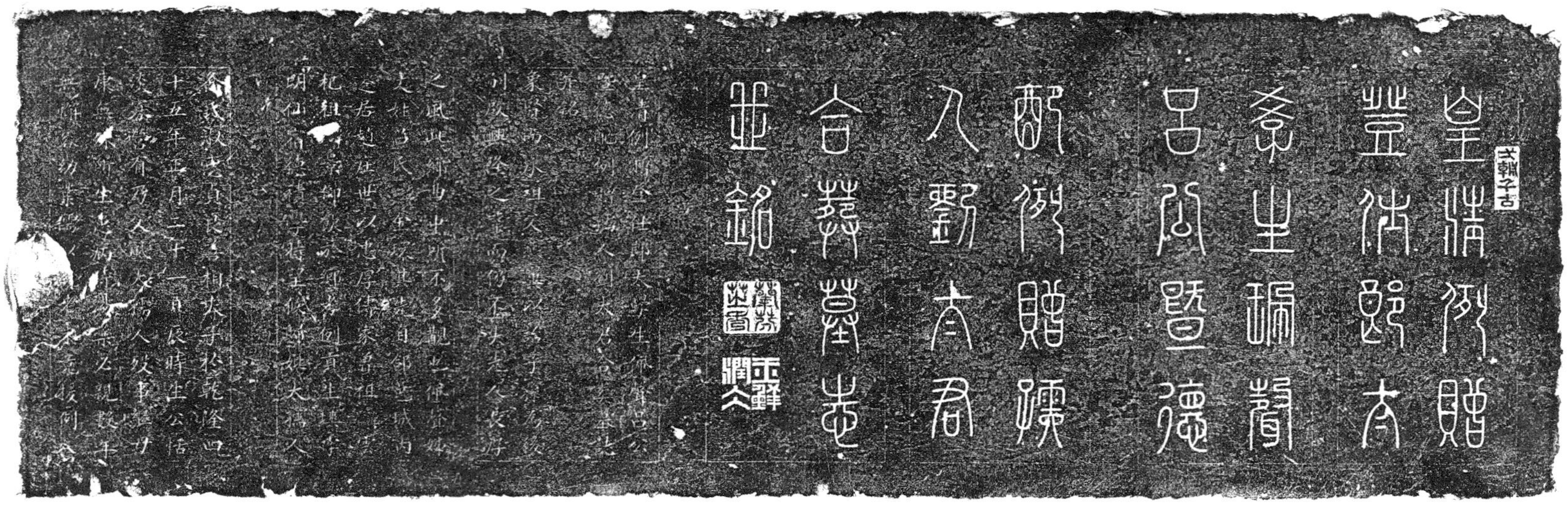

甲山庚向，穴深一／丈一尺，爰爲之銘曰：

忠厚承先德，殷／勤啓後人。惟公兩無愧，千載作家箴。／閨閫❶昭刑子，發祥自乃身。

牛眠今卜／吉，福禄永無垠。

誥授昭武都尉原任湖北棗陽都司／庚午舉人内弟劉占魁頓首拜撰

誥授奉政大夫現任廣東司庫廳候／升直隸州族孫樹槐頓首拜書

賜進士出身例授武德騎尉兵部候／銓守備姻愚侄馬長青頓首拜篆

侍□男虎娃、慶餘、孫樹善、樹功泣血納石

羅山蕭百祥刻字

【注釋】

❶閨閫：家庭，家族。晋葛洪抱朴子・清鑒：『考操業於閨閫，校始終於信效。』

【案】

誌主吕金環，陝西郃陽人，太學生。卒於清道光廿三年（1843），享壽六十四歲。元配劉孺人，卒於嘉慶廿四年（1819），享壽四十二歲。夫妻合葬於村西北□塋。

八一　皇清恩榮壽官伯福侯公墓誌銘

道光二十八年（1848）十二月

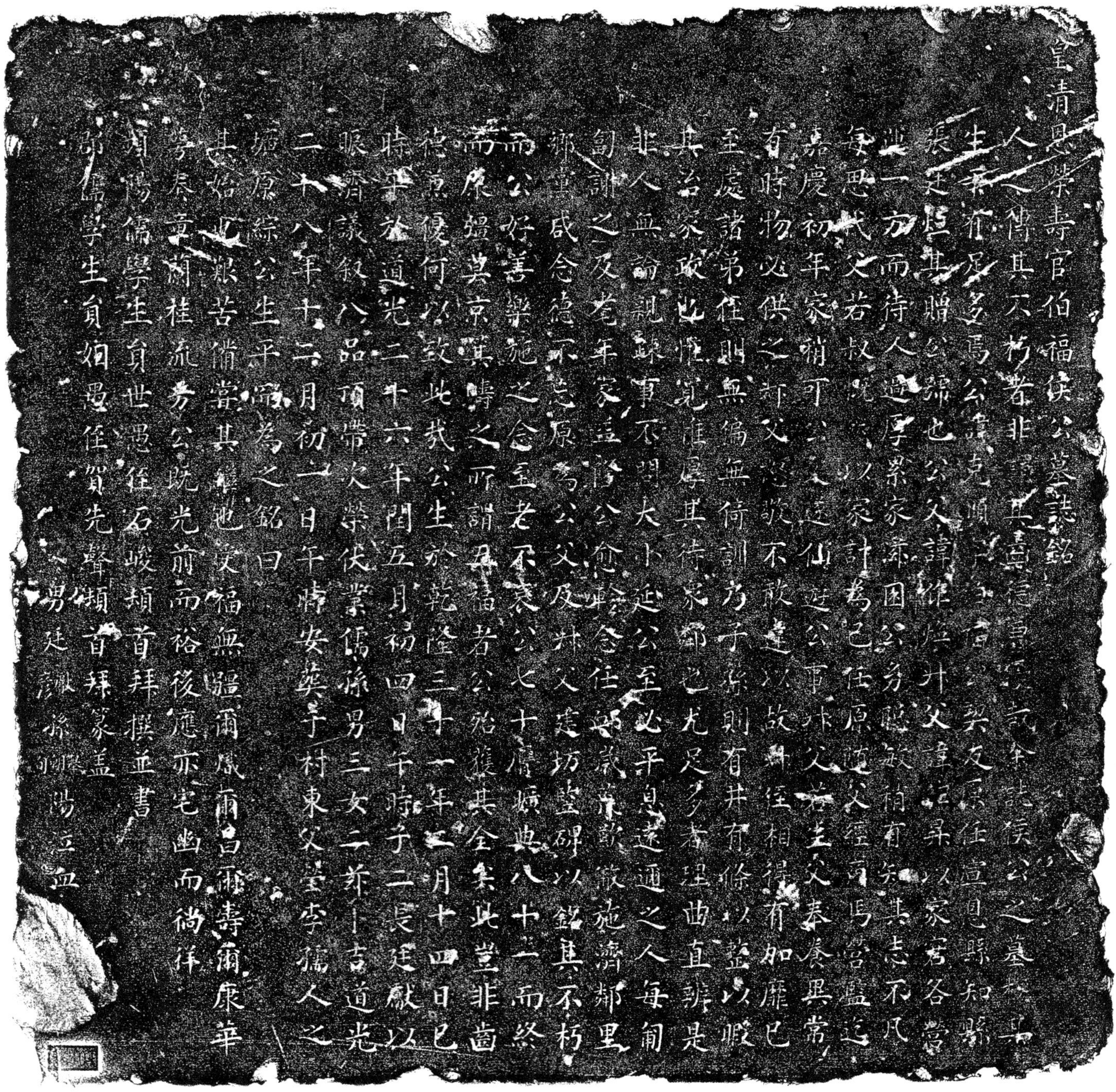

【誌文】

皇清恩榮壽官伯福侯公墓誌銘

人之傳其不朽者，非謂其齒德兼優哉？余誌侯公之墓，校其／生平，有足多焉。公諱克順，字伯福，公契友原任宣恩縣知縣／張廷煊，其贈公號也。公父諱作煥，叔父諱作昇，以家窘各營／運一方，而待人過厚，累家滋困。公幼聰敏，稍有知，其志不凡。／每思代父若叔，慨然以家計爲己任，原隨父經商馬營監。迄／嘉慶初年，家稍可，公父遂仙游。公事叔父若生父，奉養异常，／有時物必供之。叔父怒，敬不敢違，以故叔侄相得，有加靡已。／至處諸弟侄，則無偏無倚；訓乃子孫，則有井有條。以整以暇，／其治家政也；惟寬惟厚，其待衆鄰也。尤足多者，理曲直，辨是／非，人無論親疏，事不問大小，延公至，必平息，遠邇之人每匍／匐謝之。及耄年，家益隆，公愈軫念任恤，歲荒歉，徹施濟鄰里，／鄉黨咸念德不忘，原爲公父及叔父建坊竪碑，以銘其不朽。／而公好善樂施之念至老不衰，公七十膺曠典，八十一而終，／而康强莫京㊁，箕疇之所謂五福㊂者，公殆獲其全矣。此豈非齒／德兼優，何以致此哉！公生於乾隆三十一年二月十四日巳／時，卒於道光二十六年閏五月初四日午時。子二，長廷獻，以／賑濟議叙八品頂帶；次榮伏，業儒。孫男三，女二。茲卜吉道光／二十八年十二月初一日午時，安葬於村東父塋李孺人之／壙原。綜公生平而爲之銘曰：

其始也，艱苦備嘗；其繼也，受福無疆。爾熾爾昌，爾壽爾康。華／萼奏章，蘭桂流芳。公既光前而裕後，應亦宅幽而徜徉。

頻陽儒學生員世愚侄石峻頓首拜撰并書

郡儒學生員姻愚侄賀先聲頓首拜篆蓋

男廷獻、廷彦，孫舉陽、朝陽、旬陽泣血納石

【注释】

❶恩榮壽官：指明清兩代官府對於年達七十、德高望重的老人，由地方官府推薦奏報朝廷，經皇帝恩准，欽賜冠帶匾額，享以品級待遇，俾以榮耀。

❷康强莫京：康强，意爲身體康健，語出尚書·洪範：『身其康强，子孫其逢』。莫京，意爲没有什麽可與之相比，語出左傳·莊公二十二年：『有媯之後，將育于姜。五世其昌，并于正卿。八世之後，莫之與京。』

❸箕疇五福：尚書·洪範中闡述了九條治國大法，稱爲『九疇』，相傳爲箕子所述，故名『箕疇』。其中第九條爲『五福』，指壽、富、康寧、攸好德、考終命。尚書·洪範：『天乃錫禹洪範九疇，彝倫攸叙。初一曰五行，次二曰敬用五事，次三曰農用八政，次四曰協用五紀，次五曰建用皇極，次六曰乂用三德，次七曰明用稽疑，次八曰念用庶徵，次九曰嚮用五福、威用六極。』

【案】

誌主侯克順，頻阳（今陝西富平縣美原鎮古城村）人，卒於清道光二十六年（1846）閏五月四日，享壽八十一歲，葬於村東先塋。

方而後人道厚菁家資匱乏務農無裕有矣其
武父若叔既以家計爲己任原隨父經商馬
初年家稍可公遂仙逝公事外父若主父奉養
物必供之於父從不敢違以故升任相得有加
諸弟任則無偏無倚訓子孫則有井有條以勤
家政也惟寬惟厚其待宗鄰也尤足多者理曲直
無論親疎事不問大小延公至必平息遠通之人
之及老年家益隆公愈輕念任鄉黨歉徽施濟
咸念德不忘原爲公父及叔父建坊豎碑以銘其
好善樂施之念至老不衰公七十膺恩典八十二
彊冀京冀壽之所謂五福者公殆獲其全矣此豈
僥何以致此哉公生於乾隆三十一年二月十四
於道光二十六年閏五月初四日午時子二長廷

八二　皇清例授修職郎增貢生●新三趙公墓誌銘

咸豐五年（1855）三月十六日

【誌蓋】

皇清例授修／職郎增貢生／新三趙公墓／志銘

【誌文】

皇清例授修職郎增貢生新三趙公墓誌銘

公姓趙氏，諱紹銘，新三其字也。始祖諱克忠者，明洪武時由朝邑遷於渭南河／北之孝義鎮，家焉。曾祖諱名立，字正芳，／誥封奉直大夫。祖諱育璛，字公珍，／例授直隸州分州。公珍公生二子，長諱元清，字澄川，太學生，即公父也；次諱元／潔，字浴卿，公胞叔也。公負性謹厚簡默，不苟言笑，幼而聰穎絶倫，讀書輒數行／下，縉紳先生多奇之。及成立，殫志雞窗[二]，苦心螢案，每應試必列前茅。道光甲申／縣試，邑侯吴公以杏花春雨賦命題。公卷内有『鞭指墻頭，紅繞追風之驥』二／語，吴公大加欣賞，拍案叫奇，遂許以爲遠到之器[三]。越明年院試，果以古取游泮。／入秋闈，屢薦不售，後又以澄川公捐館，遭際多艱，往來奔走於蜀者數次。公／因無心於科名，遂棄舉子業而拼擋家政焉。素多病，生平凡養性鍊氣之學，無／不參考而窮究之，且又精於奇門六壬諸書，故遇事有不决之處，公必卜，卜／斷無不應也。性至孝，當父在日，澄川公持家最嚴，公爲之先意承志，數十年／無敢懈。昆仲三人，次諱紹雅，字肄三，以海疆捐輸議叙縣丞職銜，爲人忠厚老／成，公處之甚寬而待之甚優。次諱紹衣，字聞軒，郡庠生，余益友也。道光丙午，／余與聞軒同硯席時，每見公勖其弟曰：『吾以疾未遂騰達，終身引以爲憾，汝／年華方富，當自勉，毋自棄。』以故塤篪同調、棣鄂聯輝[四]，兄弟之間怡怡如也。待子／侄天成、天麟鍾愛甚篤，常珍之爲掌上珠，而撫摩必周焉。居鄉閭閻，其持己也／敬，其待人也寬，無論儕輩之人，處之必恭而有禮，即下至僮僕侍御之属，亦絶／不加以聲色。易曰謙謙君子，如公者，不誠足當乎哉！公生於嘉慶四年六月初／九日亥時，卒於咸豐四年十一月二十一日丑時，春秋五十有七。元配杜孺人，／稱未亡人，子一，早殤。公因撫胞弟聞軒之子天成爲己子；女一，適杜門，早卒。今／於咸豐五年三月十六日巳時卜葬於莊西北新塋，乾山巽向。銘曰：

哲人高躅，在渭之陽。學優品正，志潔行芳。佳城鬱鬱，象峰蒼蒼。此維與宅，長發／其祥[五]。謀己深乎燕翼[六]，寵應荷以／龍章。既卜先靈兮永慰，定看厥後之克昌。

例授文林郎吏部揀銓知縣辛亥科舉人硯愚弟[七]備卿党彬頓首拜撰文

例授文林郎吏部候銓知縣辛亥科舉人硯愚弟味秋陳貴辛頓首拜書丹

例授文林郎前任福建興化府仙游縣知縣己亥科舉人愚表侄吉人嚴葆銛頓首拜篆蓋

男天成泣血納石

咸豐五年歲次乙卯三月中浣[八]穀旦[九]

【注释】

❶貢生：科舉時代，挑選府、州、縣生員（秀才）中成績或資格優异者，升入京師的國子監讀書，稱爲貢生。意謂以人才貢獻給皇帝。明代有歲貢、選貢、恩貢和納貢；清代有恩貢、拔貢、副貢、歲貢、優貢和例貢。清代貢生，别稱『明經』。

❷雞窗：指書齋。典出南朝宋劉義慶幽明録：『晋兖州刺史沛國宋處宗嘗買得一長鳴雞，愛養甚至，恒籠著窗間。雞遂作人語，與處宗談論，極有言智，終日不輟。處宗因此言巧大進。』

❸遠到之器：指前程遠大的人。典出晋書·陶侃傳：『尚書樂廣欲會荆揚士人，武庫令黄慶進侃於廣，人或非之。慶曰：「此子終當遠到，復何疑也！」』

❹塤箎同調、棣鄂聯輝：形容兄弟之間感情極爲融洽。『塤箎』語出詩經·何人斯：『伯氏吹塤，仲氏吹箎。』『棣鄂』出自詩經·常棣：『常棣之華，鄂不韡韡。』

❺長發其祥：典出詩經·長發：『浚哲維商，長發其祥。』形容長久地散發着福祥之氣。

❻燕翼：指祖先爲後嗣作好打算。語出詩經·文王有聲：『武王豈不仕，詒厥孫謀，以燕翼子。』

❼硯愚弟：謙稱，指曾經在一起上學的同學好友。

❽中浣：古時官吏每十日一休假以供沐浴浣洗衣服，中浣即官吏中旬休假的日子，後泛指每月中旬。

❾穀旦：晴朗美好的早晨。舊時常用爲吉日的代稱。語出詩經·東門之枌：『穀旦于差，南方之原。』

【案】

誌主趙紹銘，渭南孝義鎮人，卒於清咸豐四年（1854）十一月二十一日，享壽五十七歲，葬於渭南河北之孝義鎮莊西北。

紳先生多奇之及成立彈志雜窓苦心螢案毋應試必列前茅道光
也侯吳公以杏花春雨賦命題　公卷内有鞭指牆頭紅繞追風之
公大加欣賞拍案叫奇遂許以為遠到之器越明年院試果以古取
閒屢薦不售後又以澄川公捐館遭際多艱往來奔走於蜀者數次
心於科名遂棄舉子業而拼擋家政焉素多病生平凡養性鍊氣之
考而窮究之且又精於奇門六壬諸書故遇事有不決之處　公必
不應也性至孝當父在日澄川公持家最嚴　公為之先意承志數
懈昆仲三人次諱紹雅字肄三以海監捐輸議叙縣丞職衔為公此
公處之甚竟而徙之甚僾次諱紹表字閒軒都庠生余盍友也道光
閒軒司硯席時毋見　公最其弟曰吾以庚未遂騰逵終身引以為
方富當自勉毋自章以故陳虎問調棣鄂聯輝兄弟之間怡怡如也
成天麟鍾愛甚篤常珍交為掌上珠砥撫摩必周焉居鄉閒□其持
侍人也覽無論脩輩之人處之交恭而有禮郎下至僅僕侍衛之屆
以聲色易曰讓謙君□如公者不誠足當乎哉公生於嘉慶四年六
英時卒於咸豐四年十一月二十六日丑時春秋五十有七元配杜
七人子上早殤公因撫胞弟聞軒之子天成為已子女一適杜門早
豐五年三月十六日已時卜英於庄西北新塋乾山巽向銘曰
高蜀在渭之陽學優品正志潔行芳往城鬱鬱象峯蒼蒼此維與宅

八三　大德望[1]樸齋党公暨德配趙孺人[2]繼配王孺人合葬墓表記

同治五年（1866）七月

【誌文】

大德望樸齋党公暨德配趙孺人繼配王孺人合葬墓表記

公諱有忠，字樸齋，世居澄之邑南交道鎮。立品則一誠無僞，與人則剛直不阿。昆玉二/人，公居次。先時家道貧寒，公殫心竭力，備嘗辛苦，與長兄同任家棟，雖一言一動，/未聞少有觸忤。厥後家道漸豐，子孫滿堂，公或教以讀，或教以農，或教以商，義方㊂時/伸，略無寬縱，所以子孫賢達，皆屬克家令器。承先啓後之道，公誠兩無憾焉矣。/元配趙孺人，賢孝成性，佐夫理家，衣不擇夫新故，惟縑素以持身；食何憂乎貧寒，自糟/糠之不厭。操酒漿，勤織紡，中闈之職，敬修無忝㊃。繼配王孺人，雅好淡樸，不尚粉華，□/夫子而必敬必戒，勤女紅而無議無非，德容兼修，功言并勖，亦綽乎有賢媛風範焉。/公生於乾隆五十三年九月二十日吉時，享壽七十有六，卒於同治二年八月初二日/吉時。仝趙、王孺人合葬於村西北先塋之次，乾山巽向，穴深九尺三寸。

邑儒學優廩膳生族再晚虛齋可受頓首拜撰

邑博士弟子員姻愚侄松亭索仰靖頓首拜書

男文泰、文光率孫向新、向隆

胞侄文俊、文琳暨侄孫向真、向治、向清、向順、向厚率曾孫願娃、丙子

仝立石

大清同治五年歲次丙寅瓜月㊄下浣㊅穀旦

【注釋】

❶大德望：對德高望重男性長輩的稱呼，通常用於喪事挽幛上。

❷孺人：古代稱大夫的妻子，唐代稱王的妾，宋代用爲通直郎等官員的母親或妻子的封號，明清則爲七品官的母親或妻子的封號。亦通用爲婦人的尊稱。

❸義方：行事應該遵守的規範和道理。語出左傳·隱公三年：『石碏諫曰：「臣聞愛子教之以義方，弗納於邪。」』後多指教子的正道，或曰家教。

❹無忝：不玷辱；不羞愧。語出尚書·君牙：『今命爾予翼，作股肱心膂，纘乃舊服，無忝祖考。』孔傳：『無辱累祖考之道。』

❺瓜月：指農曆七月。因七月瓜果飄香，故得名。語出詩經·七月：『七月食瓜，八月斷壺。』

❻下浣：指農曆每月的下旬二十一日至三十日。

【案】

誌主党有忠，澄城縣交道鎮人，卒於清同治二年（1863），享壽七十六歲。妻趙孺人、王孺人生卒年不詳，三人合葬於其村西北祖塋。

崇公暨德配趙孺人繼配王孺人合葬墓表記

有忠字樸齋世居潞之邑南交道鎮立品則古誠無偽與

公居次先時家道貧寒公殫心竭力備嘗辛苦與長兄

少有觸忤厥後家道漸豐子孫滿堂公式教以讀或教

無寬縱所以子孫賢達皆屬克家令器承先啟後之道

趙孺人賢孝成性佐夫理家衣不擇夫新故惟縑素以持身

不厭操酒漿勤織紡中閫之職敬脩無忝繼配王孺人雖

而必敬必戒勤女紅而無議無非德容兼脩功言並最亦緣

於乾隆五十三年九月二十日吉時享壽七十有六卒於同

全趙王孺人合葬於村西北先塋之次乾山巽向穴深九尺

偽學優廩膳生族甫晚虛齋

博士弟子員姻愚侄松亭宗御

男文泰 文光 孝孫向新 向陞

胞侄文樸 文後 豐侄孫向瞻 鎮

八四　皇清太学生雷公孺人李氏党氏之墓

同治七年（1868）十一月初四日

【誌蓋】

皇清太學生雷公孺人李氏党氏之墓

【誌文】

太學生雷公諱承先，郃陽縣碁南村人。父諱嘉種，壽官[1]，母張/孺人。生於嘉慶十二年八月二十四日，孝友性成，義勇天授，/事父母能得其歡心。伯兄早卒，弱冠時即任家政，未獲卒業/詩書，因甲子助餉，援例入國學。季弟盲於目，公保之如嬰兒，/食少頃則問其飢，天少冷則問其寒，人以爲有司馬氏之風。/丁卯□□，率衆守禦，以大義激發人心，賊不得破其村落。厥/後以衆寡不敵，竟遇賊害而卒，是歲同治六年五月二十二/日也，享年六十有一。配李孺人，生於嘉慶十五年三月十六/日，年十五歸於公，處家嚴正有法，道光二十九年四月十四/日卒，享年四十。續配党孺人。子男震，邑庠生，李孺人出，公以/寡嫂無息，嘗命與伯兄繼嗣。以同治七年十一月初四日同/李孺人合葬於中家陵子山，午向，取先儒上右之説，故公居/孺人之西，而塋在伯兄之東焉。

□孺人理家極勤儉，撫前子不啻所生，生道光十一年十一月/□□，享年六十有二，光緒十八年八月二十七日卒，十月/□□□葬李孺人左。子震，更名存；孫寨、柏、杉；曾孫煦，寨出。

【注釋】

❶壽官：明清時期爲獎勵德行兼備的老者所賜予的一種官職。只有官帽官服、没有爵位，受賜年齡爲七十歲到一百歲。

【案】

誌主雷承先，陝西郃陽人，太學生。卒於同治六年（1867），享壽六十一歲。

八五　皇清大貢元登洲張公暨德配李氏雷氏秦氏車氏合葬墓誌銘

同治十一年（1872）九月十五日

【誌文】

皇清大貢元登洲張公暨德配李氏雷/氏秦氏車氏合葬墓誌銘

公張姓，諱步瀛，字登洲，世居郃之東南/鄉峪北村。曾祖諱三驅，祖諱五倫，/俱太學生。繼嗣祖諱五言，少亡。父/諱佐清，太學生。/公昆仲[1]三人，兄諱步/漢，千總；弟步濤，武生；公其次也，由登/仕郎例授大貢元[2]。嗣子永喜，步濤出，/娶黑池村王氏。女二，長適南社村鄒門，/次適坡南村王門，皆先公卒。元配李孺/人[3]，次雷孺人，秦孺人，車孺人，今在堂者/習恭人。公生嘉慶十二年九月十六日辰時，卒同治六年六月初八日子時，/享壽六十有一。李孺人生嘉慶八年/十月二十日丑時，卒道光十六年十二月/十七日丑時。雷孺人，生道光二年五月/初八日子時，卒道光二十二年二月初/八日子時。秦孺人，生道光六年七月初/七日子時，卒道光三十年九月二十一/日未時。車孺人，生道光十三年十一月/二十二日子時，卒同治七年三月初二/日卯時。今卜吉，同治十一年九月十五/日午時合葬於村西十里新塋之/內，辛山乙向，是爲記。

邑儒學生員眷弟[4]雷先春頓首拜撰并/書

侍慈孤哀子永喜泣血納石

墳地共周圍壹分

【注釋】

❶昆仲：指兄弟。出自儀禮·喪服：『昆弟，四體也，故昆弟之義無分。』

❷孺人：古時命婦封號之一，根據官員品級高低對其母妻授予的官職。明史·職官志：『外命婦之號九：公曰某國夫人，侯曰某侯夫人，伯曰某伯夫人。一品曰夫人，後稱一品夫人。二品曰夫人，三品曰淑人，四品曰恭人，五品曰宜人，六品曰安人，七品曰孺人。』大清會典·文官封贈：『正從三品，祖母，母，妻，各封贈淑人。正從四品，母，妻，各封贈恭人。正從五品，母，妻，各封贈宜人。正從六品，母，妻，各封贈安人。』

❸貢元：在明清兩代，經府、州、縣學選拔、推薦到京師國子監（國家最高學府）學習的學子稱爲『貢生』，尊稱爲『貢元』。

❹眷弟：傳統稱謂用語及謙敬辭的一種，舊時有姻親關係的兩家人互稱，尊長對晚輩自稱『眷生』；晚輩對尊長自稱『眷晚生』；平輩稱爲『眷兄』、『眷弟』。

【案】

誌主張步瀛，陝西郃陽人。卒於清同治六年（1867），享壽六十一歲，葬於郃陽東南鄉峪北村。

八六　皇清誥封恭人先慈楊太恭人墓誌銘

光緒三十一年（1905）十一月十五日

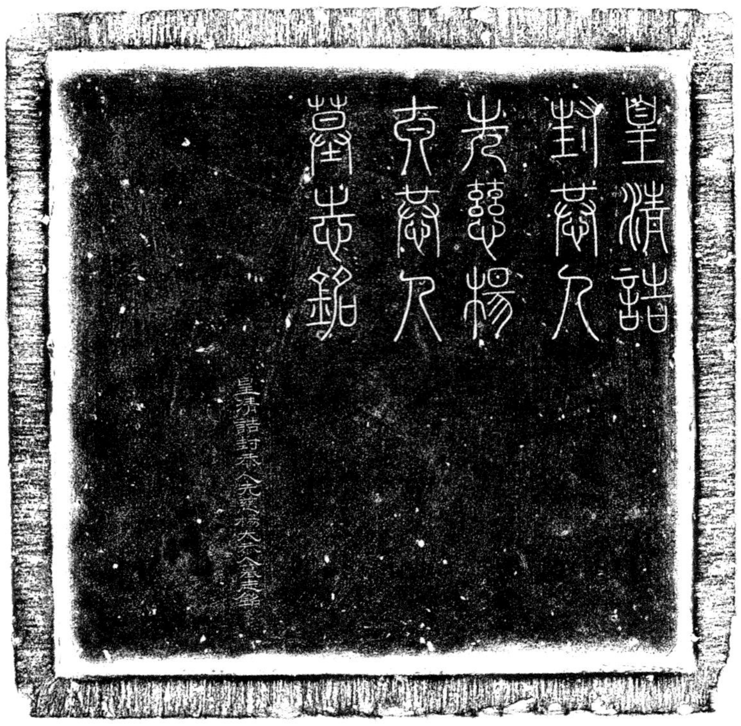

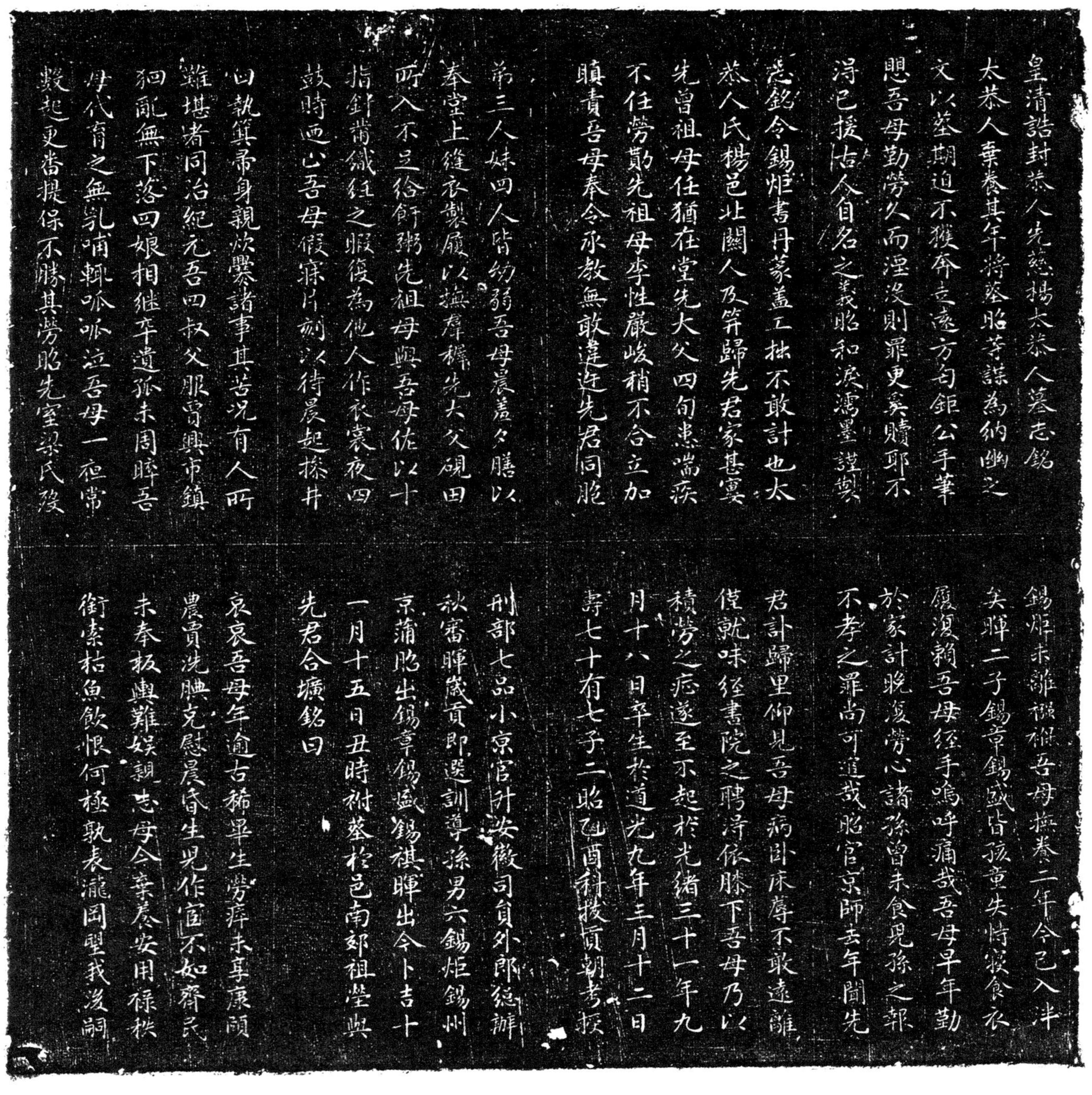

皇清誥封恭人先慈楊太恭人墓志銘
太恭人棄養其年將葬昭芬謀爲納幽之
文以塋期迫不獲奔走遠方匄鉅公手筆
恩吾母勤勞久而湮沒則罪更奚贖耶不
得已援古人自名之義昭和淚濡墨謹製
志銘令錫炬書丹篆蓋工拙不敢計也太
恭人氏楊邑北關人及笄歸先君家甚窶
先曾祖母任猶在堂先大父四旬患喘疾
不任勞勩先祖母李性嚴峻稍不合立加
瞋責吾母奉令承教無敢違迕先君同胞
弟三人妹四人皆幼弱吾母晨羞夕膳以
奉堂上縫衣製履以撫孱稚先大父硯田
所入不足給飦粥先祖母與吾母佐以十
指針黹織紝之暇復爲他人作衣裳夜四
鼓時迺心吾母假寐片刻以待晨起操井
臼執箕帚身親炊爨諸事其苦況有人所
難堪者同治紀元吾四叔父服賈興市鎮
洄亂無下落四娘相繼卒遺孤未周晬吾
母代育之無乳哺輒呱呱泣吾母一夜常
數起更番提保不勝其勞昭先室梁氏歿
錫炬未離襁褓吾母撫養二年今已入泮
矣舉二子錫章錫盛皆孩童失恃寢食衣
履復賴吾母經手嗚呼痛哉吾母早年勤
於家計晚復勞心諸孫曾未食兒孫之報
不孝之罪尚可道哉昭官京師去年聞先
君訃歸里仰見吾母病卧床蓐不敢遠離
侍就味經書院之聘得依膝下吾母乃以
積勞之疾遂至不起於光緒三十一年九
月十八日卒生於道光九年三月十二日
壽七十有七子二昭乙酉科拔貢朝考授
刑部七品小京官升安徽司員外郎總辦
秋審暐歲貢即選訓導孫男六錫炬錫州
京蒲昭出錫章錫盛錫祺暐出今卜吉十
一月十五日丑時祔塋於邑南郊祖塋與
先君合壙銘曰
哀哀吾母年逾古稀畢生勞瘁未享康頤
農賈洗腆克慰晨昏生兒作宦不如齊民
未奉板輿難娛親志母今棄養安用祿秩
銜索枯魚飲恨何極孰表瀧岡望我後嗣

【誌蓋】

皇清誥／封恭人／先慈楊／太恭人／墓誌銘

皇清誥封恭人先慈楊太恭人墓誌銘

【誌文】

皇清誥封恭人先慈楊太恭人墓誌銘

太恭人棄養[1]，其年將葬，昭等謀爲納幽之／文，以葬期迫，不獲奔走遠方丐鉅公手筆，／懼吾母勤勞久而湮没，則罪更奚贖耶？不／得已，援古人自名之義，昭和淚濡墨，謹製／志銘，令錫炬書丹篆蓋，工拙不敢計也。太／恭人氏楊，邑北關人，及笄歸先君，家甚窶。／先曾祖母任猶在堂，先大父四旬患喘疾，／不任勞勩。先祖母李性嚴峻，稍不合，立加／瞋責。吾母奉令承教，無敢違迕。先君同胞／弟三人，妹四人，皆幼弱，吾母晨羞夕膳，以／奉堂上；縫衣製履，以撫群稚。先大父硯田[2]／所入，不足給飦粥，先祖母與吾母佐以十／指，針黹織紝之暇，復爲他人作衣裳，夜四／鼓時乃止。吾母假寐片刻，以待晨起，摻井／臼，執箕帚，身親炊爨諸事，其苦況有人所／難堪者。同治紀元，吾四叔父服賈興市鎮，／□□，無下落，四娘相繼卒，遺孤未周晬[3]。吾／母代育之，無乳哺，輒呱呱泣，吾母一夜常／數起，更番提保，不勝其勞。昭先室梁氏殁，／錫炬未離繦褓，吾母撫養二年，今已入泮[4]／矣。暉二子錫章、錫盛，皆孩童失恃，寢食衣／履，復賴吾母經手。嗚呼痛哉，吾母早年勤／於家計，晚復勞心諸孫，曾未食兒孫之報，／不孝之罪，尚可逭[5]哉？昭官京師，去年聞先／君訃，歸里，仰見吾母病卧床蓐，不敢遠離，／僅就味經書院[6]之聘，得依膝下。吾母乃以／積勞之症，遂至不起，於光緒三十一年九／月十八日卒，生於道光九年三月十二日，／壽七十有七。子二，昭，乙酉科拔貢[7]，朝考授／刑部七品小京官，升安徽司員外郎，總辦／秋審。暉，歲貢[8]，即選訓導。孫男六，錫炬、錫州、／京蒲，昭出；錫章、錫盛、錫祺，暉出。今卜吉十／一月十五日丑時，袝葬於邑南郊祖塋，與／先君合壙。銘曰：

哀哀吾母，年逾古稀，畢生勞瘁，未享康頤。／農賈洗腆[9]，克慰晨昏，生兒作宦，不如齊民[10]。／未奉板輿[11]，難娱親志，母今棄養，安用禄秩？／銜索枯魚[12]，飲恨何極！孰表瀧岡[13]，望我後嗣。

【注釋】

㊀棄養：子女不得奉養，爲父母逝世的婉詞。

㊁硯田：以硯喻田，謂靠筆墨維持生計。宋代唐庚有次泊頭詩：『硯田無惡歲，酒國有長春。』

㊂周晬：指周歲。

㊃入泮：周代國學前有半圓形的池，名泮水，故而學校即稱泮宫。明、清時考中秀才後進入府州縣學學習，稱爲『入泮』。

㊄逭：意爲躲避。尚書・太甲有：『天作孽猶可違，自作孽不可逭。』

㊅味經書院：位於陝西涇陽縣，清同治十二年（1873）督學許振禕奏建。

㊆拔貢：明清科舉制度，定期由各省學政選拔文行兼優的生員貢入京師國子監，即稱拔貢。經朝考合格後，量才授職。

㊇歲貢：明清科舉制度，每年或二三年從各府、州、縣學中選送生員升入國子監就讀，稱爲歲貢。

㊈洗腆：指置辦潔浄豐盛的酒食，以奉養父母。語出尚書・酒誥：『肇牽車牛，遠服賈，用孝養厥父母。厥父母慶，自洗腆，致用酒。』

㊉齊民：意爲一般的老百姓。

⑪奉板輿：板輿爲古代一種用人抬的代步工具，多爲老人乘坐，後多用作孝養父母的典故。晋代潘岳閑居賦：『太夫人乃御板輿，升輕軒，遠覽王畿，近周家園。』

⑫銜索枯魚：穿在繩上的幹魚。出自韓詩外傳卷一：『枯魚銜索，幾何不蠹。二親之壽，忽如過隙。』形容好景不長。

⑬瀧岡：地名，在江西永豐縣沙溪南鳳凰山上，歐陽脩曾爲埋葬於此的父親作墓碑文瀧岡阡表。此處以瀧岡指代兒子爲亡父作祭文。

【案】

誌主楊太恭人，卒於清光緒三十一年（1905），享壽七十七歲，葬於陝西涇陽縣邑南郊。

文以塋期迫不獲奔走遠方句鉅公手筆
懇吾母勤勞久而湮沒則罪更奚贖耶不
得已援古人自名之義貽和淚濡墨謹與
兆銘令錫炬書丹篆蓋工拙不敢計也太
恭人氏楊邑北關人及笄歸先君家甚窶
先曾祖母任猶在堂先大父四旬患喘疾
不任勞歎先祖母李性嚴峻稍不合立加
嗔責吾母奉令承教無敢違逆先君同胞
弟三人妹四人皆幼弱吾母晨羞夕膳以
奉堂上縫衣製履以撫摩稺先大父硯田
所入不足給飦粥先祖母與吾母佐以十
指針黹織紝之暇復為他人作衣裳夜四
鼓時迺已吾母假寐片刻以待晨起操井

臼復賴吾母經手嗚呼痛哉吾母早年勤
於家計晚復勞心諸孫曾未食見孫之郭
不孝之罪尚可逭哉貽官京師去年聞先
君訃歸里仰見吾母病臥床蓐不敢遠離
侍就味經書院之聘得依膝下吾母乃以
積勞之疴遂至不起於光緒三十一年九
月十八日卒生於道光九年三月十二日
壽七十有七子二貽乙酉科拔貢朝考授
刑部七品小京官升安徽司員外郎總辦
秋審暉歲貢即選訓導孫男六錫炬錫州
京蒲貽出錫章錫盛錫祺暉出令卜吉十
一月十五日丑時祔塋於邑南郊祖塋與
先君合壙銘曰

八七　皇清國子監太學生引泉田公墓誌銘

咸豐、同治間

【誌額】

引泉田公墓誌銘

【誌文】

皇清國子監太學生引泉田公墓誌銘

咸豐甲寅春，余應太學生田公聘，主講西／席㊀，賓主浹洽談如也。越三年，余爲子聘公／長女，以桃李之情兼葭莩之誼㊁，數稔間相／得甚歡，因知其梗概甚悉。卜窆有期，長子／宗海持狀，丐余銘石，義弗容辭，謹按狀而／誌之。公諱逢源，字引泉，號崑西，祖居富平／東北鄉美原。始祖義甫公有拔宅升天㊂事，／本支後遷田村，未數載，復遷董村。先代以／來，書香綿延，稱望族焉。考世春公，字繡寰，／恩榮壽官；叔世英公，庠名澍，字霖蒼，附生。／繡寰公元配孫孺人，有子三，長逢辰公，庠／名象賢，字肯堂，號鳳山，邑庠優生，舉鄉飲介賓㊃；次逢吉公，字靄亭，號阜南，業商，承霖／（誌殘）

【注释】

❶西席：舊時家塾教師或幕友的代稱。

❷葭莩之誼：親戚的代稱。

❸拔宅升天：古代傳説修道的人會帶着全家連同住宅同升仙界。典出太平廣記·許真君：『真君以東晋孝武帝太康二年八月一日，於洪州西山，舉家四十二口，拔宅上升而去。』

❹鄉飲介賓：清代參加鄉飲酒禮的嘉賓統稱鄉飲賓，在鄉飲酒禮上輔佐賓客的人稱爲鄉飲介賓。

八八　皇清大監元■子引王公墓表

咸豐八年（1858）二月初二日

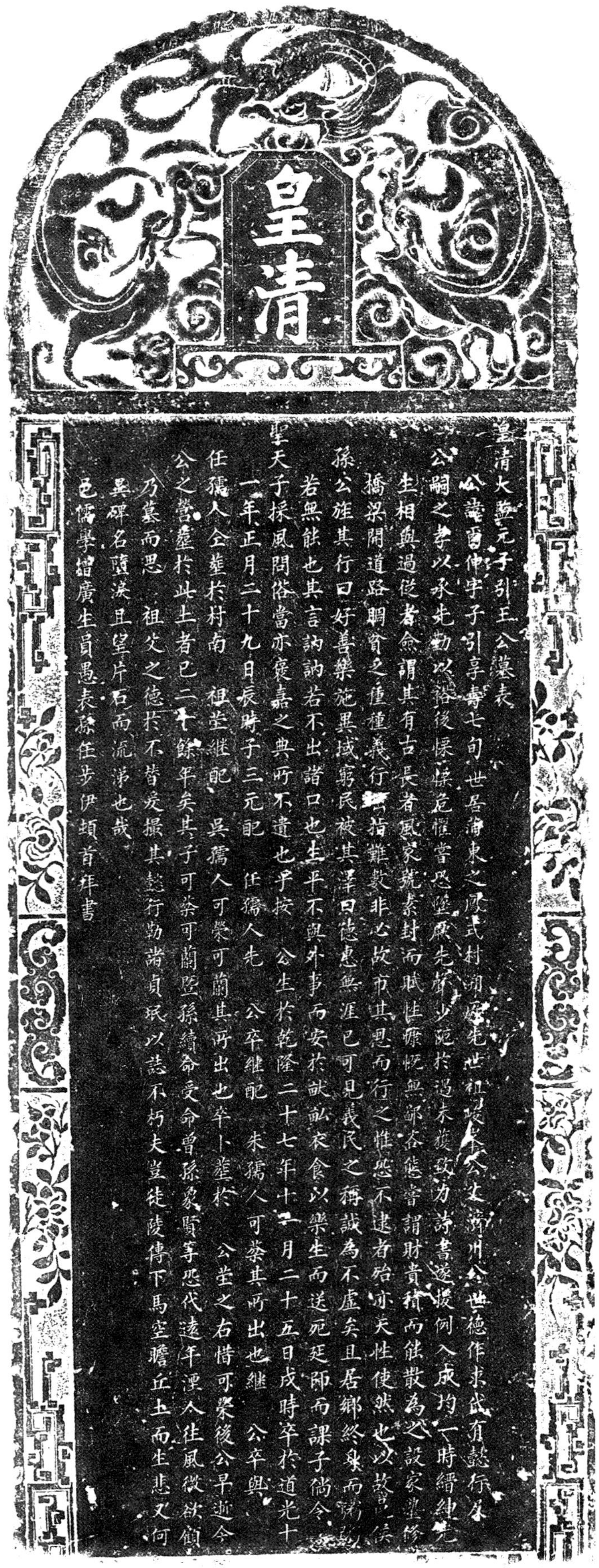

【碑面】

賜進士出身/欽加知州銜四川潼川府蓬谿縣知縣加五級記録十二次古澂鄉晚馬寶書頓首拜題

大監元子引王公之墓

男□□□孫受、□命暨曾孫象賢仝立石

大清咸豐八年歲次戊午二月初二日之吉

【碑陰】

皇清大監元子引王公墓表

公諱爾伸，字子引，享壽七旬，世居蒲東之鳳式村。溯厥先世，祖峻峯公，父濟州公，世德作求，代有懿行。及/公嗣之，孝以承先，勤以裕後，慄慄危懼，嘗恐墜厥先聲。少厄於遇，未獲致力詩書，遂援例入成均[2]，一時縉紳先/生相與過從者，僉謂其有古長者風。家號素封，而賦性慷慨，無鄙吝態，嘗謂財貴積而能散，爲之設家塾，修/橋樑，開道路，賙貧乏，種種義行，出指難數，非必故市其恩，而行之惟恐不逮者，殆亦天性使然也。以故邑侯/孫公旌其行曰好善樂施，异域窮民被其澤曰德惠無涯，已可見義民之稱，誠爲不虛矣。且居鄉，終身而粥粥/若無能[3]也。其言訥訥，若不出諸口也。生平不與外事，而安於畎畝衣食，以樂生而送死，延師而課子。倘令/聖天子採風問俗，當亦褒嘉之典所不遺也乎！按：公生於乾隆二十七年十一月二十五日戌時，卒於道光十/一年正月二十九日辰時。子三。元配任孺人先公卒。繼配朱孺人，可棻其所出也，繼公卒，與/任孺人仝葬於村南祖塋。繼配吳孺人，可榮、可蘭其所出也，卒，卜葬於公塋之右，惜可榮後公早逝。今/公之營葬於此土者已二十餘年矣，其子可棻、可蘭暨孫續命、受命，曾孫象賢等恐代遠年湮，人往風微，欲顧/乃墓而思祖父之德於不替，爰撮其懿行，勒諸貞珉，以誌不朽。夫豈徒陵傳下馬[4]，空瞻丘土而生悲；又何/异碑名墮泪[5]，且望片石而流涕也哉。

邑儒學增廣生員愚表孫任步伊頓首拜書

【注释】

❶監元：明清時期，國子監生員考試第一名。

❷成均：相傳爲遠古堯舜時的學校，後就用來指代學校。語出周禮·大司樂：『掌成均之法，以治建國之學政，而合國之子弟焉。』

❸粥粥若無能：形容謙卑、柔弱的樣子。語出禮記·儒行：『其難進而易退也，粥粥若無能也。』

❹陵傳下馬：漢代經學大師董仲舒墓，位於漢長安城南，官民至此下馬步行，以示崇敬，故稱下馬陵。

❺墮泪碑：西晉政治家羊祜曾在湖北襄陽任官，多有善政，死後民衆爲紀念其德，在峴山爲他建廟立碑，時人每每讀此碑，都傷感落泪，號爲『墮泪碑』。

【案】

墓表即墓碑，因其立於墓前表彰死者功德，故稱。碑主王爾伸，清國子監生，卒於道光十一年正月（1831），享壽七十歲，葬於蒲城鳳式村村南祖塋。據碑云立於王公卒後二十多年，即咸豐八年（1858）。

村湖府先世祖峻峰公文濟州公世德作求武有懿
先聲少跎於遇未獲致力詩書遂援例入成均一時
而賦性廉慨無鄙吝態嘗謂財貴積而能散為之設
故市其恩而行之惟恐不逮者殆亦天性使然也以
惠無涯已可見義民之稱誠為不虛矣且居鄉終身
外事而安於畎畝衣食以樂生而送死延師而課子
公生於乾隆二十七年十一月二十五日戌時卒於
先　公卒繼配　朱孺人可榮其所出也繼　公卒
可蘭其所出也卒卜葬於　公塋之右惜可榮後公
蘭暨孫續命受命曾孫象賢等恐代遠年湮人往風
諸貞珉以誌不朽夫豈徒陵傳下馬空瞻丘土而生

八九　清故大保介●胡翁休徵懿行碑

【碑文】

清故大保介胡翁休徵懿行碑

翁諱生瑞，字休徵，蒲治西三里郇人也。先世以來，類多業農，其父平升爲商，早卒。翁幼（失）/怙，蒙母氏馮撫養成人，童時即知家計，不事游戲。稍長，力田造楮，益以勤苦自勵，诸父/督之不遺餘力，無怨言；有過誤，母責之，俯首聽從。年及壯，昆季因細故析産。光绪戊寅，/大侵[二]，家無甑石儲，食属甚衆，家道中落，舊業蕩然。乃隨舅氏至山右曲沃，爲傭化楮，年/得工資若干。旋里，营立楮業[三]，雇厮役，共勞苦，分任操化。日常衝風冒雨，起早眠遲以治/務，以是積年財漸充裕，於鄰里困乏者濟之，婚葬不足者佽之。晚歲年高屬尊，鄉黨是/多就决焉。得翁一言，争者平，訟者息，戾者和，比比然也，一鄉之人稱爲長者。昔魯仲連/解紛難，范仲淹贍恤宗戚，此二公者風高千古，澤被一時，翁之所行遠不逮矣。然釋□/門，分多润寡，亦人世之難能，所謂鉄中錚錚，庸中佼佼者也。間嘗見一邑之間，有境涉/困，即隕穫[四]不堪，而廉耻道喪，恒乞憐於人；抑或家擁巨資，奢靡淫泆，厚於自奉，而於周/之義，漠不相關，此其人處約處樂，皆不可也。翁則貧能立志，嘗勞身以成家；富知好義，/分財以濟物，雖未足語乎道德之列，而志節行爲迥异庸常，固自有可法者在也。今其/若孫純謹篤實，克紹箕裘[五]，天之報施善人，固有時而信然耶？謂予不信，請觀來者。時在/己巳葭月[六]也。

清邑儒學生員里人壽卿梁希灝頓首拜撰

清廪貢生候銓儒學訓導邑人张鈾書丹

親執户族

男顺盛、林盛暨孫正玉、正璧、正璽立石

【注釋】

❶大保介：指古時立於車右，披甲執兵，擔任侍衛的勇士。詩經·臣工：『嗟嗟保介，維莫之春，亦又何求，如何新畬。』

❷大侵：嚴重歉收，大饑荒。語出谷梁傳·襄公二十四年：『五穀不升謂之大侵。』

❸楮業：指造紙業。楮爲落葉喬木，葉似桑，樹皮是製造桑皮紙和宣紙的原料。楮，古時亦作紙的代稱。

❹隕穫：喪失志氣。語出禮記·儒行：『儒有不隕穫於贫戝，不充詘於富贵，不慁君王，不累長上，不閔有司，故曰儒。』鄭玄注：『隕穫，困迫失志之貌也。』

❺克紹箕裘：比喻能繼承先輩事業。語出禮記·學記：『良冶之子必學爲裘，良弓之子必學爲箕。』

❻葭月：古時對農曆十一月的美稱。

【案】

碑主胡生瑞，清蒲城縣三里郇人，幼年喪父，勤苦自勵。後因致力造紙，家境漸富。在鄉里樂善好施，平息争訟，德高望重，因此鄉人立此碑以頌揚其德行善迹。

字佳徵蒲治西三里邨人也先世以來類多業農其父季洙若
爲撫養成人童時即知家計不事遊戲稍長力田道稽益昌歲
餘力無怨言有過錯母責之俯首跪聽年及壯娶李因細故析
爨石儲食爲甚家道中落營業蕩然乃隨鄭氏至山右曲沃
十旋里營立椅業雇廝役共勞苦分任操作日常衝風冒兩
孳財漸充捐於附里困乏者濟之婚塟不足者佽之祀歲奉高
淂翁一言爭者弭訟者息戾者和々然也一鄉之人稱爲長
仲淹贍婣宗戚此二公者風高千古澤被一時翁之所行遠不
亦示人老之鰥寡所謂鐵中錚々庸中佼々者也間嘗見一邑
不堪而廉恥道喪恒乏情於人抑或家擁巨資者靡深洪厚於
相閡也其人處竭處皆不可也翁財貧能立志嘗勞身以成
務本未足語乎道德之列而志節行爲迥異庸常固自有可法
焉實克紹箕裘天之報施善人固有時而信然耶謂予不信請
也

清邑儒學生員里人壽鄉梁希灝頓首拜譔

清廩貢生候銓儒學訓導邑人張鈇書丹

九〇　皇清太學生濟堂侯公暨德配惠孺人合葬墓誌銘

【誌額】

皇清／太學／生濟／堂侯／公暨／配惠／孺人／墓銘

【誌文】

皇清太學生濟堂侯公暨／德配惠孺人合葬墓／誌銘

公諱作霖，字濟堂，世居奉／先西鄉。祖父以來，耕讀傳／家，溯勤儉之風者，舉公家／爲巨擘焉。兄弟四人，公齒／最幼，而襟懷磊落，有才幹，／較諸兄爲優。出就外傅，讀／經史，聰穎絶人，識者皆目／爲遠大器。乃值伯仲早卒，／慨然以家計爲己任，棄筆／硯，習會計。以陽尹鎮質庫[1]／遺業，乏經紀才，遂躬親摒／擋[2]，持籌握算，不復唱渭城／矣。數年子母相權，居積致／富，援例舉太學生。然疏財／仗義，有求者無不如願以／償。丙寅歲凶，發粟賑鄉鄰，／賴□□□者固指不勝屈（誌殘）

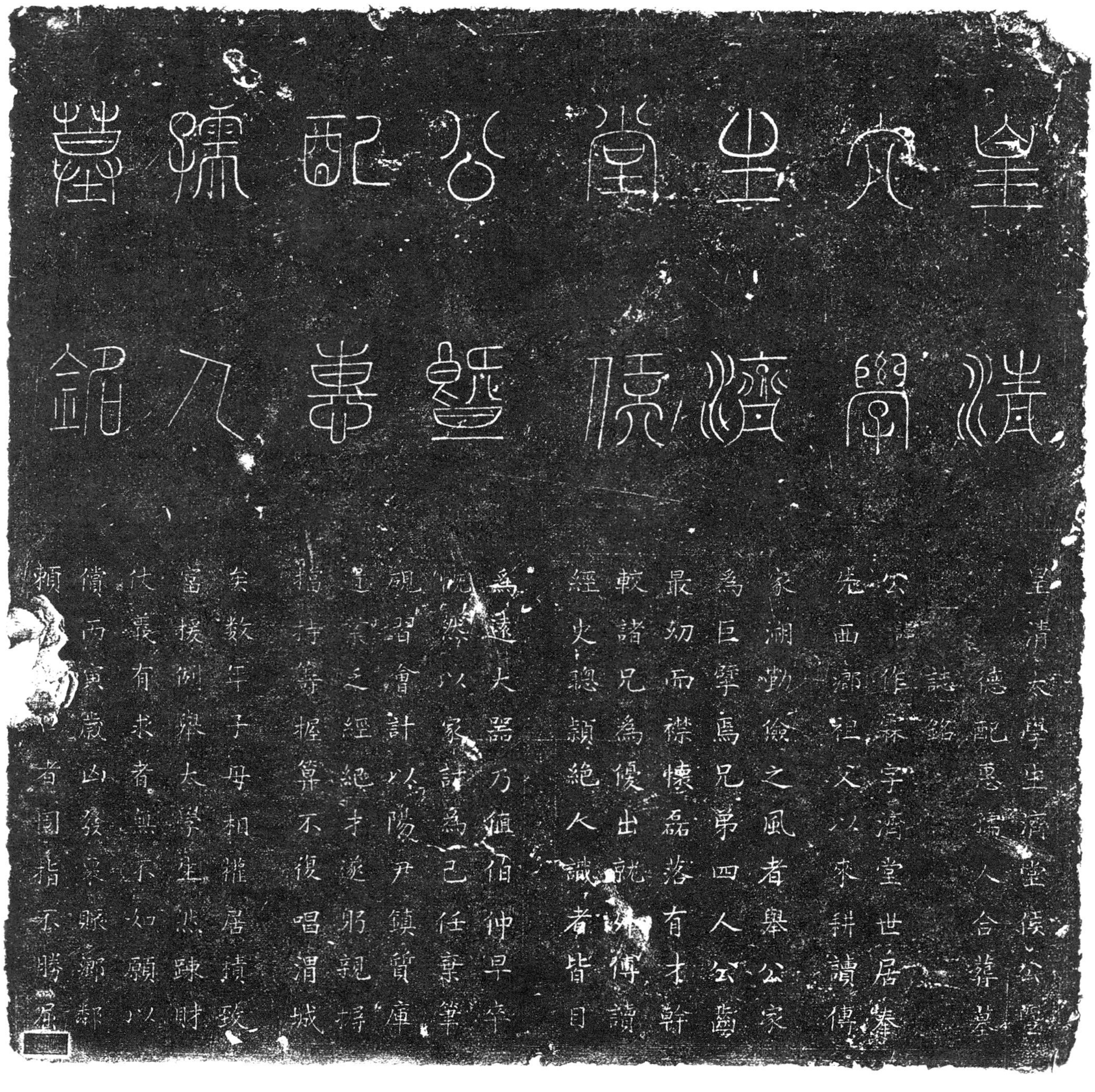

【注釋】

❶質庫：指當鋪。舊唐書·德宗本紀上：『搜括既畢，計其所得纔八十萬貫，少尹韋禎又取僦櫃質庫法拷索之，纔及二百萬。』

❷摒擋：收拾料理、籌措。清錢謙益太原府推官唐君墓誌銘：『卒之日，摒擋箱篋，敝衣數襲而已。』

【案】

誌主侯作霖，陝西奉先（今蒲城縣）人，清太學生。此墓誌銘殘缺，亦不詳樹立時間，碑中提到丙寅年，清朝共經歷4個丙寅年，分别是1686年、1746年、1806年、1866年，無法斷定爲哪一個。

九一　皇清例贈文林郎顧山井公墓誌銘

【誌額】

例贈／文林／郎問／渠井／公墓／誌銘

【誌文】

皇清例贈文林郎顧山井公墓誌銘

公井氏，諱宗源，字問渠，顧山其號／也，世居邑之興龍河，好直尚義，有／俠士風。方入學，以父榮亭公登上／庠，便毅然以家政自任。性剛果，撫／諸弟若嚴君❶，不肯稍稍容縱，故家／庭之間肅若朝儀。然意象温醇，未／嘗不融融與與如也，以是諸弟皆／表表人寰❷。而仲氏大源，乃得以官／贈榮亭公騎尉。年十七，即充當里／總❸，每建議剖疑，輒資其識斷，類如／庖解❹。然有舞智其間者，復面飭之，／無少假。不給者，復捷輪之，償亦弗／計也。先是邑人里差有攤派，例一／人常兼數事，率多失誤，公爲請諸／邑侯，改令輪流周辦，至今人猶樂／從之，其明决公敏如此。重然諾，諸／必無宿❺。有一貧至鬻婦者，業成約，／公聞之，即馳去，曲爲周全，出貲排／解，且繼之以賙，人咸義之。公乃嘆／曰：『吾責也。我在，而使吾鄉有生離／事，何以教子孫，睦鄰里耶？』由是每／遇歲祲，必出粟賑給，惟恐弗及。抑／亦無德色，無驕容，是爲難耳。非所／（誌殘）

【注釋】

❶嚴君：父母之稱。易・家人：『家人有嚴君焉，父母之謂也。』

❷表表人寰：形容人物風姿俊逸，超凡脱俗。

❸里總：鄉里排查户口、課植農桑、檢舉非法、催辦賦役的基層官員。

❹類如庖解：就像庖丁解牛一樣得心應手。

❺諾必無宿：指諾言及時兑現，不過夜。王若虚論語辨惑三：『子路一聞夫子見與之言，遂有驕恣之心。方且無宿夜然諾，不待明日，必條而行之，欲天下之人信也。』

【案】

誌主井宗源，原居陝西蒲城井家原，後移居縣城大十字巷。其子井永汲，字綆齋，爲人樂善好施。清光緒三年（1877），陝西大旱，井永汲獨自出白銀 150 餘萬兩，在蒲城廣陽和縣城古鎮巷、大十字巷等地設粥場五處，放賑三年，度過荒年，家漸由此衰落。井永汲六子井勿幕，是陝西辛亥革命的先驅和杰出領導人之一，被孫中山譽爲『西北革命巨柱』。1918 年 12 月在陝西興平被北洋軍閥郭堅部下殺害，時年三十一歲。1945 年 11 月被國民政府追贈國民革命軍陸軍上將銜。此碑對考察蒲城井氏家族歷史極有價值，惜原石殘缺不全。

九二　皇清例贈登仕郎增貢生涵之張公暨元配李孺人繼配惠孺人合葬墓誌銘

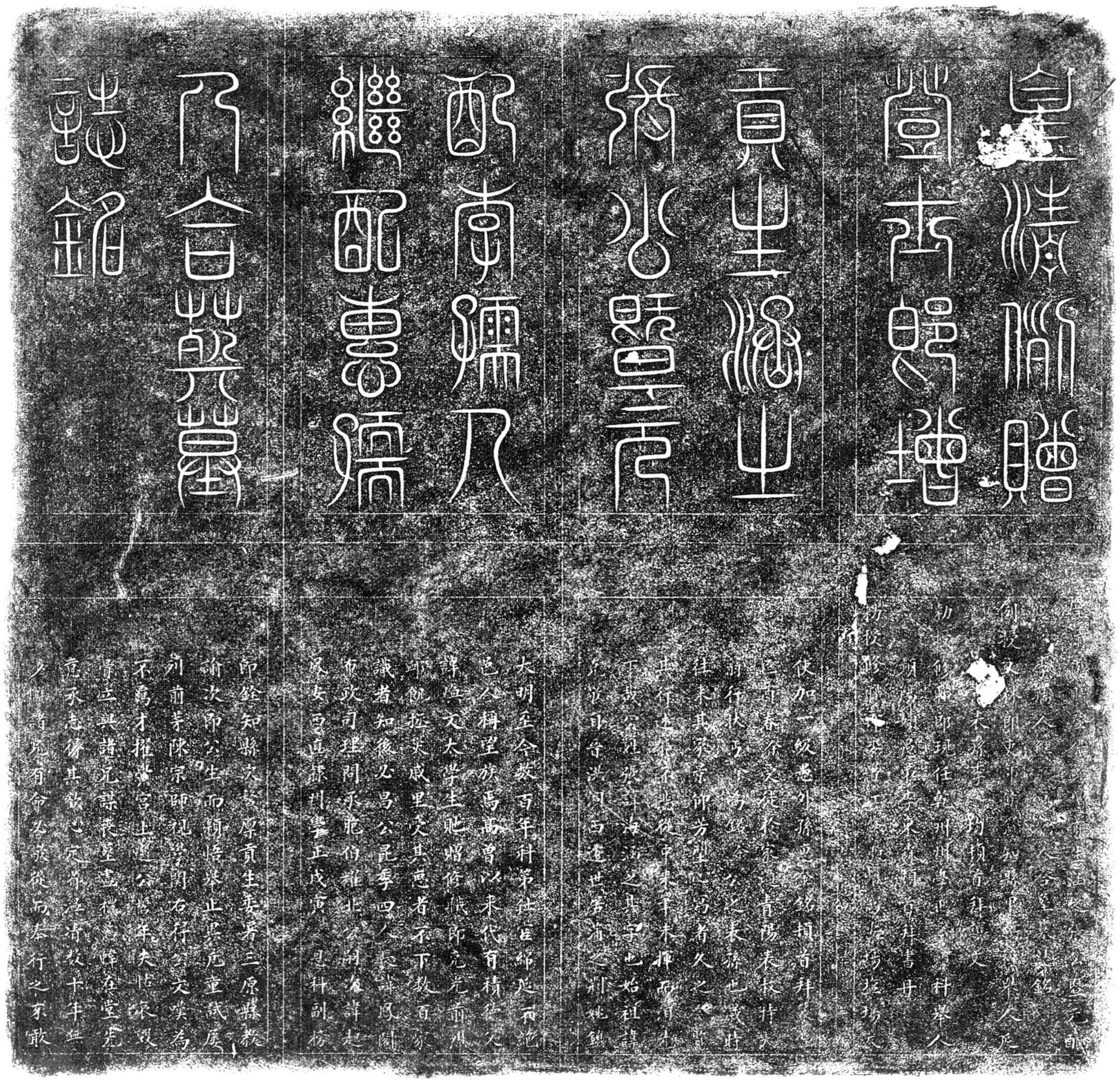

【誌額】

皇清例贈／登仕郎增／貢生涵之／張公暨元／配李孺人／繼配惠孺／人合葬墓／誌銘

【誌文】

皇清例贈登仕郎增貢生涵之張公暨元配／李孺人繼配惠孺人合葬墓誌銘

例授文林郎吏部侯銓知縣甲□□舉人延／□□表孫李均頓首拜撰文

敕授修職郎現任乾州州學正□卯科舉人／頻陽姻愚弟李東森頓首拜書丹

敕授修職郎委署江蘇□□富安場鹽場大／使加一級愚外孫惠金銘頓首拜篆蓋

己酉春，余受徒於家，適青陽表叔持大／翁行狀丐余爲銘。余，公之表孫也。歲時／往來其家，景仰芳型，心寫者久之，今覽／其行述，能不悲從中來，筆未揮而泪先／下哉？公姓張，諱海，涵之其字也。始祖諱／克敬，自晋洪洞西遷，世居蒲之荆姚鎮。／大明至今數百年，科第仕宦綿延不絶，／邑人稱望族焉。高曾以來，代有積德。父／諱焕文，太學生，貤贈❶修職郎，克光前烈，／恤飢拯災，戚里受其惠者不下數百家，／識者知後必昌。公昆季四人，長諱鳳閣，／布政司理問，承胞伯耀北公嗣。次諱起／鳳，安西直隸州學正，戊寅恩科副榜，／即銓知縣。次鰲，廩貢生，委署三原縣教／諭。次即公，生而穎悟，舉止异凡，童試屢／列前茅。陳宗師視學關右，得公文，嘆爲／不羈才，擢黌宫上選。公髫年失怙，哀毁／骨立，與諸兄謀喪葬，盡禮。慈幃❷在堂，先／意承志，得其歡心，定省温清❸數十年，無／少懈。諸兄有命，必敬從而奉行之，不敢（誌殘）

【注釋】

❶貤贈：謂將本身和妻室封誥呈請朝廷移贈給先人。黄漘濟南高氏先塋碑：『國朝之制，官七品以上，咸得貤贈其先，所以廣孝而勸忠也。』

❷慈幃：舊時母親的代稱。

❸定省温清：古代對於孝道的要求，兒女早晚向父母問安，讓父母生活得舒適。禮記·曲禮上：『凡爲人子之禮，冬温而夏清，昏定而晨省。』

九三　洛陽群齋張君暨德配朱太君合葬墓誌銘

民国二十一年（1932）十二月

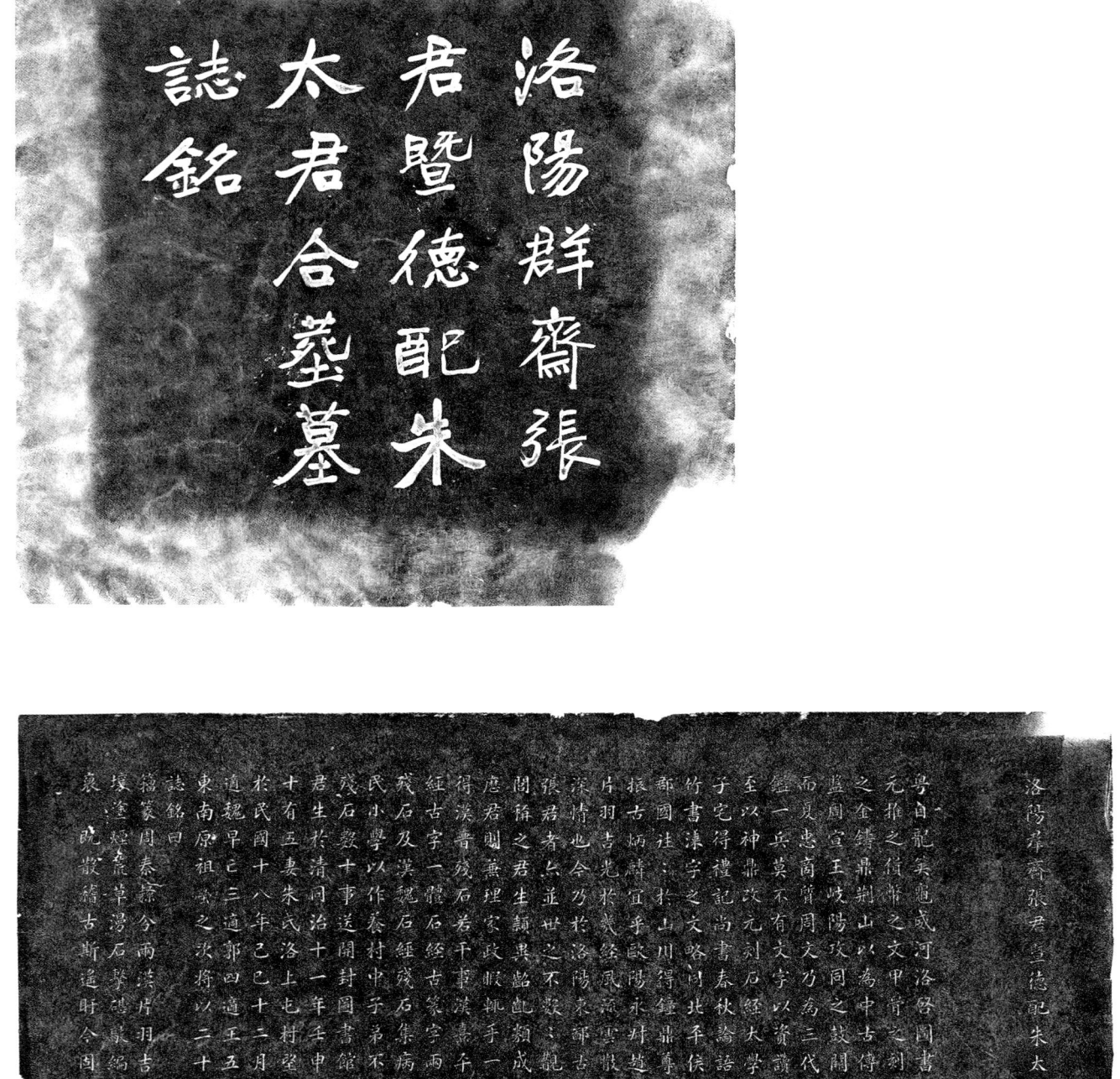

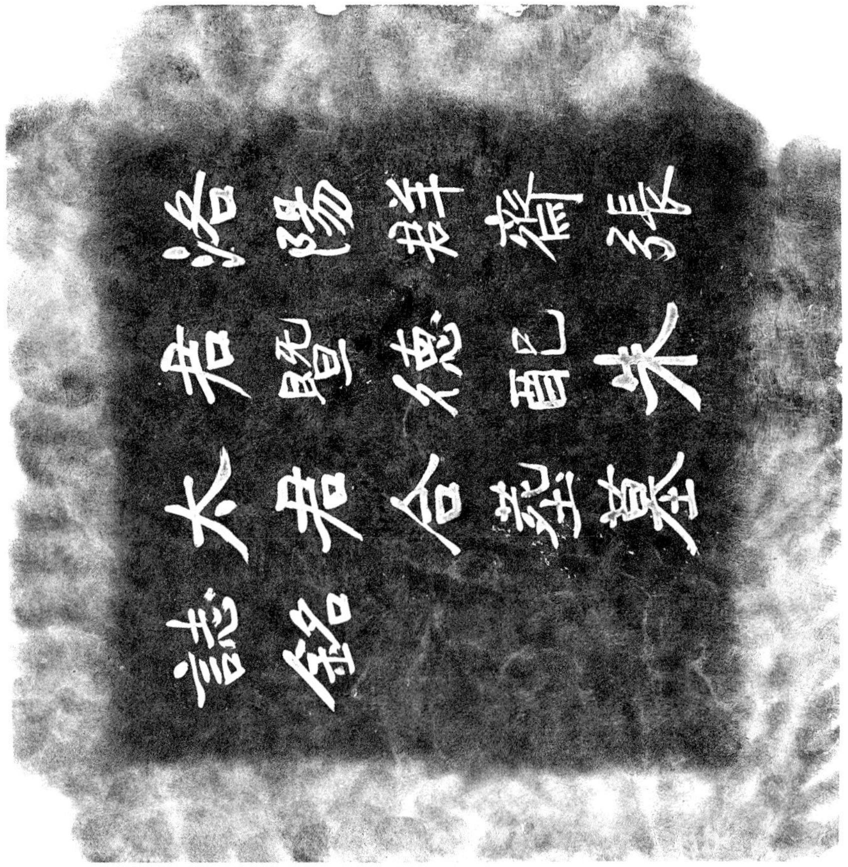

洛陽林東郊撰文
蓮花朱益藩書丹
三原于右任題蓋
吳縣周梅谷刻

【誌文】

粵自龍策龜威[一]，河洛啓圖書之秘，一時雨粟鬼哭[二]。蒼沮之儔[三]視獸迒鳥跡，開文字之大紀/元。推之愼幣之文[四]、甲骨之刻，凡所留遺，皆足考鏡隆古文明之進化史。神禹氏興，收九牧/之金，鑄鼎荆山，以爲中古傳國之神器，岣嶁一碑[五]，遂爲後世刻石鼻祖。至於成湯日新之/盤[六]，周宣王岐陽攻同之鼓[七]，闕里饘粥之銘，并與史籀大篆[八]十七篇、孔子古文六經相輔翼/，而夏忠、商質、周文乃爲三代金石評訂之鑑。秦皇刻石嶧山、之罘、會稽諸山[九]，一權、一量、一/鑑、一兵，莫不有文字以資，讀倉頡爰歷、博學等篇者，得有所參證焉。漢興，尤重金石古文，/至以神鼎改元。刻石經太學，以爲士人文學之範，魏晉續刻，踵事而增已耳。魯恭王壞孔/子宅[十]，得禮記、尚書、春秋、論語、孝經，世所謂壁中書，晋人謂之科斗文，與汲郡魏安釐王冢/竹書[十一]漆字之文略同。北平侯張蒼獻春秋左氏傳，亦壁中諸經之類，石經其精華也。當時/郡國往往於山川得鐘鼎尊彝，亦古文之遺也，開母二室之闕，郙閣、石門之頌，淵懿樸茂，/振古炳麟。宜乎歐陽永叔、趙明誠、洪容齋、鄭漁仲輩竭力網羅搜藏，不惜抱殘守闕，冀留/片羽吉光於幾經風流雲散之餘。余雖力未逮，而摩挲所及，瞻識所經，固同此稽古之/深情也。今乃於洛陽東鄙古金墉之墟，於遥遥千數百年後，猶有嗜古耽幽，其人如群齋/張君者，亦并世之不數數覯者已。君諱敬修，字群齋。曾祖謙，祖守先，父彭壽，樂善讀書，鄉/閭稱之。君生穎异，齠齔類成人，與兄敬軒并讀家塾，塾師均器之。後兄膺歲貢，候選府經/歷，君則兼理家政，暇則手一編，效静坐法，殘碑斷碣，購置不少吝惜。生平所/得，漢晋殘石若干事，漢熹平一字石經有詩、書、易、儀禮、春秋公羊傳各若干事，魏三體石/經、古字一體石經、古篆字兩體石經、品字三體石經各若干事，彙列成帙，顔曰群齋漢晋/殘石及漢魏石經殘石集。病篤，猶諄諄以善爲保存囑其後人，并囑以節儉餘資設立平/民小學，以作養村中子弟，不更及家事。今其子已將所集付梓，并將兵火荒災未經散失/殘石數十事送開封圖書館陳列，復捐貲置田十餘畝設村中平民小學校，從君遺命也。/君生於清同治十一年壬申正月十五日，歿於民國十五年丙寅九月二十八日，春秋五/十有五。妻朱氏，洛上屯村望族，孝慈端謹，有遠識。生於清同治八年己巳十月初八日，歿/於民國十八年己巳十二月初十日，春秋六十有一。子二，長祥珎，次祥璐。女五，長適劉，次/適魏，早亡；三適郭，四適王，五適郭。孫四，風清、惠清、水清、寅清。君先朱太君卒三年，葬於村/東南原祖塋之次，將以二十一年十二月吉日，合葬朱太君於君兆域，祥珎以狀乞爲之/誌。銘曰：

籒篆周秦，隸分兩漢。片羽吉光，星晶霞璨。矧此石經，希世藻翰。二千年來，滄桑變亂。委瘗/壞塗，湮荒草漫。石擎磓敲，編殘簡斷。山玉惜零，雲章珍段。嗜篤益饕，藏深弗玩。積以所遺/，裒□既散。稽古斯遙，盱今固罕。刻此銘辭，无張无讕。

【注釋】

❶龍策龜威：傳説有龍馬背負河圖出於黄河，神龜背負洛書出於洛水。易經·系辭上曰：『河出圖，洛出書』。

❷雨粟鬼哭：淮南子·本經訓載：『倉頡作書，而天雨粟，鬼夜哭。』指傳説中倉頡造字，驚天動地。

❸蒼沮：倉頡與沮誦的并稱。相傳二人爲黄帝史官，始作文字。

❹傎幣之文：指代先秦金屬鑄幣上的文字。

❺岣嶁碑：相傳爲夏禹所寫，原在湖南省衡山县雲密峰，早佚。后世有摹刻流传，實爲伪托。

❻成湯日新之盤：成湯，即商湯，商朝開國君主。日新之盤，見載於禮記·大學：『湯之盤銘曰：苟日新，日日新，又日新。』

❼岐陽攻同之鼓：指唐代發現於陝西寶雞境内的十個石鼓，上刻有四言詩，當時認爲是周宣王時遺物。宋歐陽修集古録：『石鼓文，名言警句，在岐陽，初不見稱於世，至唐人始盛稱之。而韋應物以爲周文王之鼓，在今鳳翔孔子廟中。』

❽史籀大篆：漢書·藝文志：『史籀十五篇。唐顔師古註：周宣王太史作大篆十五篇。』

❾秦始皇在統一後多次巡游天下，曾在泰山、嶧山、琅琊、會稽等地摩崖刻石，歌功頌德，相傳爲李斯撰文并書丹。是秦代石刻的代表。

❿漢書·藝文誌載：『武帝末，魯共王壞孔子宅，……而得古文尚書及禮記、孝經凡數十篇，皆古字也。』

⓫竹書：即竹書紀年，又稱爲汲冢紀年，西晋時汲郡盗墓者發掘戰國魏安釐王墓，因而出現，是魏國史官編纂的編年史。

【案】

誌主張敬修，河南洛阳人，生於清同治十一年（1872），卒於民國十五年（1926），享年五十一歲。張敬修與妻朱太君合葬，其墓誌銘由林東郊撰文，朱益藩書丹，于右任題蓋。

林東郊（1868–1937），字齊原，又字霽園，洛陽人。光緒戊戌科進士，授翰林院檢討，歷充國史館協修、纂修等職，1911 年補授廣西桂林府知府。辛亥革命後，當選國民黨衆院議員，後退居鄉里，閉門讀書。著有易易、愛日草廬詩集。

朱益藩（1861–1937），字艾卿，號定園，江西萍鄉蓮花人。光緒時進士，入翰林院，官至湖南正主考，陝西學政，上書房師傅。曾任北京大學第三任校長，書法家。

于右任（1879–1964）陝西三原人，早年爲同盟會成員，長期擔任國民政府高級官員，善書法，喜作詩，曾創辦多所大學，是中國近現代政治家、教育家、書法家。

附錄

關中民俗藝術博物院
Guanzhong Folk Art Museum

附錄一：關中民俗藝術博物院收藏碑誌一覽表（部分）

分類號	名稱	時代	質地	數量		現狀	尺寸	等級
SD1	大隋使持節大將軍工兵二部尚書司農太府卿太子左右衛洪州總管安平安公李右庶子洪吉江虔饒袁撫七州諸軍事故蘇使君墓誌銘	隋代	青石	1件	1	完整	長 84cm、寬 84cm、厚 7cm	甲等
SD2	隋故寧州治中河間劉府君墓誌銘并序	隋代	青石	1件	1	邊沿殘	長 59.5cm、寬 59.5cm、厚 12cm	甲等
SD3	大隋右光祿大夫豆盧世琮墓誌	隋代	青石	1合	2	邊角蓋微殘	長 35cm、寬 35cm、厚 8cm	甲等
SD4	大隋柱國岐州刺史廣宗公李敏夫人王氏墓誌銘	隋代	青石	1合	2	完整	長 48.5cm、寬 48.5cm、厚 7.5cm	甲等
SD5	隋故儀同三司資州長史田君夫人襄城郡君趙氏墓誌	隋代	青石	1合	2	斷兩塊	長 33cm、寬 34cm、厚 8cm	甲等
SD6	大隋使持節柱國齊國公于公墓誌銘	隋代	青石	1件	1	完整	長 57cm、寬 58.5cm、厚 12.5cm	甲等
SD7	唐故太中大夫檢校户部尚書兼太僕卿上柱國賜紫金魚袋贈吏部尚書段公墓誌銘并序	唐代	青石	1件	1	邊沿微殘	長 92cm、寬 92cm、厚 11cm	甲等
SD8	大唐故使持節渝州諸軍事渝州刺史上護軍杜府君墓誌銘并序	唐代	青石	1合	2	角殘	長 74cm、寬 74cm、厚 13cm	甲等
SD9	唐故魏王墓誌銘并序	唐代	青石	1件	1	邊沿微殘	長 75.5cm、寬 75.5cm、厚 12cm	甲等
SD10	大唐故内弓箭庫使金紫光祿大夫守左領軍衛上將軍贈特進劉公墓誌并序	唐代	青石	1合	2	邊角微殘	長 75.5cm、寬 75.5cm、厚 12.5cm	甲等
SD11	大唐故衛尉卿贈工部尚書幽州刺史齊國公崔府君墓誌銘并序	唐代	青石	1合	2	微殘修復	長 89cm、寬 89cm、厚 17cm	甲等
SD12	唐故太中大夫前檢校刑部尚書兼太子賓客上柱國贈紫金魚袋贈吏部尚書京兆韋公墓誌銘并序	唐代	青石	1合	2	邊微殘	長 76.5cm、寬 75cm、厚 10cm	甲等
SD13	唐故松州都督右驍衛大將軍上柱國絳郡開國公馬公墓誌	唐代	青石	1合	2	面殘	長 74cm、寬 73cm、厚 14cm	甲等
SD14	大唐太子左衛率府郎將辛君墓誌銘并序	唐代	青石	1合	2	蓋殘修復	長 58.5cm、寬 58cm、厚 12.5cm	甲等

續表

分類號	名稱	時代	質地	數量		現狀	尺寸	等級
SD15	大周故隆州滄溪縣丞韋府君墓誌銘并序	唐代	青石	1件	1	邊角微殘	長63.5cm、寬65.5cm、厚13.5cm	甲等
SD16	大唐故洛州司士韓公墓誌銘并序	唐代	青石	1合	2	角殘	長61cm、寬61cm、厚11cm	甲等
SD17	大唐故太府卿上柱國清河郡開國公楊府君墓誌銘并序	唐代	青石	1合	2	邊沿微殘	長58cm、寬58cm、厚12.5cm	甲等
SD18	大唐故鄆州刺史鮑府君夫人何氏墓誌銘	唐代	青石	1合	2	斷兩節	長59cm、寬59cm、厚11cm	甲等
SD19	大周故倉部郎中陝州長史韋君妻河南縣君元氏墓誌銘并序	唐代	青石	1合	2	完整	長57.5cm、寬56.5cm、厚13cm	甲等
SD20	大唐致仕宣威將軍金紫光禄大夫柱國會稽公尹府君墓誌	唐代	青石	1合	2	完整	長55cm、寬55cm、厚11cm	甲等
SD21	故朝議郎行太常寺丞裴君夫人河南白氏誌銘并序	唐代	青石	1合	2	邊角微殘	長59cm、寬59cm、厚14cm	甲等
SD22	大唐故使持節鄆州諸軍事鄆州刺史上護軍鮑使君墓誌	唐代	青石	1合	2	完整	長59cm、寬58.5cm、厚11.5cm	甲等
SD23	大唐故朝散大夫守殿中少監兼濮州别駕郭公墓誌銘并序	唐代	青石	1合	2	完整	長56cm、寬56.5cm、厚11cm	甲等
SD24	大周故劉府君墓誌	唐代	青石	1件	1	完整	長59cm、寬59cm、厚10cm	甲等
SD25	唐故朝散大夫九成宫總監韓府君墓誌銘并序	唐代	青石	1件	1	完整	長39.5cm、寬38cm、厚9cm	甲等
SD26	唐右金吾將軍程公故媵和容墓誌并序	唐代	青石	1合	2	完整	長39.5cm、寬39cm、厚9.5cm	甲等
SD27	唐故太原府兵曹陳府君墓誌銘并序	唐代	青石	1合	2	角蓋微殘	長39cm、寬38.5cm、厚8.5cm	甲等
SD28	唐故巢氏夫人墓誌銘并序	唐代	青石	1合	2	角微殘	長45cm、寬43.5cm、厚9cm	甲等
SD29	大唐故試左武衛兵曹參軍馮府君之墓誌銘并序	唐代	青石	1合	2	角蓋微殘	長33.5cm、寬33.5cm、厚7cm	甲等
SD30	唐故朝請郎行光州光山縣主簿雲騎尉趙公墓誌銘并序	唐代	青石	1合	2	微殘	長46cm、寬46cm、厚7cm	甲等
SD31	唐前邠州三水縣令牛君衡故夫人馮氏墓誌銘并序	唐代	砂石	1合	2	完整	長55.5cm、寬55.5cm、厚6cm	甲等

續表

分類號	名稱	時代	質地	數量		現狀	尺寸	等級
SD32	唐故忻王傅北平田公墓誌銘并序	唐代	青石	1合	2	角，蓋殘	長 46cm，寬 45cm，厚 9cm	甲等
SD33	唐故趙郡李夫人墓誌	唐代	青石	1合	2	蓋微殘	長 32cm，寬 31.5cm，厚 7cm	甲等
SD34	大唐才人田氏墓誌	唐代	青石	1件	1	邊沿殘	長 38cm，寬 37.5cm，厚 7cm	甲等
SD35	大唐西京至德觀主大洞三景張鍊師墓誌銘并序	唐代	青石	1合	2	角，蓋微殘	長 54cm，寬 54cm，厚 12.5cm	甲等
SD36	唐故殤女北海王氏墓誌銘并序	唐代	青石	1合	2	蓋，角殘	長 39.5cm，寬 39cm，厚 8cm	甲等
SD37	唐故太原府盂縣尉廉公墓誌銘并序	唐代	青石	1合	2	微殘	長 54cm，寬 49cm，厚 9cm	甲等
SD38	唐潁川□仙尉故夫人安定梁氏墓誌銘并序	唐代	青石	1合	2	邊角殘，蓋修復	長 46cm，寬 45cm，厚 8cm	甲等
SD39	唐故蕭府君墓誌	唐代	青石	1件	1	殘修復	長 43cm，寬 43cm，厚 7cm	甲等
SD40	唐故趙氏墓誌	唐代	青石	1件	1	邊沿殘	長 38.5cm，寬 38.5cm，厚 6.5cm	甲等
SD41	唐故將仕郎守右監門衛率府長史張府君墓誌銘并序	唐代	青石	1合	2	微殘	長 44cm，寬 43.5cm，厚 9cm	甲等
SD42	唐故楚州司倉參軍吴興姚府君墓誌銘并序	唐代	青石	1件	1	殘	長 43cm，寬 43.5cm，厚 7cm	甲等
SD43	唐朝議大夫行内侍省奚官局丞員外置同正員上柱國賜緋魚袋李公故夫人北海西門氏墓誌銘并序	唐代	青石	1件	1	殘	長 46cm，寬 47cm，厚 9.5cm	甲等
SD44	大唐故雲麾將軍弘農楊公墓誌銘并序	唐代	青石	1合	2	角微殘	長 54.5cm，寬 54.5cm，厚 9cm	甲等
SD45	唐故韓府君夫人王氏誌銘	唐代	青石	1合	2	微殘	長 36.5cm，寬 36.5cm，厚 11cm	甲等
SD46	大唐故游擊將軍左領軍衛京兆府甘泉府右果毅都尉賜紫金魚袋廣平劉府君墓誌銘并序	唐代	青石	1合	2	微殘	長 54cm，寬 54.5cm，厚 10cm	甲等
SD47	唐韋絢妻元縣君墓誌	唐代	青石	1件	1	完整	長 60cm，寬 60cm，厚 7cm	甲等
SD48	唐故故安檢校尉墓誌	唐代	青石	1件	1	蓋完整	長 47.5cm，寬 47.5cm，厚 8cm	甲等

續表

分類號	名稱	時代	質地	數量		現狀	尺寸	等級
SD49	唐同德興唐觀故法師尹氏墓誌銘并序	唐代	青石	1件	1	微殘	長 51.5cm、寬 52cm、厚 9cm	甲等
SD50	唐故澧洲澧陽縣尉楊公夫人李氏墓誌	唐代	青石	1合	2	微殘	長 38cm、寬 38cm、厚 10cm	甲等
SD51	京師靈應觀主李法師墓誌銘并序	唐代	青石	1合	2	邊角殘	長 47cm、寬 47.5cm、厚 10cm	甲等
SD53	大唐華州太中大夫上柱國資州司馬別敕檢校隴右諸監牧使王府君墓誌銘并序	唐代	青石	1合	2	完整	長 49cm、寬 48.5cm、厚 7cm	甲等
SD54	大唐故宣州溧水縣令鄭府君夫人雲氏墓誌銘并序	唐代	青石	1合	2	完整	長 54cm、寬 54cm、厚 11cm	甲等
SD55	大唐宣州溧水縣令朝散大夫同安郡開國公故鄭府君墓誌銘并序	唐代	青石	1合	2	邊沿殘	長 59.5cm、寬 59cm、厚 13.5cm	甲等
SD56	宋故隴西李君墓誌銘	宋代		1件	1	微殘	長 61cm、寬 31cm、厚 6cm	甲等
SD57	宋故進士龔君墓誌銘并序	宋代	青石	1件	1	微殘	長 75cm、寬 75.5cm、厚 11cm	甲等
SD58	宋故張守德墓誌	宋代	青石	1件	1	完整	長 52.5cm、寬 52.5cm、厚 14cm	甲等
SD59	宋故右宣德郎知虢州盧氏縣事高端臣墓誌	宋代	青石	1件	1	殘修復	長 54cm、寬 54cm、厚 12cm	甲等
SD60	大元故朝請大夫武昌路達魯花赤墓誌銘	元代	青石	1件	1	微殘	長 57cm、寬 65cm、厚 18cm	甲等
SD61	大明故承務郎前山西遼州同知周公合葬墓誌	明代	青石	1件	1	角殘	長 53cm、寬 52cm、厚 13cm	甲等
SD62	明故韓府教授敷泉宋先生暨配劉孺人合葬墓誌銘	明代	青石	1合	2	邊沿微殘	長 66.5cm、寬 67cm、厚 10cm	甲等
SD63	皇明敕授修職佐郎光祿寺良醖署監事光川馬公墓誌銘	明代	青石	1合	2	微殘	長 74.5cm、寬 76.5cm、厚 22cm， 蓋：長 75cm、寬 77cm、厚 20cm	甲等
SD64	明贈文林郎鞏縣知縣原公暨配敕贈屈孺人耿孺人石氏合葬墓誌	明代（蓋）	青石	1件	1	微殘	長 100cm、寬 95.5cm、厚 19.5cm	甲等
SD65	明故太中大夫浙江右參政鄭公墓誌銘	明代	青石	1合	2	完整	長 69.5cm、寬 69cm、厚 15cm	甲等
SD66	明故文林郎直隸河間府青縣知縣馬公合葬墓誌銘	明代	青石	1合	2	微殘	長 91cm、寬 92cm、厚 16cm	甲等

續表

分類號	名稱	時代	質地	數量		現狀	尺寸	等級
SD67	明故文林郎直隸河間府青縣知縣馬公墓誌	明代	青石	1合	2	微殘	長 73cm、寬 80cm、厚 18cm	甲等
SD68	明壽官渠福公合葬墓誌	明代	青石	1件	1	邊沿殘	長 58cm、寬 64cm、厚 7cm	甲等
SD69	明屏山縣知縣濟寧馬公暨配王孺人合葬墓誌	明代	青石	1件	1	微殘	長 79cm、寬 79cm、厚 15cm	甲等
SD70	明故大邑縣主簿王公合葬墓誌銘	明代	青石	1件	1	殘	長 55cm、寬 53cm、厚 9cm	甲等
SD71	段氏新造米礦卧碑記	明代	青石	1件	1	微殘	長 31cm、寬 50cm、厚 11cm	甲等
SD72	明張天洋妻王恭人墓誌	明代	青石	1件	1	完整	長 68.5cm、寬 33.5cm、厚 10cm	甲等
SD73	大明故登仕郎文安縣判簿宜公墓誌銘	明代	青石	1件	1	殘	長 70cm、寬 46.5cm、厚 13cm	甲等
SD74	大明故恭人張母蔣氏合葬墓誌銘	明代	青石	1件	1	微殘	長 58cm、寬 58cm、厚 11cm	甲等
SD75	明故質菴王公暨配趙氏合葬墓誌	明代	青石	1件	1	角殘	長 75cm、寬 76cm、厚 10cm	甲等
SD76	皇清文林郎江南鳳陽府五河縣知縣池侯羅公墓誌銘	清代	青石	1合	2	微殘	長 76.5cm、寬 76.5cm、厚 12cm	甲等
SD77	皇清大學生清連宫暨配王孺人合葬墓誌	清代	青石	1件	1	邊沿殘	長 63cm、寬 63cm、厚 10cm	甲等
SD78	皇清大學生伯扶武公暨德配孫孺人郭孺人何孺人王孺人合葬墓誌銘	清代	青石	1件	1	完整	長 75cm、寬 64cm、厚 11cm	甲等
SD79	皇清例授修職佐郎咨部註册候銓訓導貢生階平王公墓誌	清代	青石	1合	2	完整	長 62cm、寬 63cm、厚 9.5cm	甲等
SD80	皇清大學生□公□孺人□□□	清代	青石	1件	1	完整	長 63cm、寬 62.5cm、厚 10cm	甲等
SD81	皇清大學生張公字朴庵墓誌銘	清代	青石	1合	2	完整	長 61cm、寬 61cm、厚 8cm	甲等
SD82	皇清張公墓誌	清代	青石	1件	1	完整	長 74cm、寬 74cm、厚 6cm	甲等
SD83	皇清例授修職郎增貢生新三趙公墓誌銘	清代	青石	1合	2	完整	長 62.5cm、寬 62.5cm、厚 10.5cm	甲等

續表

分類號	名稱	時代	質地	數量		現狀	尺寸	等級
SD84	皇清李繼准墓誌（殘）	清代	青石	1件	1	邊沿殘	長78.5cm、寬70cm、厚9cm	甲等
SD85	清常珣墓誌	清代	砂石	1合	2	蓋殘	長47.5cm、寬47.5cm、厚9.5cm	甲等
SD86	皇清成母郭大君祔葬墓誌	清代	青石	1合	2	殘三塊	長63cm、寬63cm、厚4cm	甲等
SD87	皇清例授奉政大夫候銓同知進鄉張公暨元配惠宜人墓誌	清代	青石	1合	2	蓋殘	長91cm、寬73cm、厚16cm	甲等
SD88	皇清祭田碑記	清代	青石	2合	3	蓋殘	長91cm、寬73cm、厚17cm	甲等
SD89	皇清例授朝議大夫議叙鹽運司劉公墓誌銘	清代	青石	1合	2	角殘	長77.5cm、寬77.5cm、厚8cm	甲等
SD90	皇清例贈王公暨配樊孺人李孺人井孺人合葬墓誌銘	清代	青石	1合	2	完整	長61.5cm、寬61.5cm、厚10.5cm	甲等
SD91	皇清敕旌節孝例授宜山李宜人墓誌銘	清代	青石	1件	1	完整	長76cm、寬76cm、厚8cm	甲等
SD92	皇清例授朝議大夫議叙鹽運司運同俊卿劉公元配范恭人墓誌銘	清代	青石	1件	1	完整	長72cm、寬71.5cm、厚12cm	甲等
SD93	清故量之權公墓誌	清代	青石	1合	2	蓋殘	長56cm、寬59cm、厚8cm	甲等
SD94	皇清例贈武德騎尉雲騎馬公暨德配例贈太宜人張太君合葬墓誌銘	清代	青石	1件	1	完整	長75cm、寬75cm、厚11.5cm	甲等
SD95	皇清例贈登仕郎增貢生涵之張公暨元配李孺人繼配惠孺人合葬墓誌銘	清代	青石	1件	1	完整	長74cm、寬74cm、厚8cm	甲等
SD97	皇清兵部候銓□府道光戊子科武舉暨配趙孺人合葬墓誌銘	清代	青石	1件	1	殘修復	長78.5cm、寬46cm、厚12cm	甲等
SD99	皇清太學生雷公孺人李氏党氏之墓	清代	青石	1合	2	角殘缺	長47.5cm、寬48cm、厚10cm	甲等
SD100	皇清大貢元登洲張公暨德配李氏雷氏秦氏車氏合葬墓誌	清代	青石	1合2件	2	完整	長48cm、寬48cm、厚11cm	甲等
SD101	皇清國子監太學生引泉田公墓誌銘	清代	青石	1件	1	完整	長68cm、寬33.5cm、厚5.5cm	甲等
SD102	皇清贈府君仲公暨配孺人王氏合葬墓誌	清代	青石	1件	1	完整	長94.5cm、寬32.5cm、厚9.5cm	甲等

續表

分類號	名稱	時代	質地	數量		現狀	尺寸	等級
SD103	皇清太學生濟堂侯公暨德配惠孺人合葬墓誌銘	清代	青石	1件	1	完整	長60cm、寬61cm、厚5cm	甲等
SD104	皇清恩榮壽官伯福侯公墓誌銘	清代	青石	1件	1	邊沿殘	長52cm、寬52cm、厚7.5cm	甲等
SD105	傳臨濟正宗第四十世立廟碑	清代	青石	1件	1	角殘	長61cm、寬42cm、厚8.5cm	甲等
SD106	皇清贈太學生紀堂樊公墓誌	清代	青石	1件	1	完整	長54.5cm、寬56cm、厚8.5cm	甲等
SD107	皇清例贈文林郎顧山井公墓誌銘	清代	青石	1件	1	微殘	長70.5cm、寬69.5cm、厚7.5cm	甲等
SD108	皇清誥封恭人先慈楊太恭人墓誌銘	清代	青石	1合	2	完整	長57.5cm、寬57.5cm、厚10cm	甲等
SD109	皇清大監元殿元雷公暨德配王孺人合葬墓誌	清代	青石	1件	1	完整	長59.5cm、寬59.5cm、厚12cm	甲等
SD110	團壽紋石碑	清代	青石	1件	1	完整	長59cm、寬59.5cm、厚12cm	甲等
SD111	皇清例贈登仕郎太學生佩聲吕公暨德配例贈孺人劉太君合葬墓誌并銘	清代	青石	1合	2	完整	長89cm、寬29cm、厚11cm	甲等
SD112	皇清例贈武略騎尉厚菴楊公暨德配敕旌節孝惠安人合葬墓誌銘	清代	青石	1合	2	完整	長57.5cm、寬57.5cm、厚48cm	甲等
SD113	皇清待贈太學生邻壹雷公暨元配王孺人繼配安孺人王孺人合葬墓誌銘	清代	青石	1件	1	完整	長58cm、寬56cm、厚5cm	甲等
SD114	皇清鄉飲耆桐舫侯公墓誌銘	清代	青石	1合	2	完整	長76cm、寬76.5cm、厚9cm	乙等
SD119	皇清例贈登仕郎義伯連公神道碑	清代	青石	1件	1	完整	高224cm、寬69cm、厚20cm	甲等
SD130	欽賜八品頂帶顯考極翁王公之神墓碑	清代	青石	1件	1	微殘	高140cm、寬90cm、厚12cm	甲等
SD131	皇清例贈武議大夫生員格菴翁府君王公孺人韓氏之墓	清代	青石	1件	1	微殘	高136cm、寬53cm、厚10cm	甲等
SD132	合村公議禁規記石碑	清代	青石	1件	1	完整	高144cm、寬55cm、厚10cm	甲等
SD135	大德望樸齋党公暨德配趙孺人繼配王孺人合葬墓表記	清代	青石	1件	1	完整	高158cm、寬53cm、厚15cm	甲等

續表

分類號	名稱	時代	質地	數量		現狀	尺寸	等級
SD136	蘇長人親翁墓表碑	清代	青石	1件	1	完整	高 18.5cm、寬 72cm、厚 16cm	甲等
SD137	敕旌烈女馬自勵未婚之妻楊氏節孝碑	清代	青石	1件	1	微殘	高 164cm、寬 56cm、厚 14cm	甲等
SD138	清故大保介胡翁休徵懿行碑	清代	青石	1件	1	完整	高 155cm、寬 59cm、厚 13cm	甲等
SD149	重繪殿宇神碑記	清代	青石	1件	1	完整	高 174cm、寬 63cm、厚 13cm	甲等
SD150	重修殿宇碑記	清代	青石	1件	1	完整	高 169cm、寬 67cm、厚 17cm	甲等
SD151	新修鎮海王菩薩廟碑記	清代	青石	1件	1	完整	高 167cm、寬 68cm、厚 12cm	甲等
SD152	明故父雲峰劉公暨配母孺人雷部氏合葬之墓石碑	明代	青石	1件	1	殘	高 155cm、寬 62cm、厚 17cm	甲等
SD153	敕授文林郎仕進士出身署合陽縣事加五級記錄五次段士聰雷太孺人節義碑	清代	青石	1件	1	完整	高 166cm、寬 66cm、厚 17cm	甲等
SD160	敕旌處士秦思彝之妻王氏節義碑	清代	青石	1件	1	完整	高 212cm、寬 85cm、厚 9cm	甲等
SD161	光禄公墓石碑	清代	青石	1件	1	完整	長 105cm、寬 35cm、厚 17cm	甲等
SD180	皇清歲進士薛府君之墓碑	清代	青石	1件	1	完整	高 160cm、寬 58cm、厚 14cm	甲等
SD181	皇清寺前鎮西社重修廟記	清代	青石	1件	1	殘修復	高 210cm、寬 77cm、厚 18cm	甲等
SD187	誥授昭武都尉四品軍功都閫府和亭張公神道碑	清代	青石	1件	1	微殘	高 251cm、寬 95cm、厚 25cm	甲等
SD204	蒲城縣西鄉封村裏阿枝村新建關聖帝君碑記		青石	1件	1	殘	高 180cm、寬 102cm、厚 21cm	甲等
SD206	武當山八宮二觀連醮碑	明代	青石	1件	1	微殘	高 187cm、寬 70cm、厚 20cm	甲等
SD209	例授登仕佐郎正庭馮公德行敘碑		青石	1件	1	完整	高 196cm、寬 74cm、厚 20cm	甲等
SD210	李氏先祖碑記	民國	青石	1件	1	微殘	高 176cm、寬 66cm、厚 13cm	甲等

續表

分類號	名稱	時代	質地	數量		現狀	尺寸	等級
SD211	例授登仕郎從九品杜公暨德配藺孺人合葬墓	清代	青石	1件	1	完整	高171cm、寬60cm、厚15cm	甲等
SD212	新移車路記		青石	1件	1	殘修復	高134cm、寬50cm、厚13cm	甲等
SD213	大監元子引王公之墓碑	清代	青石	1件	1	完整	高161cm、寬58cm、厚13cm	甲等
SD214	明壽官馮公孺人陳氏墓表	明代	青石	1件	1	微殘	高247cm、寬90cm、厚31cm	甲等
SD229	王氏八世祖墓道合刻碑	清代	青石	1件	1	完整	高187cm、寬84cm、厚19cm	甲等
SD231	王林村重修關王廟碑記	清代	青石	1件	1	完整	高195cm、寬80cm、厚21cm	甲等
SD234	朝山各宮建醮碑記	清代	青石	1件	1	完整	高135cm、寬60cm、厚15cm	甲等
SD236	大鄉望階平黃老先生德行碑	清代	青石	1件	1	改造	高241cm、寬86cm、厚20cm	甲等
SD250	重修關聖大帝廟碑記	清代	青石	1件	1		高133.5cm、寬64.5cm、厚21cm	甲等
SD268	建修白衣觀音堂碑記	清代	青石	1件	1	完整	高109cm、寬63cm、厚16cm	甲等
SD270	馬氏祠堂石碑特授進義校尉馬皋功德碑記（雙面）	清代	青石	1件	1	完整	高167cm、寬64cm、厚16.5cm	甲等
SD272	創修□□安道陀記		青石	1件	1	殘缺	高168cm、寬69cm、厚22cm	甲等
SD273	前口原流曲孫氏大一枝伯曾祖翁墓記	明代	青石	1件	1	完整	高162cm、寬74cm、厚20cm	甲等
SD274	閤保重修碑記	清代	青石	1件	1	完整	高177cm、寬66cm、厚22cm	甲等
SD275	流曲孫氏曾祖墓碑	明代	青石	1件	1	完整	高210cm、寬77cm、厚19cm	甲等
SD280	例授武德騎尉候銓推守府西園崔公神道碑	清代	青石	1件	1	完整	高223cm、寬82cm、厚19cm	甲等
SD283	太保光禄大夫吏部尚書謚恭介孫公暨配一品夫人田氏合葬墓碑	明代	青石	1件	1	殘缺	高287cm、寬110cm、厚35cm	甲等

續表

分類號	名稱	時代	質地	數量		現狀	尺寸	等級
SD299	唐故遂州長史何府君墓誌銘并序	唐代	青石	1件	1	右下角微殘	長59.5cm、寬59cm、厚14cm	甲等
SD300	大唐故通議大夫行易州司馬上柱國何公墓誌銘并序	唐代	青石	1合	2	角殘	長73.5cm、寬73.5cm、厚13cm	甲等
SD302	明故商隱惠公孺人荀氏合葬墓誌銘	明代	青石	1件	1	微殘	長62cm、寬54cm、厚8cm	甲等
SD304	大唐故銀青光禄大夫檢校尚書左僕射四鎮北庭行軍兼涇原等州節度營田觀察處置使使持節涇州刺史御史大夫上柱國會稽郡開國公食邑二千户贈司空康公墓誌銘并序	唐代	青石	1合	2	微殘	長77.5cm、寬78cm、厚12cm	甲等
SD305	唐故正議大夫守虔州刺史上柱國河東裴公墓誌銘并序	唐代	青石	1合	2	微殘	長63.5cm、寬65cm、厚13cm	甲等
SD306	魏撫軍將軍銀青光禄大夫宜陽伯馮子懿妻始平郡公主元夫人墓誌銘	西魏	青石	1合	2	完整	長76cm、寬64.5cm、厚15.5cm	甲等
SD307	魏故使持節都督營州諸軍事征東將軍營州刺史馮君墓誌銘	魏	青石	1件	1	角殘修復	長75cm、寬64cm、厚14cm	甲等
SD308	胡笠僧將軍哀詞石碑		青石	1件	1	角殘	高59cm、寬56.5cm、厚9.5cm	甲等
SD309	墓誌		青石	1合2件	2	完整	長86cm、寬86cm、厚14cm	甲等
SD310	宋故朝奉郎尚書虞部郎中通判舒州軍州兼管内勸農事上騎都尉賜緋魚袋南陽晁府君墓誌銘并序	宋代	石	1合2件	2	完整	長66cm、寬79cm、厚10cm（單件）	甲等
SD311	宋故壽安縣太君公孫夫人墓誌銘	宋代	石	1合2件	2	完整	長60cm、寬63cm、厚14.5cm（單件）	甲等
SD312	宋故忠訓郎蔡公墓誌銘	宋代	石	1件	1	完整	長77cm、寬41.5cm	甲等
SD313	張作霖石碑	民國	青石	1件	1	完整	長175cm、寬66cm、厚13cm	甲等

唐段伯倫墓誌考釋

唐故太中大夫檢校户部尚書兼太僕卿上柱國賜紫金魚袋贈吏部尚書段公墓誌，誌主段伯倫，字元理。墓誌出土時間不詳，爲青石質，正方形，高、廣皆92cm，厚11cm，邊沿微殘，但文字保存完好，今藏於關中民俗藝術博物院。

段伯倫，爲唐中葉名將段秀實之子。段秀實（719—783），字成公，隴州汧陽（今陝西千陽）人。唐玄宗天寶四載（745），因功授安西府别將，後改綏德府折衝。唐肅宗即位，歷任朔方節度判官、懷州長史、邠寧節度判官、都虞候、涇州刺史、涇原軍行軍司馬，兼都知兵馬使等，頗有幹才，累立功勛。代宗大曆十一年（776），拜涇州刺史、兼御史大夫、四鎮北庭行軍涇原鄭潁節度使，三四年内，吐蕃不敢犯塞，百姓安居樂業，遠近稱頌。大曆十四年（779），段秀實加檢校禮部尚書，封張掖郡王。德宗建中元年（780）二月，因與宰相楊炎意見相左，被罷去涇原節度使，入朝任司農卿。建中四年（783）涇原朱泚兵變，占領長安，德宗出逃。叛軍脅迫段秀實，但他堅拒不從，密謀除賊，事敗後以笏板怒擊朱泚，因此遇害。叛亂平息後，朝廷下詔褒獎，追贈段秀實太尉，謚號『忠烈』，『表其閭里，護其喪葬，官立祠宇，史載忠勛』❶，唐德宗李适親自撰碑以旌其徽烈。關於段秀實行迹，有新舊唐書·段秀實傳、贈太尉段秀實紀功碑、柳宗元段太尉逸事狀以及近些年披露的段秀實之孫段文楚墓誌可資考證。

而段伯倫史書中無專傳，僅在其父段秀實傳後有寥寥數語提及。因此段伯倫墓誌的出土，就爲我們考察段伯倫行迹提供了豐富珍貴的材料。本文擬以此方墓誌内容爲主，結合史書記載，對段伯倫的家族譜系、仕宦履歷、葬地所在及當時的社會政治情況進行考察，以期對段伯倫的一生有更爲全面深入的瞭解。

一、墓誌録文

爲便於行文，先將段伯倫墓誌文字移録於下：

唐故太中大夫檢校户部尚書兼太僕卿上柱國賜紫金魚袋贈吏部尚書段公墓誌銘并序

翰林學士將仕郎守尚書庫部員外袁都撰

故吏前福建觀察支使朝議郎試大理評事上柱國趙衮篆

建中年涇師勃犯，天子避狄西狩，而盜泚乘亂穴於宫朝，有以大節存社稷者，檢校禮部尚書兼司農卿贈太尉忠烈段公秀實。公其子也。公諱伯倫，字元理。大父琛，洮州司馬，贈楊州大都督；曾祖達，左翊衛府中郎，皆富於道而屈於位。及忠烈以節顯於國，而公以慶昌於家，段氏大有光於世矣。當忠烈濟難之日，公方數歲，或匿之以免。乘輿反正，大加褒表，釋褐授尚衣奉御，轉雅王府司馬。弱冠，遷左武衛將軍，加金紫之賜，舉令典也。其後自右領軍衛大將軍出拜代州刺史，兼御史中丞。郡當通道，郵傳簡闊，公增置亭署，備其器用，行李以濟，到今賴之。政成疇勞，授左神武軍大將軍，兼中丞如故。遂歷右威衛大將軍，兼御史大夫。無幾，家艱去職。朝廷以出使才難，非公莫可，起復除右金吾衛將軍，充入蕃使。懇讓不行，遂拜鴻臚卿。而卿署掌异域賓客，宜其崇飾，以張國容，而因循荒圮，日月積久。公乃鳩羡財，補闕事，俾土木無不完鮮，而茵盂無不充潔，然後浚敞池榭，栽培卉竹，由是鴻臚勝絶，甲於他寺。旋加檢校左散騎常侍、兼右千牛衛上將軍，復轉太子詹事、殿中監、右金吾衛大將軍，仍檢校左散騎常侍、兼御史大夫，詢求弛墜，多所增葺。金吾司歲有春冬二宴，舞歌於庭，金石無依，公特置樂樓，而威儀始盛。二街各有副使一員，自昔選署，莫匪財力，私相覆護，督責不行，公則取其年深而貧乏不能自存者奏授之，緹騎之兵，莫不畏服。會聖上勤求良吏，用綏遠人，乃授公檢校工部尚書兼大夫，往觀察福建。始至之日，則視舊政之美惡，可者遂行，不可者立削罷之。其風俗，家有一病，衆輒棄去，習常恬忍，不以爲非。公乃峻刑憲以威其不義，具毉藥以恤其無告，仁可知矣。諸邑宰每幸季集，交關貨賄，其從事奉公者一以白公，公即條止之，貪冒寢機，課最無濫，明可知矣。厥土産良奴婢，至者能不誅求，蓋十二三耳。公去閩之日，不增一口，清可知矣。若夫省浮費以贍用，禁盗屠以蕃畜，已逋負而歸流庸，緩征税而通商旅，編户不得不溢於閭井，遺愛不得不播於謳謡，卓然吏師，一時首出，喧於物聽，可勝書耶！既受代，爲檢校户部尚書，兼太僕卿。積行累功，方期殊用，不幸寢疾，以開成元年十二月十四日薨於京師崇義里私第，享年五十八。夫人天水郡君趙氏，故衛尉少卿珦之女，承祭睦家，克全敬愛。公感其賢德，殁有遺言。公有子三人：曰元遜，朝散大夫、前楊州大都督府左司馬；曰元益，太僕寺丞，不幸蚤亡；曰元昱，前左春坊太子内直郎。皆祗荷先訓，被服教義，魯臧有後，不其宜乎！以開成二年五月四日奉公之喪，葬於京兆府昭應縣之見子原，禮也。嗚呼，以忠烈之勛，生公之賢，卒不登將壇而今静無立朝者，將有定命歟？抑無爲言歟？愚聞天之人際，常若□響，段氏必複，豈其遼哉？遂作銘曰：

忠烈臣臣公子子，節聲未泯膻行起，文冠武佩迨四紀，出入表門燭厥里。旄幢未及胡忽已，楸柏增風古斯始，下固泉堂永攸止。

從任前進士群書

二、誌主段伯倫

兩唐書·段秀實傳後附其子段伯倫傳，而舊唐書文字稍詳。舊唐書·段秀實傳云：『其子伯倫，累官至太子詹事。大和二年正月奏：「亡父贈太尉秀實，准前後制敕令所司置廟立碑，今營造已畢，取今月二十五日行升祔禮。」詔曰：「秀實忠衛宗社，功配廟食，義風所激，千載凛然。間代勛力，須异等夷，宜賜綾絹五百匹，以度支物充。仍令所司供少牢，并給鹵簿人夫，兼太常博士一人檢校。」尋加伯倫檢校左散騎常侍，兼殿中監。大和四年十一月，遷右金吾衛大將軍、兼御史大夫，充街使。八年七月，檢校工部尚書，充福建等州都團練觀察使，入爲太僕卿，卒。宰臣李石奏曰：「伯倫，秀實之子。自古殁身以衛社稷者，無如秀實之賢。」文宗憫然曰：「伯倫宜加賻贈。」仍輟朝一日，以禮忠臣之嗣。』㊁

以段伯倫墓誌和史傳相比，史傳僅叙其歷官大概，而墓誌對於段伯倫的遷轉履歷、爲官政績、婚姻子息等情况叙述得非常詳細，頗有可與史書互證、且補其遺逸之處。

1. 段伯倫名字及生卒

墓誌云『公諱伯倫，字元理』，而新、舊唐書均只載其名，不書其字。墓誌可以補史之闕。

墓誌云段伯倫『以開成元年十二月四日，薨於京師崇義里私第，享年五十八』。開成元年爲公元 836 年，享年五十八歲，則段伯倫生於唐代宗大曆十四年（779）。

墓誌云『當忠烈濟難之日，公方數歲』，『忠烈濟難』指建中四年（783）涇原兵變中段秀實以身殉國，由段伯倫生年可推知，『數歲』應當是段伯倫五歲之時。史載朱泚叛軍初入長安，就派人召段秀實，段秀實自料難免於禍，故抱定必死之心，『乃謂子弟曰：國家有患，吾於何避之？當以死徇社稷，汝曹宜人自求生。』㊂正由於段秀實事先有此謀慮，段氏子弟才能及早逃匿，得以保全。

2. 段伯倫仕宦履歷

舊唐書·段秀實傳載段伯倫歷官，云『累官至太子詹事……尋加伯倫檢校左散騎常侍，兼殿中監……遷右金吾衛大將軍、兼御史大夫，充街使。八年七月，檢校工部尚書，充福建等州都團練觀察使，入爲太僕卿。』[4]太子詹事以前的仕宦經歷一并失載。而新唐書更加簡略，僅曰『伯倫累官福建觀察使，終太僕卿』[5]，其他概未提及。

墓誌臚列了段伯倫所有的遷轉履歷，在太子詹事之前，他還歷任尚衣奉御、雅王府司馬、左武衛將軍、右領軍衛大將軍、代州刺史、御史中丞、左神武軍大將軍、右威衛大將軍、御史大夫、右金吾衛將軍、鴻臚卿、檢校左散騎常侍兼右千牛衛上將軍，這些職任在兩唐書・段秀實傳裏均不載。太子詹事之後的任官及先後次序，墓誌與舊唐書所記基本相同。墓誌不僅詳細羅舉了段伯倫的仕宦情況，而且具體記載了段伯倫的主要政績，如在代州刺史任上『增置亭署，備其器用，行李以濟』；在鴻臚卿任上『鳩羡財，補闕事，俾土木無不完鮮，而茵舌無不充潔，然後浚敞池榭，栽培卉竹，由是鴻臚勝絶，甲於他寺』。使專門接待四方夷狄君長的鴻臚寺館舍由敗落殘破而變得焕然一新，在外交中維護了國家體面；在右金吾衛大將軍任上，他增置樂樓，修備威儀，而且選署公正，衆人畏服；在福建觀察使任上政績卓然，遺愛一方，『省浮費以贍用，禁盜屠以蕃畜，已逋負而歸流庸，緩徵稅而通商旅』。凡此種種，均可補史之闕。

其中尤可注意者，是段伯倫的入仕起點及最後幾年的職位除授。

墓誌云：『釋褐授尚衣奉御，轉雅王府司馬。』據唐六典記載：『尚衣局，奉御二人，從五品上……掌供天子衣服，詳其制度，辨其名數，而供其進御。』[6]『尚衣奉御』一職，是宮中專爲皇帝服務的『六尚』（尚食、尚藥、尚衣、尚舍、尚乘、尚輦）職官之一。職數僅爲二人，從五品上，掌供天子衣服，可以出入宮禁，接近皇帝。據黄正建唐六尚長官考一文統計，唐朝先後任『尚衣奉御』一職的官員約爲二十六人，一般首選兩類人：一類是皇親國戚、親信或功臣名臣之後；另一類就是擁有專門知識和技能的英才[7]。段伯倫正屬於前一類。段秀實殉難後，唐德宗下詔，段秀實『可贈太尉，謚曰忠烈……長子與三品正員官，諸子并與五品正員官。』[8]由此可知，段伯倫初入仕途，就直接被授予五品的『尚衣奉御』，平步青雲，正是由於段秀實的勛功所致。官至五品，這大概是一般士人歷經多年考選才有可能企及的目標。

墓誌又云：『弱冠，遷左武衛將軍，加金紫之賜。』起家五品『尚衣奉御』，二十歲就升遷到從三品的『左武衛將軍』，掌宮禁宿衛，段伯倫可謂少年顯達。之後除中間一度出任代州刺史、入朝任鴻臚卿外，段伯倫主要在中央擔任武職，基本上是在南衙十六衛和北衙六軍中遷轉。唐初實行府兵制，府兵由各地軍府管轄，中央則設立左右衛、左右驍衛、左右武衛、左右威衛、左右領軍衛、左右金吾衛、左右監門衛、左右千牛衛，稱南衙十六衛，分統各地軍府，由宰相掌管。此外中央還有天子直轄的北衙六軍，設立在皇宮北邊，包括左右御林軍、左右龍武軍、左右神武軍六支軍隊。中央諸衛和北衙六軍各置大將軍一人，正三品；將軍一至二人，從三品。在安史之亂後，府兵制已經瓦解，中央諸衛僅剩空名，北衙六軍也兵力寡弱，諸衛大將軍和六軍大將軍、將軍成爲閑職，因爲品秩崇高，主要用以安置勛臣及作爲武官的遷轉之階。

因此段伯倫二十歲之後先後所任的左武衛將軍、右領軍衛大將軍、左神武軍大將軍、右威衛大將軍，官至三品，但基本是閑職。只有到後來他擔任右千牛衛上將軍，掌執御刀侍衛皇帝；右金吾衛將軍、右金吾衛大將軍負責皇宮及京城晝夜巡警，扈從皇帝車駕出入，實權在握，才真正開始受到重用。

十六衛將軍出任方鎮節度使或觀察使，在唐代中期已經成爲制度。舊唐書・德宗本紀載：『左右金吾及十六衛將軍，故事皆擇勛臣，出鎮方隅，入居侍從。自天寶艱難之後，衛兵雖然廢闕，將軍品秩尤高。此誠文武勛臣出入轉遷之地。』[9]故而段伯倫在任右金吾大將軍數年之後，出任福建觀察使。墓誌云：『會聖上勤求良吏，用綏遠人，乃授公檢校工部尚書兼大夫，往觀察福建。』墓誌未記載具體時間，據舊唐書・段秀實傳，段伯倫出任福建觀察使在大和八年七月，舊唐書・文宗本紀亦云：大和八年秋七月壬申，『以右金吾衛大將軍段百倫檢校工部尚書，充福建觀察使[10]』。兩者時間一致，但文宗本紀將『段伯倫』寫作『段百倫』，有誤。以墓誌所載卒年而推，段伯倫出任方鎮時，已經五十六歲。

唐代後期，全國分爲四十餘道，大多數道由節度使掌領，政府主要財賦來源的東南八道，則由朝廷派出觀察使。觀察使管轄一道或數州，并兼領刺史之職，凡兵甲財賦民俗之事無所不掌。其職責爲監督地方官員，體察民風民情，澄清地方吏治，對於加强皇權以及對地方的監督控制有着積極的作用。相較之前的右金吾衛大將軍，品級相同，而權任甚重。

從中央到地方，表面上似乎遠離了權力中心，倘若聯繫後來的時局發展，他的外任似乎應該是一件幸事。

大和八年唐文宗李昂的朝廷上，宦官和朝臣之間的『南衙北司』之争愈演愈烈，朝臣内部又有以李宗閔、牛僧孺爲首的牛黨和以李德裕爲首的李黨互相攻擊，朋黨相軋。文宗『嘗嘆曰：去河北賊易，去此朋黨難』。[11]他想要革新朝政，就在大和八年、九年把李宗閔、李德裕先後罷相，貶官出朝，轉而重用素無根基的李訓、鄭注。『文宗自德裕、宗閔朋黨相傾，大和七年已後，宿素大臣，疑而不用。意在擢用新進孤立，庶幾無黨，以革前弊。』[12]但李、鄭二人又趁機弄權。『時訓、注欲以權市天下，凡不附己者，皆指以二人黨，逐去之。人人駭栗，連月雺晦。』[13]大和後期政局動蕩，官員調動頻繁，人心惶惶，由此可見一斑。段伯倫在大和八年這個敏感時刻，由掌握京城警衛的右金吾衛大將軍，轉而外任，應當是與此政治風波密切相關。就在段伯倫出朝之後的第二年即大和九年，甘露事變發生，唐文宗被軟禁，宦官大肆搜捕，千餘人牽連而死，朝堂幾乎爲之一空，繼任的右金吾大將軍韓約、左金吾將軍李貞素均被宦官所殺。可以想像，如果當時段伯倫還留在京城任原職，他在甘露之變中未必就能全身而退。故而對於段伯倫來説，這次外任讓他遠離了政治漩渦，避免了一場殺身之禍。

墓誌云：『既受代，檢校户部尚書，兼太僕卿。』墓誌不載具體時間。細檢史書，在段伯倫出任福建觀察使之後，有開成元年五月『丁巳，以中書舍人唐扶爲福建觀察使』[14]一條記載。可知段伯倫在福建觀察使任上不足兩年時間，在開成元年五月就爲唐扶所代，回到京城任太僕卿，同年十二月辭世。史書云：開成元年十二月『壬子，太僕卿段伯倫卒』。[15]碑史所載卒年一致。

三、段氏家族譜系

關於段秀實子嗣及家族情况，史書記載極爲簡略，而利用段伯倫墓誌、段文楚墓誌、段府君神道碑銘等幾方碑誌，各種零散資料方得以連綴整合，段氏家族譜系也因此清晰起來。

首先關於段伯倫的祖父之名，需要稍加考證。

段伯倫墓誌云『大父琛，洮州司馬，贈揚州大都督。』而舊唐書·段秀實傳云：『父行琛，洮州司馬，以秀實贈揚州大都督。』[16]段府君神道碑銘云：『諱行琛，字行琛。』[17]三者相較，稍有同异，應以時間較早的段府君神道碑銘爲依據。

段府君神道碑銘作於大曆十四年（779），碑主段行琛。其時段秀實執掌四鎮節度，正值朝廷重用。爲籠絡段秀實，唐代宗李豫追贈他已經去世三十年的父親段行琛爲『揚州大都督』，并爲段行琛立神道碑。在這樣隆重的碑銘文字中，段秀實父親名字當然很難出錯，尤其是段秀實尚且在世的情况下。而段伯倫墓誌作於開成二年（837），此時段行琛去世八十七年之久；撰銘者爲段伯倫的從侄，他對於墓主的家世已很隔膜，因此在記叙墓主祖父名字時出現失誤，情有可原。故而段秀實父親，也就是段伯倫祖父的名、字，應以時間在前的段府君神道碑銘爲據，名行琛，字行琛。段文楚墓誌亦云『洮州司馬贈司空行琛，即公大父也。』[18]與段府君神道碑銘記載相同，爲又一佐證。在唐代墓誌中，一個人的名、字相同這種現象并不罕見，合乎當時風氣，如高陽原出土的唐代墓誌解有忠墓誌云：『府君名有忠，字有忠。』[19]李承宗墓誌云：『君諱承宗，字承宗。』[20]都是這種情況。

其次，關於段伯倫兄弟幾人及段伯倫子息情況。

新舊唐書均載段秀實死後，德宗下詔，『（段秀實）長子與三品正員官，諸子并與五品正員官』。[21]贈太尉段秀實紀功碑亦云：『嗣子授三品正員官，諸子各授五品正員官。』[22]由此可知，段秀實應該有數子。但舊唐書·段秀實傳後僅附其子伯倫，新唐書·段秀實傳在叙其子段伯倫之後又云『孫嶷、文楚、珂知名』[23]，并未提及段秀實其他兒子情況。唯有雍正時期編寫的陝西通志卷33選舉四下云：『段頤，秀實長子，蔭三品正員，歷刺史。段伯倫，秀實次子，蔭三品正員。』[24]未注出處，不知依據爲何。

據段文楚墓誌可知，段嶷爲段秀實之子，則可知新唐書以段嶷爲段秀實之孫，其説有誤；而陝西通志云『段頤，秀實長子』，『頤』也當作『嶷』。

段伯倫墓誌記載其有元遜、元益、元昱三子，新、舊唐書均不載。

綜上所述，我們可以大概排出段秀實的家族譜系：高祖段德——曾祖段操（新唐書·段秀實傳作『段師濬』）——祖段達——父段行琛，娶樂平狄氏——段秀實——長子段嶷，娶雁門田氏。嶷生文楚，娶趙郡李氏。文楚生景融，娶京兆韓氏。景融生段扶。次子段伯倫，娶天水趙氏，生元遜、元益、元昱。新唐書·段秀實傳所云『孫嶷、文楚、珂知名』，目前只有段珂身份無法確定，疑爲段秀實其他兒子所出。

四、墓誌所見福建風俗

唐代福建地區被視爲蠻荒之地，地狹人稠，存在着一些相當落後的習俗，如詩人顧況哀囝詩所反映的溺嬰、賣閹童的現象，段伯倫墓誌云『其風俗，家有一病，

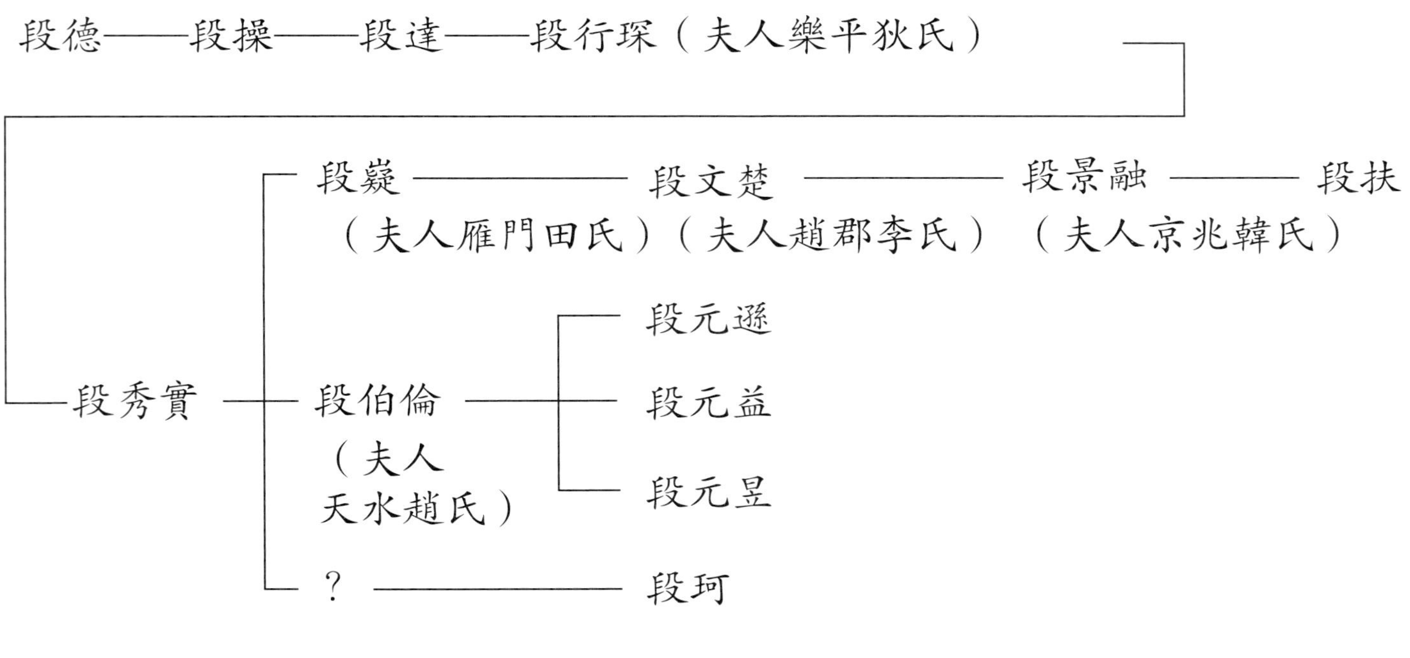

段秀實家族譜系

衆輒棄去，習常恬忍，不以爲非」，可見當地還有棄養病人的做法。故而段伯倫甫一上任，就著手革除弊政，移風易俗。墓誌云：『始至之日，則視舊政之美惡，可者遂行，不可者立削罷之。』他清正廉潔，離任時兩袖清風，墓誌贊曰：『公去闔之日，不增一口，清可知矣。』

此處文字，從側面顯示了當時福建地區另一陋俗的盛行，即販賣奴婢。關於這一點，唐會要及册府元龜中有多條資料可以佐證。如唐會要卷八十六奴婢載：『太和二年十月敕，嶺南、福建、桂管、邕管、安南等道百姓，禁斷掠買餉遺良口。前後制敕，處分重疊，非不明白……宜各令本道施行，准元和四年閏三月五日及八年九月十八日敕文，切加約勒。』同卷又載：『（大中）九年閏四月二十三日敕，嶺南諸州，貨賣男女，奸人乘之，倍射其利，今後無問公私土客，一切禁斷。若潛出券書，暗過州縣，所在搜獲，以强盗論。』[25]政府前後多次下令禁止，説明掠賣奴婢的風氣之盛。當時奴婢主要來源於嶺南、福建、安南等地，所謂『南口』。有學者曾撰文分析此種現象，認爲原因有二，一方面，隨着土地所有制及租佃關係變化，内地小自耕農大量成爲契約租佃農民，破産淪爲奴婢的人口愈來愈少，奴婢來源日益狹窄。另一方面，中唐以來商品貨幣經濟的發展，使巨富豪商大量出現，這些人也需要不少奴婢以供家内役使。既然内地奴婢來源狹窄，價格昂貴，官僚貴族及富商巨賈們就把目光轉向了邊緣地帶，一些緣邊州縣的不法官吏以及奸商，就以奴婢交易謀利。[26]正如墓誌所云『厥土産良奴婢，至者能不誅求，蓋十二三耳』。段伯倫出任福建大員，能够在貪濁的風俗之中不受熏染，潔身自好，『去闔之日，不增一口』，的確屬於極少數難得一見的清廉奉公之官，所以撰寫墓誌者就此事特别予以强調頌揚。段伯倫之品節，其來有自。舊唐書記載段秀實爲人，『非公會，不聽樂飲酒，私室無妓媵，無贏財，退公之後，端居静慮而已。』[27]段伯倫稱得上善繼父之志，不墜家風。

五、家族葬地

段秀實殉國後，朝廷以禮葬祭，但段秀實墓地具體位於何處，史傳未曾提及。文獻中有關段秀實墓所的最早記載，是宋敏求的長安志卷15臨潼縣下云：『贈太尉段秀實墓，在縣西一十五里。』[28]認爲段秀實墓在臨潼縣。但自宋以來，如太平寰宇記等文獻也有『段秀實墓在汧陽縣』的説法。明清之間林侗在其來齋金石考裏曾專門對這兩種説法進行了辨析：『按行琛，段太尉秀實父也，汧陽人，墓在汧陽，以太尉貴贈揚州都督。（秀實）死於朱泚之難，德宗改葬太尉灞岸東，御制碑文，皇太子誦書，末云「以志吾過，且旌善人」。今在臨潼縣斜口鎮，碑亡矣，墓存，俗呼爲烈士塚。未嘗歸葬。』[29]林侗認爲段秀實墓在臨潼斜口鎮，不在汧陽。雍正時期編纂的陝西通志明確記載：『烈士段秀實廟，在臨潼縣西十里斜口鎮西。』[30]按照慣例，祠廟一般都在墓地旁邊，段秀實廟在臨潼，墓也應該在附近。因此我們可以認定，段秀實葬地就在臨潼。唐德宗之所以選擇在臨潼安葬段秀實，立廟祭祀，大概是由於當時剛剛在平亂反正之後，時局倉皇，而汧陽道遠，不便歸祔先塋，故而就近禮葬，屬於權變之策。段伯倫墓誌爲此看法提供了支持。墓誌云：『以開成二年五月四日奉公之喪，葬於京兆府昭應縣之見子原，禮也。』舊唐書·地理志云：『天寶二年，分新豐、萬年置會昌縣。七載，省新豐縣，改會昌爲昭應，治温泉宫之西北。』[31]昭應縣，後來在北宋大中祥符八年（1015）改爲臨潼縣。古代一般喪葬風俗，子隨父葬，段伯倫葬於臨潼，則段秀實墓地在臨潼這個説法就更加可信，何況又有宋、明、清的文獻資料佐證。父子均葬於臨潼，他們的墓地理應相去不遠。根據長安志、來齋金石考、陝西通志，段秀實墓在臨潼縣西十里的斜口或者縣西一十五里之地，那麽段伯倫墓地也應該就在此位置附近。

段文楚墓誌，又給我們提供另一綫索，墓誌云段文楚卒後，『葬於京兆府萬年縣尚書鄉細柳原，從先塋，禮也。」㉜既然强調『從先塋』，可知其父段疑、其叔父段伯倫、其祖父段秀實都應葬在萬年縣細柳原。開成二年的段伯倫墓誌稱葬地『昭應縣見子原』，而廣明元年的段文楚墓誌稱葬地『萬年縣細柳原』。如果推測正確的話，這兩處葬地應該是同一處，『萬年縣細柳原』、『昭應縣見子原』屬於歷史時期地理名稱的變化。

細柳原在唐代墓誌中多次出現，當時細柳原有兩個，一個是西邊長安縣的細柳原，一個是東邊萬年縣的細柳原。關於萬年縣細柳原，尚民杰在唐長安縣、萬年縣鄉村續考一文中有考證，他依據天寶八載(749)大唐榮王故第八女墓誌銘云『詔葬於京兆府咸寧□之細柳原』、天寶九載的常允逸神道碑云『安厝於會昌縣界細柳之原』，兩碑出土地點均在今臨潼區西泉鄉，從而確定了唐代萬年縣細柳原（天寶二年改置會昌縣，天寶七載改爲咸寧、昭應）的所在㉝。

而『見子原』的名稱只在少數幾方唐代墓誌中出現過，如於隱墓誌載：『天授元年廿九日，安厝於雍州萬年縣見子原。」㉞召弘安墓誌云：『景龍三年遷葬於萬年縣東卌里見子之原。」㉟『見子原』得名應當與『見子陵』有關。括地志云：『秦莊襄王陵在雍州新豐縣西南三十五里，俗亦謂爲子楚陵，始皇陵在北，故亦謂爲見子陵。」㊱關於秦莊襄王陵的具體地點，王自力認爲在『秦東陵之内』。㊲而秦東陵位於驪山西麓灞河東岸的銅人原上，所以『見子原』應該就是莊襄王陵即『見子陵』所在的銅人原附近。此地在天寶以前屬萬年縣，玄宗天寶二年在温泉旁設會昌縣，天寶七載改爲昭應，以後又歸萬年縣，宋代改臨潼縣。

清乾隆時期所修臨潼縣誌云：『銅人原，其地在今臨潼縣斜口鎮西南七里之窯村』。㊳再結合前面召弘安墓誌所云『萬年縣東卌里』及陝西通志『烈士段秀實廟，在臨潼縣西十里斜口鎮西』的描述，以及大唐榮王故第八女墓誌及常允逸神道碑兩碑出土地點，我們可以進一步縮小『見子原』或者説『細柳原』的範圍，大致在南起臨潼斜口鎮以西的窯村，北到臨潼西泉鄉椿樹村，南北大概10公里之内的黄土臺塬上，屬於從東南往西北漸漸降低的銅人原延伸地帶，段伯倫家族葬地應該就在此範圍之内。

六、墓誌作者

段伯倫墓誌題云『翰林學士將仕郎守尚書庫部員外袁都撰』。袁都事迹不可考，兩唐書無傳，據舊唐書・袁滋傳云『子都，仕至翰林學士』，㊴可知其爲袁滋之子。袁滋爲憲宗朝宰相，工篆籀書，著有雲南記五卷。又新唐書・李宗閔傳稱：『俄復爲中書舍人，典貢舉，所取多知名士，若唐沖、薛庠、袁都等，世謂之「玉筍」。』㊵徐松登科記考中列穆宗長慶四年中舉進士三十三人，下有袁都，并注引唐語林文曰：『李相宗閔知貢舉，門生多清雅俊茂，唐沖、薛庠、袁都，時謂之「玉筍」』。㊶袁都既爲李宗閔所拔擢之門生，而又受托爲段伯倫撰寫墓誌，似乎能够暗中透漏出一點有關段伯倫在牛李黨争中的立場。袁都爲當時高才名士，其受人所托撰寫墓誌應該不少，目前所見者，除此段伯倫墓誌外，還有張鈁『千唐志齋』所收的唐大和九年趙正卿墓誌。

舊唐書・段秀實傳云：『（伯倫）卒，宰臣李石奏曰：「伯倫，秀實之子。自古殁身以衛社稷者，無如秀實之賢。」文宗憫然曰：「伯倫宜加賻贈。」仍輟朝一日，以禮忠臣之嗣。」㊷新唐書・段秀實傳亦曰：『帝惻然，爲罷朝。』㊸

段伯倫死後，朝廷賻贈，皇帝輟朝一日，這對於傳統政治中的臣子來説，是莫大的光耀。雖然按照唐代制度，現任三品以上文武官員卒後均可享受輟朝一日的待遇，屬於依禮行事。但古人極其看重這種死後哀榮，在碑文中對此往往不惮辭費，詳細記載。如左金吾衛大將軍隴西李公墓志叙述墓主李志忠卒後，『聖主寵贈，以慰存亡。仍輟朝一日，則古今希也。』㊹但不知爲何，袁都竟然對段伯倫死後受到的這種禮遇絲毫不提，并且在墓誌最後，還有『以忠烈之勛，生公之賢，卒不登將壇而今静無立朝者，將有定命歟，抑無爲言歟』數語，感嘆段伯倫位不配德，未得大用，語氣間似有深意。如果通觀段氏家族命運，段秀實以忠烈殉國，段嶷、段伯倫兄弟以勛臣子弟門蔭入仕，少年顯達；在文宗大和年間，段嶷以鄭滑節度使入爲右金吾衛大將軍，封西平郡公，段伯倫以右金吾衛大將軍出任福建觀察使，兄弟同氣連枝，共榮於朝。但甘露之變後，段嶷獲裴度救護，方免一死，貶循州司馬；段伯倫被投閑置散，不久即卒。忠烈之後，家門零落，『而今静無立朝者』；此時朝堂之上，正是肅殺一片，衆芳荒蕪。由此可知，袁都之嘆息，良有以也，不僅爲段氏悲慨，亦爲時局感傷。

七、結語

段伯倫墓誌，極大補充了史書記載之闕，不僅爲考察段伯倫生平行迹提供了第一手珍貴的資料，而且對研討武威段氏世系及段秀實家族的政治與社會地位有着重要的史料參佐價值。但在考證過程中，依然存在一些疑問，諸如段伯倫究竟兄弟幾人、其他兄弟的情況、段珂在段氏家譜中的位置以及段氏家族葬地的具體所在等等問題，仍有待於將來更多的新材料出現，以幫助解決。

（作者何如月、李静，原文發表於考古與文物，2020年第2期）

參考文獻：

[一] 董誥等編，全唐文卷55贈太尉段秀實紀功碑，北京：中華書局，1983，第594頁。
[二] 劉昫等撰，舊唐書卷128段秀實傳，北京：中華書局，1975，第3588—3589頁。
[三] 司馬光編著，資治通鑑卷228唐德宗建中四年十月條，北京：中華書局，1956，第7356頁。
[四] 同[二]。
[五] 歐陽修、宋祁撰，新唐書卷153段秀實傳，北京：中華書局，1975，第4853頁。
[六] 李林甫等撰，陳仲夫點校，唐六典卷11殿中省，北京：中華書局，1992，第326頁。
[七] 黄正建，唐六尚長官考·魏晋南北朝隋唐史資料，2004（12），第223-245頁。
[八] 同[二]。
[九] 劉昫等撰，舊唐書卷13德宗本紀，北京：中華書局，1975，第354頁。
[十] 劉昫等撰，舊唐書卷17下文宗本紀，北京：中華書局，1975，第554頁。
[一一] 歐陽修、宋祁撰，新唐書卷174李宗閔傳，北京：中華書局，1975，第5236頁。
[一二] 劉昫等撰，舊唐書卷172李石傳，北京：中華書局，1975，第4483頁。
[一三] 歐陽修、宋祁撰，新唐書卷174李宗閔傳，北京：中華書局，1975，第5236頁。
[一四] 劉昫等撰，舊唐書卷17下文宗本紀，北京：中華書局，1975，第565頁。
[一五] 同[一四]，第567頁。
[一六] 同[二]，第3583頁。
[一七] 董誥等編，全唐文卷445段府君神道碑銘，北京：中華書局，1983，第4538頁。
[一八] 趙君平等，秦晋豫新出土墓誌蒐佚續編（第5册），北京：國家圖書館出版社，2015，第1322頁。
[一九] 李明等編，長安高陽原新出隋唐墓誌，北京：文物出版社，2016，第173頁。

〔二十〕同上，第 201 頁。

〔二一〕同〔二〕，第 3588 頁。

〔二二〕同〔一〕。

〔二三〕同〔五〕。

〔二四〕劉於義等修，沈青崖纂，陝西通志：選舉四（第 33 卷），雍正十三年刻本，1735，第 38 頁。

〔二五〕王溥撰，唐會要卷 86 奴婢，北京：中華書局，1955，第 1569-1573 頁。

〔二六〕李天石，唐代中後期奴婢掠賣之風的盛行及其原因分析，歷史教學問題，2001（4），第 9-13 頁。

〔二七〕劉昫等撰，舊唐書卷 128 段秀實傳，北京：中華書局，1975，第 3586 頁。

〔二八〕宋敏求撰，長安志卷 15 縣五・臨潼，西安：三秦出版社，2013，第 464 頁。

〔二九〕林侗撰，來齋金石考（卷下）・文淵閣四庫全書影印本，上海：上海古籍出版社，1987（684 冊），第 10 頁。

〔三十〕劉於義等修，沈青崖纂，陝西通志・忠烈祠（第 28 卷），雍正十三年刻本，1735，第 31 頁。

〔三一〕劉昫等撰，舊唐書卷 38 地理志，北京：中華書局，1975，第 1396 頁。

〔三二〕同〔一八〕。

〔三三〕尚民杰，長安繹古——漢唐歷史考古文集，北京：文物出版社，2016，第 117-118 頁。

〔三四〕吴剛編，全唐文補遺（第 7 輯），西安：三秦出版社，1999，第 318 頁。

〔三五〕胡戟，榮新江編，大唐西市博物館藏墓誌，北京：北京大學出版社，2012，第 353 頁。

〔三六〕李泰著，賀次君點校，括地志輯校，北京：中華書局，1980，第 21 頁。

〔三七〕王自力，孫福喜，唐金鄉縣主墓，西安：陝西文物出版社，2002，第 89-91 頁。

〔三八〕史傳遠纂修，乾隆臨潼縣誌（第 1 卷），乾隆四十一年刻本，第 13 頁。

〔三九〕劉昫等撰，舊唐書卷 185 袁滋傳，北京：中華書局，1975，第 4831 頁。

〔四十〕歐陽修，宋祁撰，新唐書卷 174 李宗閔傳，北京：中華書局，1975，第 5235 頁。

〔四一〕徐松撰，趙守儼點校，登科記考（卷中），北京：中華書局，1984，第 718 頁。

〔四二〕同〔二〕。

〔四三〕同〔五〕。

〔四四〕李明等編，長安高陽原新出隋唐墓誌，北京：文物出版社，2016，第 207 頁。

唐代康志睦墓誌考釋

——兼論中晚唐政局的相關問題

唐康志睦墓誌，首題爲『大唐故銀青光禄大夫檢校尚書左僕射四鎮北庭行軍兼涇原等州節度營田觀察處置使使持節涇州諸軍事涇州刺史御史大夫上柱國會稽郡開國公食邑二千户贈司空康公墓志銘并序』。墓誌青石質，長77.5cm、寬78cm、厚12cm，現藏於西安關中民俗藝術博物院。

誌主康志睦（777—833），字得衆，爲中唐時將領康日知之子。康日知，靈州人，驍勇善戰，德宗時爲成德節度使李寶臣部將，授趙州刺史。建中二年（781），平定李惟岳叛變，效忠朝廷，授深趙觀察使。興元元年（784），授予同州刺史、奉誠軍節度使，又徙爲晉絳節度使，加檢校尚書左僕射，册封會稽郡王，貞元五年（789）卒於任上，追贈太子太師[1]。有關康日知的情况，可見新唐書卷一百四十八康日知傳，趙明誠金石録卷二十八存唐康日知墓誌碑目及考訂文字[2]，流傳至今的唐故中散大夫河州别駕安公夫人康氏墓誌銘[3]、唐康志達墓誌[4]亦有些許記載可資參證。

康志睦，舊唐書無傳，僅在新唐書·康日知傳後有不足百字極其簡略的附傳，寶刻叢編録存咸通二年（861）由韋瓘撰、歸融書、楊述篆額的唐贈太尉會稽郡公康志睦碑碑名，内容不詳。因而這篇長達一千三百多字的康志睦墓誌的出現，爲我們研究康志睦行迹提供了寶貴的第一手材料。本文將以此墓誌爲主，結合各類文獻，對康志睦的仕宦履歷、家族世系、葬地情况進行考察，以期深入瞭解康志睦一生，并對當時的政治局勢有所透視。

一、康志睦墓誌録文

爲研究方便，先將康志睦墓誌録文於下：

大唐故銀青光禄大夫檢校尚書左僕射四鎮北庭行軍兼涇原等州節度營田觀察處置使使持節涇州諸軍事涇州刺史御史大夫上柱國會稽郡開國公食邑二千户贈司空康公墓誌銘并序

朝散大夫權知宗正卿武騎尉賜紫金魚袋李仍叔撰

朝散大夫守尚書駕部郎中知制誥上柱國歸融書

公諱志睦，字得衆。其先會稽人，名將殊勛，累居河右。因功改貫，爲京兆人也。曾祖諱植，皇含州刺史。開元初，蕃戎叛换，克建大勛，斬康大賓，獻功魏闕，授左武衛大將軍。祖諱孝義，皇萬安府折衝、試光禄卿，累贈户部尚書。烈考諱日知，皇開府儀同三司、檢校兵部尚書兼御史大夫，奉誠軍晋慈隰等州節度觀察處置使、榆林郡王，食邑三千户，實封五百户，累贈左僕射、太子太師。當建中年，王室多難，成德軍節度使李寶臣卒，其子惟岳劫脅父兵，謀襲其位。太師時爲趙州刺史，忠義自天，誠明貫日，潜諭趫悍之徒，使聞逆順之理，帛書獻款，間道以聞。後成德人共誅惟岳，傳首闕庭，實太師之功也。及德宗皇帝駕幸梁洋，河朔諸侯懷貳非一，群惡相濟，患其獨醒，公遂以趙州人轉戰歸覲，其元勛茂伐，彰於史册。臧孫有後，爲善不誣；克生令人，翊戴休運。天之報應，其昭昭哉。公河山挺秀，天象降靈，既稟魁梧之姿，果負英雄之氣。未冠之年，已探孫吴之術，爰從試用，授職禁軍，累至先鋒兵馬使，仍兼憲官。元和中，憲宗皇帝駕幸龢門，親按營壘，异公容狀，寵顧遂偏，公敷奏詳悉，上甚愛之。因授雲麾將軍、右神策將軍兼侍御史、范陽縣開國子，食邑五百户。俄遷大將軍。長慶紀號，加兼御史中丞、會稽縣開國公，食邑一千五百户。後又加御史大夫。屬妖賊張韶竊發中禁，乘我無備，禍出不虞。敬宗皇帝駕幸左神策軍，京輦之下，人心震駭。公領步兵，率先擊之。凶醜既殲，推功不□，謙讓之譽，時爲美談。寶曆元年，拜銀青光禄大夫、檢校工部尚書兼御史大夫、平盧軍節度、淄青齊登萊等州觀察處置，押新羅、渤海兩蕃使。推誠待士，布德臨戎，五州之内，人安其化。洎李同捷阻兵滄景，□王師有征，徐泗全軍與淄青之衆，同圍棣州。公戒其衆，曰師克在和，乃悉心供費，卒致成功。大和□年，朝廷以公北海年深，命岐帥王承元代之。公既至闕下，拜檢校左僕射兼右龍武軍統軍。未啓楙功，時議咨嘆。七年七月，上以回中近藩，西控戎虜，苟非長才，孰膺重寄，遂除四鎮北庭行軍兼涇原等州節度營田觀察處置使，兼涇州刺史。依前檢校尚書左僕射、御史大夫、會稽郡開國公，食邑二千户。升壇而志已忘軀，秉節而義形於色，誓將永清邊鄙，上答鴻私。不幸其年十一月十八日遘疾，薨於涇州官舍之正寢，享壽五十有七。涇州軍人行哭天慘，皇帝聞之軫悼廢朝，憫册法賻，恩深禮縟。以明年二月廿一日，與吳興郡夫人沈氏合葬於京兆府長安縣神泉鄉馬祖原，禮也。有子三人，長曰元立，前宗正寺齊陵署丞；次曰元度，准制合叙一子，官未授而鍾艱故；次曰元密，前右領軍衛兵曹參軍，皆孝友承家，毁瘠過禮。嗚呼，以公之所至方鎮，徇公滅私，不求蓄聚，及啓手足之日，家室屢空。天之福善，當必有後耳。有女四人，長嫁兼殿中侍御史烏漢封，次嫁試太常寺協律郎狄固言，二人尚幼在室。元立等號叙於仍叔，願紀徽猷，聊書官業，豈盡芳烈。銘曰：

武烈傳家，忠貞奉國，夙藴六奇，早推七德。鞠旅禁營，妖氛坐息，陳師東野，以戰則剋。勛書鐘鼎，業載旂常，擁旄青社，授鉞金方。煦同春日，肅若秋霜，來歌杕杜，去咏甘棠。沴氣晨興，將星宵墜，震悼皇情，驚嗟列位。巷靡行歌，廛聞罷市，耆耋孩提，淒哀歔欷。終南崇崇，清渭溶溶，平原厚地，蔔擇丘封。簫笳滿野，松柏生風，寂兮寥兮，千載長空。

二、誌主康志睦

新唐書・康日知傳云：『子志睦，字得衆。資趫偉，工馳射。隸右神策軍，遷累大將軍。討張韶，以多兼御史大夫，進平盧軍節度使。李同捷反，放兵略千乘，志睦挫其鋭，不得逞，遂下蒲臺，盡奪其械。加檢校尚書左僕射。徙涇原，封會稽郡公。卒，年五十七，贈司空。』[五]正史記載極爲簡略，而康志睦墓誌則非常詳細地叙述了他的職官遷轉、主要功績、婚姻子息等情況，極大補充了史書闕漏。

1. 康志睦生卒

史書不載康志睦卒年，而誌雲『大和七年十一月十八日遘疾，薨於涇州官舍之正寢，享壽五十有七。』大和七年爲公元833年，以此推知康志睦生於大曆十二年（777）。

2. 康志睦仕宦履歷

新唐書載康志睦任職履歷爲：任右神策軍將軍，累遷至大將軍。討伐張韶，進平盧軍節度使。參與平定李同捷叛亂。後又加檢校尚書左僕射。遷至涇原，封爲會稽郡公。碑史對照，史傳僅記康志睦一生大要，對康志睦任神策軍將軍之前的早期仕宦情況并未提及，而墓誌則對他一生所歷諸官及遷轉次序一一羅列，細緻詳明。

墓誌叙及康志睦起家，云『未冠之年，已探孫吳之術，爰從試用，授職禁軍，累至先鋒兵馬使，仍兼憲官』。康志睦爲將門之後，少年時即曉習兵法，嫻熟騎射，一入仕就在禁軍效力，時間當在貞元十三年（797）二十既冠之後。此後數年行迹不詳，僅云在禁軍中累至先鋒兵馬使。墓誌又云：『元和中，憲宗皇帝駕幸龢門，親按營壘，异公容狀，寵顧遂偏，公敷奏詳悉，上甚愛之。因授雲麾將軍、右神策將軍兼侍御史、范陽縣開國子，食邑五百户。』唐憲宗視察軍營，康志睦因『稟魁梧之姿』、儀表偉岸受到關注，面見皇帝時又能『敷奏詳悉』、練達軍務，因此受到憲宗皇帝賞識，遷右神策將軍，不久晋升右神策軍大將軍。

左右神策軍建立於唐德宗貞元二年（786），負責保衛京師和戍衛宮廷以及奉命征討，成爲天子直接控制的主要武裝力量。自唐德宗涇原兵變後，宦官日受寵信，神策軍最高統帥爲左右護軍中尉，均由宦官執掌。下設大將軍、統軍、將軍。新唐書・百官志四上：『左右神策軍：大將軍各一人，正二品；統軍各二人，正三品；將軍各四人，從三品。掌衛兵及内外八鎮兵。』⑥康志睦在四十五歲前就已經任右神策大將軍，官至二品，可見憲宗皇帝對他確如墓誌所言的『寵顧遂偏』，因而仕途通達。

元和十五年（820）正月，憲宗暴崩。據新唐書・憲宗紀載：『（元和）十五年正月，宦者陳弘志等反。庚子，皇帝崩，年四十三。』⑦資治通鑑云：『上服金丹，多躁怒，左右宦官往往獲罪，有死者，人人自危；庚子，暴崩於中和殿。』⑧新唐書卷二百八王守澄傳：『守澄與内常侍陳弘志弑帝於中和殿。』⑨憲宗因爲服用丹藥，脾氣暴躁，身邊宦官人人自危，不堪忍受，故而内常侍陳弘志和宦官王守澄合謀弑君，然後又與右軍中尉梁守謙及諸宦官等，殺掉左軍中尉吐突承璀以及澧王惲，擁立憲宗第三子李恒，是爲穆宗。

穆宗即位後，改元長慶，對有擁立之功的宦官及神策軍將領進行封賞。王守澄被封爲樞密使，得以參與機密；右軍中尉梁守謙封安定郡開國公。時任右神策大將軍的康志睦也被加官進爵。墓誌云『長慶紀號，加兼御史中丞、會稽縣開國公，食邑一千五百户。後又加御史大夫。』雖然按照慣例，新皇帝即位，大赦改元，賜文武官階、勛、爵，但康志睦由之前的范陽縣開國子升到會稽縣開國公，食邑由五百户加至一千五百户，并非一般封賞。可見康志睦直接參與了當時的宮中政變，確有功勞。康志睦這個經歷在新唐書・康志睦傳以及其他史料中均未見載，墓誌可以補史之闕。

穆宗在位縱情享樂，畋游無度，長慶四年（824）正月因服方藥暴卒，年三十。皇太子李湛即位，是爲敬宗，時年十六，年號寶曆。新唐書・李逢吉傳：『（穆宗）帝暴疾，中外阻遏，逢吉因中人梁守謙、劉弘規、王守澄議，請立景王爲皇太子，……明日下詔，皇太子遂定。』⑩敬宗依然爲右軍中尉梁守謙、樞密使王守澄等人所立，康志睦爲右神策大將軍，仍受梁氏節制。敬宗少年登位，耽於玩樂，沉迷蹴鞠和打夜狐，政事多操於李逢吉之黨和宦官王守澄之手，朝政腐敗，由此引發了染工張韶的暴動事件。事情的前後經過，在新唐書・馬存亮傳中有詳細記載：『（張韶）乃陰結諸工百餘人，匿兵車中若輸材者，入右銀臺門，約昏夜爲變。有詰其載者，韶謂謀覺，殺其人，出兵大呼成列，浴堂門閉。時帝擊球清思殿，驚，將幸右神策。或曰：「賊入宮，不知衆寡，道遠可虞，不如入左軍，近且速。」從之。初，帝常寵右軍中尉梁守謙，每游幸，兩軍角戲，帝多欲右勝，而左軍以爲望。至是，存亮出迎，捧帝足泣，負而入。以五百騎往迎二太后，比至，而賊已斬關入清思殿，升御坐，盜乘輿餘膳，揖玄明偶食，且曰「如占」。玄明驚曰：「止此乎！」韶惡之，悉以寶器賜其徒，攻弓箭庫，仗士拒之，不勝。存亮遣左神策大將軍康藝全、將軍何文哲、宋叔夜、孟文亮，右神策大將軍康志睦、將軍李泳、尚國忠，率騎兵討賊，日暮，射韶及玄明皆死。』⑪由上可知，在這場暴亂中，敬宗慌忙之下首先想逃入梁守謙的右神策軍軍營，在衆人勸説下才去左軍軍營避難，叛亂最終在左右神策軍大將軍康藝全、康志睦的合力討伐中平息。墓誌云：『屬妖賊張韶竊發中禁，乘我無備，禍出不虞。敬宗皇帝駕幸左神策軍，京輦之下，人心震駭。公領步兵，率先擊之。凶醜既殲，推功不□，謙讓之譽，時爲美談。』碑史所記過程大致相同，但史雲左右神策大將軍『率騎兵討賊』，而墓誌雲『公領步兵，率先擊之』，細節稍有出入。

張韶之亂平定後，論功行賞，左神策中尉馬存亮賜食封二百户，右軍中尉梁守謙進開府儀同三司。左神策大將軍康藝全出任鄜坊節度使。資治通鑑長慶四年六月載有『己卯朔，以左神策大將軍康藝全爲鄜坊節度使』。注云：『賞討張韶、蘇玄明之功也。』⑫可以佐證。新唐書・康志睦傳曰：『討張韶，以功多兼御史大夫，進平盧軍節度使。』[13]墓誌云：『寶曆元年，拜銀青光禄大夫、檢校工部尚書兼御史大夫、平盧軍節度、淄青齊登萊等州觀察處置，押新羅、渤海兩藩使。』由史傳及墓誌文字可知，康志睦寶曆元年（825）出任平盧節度使，即是平定張韶之亂的封賞。康志睦出任方鎮的具體月份，惟在舊唐書·敬宗紀中有載：『（寶曆元年）夏四月甲戌朔，以右神策大將軍康志睦檢校工部尚書，兼青州刺史、平盧軍節度使。』[14]比較兩人出任方鎮的時間，康志睦比康藝全晚了近十個月，究其原因，是否出於康志睦的推功謙讓，也就是墓誌所贊譽的『凶醜既殲，推功不□，謙讓之譽，時爲美談』？而且康志睦出任平盧節度使時，帶檢校工部尚書、御史大夫銜，[15]而康藝全没有，顯然也表明了康志睦在平叛中所立之功比康藝全要多，墓誌所雲『公領步兵，率先擊之』，當非虚語。

平盧節度使在玄宗開元七年（719）設置，治所營州（今遼寧朝陽），安史之亂後南遷淄青（青州），領淄、青、齊、棣、登、萊六州，同時押新羅、渤海兩藩使，處理渤海、新羅兩國對唐王朝履行的朝貢、朝覲、賀正、質子入侍等各項藩屬事務，接待有關人員。平盧位置重要，地盤廣大，實力雄厚，一直是山東地區的强藩。安史之亂後國力衰微，藩鎮割據，囂張跋扈。憲宗李純登基後，開始了長達十幾年的削藩戰爭。平盧節度使李師道，連横河北，上抗朝命，在朝廷討伐淮西吴元濟的用兵過程中，陽奉陰違，暗中破壞，并派人刺殺主戰的宰相武元衡。淮西平定後，朝廷立即調集兵馬，討伐平盧。元和十四年（819）二月李師道被殺，淄、青數州復爲唐有，結束了李氏三代四人世襲割據的歷史。李師道叛亂平定之後，朝廷著意經營平盧，首先派效力禁軍三十餘年頗有聲望的薛平爲平盧節度使，在他任内，平盧兵精糧足，徭賦均一，成爲朝廷直接控制的藩鎮力量。寶曆元年，薛平期滿入朝，康志睦接替薛平出任平盧節度使。這是朝廷的精心選擇，不僅是對他平定張韶之難的酬功，也是對他才幹能力的信任。

事實證明，朝廷此舉得人，康志睦在任平盧節度使期間，在討平李同捷的叛亂中發揮了重要作用。唐敬宗耽於游樂，童昏失德，僅在位兩年就被宦官所弑，内樞密使王守澄、神策護軍中尉魏從簡、梁守謙擁立江王李涵爲帝，是爲文宗。文宗即位之初，鋭意圖治，想要革除前朝弊政。横海節度使李全略卒，其子李同捷請襲父位，朝廷不從，因而抗拒王命。於是在大和元年（827）八月，朝廷下詔削奪李同捷官爵，命康志睦等節度使合兵討伐。據舊唐書·李同捷傳：『文宗即位，……詔授同捷檢校左散騎常侍、兖州刺史、兖海節度使，以天平節度使烏重胤爲滄州節度以代之。詔下，同捷托以三軍乞留，拒命。乃命烏重胤率鄆、齊兵加討。又詔徐帥王智興、滑帥李聽、平盧康志睦、魏博史憲誠、易定張璠、幽州李載義等四面進攻。』[16]直到大和三年（829）四月，叛亂以李同捷被斬殺，傳首京城告終。資治通鑑載：『時河南、北諸軍討同捷久未成功，每有小勝，則虚張首虜以邀厚賞，朝廷竭力奉之，江、淮爲之耗弊。』[17]在平定李同捷過程中，各藩鎮節度使擁兵自重、觀望戰局，以誇大戰功來獲取朝廷獎賞，并非真正通力合作、積極進討。墓誌言康志睦在平亂中『戒其衆，曰師克在和，乃悉心供費，卒致成功』，足見康志睦公忠體國的品質及其軍事才能。當時節度使往往在領地内大肆搜刮，賄賂中人，以結内援。而康志睦任平盧節度使六年，墓誌云『徇公滅私，不求蓄聚』，反映了他任地方節鎮的聲聞口碑，確實是立身有節，難能可貴。

大和五年（831）十一月，康志睦回朝。康志睦墓誌云：『大和□年，朝廷以公北海年深，命岐帥王承元代之。公既至闕下，拜檢校左僕射兼右龍武軍統軍。』[18]舊唐書·文宗紀下：『大和五年十一月，以承元檢校司空、青州刺史，充平盧軍節度使。』[19]碑史對照，可知康志睦受代的具體年月。檢校左僕射是榮譽頭銜，右龍武統軍往往授予節度使罷任者，并無職事。康志睦被投閑置散，故而墓誌作者在此處有『未啓牀功，時議咨嘆』之語。

閑居不足兩年，康志睦再次出鎮西北。墓誌云：『七年七月，上以回中近藩，西控戎虜，苟非長才，孰膺重寄，遂除四鎮北庭行軍兼涇原等州節度營田觀察處置使，兼涇州刺史。」中唐以後，西北的邊防相當緊張，經常受到吐蕃、回紇的侵擾，涇、原等州的軍事地位日益重要，成爲抵御吐蕃、回紇的重鎮，朝廷一般都選派勇猛善戰的將領鎮守，著力經營。正如墓誌所云『苟非長才，孰膺重寄』，大和七年（833）康志睦出任四鎮北庭行軍兼涇原等州節度使，鎮遏京師周邊要害之地，可以看出朝廷對他的信任和倚重。只可惜康志睦尚未能施展身手，實現『用清邊鄙，上答鴻私』的願望，就在赴任後數月之内卒於任上，享年五十七歲。

康志睦一生歷經德宗、順宗、憲宗、穆宗、敬宗、文宗六朝，作爲一位重要的政治人物，他捲入了當時的不少政治鬥爭，受到現實政治的波涉，其仕途也與政治的興衰共相起伏。如果將各種零散的文獻記載和墓誌資料排比勾稽，我們就會拼合出康志睦比較完整的人生軌迹，也不難從墓誌有限的文字叙述之中窺見錯綜複雜的時代背影。康志睦能在憲宗、穆宗、敬宗、文宗四朝歷任要職，建功立業，當然不僅僅因爲他出身將門，頗具才幹，人品清廉，恐怕也由於他長期效力神策軍，與當權宦官關係密切，所以才能在中晚唐風雲詭譎的政局中仕途平順，既爲朝廷所用，又不致被黨派及宦官集團排擠陷害。

三、康志睦家族世系

康志睦家族情況，文獻記載甚爲簡略零散。筆者綜合康志睦墓誌、唐安公夫人康氏墓誌、金石録・唐康日知墓誌、康志達墓誌以及相關史書材料，對康志睦的家族情況進行考辨，并大致勾畫出其家族譜系。

首先，關於康志睦高祖、曾祖名諱及其事迹情況。

康志睦高祖康校尉，其名諱、所任官職目前僅在唐安公夫人康氏墓誌中記載：『祖校尉，隋朝左武衛大將軍。』[二十]校尉似爲官職稱謂，因在隋書及文獻史料中未見其生平履歷的相關記録，故無法考證他的名字是否爲『校尉』，姑且還以校尉稱之。

康志睦墓誌云其『曾祖諱植，皇含州刺史。』新唐書・康日知傳云：『祖植，當開元時，縛康待賓，平六胡州，玄宗召見，擢左武衛大將軍。』[二一]康志睦姑祖母唐安公夫人康氏墓誌載：『父石，皇朝左金吾衛大將軍、開國男、長州刺史。』[二二]康日知子康志達墓誌言：『曾祖曰延慶，皇朝左威衛大將軍。』[二三]在金石録・唐康日知墓誌中，趙明誠跋語：『唐書・日知傳云「祖植，開元中爲左武威大將軍」，而誌云「祖諱石生」，撰誌者李紓與日知同時人，墓誌所書，宜得其實也。』[二四]高文文唐河北藩鎮粟特後裔漢化研究一文中提出，趙明誠有可能在録康日知墓誌『祖諱石』時多録了一個『生』字，又因『植』與『石』發音近似，在流傳過程中後人誤將『石』當做『植』，并認爲康志達墓誌中記其曾祖父名爲『康延慶』，『延慶』應是康石的字。[二五]對比以上幾方墓誌，唐安公夫人康氏墓誌撰寫時間早於康日知、康志睦、康志達的墓誌以及康日知傳，撰文之人對於康氏父親名諱還比較清楚，出現訛誤的情況不大。康日知墓誌記其祖父名諱與唐安公夫人康氏墓誌大致相同，而後人康志睦、志達墓誌距其曾祖時代較遠，對其名諱可能不甚清楚，因此，應以時間較早的唐安公夫人康氏墓誌爲據。

又康志睦墓誌云其曾祖康植在開元時平定六胡州之亂，『斬康大賓，獻功魏闕』。開元時期的詔令誅康待賓免從坐詔『乃同華夏四乂，康待賓等，敢亂天常，俱爲禍首』[二六]、討康待賓等敕『若生擒及斬獲康待賓等一人，白身授五品』[二七]，將胡人叛亂者寫爲『康待賓』；而崔令欽在開元年間寫教坊記・唱歌『貌稍胡者，即云「康大賓阿妹」』[二八]則作『康大賓』。可見在開元間已有『康待賓』『康大賓』兩種寫法。或許因『大』『待』二字發音相近，在流傳過程中人們將二字混淆，書寫時産生錯誤，以致教坊記、康志睦墓誌寫作『康大賓』。鑒於此，當以朝廷官方發布的詔敕書寫爲准。因康志睦墓誌所寫六胡州康大賓叛亂之事，與新、舊唐書・玄宗本紀、韋抗傳、張説傳、郭知運傳、新唐書・王晙傳、康日知傳、唐玄宗頒布敕令等文獻記載相同，故可知墓誌所言『康大賓』即爲『康待賓』。

其次，關於康志睦兄弟情況。

新唐書・康日知傳僅記載其子康志睦的生平履歷，其餘子息情況并未提及。由康志達墓誌可知，康日知第四子爲康志達，卒於長慶元年（821）五月十日，春秋五十四；而由康志睦墓誌所書康志睦生卒時間，可推知康志達年長於康志睦，爲其兄長。此外，在唐大詔令集・録功臣子康志寧等各除官職敕云：『故慈晉隰等州觀察使檢校兵部尚書康日知、故徐州刺史兼御史大夫李洧等一十家，皆有茂功，藏於盟府，故命搜訪後嗣，光賁前人。今志寧等或服戎著績，或從官有成，或投迹軍府之中，或滯才州縣之職，咸加甄録，各茂官榮。』[29]册府元龜・延賞第二：『憲宗九年八月庚寅，録功臣之後，以左神策軍、華原鎮遏兵馬使兼御史大夫康志寧爲檢校、左散騎常侍兼左龍武軍將軍、知軍事。』[30]據此可知康日知另有一子康志寧。憲宗元和九年（814）康志寧已任左神策軍、華原鎮遏兵馬使兼御史大夫，而且詔敕明以康志寧承襲康日知，似應年歲居長。

最後，關於康志睦子息情況。

康志睦墓誌記載其有元立、元度、元密三子，長子元立爲前宗正寺齊陵署丞；次子元度，爲准制合叙之子，官未授而鍾艱故；三子元密爲前右領軍衛兵曹參軍。有女四人，長女嫁兼殿中侍御史烏漢封。據新唐書・宰相世系表，烏漢封爲憲宗平淮西時累立戰功、穆宗時任天平節度使的烏重胤之五子，衛尉寺丞，墓誌云兼殿中侍御史，可補史闕；次女嫁試太常寺協律郎狄固言。這些情況史書均未載。新唐書・康日知傳言康志睦子『承訓，字敬辭……僖宗立，授左千牛衛大將軍。卒，年六十六。子傳業』，[31]但據康志睦墓誌所載諸子中并未有康承訓。在康志達墓誌中云其子名爲『元質』，康志睦之子名爲『元立、元度、元密』，可知康志達、康志睦的下一代名字從『元』字輩，而康承訓之名、字與之不符。又康志睦墓誌寫於大和八年（834），據史書記載此時康承訓已經二十五歲，按理名字應出現在墓誌之中。康承訓一生歷任左神武軍將軍、天德軍防禦使、檢校工部尚書、義武節度使、嶺南西道節度使、檢校尚書右僕射、右武衛大將軍、義成軍節度使、徐泗行營都招討使、檢校左僕射、同中書門下平章事、河東節度使、左千牛衛大將軍、恩州司馬等官職，曾帶兵擊敗龐勛起義軍、抵御南詔入侵，被封爲會稽縣男。康承訓任職與康志睦墓誌所云長子任前宗正寺齊陵署丞、三子任前右領軍衛兵曹參軍之職异，則他不是康志睦長子或三子。康日知傳又言：康承訓『推門功進累左神武軍將軍』，[32]他因祖先功勛而累遷至左神武軍將軍一職，這與康志睦次子按制門蔭授官同，但墓誌云次子元度在即將授官時遇父親康志睦去世，因守孝而未授官，不知其後任職情況，故而不能斷定康元度與康承訓是否爲同一人。目前，惟有新唐書・康日知傳記載康承訓爲康志睦之子，唐左僕射康承訓碑只有存目，不見原碑文字。就目前所見材料，尚無法考定康承訓的身份。

結合上述多方墓誌及史料，我們大致可以梳理出康志睦的家族世系：高祖康校尉，曾祖康石，祖父康孝義，父康日知，兄康志寧、康志達。康志達娶河南元氏，生元質及一女，女嫁隴西李繼宗。康志睦，娶吴興郡夫人沈氏，生元立、元度、元密、承訓及四女。

四、康志睦葬地

康志睦之兄康志達墓誌云康志達葬於『長安縣龍首鄉興臺里先代塋之東北』，[33]知康氏家族先人葬地位於長安縣龍首鄉興臺里。據武伯綸唐長安郊區的研究之萬年、長安鄉里考，長安縣龍首鄉位於今西安西郊土門村、棗園村、閆莊一帶。[34]1955年西安西郊小土門村出土的永徽元年劉世通夫人墓記首書『大唐雍州長安縣龍首鄉興臺里』，[35]知龍首鄉興臺里在小土門村。康志睦墓誌言其與夫人：『合葬於京兆府長安縣神泉鄉馬祖原』。尚民杰唐長安、萬年縣鄉村續考：『馮朝光墓誌稱

康校尉——康石——康孝義——康日知
- 長子　康志寧
- 次子　？
- 三子　？
- 四子　康志達（河南元氏）
  - 康元質
  - 康氏
- 五子　康志睦（吴興郡夫人沈氏）
  - 康元立
  - 康元度
  - 康元密
  - 康承训？
  - 康氏
  - 康氏

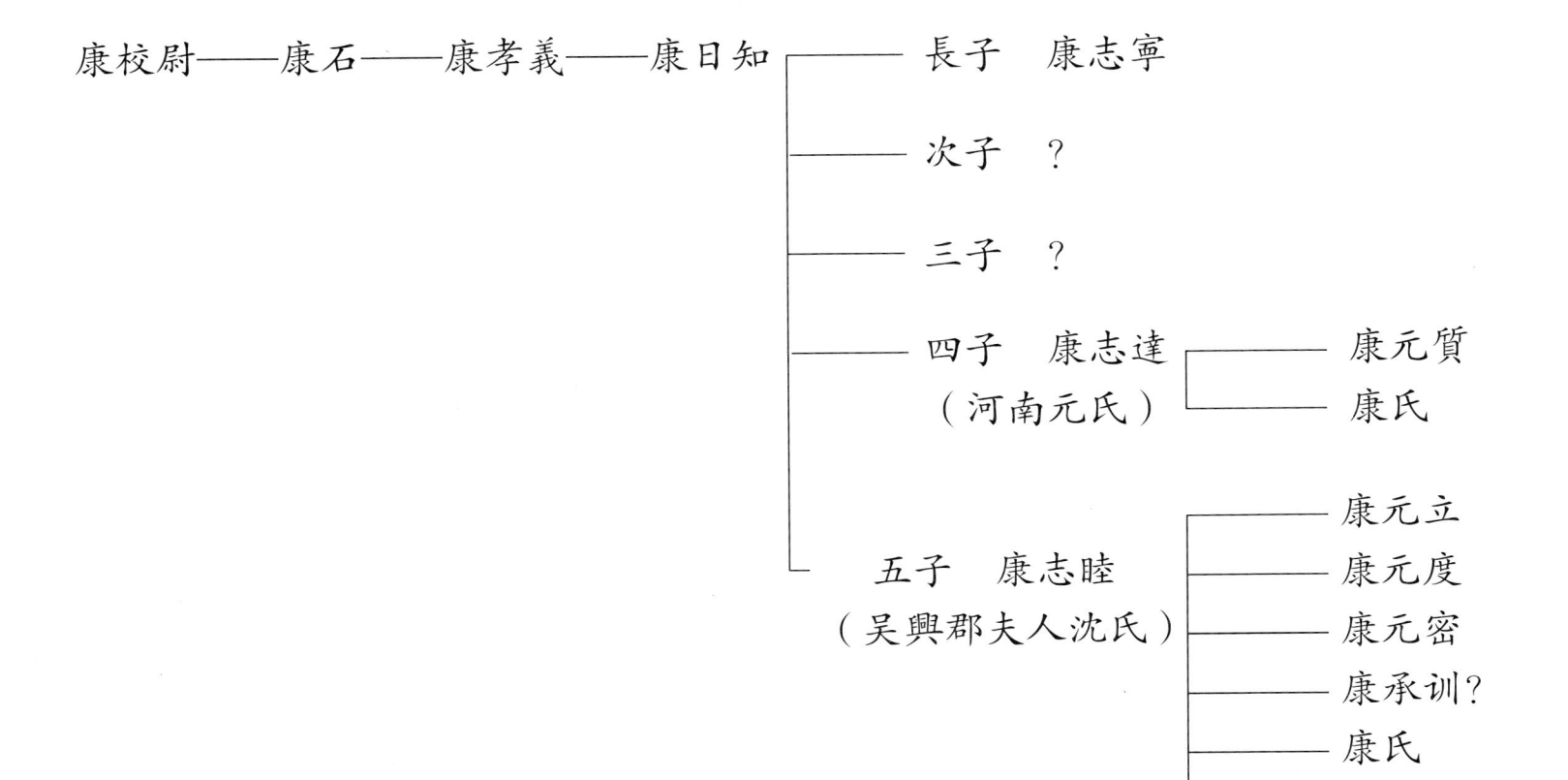

康志睦家族譜系

其葬地爲「馬祖原」，該墓誌的出土地點在今西安南郊的山門口鄉嚮堂村。』[36]賈梅唐《東明觀孫思墓誌》考釋，李舉綱、張婷新見唐《肅明觀主范元墓誌》考疏均在文中提出，『馬祖原應在唐長安城西長安縣龍泉鄉、神泉鄉、務德鄉等鄉境内，大致範圍在今蓮湖區土門附近以南，雁塔區山門口鄉以北的區域』。[37]徐暢唐萬年、長安縣鄉里村考訂補一文，考證出長安縣神泉鄉馬祖原位於西安南郊山門口嚮堂村。[38]結合以上材料，我們大概可以推知康志睦死後，依然是葬在先代祖塋附近，其家族墓地大致在今天西安蓮湖區土門以南，雁塔區山門口嚮堂村以北的區域之内。

五、墓誌作者与書丹者

康志睦墓誌撰者李仍叔，兩唐書中無傳。新唐書・宗室世系上有云：『宗正卿仍叔，字周美，初名章甫，爲宗正卿栻之子。』[39]排比兩唐書及資治通鑑等相關史料，可知李仍叔歷任倉部郎中、水部郎中、道州司馬、湖南觀察使、太子賓客及宗正卿等職，依附同族李程。李程曾受牛黨李逢吉提拔，後又因事遭其忌恨，李仍叔亦受牽連。李仍叔與白居易、劉禹錫等人交好，可證於文獻記載。唐兩京城坊考・東京・外郭城：『太子賓客李仍淑宅。宅有櫻桃池，仍淑嘗與白居易、劉禹錫會其上。』[40]白居易有洛陽春贈劉李二賓客、洛下雪中頻與劉李二賓客宴集因寄汴州李尚書、劉禹錫有和樂天李周美中丞宅池中賞櫻桃花等詩作。白居易贊其『爲人厚實謇直，嘗以文行謀畫，從容於幕府之間。臨事敢言，當官能守』。[41]除康志睦墓誌之外，李仍叔還爲岳父崔遂撰唐故秘書省秘書郎博陵崔公（遂）墓誌銘、[42]爲其女撰唐李仍叔四歲女德孫墓誌銘，[43]另有唐故京兆田君（古）墓誌銘、[44]唐故宗正卿上柱國賜紫金魚袋李公（濟）墓銘、[45]唐故河南縣丞安定皇甫君（弘）墓誌銘。[46]唐人重視墓銘文字，有力之家一般多請名筆撰寫，由此可見李仍叔的文采頗爲當時推許。

該墓誌書丹者歸融，字章之。文宗朝任户部侍郎、御史中丞、兵部尚書等職，武宗時朝廷禮典多出於歸融之議。[47]歸融書法精妙，陶宗儀書史會要言其『工於翰墨，有名當世。』[48]他既工八分，又擅正書，今可知者，有八分書寫的唐義成李德裕德政碑[49]以及正書書寫的康志睦墓誌、唐贈太尉會稽郡公康志睦碑。

綜上可知，康志睦墓誌撰寫者李仍叔與牛黨人不睦，書丹者歸融曾爲李黨領袖李德裕書碑，二人與李黨人關係更爲密切，這也似乎能够透露出康志睦在牛李黨争中的立場。

六、結語

康志睦墓誌不僅補充了史書對其仕宦履歷及其功勛、家族子息等忽略闕載的内容，還從一個側面折射出唐憲宗至唐文宗時期皇權微弱、朋黨相争、藩鎮割據的政治局勢，爲研究中晚唐時期政治、軍事等方面的歷史提供了佐證，也爲考察康日知、康志睦家族世系及政治地位提供了寶貴資料。但對於康志睦高祖名諱、康志睦兄弟排行情况、康承訓是否爲康志睦之子等問題的考證，依然存在疑問，尚需更多新材料出現以幫助解决。

（作者何如月、鄧夢園，發表於唐宋歷史評論，2023 年第 11 辑）

參考文獻：

[1] 歐陽修、宋祁，新唐書卷 148 康日知傳，北京：中華書局，1975，第 4772 頁。
[2] 趙明誠，金石録校證卷 28 跋尾十八，金文明校證，桂林：廣西師範大學出版社，2005，第 488 頁。
[3] 吴鋼，全唐文補遺（第六輯），西安：三秦出版社，1999，第 466 頁。
[4] 吴鋼，隋唐五代墓誌彙編（陝西卷第四册），天津：天津古籍出版社，1991，第 85 頁。
[5] 同[1]，第 4773 頁。
[6] 歐陽修、宋祁，新唐書卷 49 上百官四上十六衛條，北京：中華書局，1975，第 1291 頁。
[7] 歐陽修、宋祁，新唐書卷 7 憲宗本紀，北京：中華書局，1975，第 219 頁。
[8] 司馬光，資治通鑑卷 241，憲宗元和十五年正月條，北京：中華書局，1956，第 7777 頁。
[9] 歐陽修、宋祁，新唐書卷 280 王守澄傳，北京：中華書局，1975，第 5883 頁。
[10] 歐陽修、宋祁，新唐書卷 174 李逢吉傳，北京：中華書局，1975，第 5222 頁。
[11] 歐陽修、宋祁，新唐書卷 270 馬存亮傳，北京：中華書局，1975，第 5871 頁。
[12] 司馬光，資治通鑑卷 243，穆宗長慶四年六月條及胡注，北京：中華書局，1956，第 7837 頁。
[13] 同[5]。
[14] 劉昫等，舊唐書卷 17 上敬宗本紀，北京：中華書局，1975，第 514 頁。
[15] 節度使由朝廷派遣者，另加中央臺省官銜，成爲檢校官；同時還可另加御史臺銜，成爲憲官。節度使屬差遣使職，并無品級可述，所加檢校官表示地位高低，憲官表示權力大小，其升遷也主要是所加檢校官和憲官的升遷。工部尚書爲正三品，御史大夫可以彈劾百官，權力極大。
[16] 劉昫等，舊唐書卷 143 李同捷傳，北京：中華書局，1975，第 3906-3907 頁。

〔一七〕同〔一二〕，卷 243，文宗大和二年十一月條，第 7860 頁。

〔一八〕左右龍武軍爲天子六軍之一，唐興元元年（784）置，一員，從二品，往往以授節帥罷任者，無職事。新唐書卷 49 上百官志四：『左右龍武軍：大將軍各一人，正二品；統軍各一人，正三品。』北京：中華書局，1975，第 1290 頁。

〔一九〕劉昫等，舊唐書卷 17 下文宗本紀，北京：中華書局，1975，第 543 頁。

〔二十〕同〔三〕。

〔二一〕歐陽修、宋祁，新唐書卷 148 康日知傳，北京：中華書局，1975，第 4772-4773 頁。

〔二二〕同〔三〕。

〔二三〕同〔四〕。

〔二四〕同〔二〕。

〔二五〕高文文，唐河北藩鎮粟特後裔漢化研究——以墓誌材料爲中心，博士學位論文，中央民族大學，2012。

〔二六〕董誥等，全唐文卷 28 誅康待賓免從坐詔，北京：中華書局，1983，第 321 頁。

〔二七〕董誥等，全唐文卷 34 討康待賓等敕，北京：中華書局，1983，第 379 頁。

〔二八〕崔令欽，教坊記箋訂，北京：中華書局，1962，第 34 頁。

〔二九〕宋敏求，唐大詔令集卷 65 録功臣子康志寧等各除官職敕，北京：中華書局，2008，第 362 頁。

〔三十〕王欽若等，册府元龜卷 131 帝王部・延賞第二，周勛初等校訂，南京：鳳凰出版社，2006，第 1439 頁。

〔三一〕同〔一〕，第 4773、4779 頁。

〔三二〕同〔五〕。

〔三三〕同〔四〕。

〔三四〕武伯綸，古城集，西安：三秦出版社，1987，第 103 頁。

〔三五〕李域錚，陝西古代石刻藝術，西安：三秦出版社，1995，第 274-275 頁。

〔三六〕尚民杰，唐長安、萬年縣鄉村續考，西安文物保護考古所編，西安文物考古研究，陝西人民出版社，2004，第 367 頁。

〔三七〕賈梅，唐東明觀孫思墓誌考釋，碑林集刊，2004 年第十辑，第 54 頁；李舉綱、張婷，新見唐肅明觀主范元墓誌考疏，華夏考古 2011 年第 1 期，第 111 頁。

〔三八〕徐暢，唐萬年、長安縣鄉里村考訂補，杜文玉主編，唐史論叢第二十一輯，西安：三秦出版社，2015，第 168 頁。

〔三九〕歐陽修、宋祁，新唐書卷 70 上宗室世系上，北京：中華書局，1975，第 2041 頁。

〔四十〕徐松，增訂唐兩京城坊考卷 5 東京，李健超增訂，西安：三秦出版社，2006，第 364 頁。

〔四一〕白居易，白居易文集校注卷 11 辛丘度可工部員外郎李石可左補闕李仍叔可右補闕三人同制，謝思煒校注，北京：中華書局，2011，第 497 頁。

〔四二〕吴鋼，全唐文補遺（第八輯），西安：三秦出版社，2005，第 113 頁。

〔四三〕周紹良，唐代墓誌彙編，上海：上海古籍出版社，1992，第 2033-2034 頁。

〔四四〕趙力光，西安碑林博物館新藏墓誌彙編，北京：線裝書局，2007，第 629 頁。

〔四五〕同〔四〕，第 90 頁。

〔四六〕吴鋼，全唐文補遺・千唐志齋新藏專輯，西安：三秦出版社，2006，第 353 頁。

〔四七〕歐陽修、宋祁，新唐書卷 164 歸融傳，北京：中華書局，1975，第 5040 頁。

〔四八〕陶宗儀，書史會要，上海：上海書店，1984，第 182-183 頁。

〔四九〕同〔二〕，第 179 頁。

大唐宣州溧水縣令朝散大夫同安郡開國公故鄭府君墓誌銘，誌主鄭玄楷（629—689），字則政。墓誌出土時間、地點不詳，現藏於西安關中民俗藝術博物院。

鄭玄楷，唐右武衛大將軍鄭廣之子，唐右衛中郎將兼右金吾將軍鄭玄果之弟。鄭廣（600—663），新舊唐書無傳，只有墓誌流傳下來，收録於唐代墓誌彙編・麟德〇一八、全唐文補遺第2輯。據墓誌可知，鄭廣字仁泰，滎陽開封人。唐太宗爲秦王時，跟隨左右，引爲心腹。武德二年（619），與李世民先後討伐劉武周、宋金剛、王世充等人。武德九年（626），協助李世民發動玄武門政變，授爲游擊將軍，賜爵歸政縣侯。唐太宗貞觀四年（630），除豐浩府左别將，進爵爲公。太宗遠征高麗時，任檢校右領軍將軍，仍押左飛騎仗，領右五馬軍總管，後被授爲檢校右武侯將軍、上柱國、左屯衛將軍，封爲同安郡公。唐高宗即位，多次出征討伐鐵勒等西部地區。永徽四年（653），被授爲銀青光禄大夫、使持節靈、鹽二州都督。顯慶二年（657），入爲右武衛大將軍、仍檢校右衛，右領二大將軍事。後又任盧山、降水、鐵勒道行軍大總管，凉甘肅伊瓜沙六州諸軍事、凉州刺史。鄭廣死後，唐高宗感念其一生功勛卓著，贈使持節、代忻朔蔚四州諸軍事、代州刺史，仍令陪葬昭陵❶。除此之外，鄭廣的生平事迹在舊唐書的高宗本紀、長孫無忌傳、回紇傳、新唐書的薛仁貴傳、高麗傳、吐蕃傳中亦有零星記載。

鄭玄果（622—685），兩唐書皆無傳，他的墓誌在唐代墓誌彙編・開元〇一一、全唐文卷六十五闕名十三中均有收録。其墓誌載，他起家文德皇后挽郎，解褐曹王府兵曹、趙王府法曹，又轉豳州録事參軍，遷伊州長史、代州司馬。在西北征戰多年，安撫邊境，忠心爲國，後被武則天授爲右衛親府郎將、右衛翊府中郎將兼右金吾將軍，襲爵同安郡公，留守京師❷。

鄭玄楷身爲功臣名將之後，新舊唐書無傳，其名姓在父兄墓誌中均未提及，全唐文、全唐文補編、全唐文補遺未見其墓誌，因此，本文將以鄭玄楷墓誌爲主，結合其父鄭廣、其兄鄭玄果兩方墓誌，排比各類文獻資料，探討鄭玄楷的家族世系、仕宦經歷、遷窆葬地，以及初唐用人制度、職官設置等方面情況，以期對鄭玄楷及其父兄一生行迹有更爲深入的瞭解，補史之闕。

一、鄭玄楷墓誌録文

鄭玄楷墓誌誌文28行，行滿28字，正書，有方界格，朝請郎行萬年縣主簿陳先正撰。爲研究方便，録文如下：

大唐宣州溧水縣令朝散大夫同安郡開國公故鄭府君墓誌銘并序

君諱玄楷，字則政，滎陽人也。列岳疏宗，五等諸侯之國；祥台委質，三階王者之師。子真蜕影於玄洲，棲遲谷口；康成散髮於溟海，領袖宗京。茂趾清瀾，焕乎方策。曾祖繼叔，隋歷陽王府記室參軍。祖德通，皇朝使持節、平州刺史、平州諸軍事、上柱國、同安郡開國公。并器宇沉邃，理識宏通，譽穆時英，道光朝望。父仁泰，皇朝左衛將軍、銀青光禄大夫、使持節、守都督靈鹽二州刺史、左領軍將軍、右武衛大將軍、凉甘肅伊瓜沙六州諸軍事、上柱國、同安郡開國公，食邑二千户。贈使持節、都督、代忻朔蔚四州諸軍事、代州刺史，陪葬昭陵。元戎捴秘，動燕碣之千年；宰牧調風，散皇能之九服。君禀粹淳和，毓靈恬素，神襟俊朗，風韻高奇。價動連城，似剖荊岑之璧；光延照乘，如觀漢曲之珍。性好文史，尤工草隸。雄詞逸遠，泛烟景以干霄；

雅志謙衡，雜塵光而應物。加以墜鷹啼狙之巧，袁公越女之奇，妙術不窮，當仁有裕。顯慶中，曌授東宮進馬，少海翊鱗，重離肅蹕，爰典其職，君實攸宜。遷左威衛倉曹，累遷録事。八屯按列，望紅粟而夷心；六郡齊雄，酌清泉而俟化。秩滿，出爲邛州臨溪縣令，俄遷宣州溧水縣令。三蜀隩區，九江流俗，風移草偃，政肅奸回，尋降榮命，加朝散大夫。君含元毓景，體道居禎。惠咏風翔，冀騰鱗於日域；仁歌露湛，方刷羽於天臺。隙駒之駟不留，科斗之文斯出。春秋六十，以永昌元年二月廿九日寢疾，薨於溧水縣之公府。粤以載初元年歲次己丑臘月己酉朔十二日庚申，子遷窆於雍州乾封縣居安鄉居安里高陽原，禮也。嗚呼哀哉！車徒夙駕，容衛晨驚。薤□□□悽斷，松風急而悲生。痛玄扃之秘彩，雕翠琬以崇貞。乃爲銘曰：

□□□周，連星輔漢。子真隱耀，康成聳幹。道溢四公，聲高十亂。雲披日朗，□□雨散。其一。文學雄才，方伯驚韻。同安迴秀，連山叠峻。萬頃黄陂，千墉孔仞。謀孫翼子，文昭武振。其二。猗歟淑德，含章履禎。躍鱗少海，凝神太清。玉鈐弛析，金陵措刑。才高位下，豈獨貫生。其三。善徵何爽，亨途靡泰。景落閩峰，潮分楚瀨。寵移龍劍，談傾鶴蓋。思動鎬池，哀纏吴會。其四。靈蔡告兆，鶴隧開塋。□笳斷吹，楚挽凝清。霧昏寒隴，日暗佳城。賓御空而映噎，容衛慘而徒驚。

朝請郎行萬年縣主簿陳先正撰文

二、鄭玄楷家族世系

鄭玄楷墓誌記載了從玄楷開始以上三代祖考的情況，結合鄭廣、鄭玄果兩方墓誌内容，可以大致梳理出鄭玄楷的家族世系及祖考任官履歷。

第一，關於鄭玄楷曾祖任職情況。鄭玄楷誌文云：『曾祖繼叔，隋歷陽王府記室參軍。』鄭廣墓誌：『祖繼叔，齊□陽王記室參軍。』[三]鄭玄果墓誌未載其曾祖之事。鄭廣去世時，撰寫墓誌的人對他祖父的事迹還比較清楚；而到了鄭玄楷卒葬時，距離久遠，後人關於其曾祖的履歷已經不甚清楚，所以應以鄭廣墓誌的記載爲准。在北史、北齊書等正史中雖然没有北齊歷陽王的傳記，但是在同時代其他人的傳記中保留了一些零散的關於歷陽王的資訊。南史・周炅傳：『後梁定州刺史田龍升以城降，詔以爲定州刺史，封赤亭王。及炅入朝，龍升以江北六州、七鎮叛入於齊，齊遣歷陽王高景安應之。』[四]南史・任忠傳：『五年，衆軍北伐，忠將兵出西道，擊走齊歷陽王高景安於大峴，逐北至東關，仍剋其東西二城。』[五]陳書・黄法𣰰傳：『五年，大舉北伐，都督吴明徹出秦郡，以法𣰰爲都督，出歷陽。齊遣其歷陽王步騎五萬來援，於小峴築城。』[六]由此可知，北齊曾設有『歷陽王』這一王侯之位，故鄭廣祖父、玄楷曾祖繼叔任北齊歷陽王王府記室參軍一職較爲可信。

第二，關於鄭玄楷祖父官職問題。鄭玄楷墓誌云：『祖德通，皇朝使持節、平州刺史、平州諸軍事、上柱國、同安郡開國公。』鄭玄果墓誌載：『祖德通，隋平州諸軍事、平州刺史。』[七]鄭廣墓誌云：『父德通，隋□州録事參□、皇朝贈使持節、平州諸軍事，平州刺史。』[八]鄭玄楷與兄玄果墓誌記載他們祖父的官職略有差异。鄭玄果墓誌記載，德通在隋朝任平州諸軍事、平州刺史。而鄭玄楷墓誌則言，德通在唐朝時期任平州刺史、平州諸軍事。從鄭廣墓誌中可知其父親所任平州刺史、平州諸軍事，乃是在唐朝時贈予的，并非實際擔任過此官。鄭廣墓誌在前，記載其父親的情况應該比較可靠，故當以鄭廣墓誌爲據。鄭德通在隋書、新舊唐書中無傳，亦無相關記載，墓誌可補史之闕。

第三，關於鄭玄楷父親鄭廣所任之職。關於鄭廣任官，鄭玄楷墓誌中雲其父曾任『皇朝左衛將軍、左領軍將軍』，而鄭玄果墓誌則云鄭廣曾任『左武衛將軍』

[9]。鄭廣墓誌記其歷任『檢校右領軍將軍、右武侯將軍、左屯衛將軍，檢校右衛、右領二大將軍事』[10]，與其二子墓誌所言不相同，在新舊唐書、冊府元龜、資治通鑑等史書中皆無記載鄭廣曾擔任過鄭玄果、鄭玄楷墓誌所記載的『左衛將軍』『左領軍將軍』『左武衛將軍』等職，又因鄭廣墓誌成文時間早於鄭玄果和鄭玄楷墓誌，其所記鄭廣官職當更接近史實，故可以該墓誌爲依據。鄭玄果、鄭玄楷墓誌恐皆有誤。再者，在鄭廣、鄭玄果與鄭玄楷墓誌中，均記載其曾任『右武衛大將軍』一職，但在舊唐書・高宗本紀云：『龍朔三年春正月，左武衛大將軍鄭仁泰等帥師討鐵勒餘種，盡平之。』[11]新唐書・回鶻傳：『顯慶時，與思結、僕固、同羅叛，以左武衛大將軍鄭仁泰擊之，斬其渠首。』[12]冊府元龜・外臣部・征討第五：『顯慶五年，左衛大將軍鄭仁泰率兵討思結、拔也固、僕骨、同羅四部落，三戰皆捷，追奔百餘里，斬其首領而還。』[13]因墓誌爲當時人所寫，早於新舊唐書、冊府元龜，三人墓誌記載『右武衛大將軍』官職相互一致，故較爲可信。且在鄭廣同時人楊德裔的劾奏鄭仁泰薛仁貴逗留失機狀中云：『……謹按鐵勒道大總管、右武衛大將軍鄭仁泰等，猥以非才，謬荷拔擢。或名參列位，或職典禁戎』[14]，亦言鄭廣時任右武衛大將軍一職，此又爲一佐證。此可正兩唐書、冊府元龜記載之誤。

第四，關於鄭玄楷高祖及玄楷兄弟情況。鄭廣墓誌云：『曾祖景，齊金紫光禄大夫、陽平太守、滎陽郡公，贈司州刺史』[15]，可知鄭玄楷高祖鄭景情況。

在鄭玄楷墓誌裏并未提及他的兄弟姊妹，據鄭廣墓誌：『有子山雄，瞻楹嗣範，望岵纏哀』[16]，知鄭廣其中一個兒子名爲鄭山雄。鄭玄果墓誌只言他名諱『玄果』[17]，未有字，從中可知其與鄭山雄非同一人。且從鄭玄果、鄭玄楷墓誌所記二人名諱，可知他們二人是按照『玄』字輩取名，應爲兄弟。又據二人墓誌記載的卒年和享年歲數，鄭玄果於『大唐垂拱元年（685）六月十九日卒於位，春秋六十有三』[18]，鄭玄楷『春秋六十，以永昌元年（689）二月廿九日寢疾』，故鄭玄果爲鄭玄楷之兄。

三、鄭玄楷仕宦履歷

鄭玄楷墓誌記載他一生的履職經歷爲：顯慶年間，先由武后授職任東宮進馬，後遷左威衛倉曹，累遷録事。秩滿，出爲邛州臨溪縣令，最後遷任宣州溧水縣令。其中，鄭玄楷入仕起點、除授及最後的任職需多加關注。

1. 鄭玄楷初入仕途的任職及除授

誌文云：『顯慶中，墨授東宮進馬，少海翊鱗。』新唐書・百官志・東宮官：『僕寺，僕一人，從四品上。掌車輿、乘騎、儀仗、喪葬，總廄牧署。太子出，則率廄牧令進路，親馭。』[19]後文注釋曰：『龍朔二年，改曰馭僕寺，僕曰大夫。有進馬十一人。』[20]東宮進馬一職，爲東宮僕寺中的下屬官員。舊唐書・職官志：『以門資出身者，……國公正六品上，郡公正六品下，縣公從六品上，……一品子正七品上，二品子正七品下，三品子從七品上』，又載『若以門資入仕，則先授親勛翊衛，六番隨文武簡入選例。又有齋郎、品子、勛官及五等封爵、屯官之屬，亦有番第，許同揀選。』[21]又唐六典・尚書兵部卷：『凡千牛備身、備身左右及太子千牛皆取三品已上職事官子、孫、四品清官子，儀容端正，武藝可稱者充；五考，本司隨文、武簡試聽選。凡殿中省進馬取左、右衛三衛高蔭，簡儀容可觀者補充，分爲三番上下，考第、簡試同千牛例；僕寺進馬亦如之。』[22]唐代皇親國戚、五品以上高官的子孫都享有入仕的門蔭待遇，這些子弟以門蔭入仕，先需通過擔任一定年限的親勛翊三衛、千牛備身、殿中省進馬、僕寺進馬等衛官或齋郎、挽郎等，才能獲得參加銓選任官的資格。鄭玄楷之父鄭廣爲同安郡公（正二品），時任右武衛大將軍（正三品），故玄楷享有門蔭入仕的權利。且誌文言其『神襟俊朗，風韻高奇。性好文史，尤工草隸。雄詞逸遠，雅志謙衝。墜鷹啼狙之巧，袁公越女之奇，妙術不窮，當仁有裕』。可知鄭玄楷好文史、工書法、擅劍術，不僅符合門蔭入仕的條件，而且還符合僕寺進馬一職的要求，故授東宮進馬之職，由此獲得做官的資格。

舊唐書・則天皇后本紀：『帝自顯慶已後，多苦風疾，百司表奏，皆委天后詳決。自此内輔國政數十年，威勢與帝無异，當時稱爲「二聖」。』[二三]從鄭玄楷墓誌來看『顯慶中，曌授東宫進馬』，説明武則天在顯慶年間已具有了與當朝皇帝執掌朝政的權力，能够行使皇帝任命官員的職權，這便印證了舊唐書記載此事的真實性。但需注意的是，武則天於載初元年(690)自立爲帝，并以『曌』字爲名，改詔書爲制書[二四]。據誌文所云，該墓誌應立於載初元年，此時武則天方稱帝，應避當朝皇帝名諱，但此誌文却直呼其諱『曌』，不合禮制。該墓誌撰文者陳先正，在兩唐書及方誌中未見有傳，不知其爲何時人也。由鄭玄楷夫人墓誌[二五]言其於『大唐開元六年龍集敦牂正月十四日歸祔於高陽之舊塋』，可知，在開元年間其與鄭玄楷合葬一處。根據已廢不諱原則，開元時期，已不避武則天名諱。由於筆者目前所知文獻資料有限，推測此處可能原爲『后』或『天后』字樣，在開元年間鄭玄楷夫人死后與夫合葬時，啓塋見誌，鏟去『后』而改做『曌』。如果真有此改動，在原誌石上大概可以見到痕迹，拓片上似乎無法顯示出來。又，該墓誌在顯慶中言武氏『曌』之名，與史實不合。資治通鑑記載：永昌元年十一月(689)，『鳳閣侍郎河東宗秦客，改造「天」「地」等十二字以獻，丁亥，行之。太后自名「曌」，改詔曰制。[二六]』高宗顯慶年間(656—661)，武氏尚未有此名。這或是撰文者未注意武氏自取其名的時間，因而在撰寫中出現了錯誤。關於鄭玄楷墓誌中出現武則天『曌』之名諱的問題，還有待新材料的出現予以幫助解决。

2. 鄭玄楷官職遷轉

墓誌云：『少海翊鱗，重離肅轡，爰典其職，君實攸宜，遷左威衛倉曹，累遷録事。』從中可知，鄭玄楷調離東宫後，被高宗任命爲左威衛倉曹，爲正八品下。又遷任録事參軍，正八品上。鄭玄楷因門蔭進入東宫，擔任太子僕寺進馬。按照規定，他在經過一段時間的任職後，可參加本部簡試，合格後以門蔭出身的資格參加吏部或兵部銓選，最終由皇帝任命新的官職。從墓誌來看，鄭玄楷由東宫進馬之職，遷轉爲左威衛倉曹，後又爲録事參軍，符合初唐門蔭子弟入仕履職的普遍路徑。新唐書・百官志・十六衛：『左右威衛，掌同左右衛。凡翊府之翊衛、外府羽林番上者，分配之。凡分兵主守，則知皇城東面助鋪。長史各一人，録事參軍事各一人，倉曹參軍事各二人，兵曹參軍事各二人，騎曹參軍事各一人，冑曹參軍事各一人。』[二七]左威衛屬於皇城十六衛之一，負責宿衛宫禁，主要分兵主守皇城東面。鄭玄楷任倉曹，負責五府文職軍官勛考、禄俸、醫藥、過所等事務。後擔任録事參軍，主要負責掌受諸曹及五府、外府之事，勾稽抄目，印給紙筆[二八]。玄楷雖然擔任的官職品級不高，但四曹參軍與録事參軍并號衛佐，皆爲美職[二九]。

3. 鄭玄楷任縣令之職

墓誌載鄭玄楷在京城任職秩滿後，『出爲邛州臨溪縣令，俄遷宣州溧水縣令。三蜀隩區，九江流俗，風移草偃，政肅奸回，……以永昌元年二月廿九日寢疾，薨於溧水縣之公府。』鄭玄楷先後出任邛州臨溪、宣州溧水縣令，且在溧水縣任職時間長於邛州臨溪縣，并於溧水縣任上去世。但在清光緒年間所修的溧水縣誌裏，只記載了岑仲休、王通等初唐時人在該地曾任縣令之事，而無鄭玄楷擔任當地縣令的記載，故可據此補史之闕。

鄭玄楷由門蔭入仕，先擔任東宫進馬，獲取做官資格。後又任左威衛倉曹，正八品下；累遷録事，正八品上；最後，出任縣令，爲從六品。縱觀他墓誌所載的履職經歷，可以看到，鄭玄楷雖爲功臣名將之後，享受了門蔭入仕的特權。但他在任職期間未建立顯著功勛，職官品級僅隨仕宦經歷的增長而緩慢提升。鄭玄楷的仕宦經歷説明，初唐時期一部分以門蔭入仕的子弟，他們雖然享有入仕的特權，但這并不能决定他們人生所能達到的高度，他們仍需在步入仕途後，靠自己的努力建功立業，以此邁向人生的新臺階。

四、鄭玄楷葬地

鄭玄楷誌文云：『父仁泰，……陪葬昭陵。』鄭廣墓誌云：『窆於九嵕山之南麓。』[三十]文獻通考・王禮考・山陵記載唐太宗下詔在九嵕山建陵，詔云：『營山陵於九嵕山之上，足容一棺而已，務從儉約。……自今以後，功臣密戚及德業佐時者，如有薨亡，賜塋地一所，及賜以秘器，使窀穸之時，喪事無闕，凡功臣密戚請陪陵葬者聽之。……若父祖陪陵，子孫從葬者，亦如之。』[三一]因此鄭玄楷、玄果享有陪葬昭陵的權利。

鄭玄楷墓誌云其在載初元年葬於雍□□封縣居安鄉居安里高陽原，誌中漫漶不清處應爲雍州乾封縣。宋敏求長安志・長安縣：『長安，蓋古鄉聚名，在渭水南，隔渭水北對秦咸陽宮。……唐總章元年析置乾封縣，治懷真坊。長安三年（703）省。』[三二]據此知乾封縣在唐總章元年（668）始由長安縣分置出來。鄭玄楷下葬時間正處於乾封縣獨立設置時期，故墓誌所説的乾封縣應原屬於長安縣內。又長安志載：『華林鄉，在縣南一十五里，管居安里。……高陽原，在縣西南二十里。』[三三]因此，長安縣南十五里處爲華林鄉，下轄居安里，則墓誌所言乾封縣居安鄉居安里，應是原長安縣華林鄉居安里所處之地，高陽原在其西。

鄭玄果墓誌云：『夫人河南郡君河南元氏，……以大唐永淳元年二月十四日寢疾，終於京師龍首里之第。以開元二年歲次甲寅十二月廿九日，與公合葬於承平里之原，禮也。』[三四]由鄭玄果夫人所終府第，可知鄭玄果當時居於京城的龍首里。目前在地方誌等史料中，未見有關於『龍首里』的具體闡釋，增訂唐兩京城坊考將該墓誌所言的『龍首里』列爲西京待考坊名[三五]，故未能知曉此地的具體位置。鄭玄果夫婦二人合葬於『承平里之原』，在陝西通志、長安志等史料中也未記載其具體所屬縣域。從鄭玄楷及其兄鄭玄果葬地來看，鄭廣的兩個兒子未隨父親一同陪葬昭陵，兩人葬地也不在同一地區，具體位置尚有待考證。

綜上所述，鄭玄楷的墓誌，不僅補充了史書中對其生平事迹、仕宦履歷的闕載，而且還爲補訂鄭玄楷祖考的任職情況、政治地位等提供了史料佐證，對研究鄭玄楷家族世系有重要的參考價值。誌文中記載的墓主仕宦經歷，對於我們瞭解初唐用人制度、職官設置以及門蔭入仕等情況都有裨益。但是，如鄭玄楷共有幾個兄弟姊妹、其兄玄果及其家族葬地的具體位置、其墓誌不避武則天名諱等問題，依然存在疑點，有待於更多新材料的出現，來幫助解決。

（作者鄧夢園、何如月，原文載於唐都學刊 2022 年第 4 期）

參考文獻：

❶周紹良，唐代墓誌彙編，上海：上海古籍出版社，1992，第406-407頁。

❷同上，第1158頁。

❸同上，第406頁。

❹李延壽，南史卷67，周炅傳，北京：中華書局，1975，第1643頁。

❺同上，卷67，任忠傳第1651頁。

❻姚思廉，陳書卷11，黃法𣰰傳，北京：中華書局，1972，第178頁。

❼同❷。

❽同❸。

❾同❷。

❿同❶，第407頁。

❶❶劉昫等，舊唐書卷4，高宗本紀，北京：中華書局，1975，第84頁。

❶❷歐陽修，宋祁，新唐書卷217，回鶻傳，北京：中華書局，1975，第6140頁。

❶❸王欽若等，冊府元龜卷986，外臣部·征討第五，南京：鳳凰出版社，2006，第11411頁。

❶❹董誥等，全唐文卷168，劾奏鄭仁泰薛仁貴逗留失機狀，北京：中華書局，1983，第1720頁。

❶❺同❸。

❶❻同❿。

❶❼同❷。

❶❽同上。

❶❾同❶❶卷49上，百官四上，第1298-1299頁。

❷❿同上。

❷❶同❶❶，卷42，職官一，第1805，1804頁。

❷❷李林甫等，唐六典卷5，尚書兵部，陳仲夫點校，北京：中華書局，1992，第154頁。

❷❸同❶❶，卷6，則天皇后本紀，第115頁。

❷❹同上，第120頁。

❷❺該墓誌現藏於西安關中民俗藝術博物院。

❷❻司馬光，資治通鑑，卷204，則天順聖皇后天授元年十一月條，北京：中華書局，1956，第6462-6463頁。

❷❼同❶❾，第1283-1284頁。

❷❽同上，第1280頁。

❷❾張國剛，唐代官制，西安：三秦出版社，1987，第116頁。

❸❿同❿。

❸❶馬端臨，文獻通考卷125，王禮考·山陵，北京：中華書局，1986，第1124頁。

❸❷宋敏求，長安志卷12，縣二·長安，辛德勇，郎潔點校，西安：三秦出版社，2013，第381頁。

❸❸同上，第382-384頁。

❸❹同❷。

❸❺徐松撰，李健超增訂，增訂唐兩京城坊考，西安：三秦出版社，2006，第448頁。

隋唐墓誌用語對漢語大詞典的考釋舉例

墓誌用語典雅莊重，包含着非常深厚的文化内涵，整理研究這些辭彙，對於探討漢語詞語意義的起源及其發展演變具有積極作用。西安關中民俗藝術博物院所藏隋唐墓誌中，有些詞語或爲漢語大詞典㊀未收，或可爲漢語大詞典提供更早的例證。現試考釋如下。

一、漢語大詞典未收詞語

1. 麟册

抑揚前後之旨，道峻烏臺；發揮褒貶之宗，業光麟册。（大唐故使持節渝州諸軍事渝州刺史上護軍杜府君墓誌銘并序）

按：『麟册』，指史册。史記·十二諸侯年表序：『是以孔子明王道，干七十餘君，莫能用，故西觀周室，論史記舊聞，興於魯而次春秋，上記隱，下至哀之獲麟，約其辭文，去其煩重，以制義法，王道備，人事浹。』㊁因孔子作春秋止於魯哀公十四年獵獲麒麟事，故後稱春秋爲『麟經』『麟史』。漢語大詞典收載有『麟經』『麟史』『麟筆』三詞，『麟經』『麟史』指春秋，後泛指史册；『麟筆』指史官之筆。由以上可知，『麟册』應爲史册之義，而漢語大詞典失收，應補。

2. 綸司

稍轉太僕寺丞，暫出綸司，還登棘署。（大唐故使持節渝州諸軍事渝州刺史上護軍杜府君墓誌銘并序）

按：『綸司』，指出納王命詔令之職司。禮記·緇衣：『王言如絲，其出如綸。王言如綸，其出如綍。』㊂『綸』指帝王的詔書旨意。漢語大詞典收載有『綸言』『綸綍』，皆指詔令，『綸司』一詞未收，應補。

3. 甿譽

帝求良牧，我膺俞往。火息歸猋，雨隨車雨。亟收甿譽，屢光朝奬。（大唐故使持節鄆州諸軍事鄆州刺史上護軍鮑使君墓誌）

按：『甿譽』，指百姓的贊譽。説文解字：『甿，田民也。』㊃漢語大詞典：『甿，泛指百姓』，收録有『甿謡』『甿歌』等詞，爲民間歌謡之義，故『甿譽』指民間百姓贊譽，大詞典未收該詞，當補。

4. 窀塗

想變海以兢魂，勒窀塗而紀烈雲爾。（大唐故使持節渝州諸軍事渝州刺史上護軍杜府君墓誌銘并序）

按：『窀塗』，指墓道。説文解字：『窀，葬之厚夕也。』㊄故訓匯纂：『塗，道路也。』㊅漢語大詞典收載『窀穸』『窀窆』二詞，指墓穴、墳墓，故『窀塗』爲墓道之義。大詞典失收，當補。

5. 偏零

忍二子之始孩，使偏零之無寄。（唐右金吾將軍程公故媵和容墓誌并序）

按：『偏零』，指弱孤。故訓匯纂中載『偏，獨也』㊆；『零丁，危弱貌』㊇。漢語大詞典收載『偏孤』一詞，指早年喪父或喪母，故『偏零』指喪失父親或母親、無有依靠的孩子，與『偏孤』意思相同。大詞典未收此詞，應補。

6. 儲坊

佩弭猿嚴，始陪游於帝子；要鞬鶴籥，俄底節於儲坊。忠肅之志無虧，恭懿之誠彌著。（大唐太子左衛率府郎將辛君墓誌銘并序）

按：『儲坊』，指代太子。説文解字・人部：『儲，偫也。』段玉裁注：『偫，待也，文選注引作蓄也，或作具也，或作積也。又引謂蓄積之以待無也。古者太子謂之儲君。』[九]儲，指皇位繼承人、太子；坊，指唐初設立的管理東宫事務的官署太子内坊局，故『儲坊』指代太子。漢語大詞典收録『儲宫』『儲闈』二詞，釋爲太子所居宫室，并借指太子，『儲坊』與二詞意思相近，大詞典未收，當補。

7. 輀櫬

沙海長號，梁城泣血，侍奉輀櫬，還歸故庭。（唐故太原府盂縣尉康公墓誌銘并序）

按：『輀櫬』，指靈車。説文解字・車部載：『輀，喪車也[十]』，説文解字・木部：『櫬，棺也[一一]』。漢語大詞典：『輀，載運棺柩的車』『櫬，古時指内棺，後泛指棺材』，并收載有『輀車』『輀柩』『輀軒』等詞，均釋爲載柩的喪車，『輀櫬』與之義同，大詞典未收，應補。

8. 泉封

途車哀挽，地户泉封。（唐右金吾將軍程公故媵和容墓誌并序）

按：『泉封』，指墳墓、墓穴。字源：『泉下，指人死後所在地方。』[一二]漢語大詞典釋『泉』爲泉下，指人死後埋葬的地方，釋『封』爲埋葬。左傳・文公三年：『遂自茅津濟，封殽尸而還。』杜預注：『封，埋藏之。』[一三]大詞典收録有『泉臺』一詞，指墓穴、陰間，『泉封』與其同義，未收，當補。

9. 永綏

且曰良木焉壞，哲人何萎，神寧禍而福淫，不永綏而吉紹。（唐故楚州司倉參軍吴興姚府君墓誌銘并序）

按：『永綏』，指永遠平安。荀子・儒效篇：『綏綏兮其有文章。』楊倞注：『綏綏，安泰之貌。』[一四]故『永綏』意爲永遠安泰、安寧。漢語大詞典收載『永安』一詞，指永遠安寧，『永綏』與之同義，大詞典失收，應補。

10. 盥風

世父慕宰君之盥風，媲適君子，奉於巾櫛，寔二十二載。（唐前邠州三水縣令牛君衛故夫人馮氏墓誌銘并序）

按：『盥風』，指人清雅高潔的作風。故訓匯纂『盥，亦滌也』[一五]。文選・馬融《長笛賦》：『溉盥汙濊，澡雪垢滓矣。』李善注：『毛萇詩傳曰：「溉，滌也。」禮記曰：「食於質者盥，亦滌也。」』[一六]『盥風』喻指清除身上污穢等不良之風，漢語大詞典未收該詞，應補。

11. 挻妖

龜月挻妖，城郭離貳，方誅姑翼，深仁常羅。（大唐故太府卿上柱國清河郡開國公楊府君墓誌銘并序）

按：『挻妖』，指作亂。故訓匯纂：『挻，動也』[一七]。漢語大詞典：『挻，動搖。』康熙字典：『孔臧鴞賦：「觀之歡然，覽考經書。在德爲祥，棄常爲妖。」』[一八]『挻妖』一詞指謀反之人引發動亂，漢語大詞典未收，應補。

12. 秺侯

公久勞禁衛，頻掌親兵，慕典君之慎密，似秺侯之純孝。（大隋使持節大將軍工兵二部尚書司農太府卿太子左右衛率右庶子洪吉江虔饒袁撫七州諸軍事洪州總管安平安公故蘇使君之墓誌銘）

按：『秺侯』，指西漢匈奴金日磾。金日磾原是匈奴休屠王太子，兵敗降漢，進入宫中飼養馬匹。後爲漢武帝寵信，賜姓爲金，封爲御馬監，又任侍中、駙馬都尉、光禄大夫。因其平定莽何羅叛亂，救駕有功，被封秺侯。漢書・霍光金日磾傳載：『武帝遺詔以討莽何羅功封日磾爲秺侯，日磾以帝少不受封。輔政歲餘，病困，大將軍光白封日磾，卧授印綬。……贊曰：「金日磾夷狄亡國，羈虜漢庭，而以篤敬寤主，忠信自著，勒功上將，傳國後嗣，世名忠孝」』[一九]，後因以『秺侯』指金日磾。漢語大詞典：『秺，古地名。漢書・景武昭宣元成功臣表：「秺侯，商丘成」，王先謙補注：「秺，濟陰縣。」」但未收『秺侯』一詞并加以解釋，應補之。

13. 仲衮

方祎仲衮，遽移莊壑。（大唐故使持節渝州諸軍事渝州刺史上護軍杜府君墓誌銘并序）

按：『仲衮』指輔佐帝王的股肱之臣。詩經・大雅・烝民：『衮職有闕，維仲山甫補之。』[二十]『仲山甫』，即周樊侯，魯獻公次子，周宣王時爲卿士[二一]。『衮』，天子諸侯服也[二二]。故『仲衮』指能够盡忠輔佐天子的股肱之臣，漢語大詞典未收該詞，當補。

14. 嬰恙

羆秩江左，嬰恙洛川，忽潜大夜，旋歸九原。（唐故正議大夫守虔州刺史上柱國河東裴公墓誌銘并序）

按：『嬰恙』指身患疾病。『嬰』，漢字源流字典引申指纏繞[二三]，漢語大詞典亦指圍繞。『恙』，廣韻・去聲小韻釋義爲『憂也，病也』[二四]。漢語大詞典收録『嬰病』『嬰疾』等詞，謂纏綿疾病、患病。『嬰恙』與以上之詞同義，大詞典未收，應補。

15. 危痾

忽迫危痾，終於家第，春秋八十有四。（隋故儀同三司資州長史田君夫人襄城郡君趙氏墓誌）

按：『危痾』，『危』，玉篇・危部釋爲『不安』[二五]，廣韻・上平聲小韻：『疾也，隤也，不正也，不安也』[二六]。『痾』，玉篇・疒部釋『同疴，病也』[二七]，故『危痾』爲危急病症之義。大詞典未收該詞，當補。

16. 義桓截耳

固能安斯一室，耻踐二庭，本宗有命，誓不許諾。雖義桓之截耳，劉娥之斷髮，弗之尚也。（大周故倉部郎中陝州長史韋君妻河南縣君□氏墓誌銘并序）

按：後漢書・列女傳：『沛劉長卿妻者，同郡桓鸞之女也。鸞已見前傳。生一男五歲而長卿卒，妻防遠嫌疑，不肯歸寧。兒年十五，晚又夭殁。妻慮不免，乃豫刑其耳以自誓。宗婦相與愍之，共謂曰：「若家殊無它意；假令有之，猶可因姑姊妹以表其誠，何貴義輕身之甚哉！」對曰：「昔我先君五更，學爲儒宗，尊爲帝師。五更已來，歷代不替，男以忠孝顯，女以貞順稱。詩云：無忝爾祖，聿修厥德。是以豫自刑翦，以明我情。」沛相王吉上奏高行，顯其門閭，號曰「行義桓釐」，縣邑有祀必膰焉。』[二八]故『義桓截耳』本指東漢桓鸞之女爲表明堅貞不二嫁而割掉耳朵的節義之行，後指代忠貞女子。漢語大詞典未收此詞，應補。

17. 驚策蒙俗

法師逈符人事，心契環中，樞紐法門，驚策蒙俗。（京師靈應觀主李法師墓誌銘并序）

按：漢字源流字典：『驚，震動也。』[二九]字源：『策，用爲動詞有鞭打、驅使義，引申爲鞭策、督促。』[三十]故訓匯纂：『蒙，昧也。』[三一]『驚策蒙俗』意爲驚醒鞭策蒙昧的世俗大衆，喻指言語、思想觀點能啓發世人。漢語大詞典未收該詞，當補。

18. 清畏人知

其先遠系，清畏人知，王密懷慚，垂芳竹帛。（大唐故雲麾將軍弘農楊公墓誌銘并序）

按：『清畏人知』，指人清廉高潔。『清畏』，漢語大詞典釋爲『清廉戒惕』。辭源收載『清恐人知』一詞，謂『雖清廉而不欲人知』[三二]。『清畏人知』在該墓誌中用以贊譽楊震廉潔自持，與『清恐人知』同義，漢語大詞典失收，當補。

19. 苴茅錫社

苴茅錫社，列戟曾榮。（大周故倉部郎中陝州長史韋君妻河南縣君□氏墓誌銘并序）

按：『苴茅錫社』，指分封諸侯和土地。『苴茅』，尚書・禹貢：『厥貢惟土五色。」僞孔傳云：『王者封五色土爲社。建諸侯則各割其方色土與之，使立社，燾以黄土，苴以白茅。茅取其潔，黄取王者覆四方。』[33]漢語大詞典解釋『苴茅』爲『古代帝王分封諸侯時，用該方顔色的泥土，覆以黄土，包以白茅，授予受封者，作爲分封土地的象徵』，釋『錫社』爲『猶錫土』。漢語大詞典收録『苴茅裂土』『苴茅燾土』二詞，皆指分封諸侯。『苴茅錫社』與二詞同義，大詞典未收，應補。

20. 懷果問安、請衽何止

夫人有子三人，長者鵠，次者鷚，年雖尚幼，喪過乎哀。請衽何止，方展返哺之恩；懷果問安，未終戾天之孝。（唐前邠州三水縣令牛君衡故夫人馮氏墓誌銘并序）

按：『懷果問安』，三國志・吴志・陸績傳：『績年六歲，於九江見袁術。術出橘，績懷三枚，去，拜辭墮地，術謂曰：「陸郎作賓客而懷橘乎？」績跪答曰：「欲歸遺母。」術大奇之。』[34]故『懷果問安』喻指孝親。漢語大詞典收録『懷橘』一詞，以『懷橘』爲思親、孝親的典故，未收『懷果問安』，當補。

『請衽何止』（『止』古同『趾』），禮記・曲禮：『「請席何鄉，請衽何趾」，鄭玄曰：「順尊者所安也。衽，卧席也。坐問鄉，卧問趾，因於陰陽。」』[35]後因以『請衽何止』喻指孝行。漢語大詞典未收該詞，應補。

二、爲漢語大詞典提供更早例證的詞語

1. 宰君

世父慕宰君之盅風，媿適君子，奉於巾櫛，寔二十二載。（唐前邠州三水縣令牛君衡故夫人馮氏墓誌銘并序）

按：『宰君』，指對知縣的敬稱。漢語大詞典：『清葉廷琯吹網録・三河縣遼碑：「洎乾統五祀秋七月，宰君劉公當領是邑。」清梁章鉅稱謂録・知縣：「駭聞録：開寶中，神泉令張某貪黷。一日榜縣門曰：某月某日，知縣生日，不得獻送。曹吏議曰：宰君明言生日，意令我輩知也。」』大詞典所舉兩書證均出自清代文獻，時代太晚，可以此唐代例證代替。

2. 旻蒼

豈期旻蒼不佑，哲人萎乎，在於人間，四十餘五載矣。（唐前邠州三水縣令牛君衡故夫人馮氏墓誌銘并序）

按：『旻蒼』，指蒼天，上蒼。漢語大詞典：『明吾邱瑞運甓記・翦逆聞喪：「不能勾身生兩翅飛鄉邑，只落得淚暈雙眸泣旻蒼。」』書證遲，應據補。

3. 斷機

同斷機之弘獎，齊采蕨之嘉諭。（大隋柱國岐州刺史廣宗公李敏太夫人王氏墓誌銘）

按：『斷機』，指斷織，爲母親督子勤學的典故。漢語大詞典：『元柯丹邱荆釵記・議親：「翦髮常思侃母，斷機每念軻親。」清程麟此中人語・李圭如：「至晚間其母於燈下課讀，不必畫地斷機，自能殷勤發憤也。」』漢語大詞典訂補：『宋仲并浣溪沙・示孟氏女詞：「早歲安禪靈照女，静中經卷手常攜，聲名要與斷機齊。」三國演義第三七回：「伏劍同流，斷機堪伍。生得其名，死得其所。賢哉徐母，流芳千古！」』[36]漢語大詞典、漢語大詞典訂補所引書證時代都過晚，可以用此隋代例證補充。

4. 二庭

固能安斯一室，耻踐二庭，本宗有命，誓不許諾。（大周故倉部郎中陜州長史韋君妻河南縣君□氏墓誌銘并序）

按：『二庭』，指第二家門庭，謂再嫁。漢語大詞典：『舊唐書・列女傳序：「共姜之誓，不踐二庭。」明無名氏玉環記・逼女更夫：「婦女不踐二庭，夫在安可再嫁！」』所引書證遲，應補。

5. 秦緩

雖遭秦緩，難施藥餌之功。（唐故將仕郎守右監門衛率府長史張府君墓誌銘并序）

按：『秦緩』，指春秋時秦國良醫。漢語大詞典：『清蒲松齡聊齋志异・黄九郎：「曩不實言，今魂氣已游墟莽，秦緩何能爲力。」』時代過晚，可以此例證補充。

6. 小星

厥父有訓，之子寔賢，謙光降心，願同衆女之配；媵婦於我，懿承小星之禮。（唐右金吾將軍程公故媵和容墓誌并序）

按：『小星』，爲妾的代稱。漢語大詞典：『詩・召南篇名。詩・召南・小星序：「小星，惠及下也。夫人無妒忌之行，惠及賤妾。」後因以「小星」爲妾的代稱。明吴炳療妒羹・賢風：「夫人時常寬慰，許備小星。」清鈕琇觚賸・云娘：「公子治吉席，將爲小星催妝。云忽易戎服，掣所佩刀，出立堂上，責公子。」老舍老張的哲學第十：「真的八爺要納小星？」』所舉書證爲明清及近代文獻，時代遲，可以此唐代例證替代。

7. 帷幄

神龍元年六月廿四日制受太常丞内供奉，出入帷握（在碑刻中『木』部通常寫作『扌』部，故『榁』通『握』，『握』即爲『幄』。），上下欽望，聲譽京都，名流海内。（故朝議郎行太常寺丞裴君夫人河南白氏誌銘并序）

按：『帷幄』，借指天子近側或朝廷。漢語大詞典：『宋王安石辭免使相判江寧府第二表：「帷幄七年，再陪國論。」宋陸游中原父老見使者多揮涕感其事作絶句：「公卿有黨排宗澤，帷幄無人用岳飛。」』二例書證時代較晚，可以此例證補充。

8. 閨壼

聲訓結於華戎，戩穀貽於閨壼。（大唐故宣州溧水縣令鄭府君夫人雲氏墓誌銘并序）

按：『閨壼』，指女子所處的内室，亦借指女子。漢語大詞典失收該詞，漢語大詞典（普及本）：『舊唐書・列女傳序：「聊播椒蘭，以貽閨壼。」』[三七]稍遲，應補。

西安關中民俗藝術博物院所藏墓誌豐富，其中一部分爲隋唐墓誌。通過分析歸納這一部分的墓誌用語，弄清這些詞語的詞義及用法，比對漢語大詞典的解釋及引用書證，不僅能從這些墓誌用語中補充漢語大詞典未收之詞，而且還能將這些墓誌用語作爲一些詞語的較早書證，爲漢語大詞典的再次修訂起到補充與完善的作用，亦有助於使用漢語大詞典的廣大群衆瞭解這些詞語的内涵及用法，認識這些詞語更早的使用情况，有益於學者查找、理解隋唐墓誌詞語的含義，更爲正確地解讀墓誌，爲詞典編撰及使用者均提供了幫助。

（作者鄧夢園、何如月，原文載於現代語文，2020 年第 12 期）

參考文獻：

❶漢語大詞典編纂處編，漢語大詞典，上海：上海辭書出版社，2007，上文所引皆出此版，例多故不逐一出注。

❷司馬遷，裴駰集解，司馬貞索隱，張守節正義，史記卷14，十二諸侯年表，北京：中華書局，2015，第357頁。

❸孫希旦，禮記集解，北京：中華書局，1989，第1324頁。

❹段玉裁，説文解字注，北京：中華書局，2013，第704頁。

❺同上，第350頁。

❻宗福邦、陳世鐃、蕭海波主編，故訓匯纂，北京：商務印書館，2003，第438頁。

❼同上，第144頁。

❽同上，第2456頁。

❾同❹，第375頁。

❿同上，第737頁。

⓫同上，第273頁。

⓬李學勤主編，字源，天津：天津古籍出版社，2012，第1017頁。

⓭杜預，陸德明音釋，宋本春秋經傳集解，北京：國家圖書館出版社，2017，第12頁。

⓮王先謙，荀子集解，北京：中華書局，1988，第133頁。

⓯同❻，第1540頁。

⓰蕭統輯，李善注，宋本尤袤刻本文選，北京：國家圖書館出版社，2017，第60頁。

⓱同❻，第884頁。

⓲陳廷敬、張玉書等編撰，康熙字典，北京：中華書局，1958，第12頁。

⓳班固，顏師古注，漢書卷68，霍光金日磾傳，北京：中華書局，2015，第2962，2967頁。

⓴程俊英、蔣見元，詩經注析，北京：中華書局，2017，第957頁。

㉑何九盈、王寧、董琨主編，辭源，北京：商務印書館，2018，第224頁。

㉒同⓲，第6頁。

㉓谷衍奎編，漢字源流字典，北京：語文出版社，2008，第1255頁。

㉔陳彭年、丘雍編修，宋本廣韻，北京：中國書店，1982，第404頁。

㉕顧野王，王平、劉元春、李建廷編著，宋本玉篇，上海：上海書店出版社，2017，第351頁。

㉖同㉔，第29頁。

㉗同㉕，第181頁。

㉘范曄，李賢等注，後漢書卷84，列女傳，北京：中華書局，2015，第1813頁。

㉙同㉓，第1329頁。

㉚同⓬，第400、401頁。

㉛同❻，第1962頁。

㉜同㉑，第2416頁。

㉝顧頡剛，劉起釪，尚書校釋譯論，北京：中華書局，2005，第606頁。

㉞陳壽，裴松之注，三國志卷57，陸績傳，北京：中華書局，2015，第959頁。

㉟同❸，第35頁。

㊱漢語大詞典編纂處編，漢語大詞典訂補，上海：上海辭書出版社，2010，第757頁。

㊲漢語大詞典編纂處編，漢語大詞典（普及本），上海：上海辭書出版社，2012，第998頁。

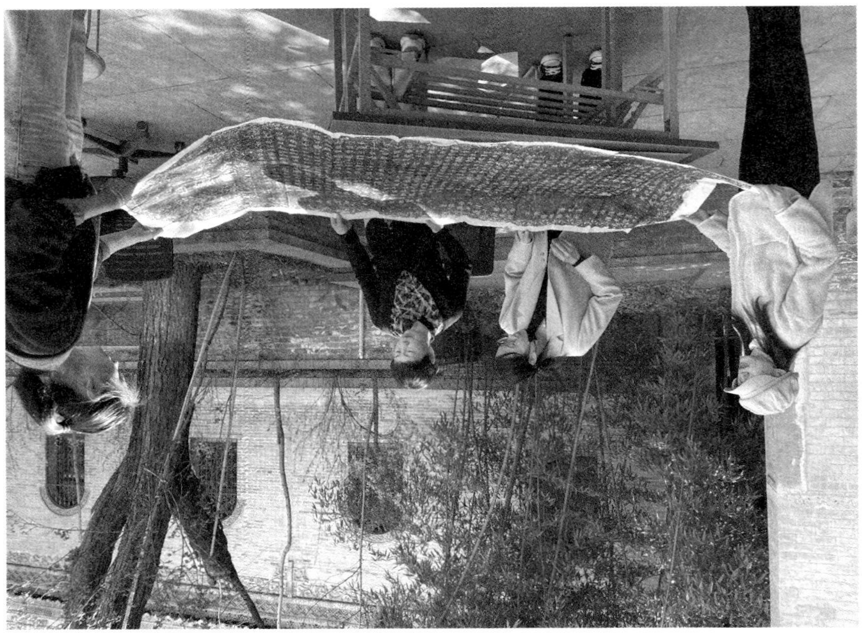

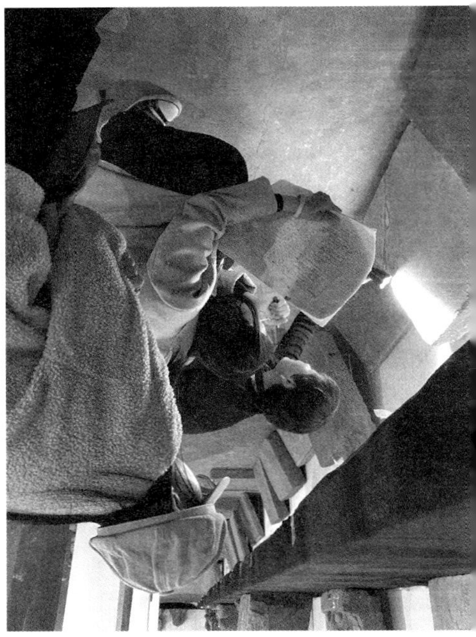